산호섬의 경작지와 주술

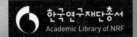
한국연구재단총서 Academic Library of NRF 학술명저번역 516

산호섬의 경작지와 주술

①

트로브리안드 군도의 경작법과 농경 의례에 관한 연구

Coral Gardens and Their Magic

A Study of the Methods of Tilling the Soil and of Agricultural Rites in the Trobriand Islands

브로니슬로 말리노프스키 지음 | 유기쁨 옮김

아카넷

〈사진 1〉 마을의 식량 전시
"식량 분배는 트로브리안드에서 가장 흔히 볼 수 있는 특유한 예식 활동들 가운데 하나이다. 식량 분배가 가장 정교하고 풍족하게 이루어지는 경우는 장례연회가 벌어질 때다." (제1부 7절)

| 머리말 |

이 책에서 나는 다시 한 번 트로브리안드인들의 연대기 기록자이자 대변인이 되려고 한다. 그들은 죽은 산호로 이루어진 단조로운 작은 섬들의 여기저기에 흩어져서 거의 벌거벗고 살아가는 수천 명의 "미개인들"인데, 그들의 멜라네시아 공동체는 무시해도 좋을 만큼 작고 초라하다. 그렇지만 트로브리안드인들은 원시[1] 인류의 연구자에게 여러 가지 이유로 매우 중요하다. 트로브리안드인들은 일반적으로 남해[2] 토착민의 전형을 보여준다. 그들은 자신들의 문화와 오래된 전통을 고스란히 지켜왔기에, 우리는 그들을 통해서 유럽인에게 알려지지도 않고 영향도 받지 않은 채 오랫동

⁘

1) 〔역주〕 오늘날 학계에서는 토착민들의 사회, 문화를 가리키기 위해 사용되는 '원시(primitive)'라는 용어가 가치중립적이지도 않고 개념적으로도 부적절하다는 판단하에 그 용어를 사용하지 않는 경향이 있다. 그러나 말리노프스키가 이 글을 집필하던 무렵에는 소위 '원시문화(primitive culture)'에 대한 논의가 활발하게 일어나고 있었음을 염두에 둘 필요가 있다. 그는 현지조사 경험을 토대로 다른 학자들의 '원시문화' 논의를 다양한 각도에서 비판하면서도 'primitive'라는 용어만큼은 적극적으로 사용했다. 역자는 이 점을 염두에 두고서, 본문의 'primitive'를 '원시'로 번역할 것이다.

2) 〔역주〕 남태평양을 가리킨다. 1513년에 스페인의 탐험가 V. N. 발보아는 파나마 지협(地峽)을 통해서 유럽인으로서는 최초로 태평양을 발견하고 '남해(南海)'라고 명명하였다.

안 번성해왔던 오세아니아의 방식과 풍습을 연구할 수 있다.

이 책에서 우리는 알짜배기 트로브리안드인을 만나게 될 것이다. 다른 사람에게 어떻게 보이든 간에, 트로브리안드인은 스스로를 농부라고 생각한다. 트로브리안드인은 자신의 땅에 진정한 농부의 열정을 쏟아붓는다. 그는 땅을 갈아엎고 파종한 뒤, 식물이 자라고 여물어서 마침내 바라던 수확을 산출하는 모습을 지켜보면서 신비한 기쁨을 경험한다. 만약 당신이 트로브리안드인에 대해 알고 싶다면, 얌 경작지에서, 야자숲 사이에서, 혹은 타로 밭에서 그를 만나야 한다. 그가 죽은 산호로 이루어진 하얀 노두(露頭)[3] 사이에서 검은색이나 갈색의 흙을 파내는 모습을 지켜봐야 하고, 또한 울타리를 세워서 다채로운 구조물과 삼각 버팀대들로 이루어진 "주술적인 벽"으로 경작지를 둘러싸는 모습을 지켜봐야 한다. 한낮의 열기가 한풀 꺾이면 그는 "주술적인 벽"의 테두리 안에서 식물이 잘 자라고 있는지 살펴보러 갈 터인데, 당신은 그때도 그와 동행해야 한다. "주술적인 벽"을 이루는 울타리는 처음 세웠을 때에는 새로 자라나는 녹색 잎들 사이에서 황금색으로 빛나다가, 나중에 얌 잎들이 무성해질 무렵에는 청동색이나 회색으로 보인다.

이 책에서 묘사된 부족민의 생활 모습은 아마도 『서태평양의 항해자들(*Argonauts of the Western Pacific*)』을 통해 소개된 항해와 무역, 그리고 주술만큼 놀라운 평판을 끌어내지는 못할 것이다. 이 책에서 묘사된 부족생활의 단면은 『미개인의 성생활(*The Sexual Life of Savages*)』에서 다룬 구애와 결혼 관습처럼 우리의 호기심을 자극하지는 않을 것이다. 그러나 이 책

..

3) [역주] 암석이나 지층이 흙이나 식물 등으로 덮여 있지 않고 지표에 직접적으로 드러나 있는 곳을 가리킨다. 주로 건조한 지역의 산에서 많이 발달된다.

은 트로브리안드인들과 오세아니아 문명을 알기 위해서, 그리고 감히 말하지만, 심지어 일반적인 인간 본성을 이해하기 위해서 적어도 위의 책들만큼 중요하다.

그 까닭은, 한편으로는 원시적 경작 형태에 대한 연구야말로 인간의 경제적 본성에 가장 직접적으로 관계되기 때문이다. 소위 미개인들이 그들의 주요 식량을 생산하고 저장하며 다루는 방법, 그리고 그와 관련된 주술적이고 종교적인 믿음의 방식은 경제 철학에서 중요한 문제인 인간과 환경 사이의 관계에 대하여 생각해볼 만한 문제들을 던져준다. 다른 한편으로, 어떤 공동체의 경우라도 그러하겠지만, 농경과 그 생산물은 남해 공동체의 사회 조직화에 매우 깊숙이 연관된다. 곧 그것은 정치권력의 토대를 이루며 가사 분담의 근거가 된다. 또한 농경과 그 생산물은 친족의 의무와 혼인법을 떠받치는 기둥이다. 따라서 이 책을 읽는 독자들은 원시적인 경제 조직, 정치 질서, 그리고 가정생활에 대해서 여러모로 더 잘 알게 될 것이다.

트로브리안드의 경작에서는 한 가지 특징이 굉장히 눈에 띄는데, 이와 관련해서 광범위한 문제들이 제기될 수 있다. 곧, 한편으로는 순전히 경제적이고 합리적 근거를 지니고 있으며 기술적으로도 효과적인 작업과 다른 한편으로 주술 사이의 관계가 그것이다. 이론적 견지에서 본다면 트로브리안드의 농경에 대한 지식이 인간 연구에 가장 중요하게 기여할 수 있는 점은 아마도 주술과 믿음이 무언가를 조직하는 기능과 관련된다. 물론 쿨라(kula)나 토착민의 구애 행위에서 발견되는 주술과 작업과의 관계도 인간사(人間事)에서 주술이 어떠한 역할을 하는지를 통찰력 있게 보여주지만, 트로브리안드의 농경이야말로 그 점을 훨씬 더 분명하게 드러내준다.

문화의 어떤 단계에서든, 무릇 인간이란 경제적인 관심사에서 영적인 집착을 완전히 배제할 수는 없기 마련이다. 우리가 일용할 양식이나 적당한

강수(降水)를 위해 기도하든, 아프리카의 신성한 왕들이 풍요와 비를 유도하기 위해 권력을 행사하든, 트로브리안드인들과 다른 멜라네시아인들이나 폴리네시아인들이 어로, 무역, 혹은 항해의 성공을 위해 기도하거나 주술을 실행하든, 일의 흐름을 통제하는 초자연적 수단들과 합리적인 기술 사이의 관계는 사회학자의 가장 중요한 연구 주제 가운데 하나이다. 그러나 트로브리안드인들에 관한 한, 부족 활동의 다른 어떤 측면보다도 농경이야말로 주술을 통해 가장 충분하고 자연스럽게 통제된다. 덧붙이자면, 나는 지금껏 많은 연구를 해왔지만, 이 책의 경우처럼 정보를 수집하고 주술의 주문들을 번역하며 그것들을 해설할 때 운이 따랐던 적은 없었다.

주로 몇몇 토착민 정보 제공자들 덕분에 그렇게 할 수 있었다. 내가 그들과 함께 일할 수 있었던 것은 정말로 행운이었다. 인류학자는 자신의 몇 가지 발견을 전적으로 자신의 공적으로 삼지만, 사실 실제적인 노고에서나 접근한 정보의 수준에서나 공로의 일부만을 인정받을 수 있다. 이 책과 나의 또 다른 민족지 저술들에 담겨 있는 정확한 해석과 견해, 그리고 성실함과 적절성은 대체로 나의 정보 제공자들의 덕분이다. 경작지 주술을 논의할 때, 나는 특히 트로브리안드의 선도적인 경작지 주술사들 가운데 한 사람이며 탁월한 협력자인 바기도우(Bagido'u)의 도움을 받았다. 바기도우는 재능을 타고났으며, 부족의 민간전승에 관해서 누구보다도 많이 알고 있었다. 당시 그는 병들어 있었고 신체적으로 그다지 활동적이지 못했지만, 역설적이게도 그렇기 때문에 내가 원하는 만큼 충분한 시간을 함께할 수 있었다. 그는 내가 트로브리안드를 떠난 후 얼마 되지 않아 사망했다. 바기도우와 함께했던 시간을 돌이켜보노라면, 그는 자신이 사라져가는 세계의 마지막 보고(寶庫)라는 점을 어렴풋이나마 인식하고 있었던 것 같다. 그는 내게 자신의 주술을 올바로 이해시키려고 대단히 애를 썼다. 그는 내가 제대로 주문들을 받아 적고 의미를 파악했는지 살펴보는 데 정말로 많은 시간과 공을 들였다. 그래서 내 생각에, 그는 자신이 그것들을 후세에 남기고 있다는 사실을 의식했던 것 같다. 그러한 문제들에 대한 토착민들의 태도를 재구성할 때, 과장이거나 헛된 감상에 빠져들지 않고서 그들의 통찰을 충분히 공정하게 나타내는 것은 어려운 일이다. 어쨌거나, 나뿐 아니라 트로브리안드인들의 민족지에 관심을 가진 사람이라면 누구라도 바기도우에게, 그리고 이 책에서 만나게 될 다른 몇몇 정보 제공자들에게 매우 많은 은혜를 입은 것은 사실이다.

이 책은 여태까지 내가 출판했던 모든 책과 근본적으로 다르다. 이 책은 농경 언어를 충실하게 다루고 있기 때문이다. 나는 내 민족지가 언어학적으로 기여하는 바를 이 책에서 비로소 충분히 제시할 수 있었다. 물론 내 필드노트에는 『서태평양의 항해자들』과 『미개인의 성생활』 그리고 『신화(Myth)』에 관한 소책자와 『범죄와 관습(Crime and Custom)』에서 내가 진술했던 내용을 뒷받침해주는 충분한 분량의 원문들, 해설들, 이야기들, 용어들이 담겨 있다. 그렇지만 지금까지는 이처럼 풍부한 언어학적인 기록물을 출판할 기회가 없었다. 최근에 와서 트로브리안드인들에 대한 관심이 커지고 좀 더 상세한 민족지의 설명이 요청되면서 비로소 이를 출판할 수 있게 되었다. 나는 이 책에서 이론을 다루는 제4부 '민족지의 언어 이론과 몇 가지 실제적 추론'의 서론과 제6부 '주술 언어의 민족지 이론'의 서론을 통해서 그러한 관심이 더욱 커지고, 그처럼 충실한 기록이 필요하다는 인식도 증가할 것이라고 믿는다. 뿐만 아니라, 여기서 채택된 방법들이 정당화될 수 있을 것이라고 기대한다.

이와 관련해서 몇 마디 덧붙이고 싶다. 약 여섯 군데의 대형 출판사들이 나의 첫 번째 민족지 연구인 『서태평양의 항해자들』의 출판을 거부했었다. 그렇지만 영국 도서사(圖書史)에서 출판 활동뿐 아니라 서지(書誌) 작업으로 뚜렷한 한 획을 그은 고(故) 스완 스탈리브라스(Swan Stallybras) 씨의 통찰력 덕분에, 나는 정확한 증거자료를 제시하는 일이 얼마나 중요한지를 비로소 인정받게 되었다. 즉 그는 나의 첫 번째 책을 받은 지 사흘 만에 어떠한 생략이나 제한도 요구하지 않은 채 출판을 수락해주었던 것이다. 마찬가지로, 풍부한 언어학적 증거자료를 담고 있는 이 책, 『산호섬의 경작지와 주술』의 출판 역시 새로운 출발점이 될 것이다. 나는 스탠리 언원(Stanley Unwin) 씨가 통찰력과 진취성을 발휘하여 이러한 모험적인 출판을 수락한 데 대하여 감사드린다.

대부분의 민족지 저서들과 마찬가지로, 여기서 나는 아주 많은 분들에게 감사드리고 싶다. 이미 나는 첫 번째 책의 '감사의 글'에서, 현지조사를 도와준 분들에게 신세진 바가 얼마나 많은지를 충분히 언급했다. 긴 여행을 재정적으로 후원해준 로버트 몬드(Robert Mond) 씨, 파푸아 현지로 나를 보냈고 적어도 하나 이상의 노정에서 계속해서 나를 도와주었던 셀리그만(Seligman) 교수, 파푸아 정부와 오스트레일리아 연방 정부, 그리고 다른 누구보다도 작고한 친구 빌리 핸콕(Billy Hancock)과, 지금 내가 이 글을 쓰는 동안 아마 트로브리안드 군도로 돌아가고 있을 나의 친구 라파엘 브루도(Raphael Brudo)가 그들이다.

현지조사 자료를 가지고 작업할 때, 나는 록펠러 재단에서 임명해준 연구 조교들로부터 많은 도움을 받았다. 그중에서도 오브렙스키(J. Obrebski) 박사와 아그네스 드류(Agnes Drew) 양은 내가 필드노트에서 자료를 찾아내는 일을 도와주었다. 마더스(R. C. Mathers) 여사와 기르사비시우스(Girsavicius) 양, 마가렛 리드(Margaret Read) 양은 이 자료의 정리를 도와주었다. 이 책의 기술적인 부분들은 내 친구인 호놀룰루의 피터 벅(Peter

Buck) 박사가 세밀히 살펴주었고, 에드윈 스미스(Edwin Smith) 씨는 언어학적인 몇몇 장들을 읽어주었는데, 그들은 모두 귀중한 제안을 해주었다. 또한 내가 주관하는 세미나의 참가자들은 거의 최종 형태의 원고를 한 장씩 읽고서 비판하고 토론하였다. 이러한 과정은 내가 이 책을 마무리하는 데 상당히 큰 도움이 되었다. 학생들 가운데 몇몇은 나와 함께 이 책을 꼼꼼하게 검토했다. 특히 와그너 네이델(Wagner Nadel) 박사와 포르테스(M. Fortes) 박사, 힐다 빔머(Hilda Beemer) 양, 갓프리 윌슨(Godfrey Wilson) 씨, 스조어드 호프스트라(Sjoerd Hofstra) 박사, 키싱(Keesing) 박사, 그리고 마죠리 로렌스(Marjory Lawrence) 양에게 감사드린다. 나는 록펠러 재단의 후원 덕분에 조교들 및 대다수 학생들과 함께 연구를 계속할 수 있었기에, 그 기관이 나의 연구를 얼마나 충분히 후원해주었는지 밝히고 싶다. 구체적으로는 에드먼드 데이(Edmund E. Day) 이사와 건(Gunn) 부회장, 그리고 키트리지(Kittredge) 씨와 반 시클(Van Sickle) 박사의 도움을 받았다. 내가 그들에게 개인적으로나 학문적으로 얼마나 많은 빚을 졌는지, 또한 그들이 일하는 기관에 얼마나 고마운 마음을 가지고 있는지는 이루 다 표현할 수 없다.

　나는 이 책을 아내에게 바친다. 이 책이야말로 내가 썼던, 혹은 앞으로 쓰게 될 모든 책 가운데 가장 훌륭하다고 믿기 때문이다. 언제나 그러했듯이, 나는 이 책에 대한 아내의 제안과 비판적 충고를 통해 가장 귀중하고 실제적인 영감을 얻었다.

B. M.

1934년 4월

인류학과 런던대학교 런던경제대학

제1권 차례

제2권 차례

제3권 차례

사진 목록

그림 & 지도 목록

제2부 산호섬의 경작지와 주술

제1장 경작에 대한 일반적 설명
식량을 공급하는 두 가지 주요 활동인 경작과 고기잡이 – 두 활동의 상호 의존

제4장 오마라카나의 경작지 : 성장 주술
작업과 주술의 새로운 주기

제5장 수확기
수확, 가장 중요하고 가장 즐거운 경작 행사

의 생식 이론 – 트로브리안드에서 "가족"에 해당하는 두 집단을 대표하는 두 명의 남성 : 남편과 아내의 남자 형제 – 트로브리안드 여성에게 남편의 필요성 : 그녀의 성생활의 보호자로서, 그 후손을 합법화하는 사람으로서 – 남편과 아내의 관계에서 파생된 아버지의 지위 – 그 가구를 향한 의무가 처남이나 가장 가까운 모계 친족 남자에게 지워진다 – 아버지의 감정 : 부정(父情)의 힘과 토대, 부정에서 생겨나는 관습과 제도들 – 외삼촌의 감정 – 트로브리안드 가족에서 남성 보호자가 이중으로 존재하는 결과로서 우리구부 선물 – 가족의 진짜 우두머리가 가족과 함께 사는 보호자에게 주는 기부로서 우리구부 – 우리구부 선물의 개인적 동기 : 종족 정서, 허영, 그리고 애착 – 왜 우리구부는 상업적 거래가 될 수 없는가 – 왜 우리구부는 결혼의 안정에 기여하는가 – 어떻게 우리구부는 정치적 조직화에 기여하는가

제7장 풍요의 작업과 주술
부의 토대인 타이투 – 관심과 활동의 중심은 창고 – 농작물의 종류에 따른 창고의 유형

| 일러두기 |

- 이 책은 *Coral Gardens and Their Magic*：*A Study of the Methods of Tilling the Soil and of Agricultural Rites in the Trobriand Islands*, Dover Publications, INC, 1978(1935)을 완역한 것이다.

- 원서에서는 1~3부까지가 제1권, 4~7부까지가 제2권으로 나뉘어져 있지만, 번역본에서는 분량이 많아져서 원서의 제1권을 두 권으로 나누었다. 즉 1부~2부 7장까지를 제1권, 2부 8장에서 3부까지를 제2권, 4~7부까지를 제3권에 실었다.

- 원서의 토착어 발음 표기에서, 간혹 동일한 단어가 서로 다른 철자로 기록된 경우가 있었다. 특히 말리노프스키는 가끔씩 w와 v를 혼용해서 기록하였다. 자주 등장하는 지명일 경우에, 옮긴이는 혼란을 피하기 위해 빈도수가 높은 표기를 선택하여 번역하였으며, 비슷한 빈도로 혼용해서 사용되는 단어일 경우에는 역주를 달아 표시했다.

| 옮긴이의 말 |

종교학이나 인류학 서적을 읽다 보면 종종 말리노프스키의 이름이 언급된다. 특히 각종 개론서들에서 말리노프스키는 인류학에서 현지조사 시대를 연 선구적인 인물로 소개되어 있다. 그렇지만 학문의 역사에서 그가 차지하는 비중에 비해 상대적으로 짧은 소개글로는 말리노프스키의 학문적 업적으로 제대로 평가하기에 불충분하다는 느낌을 가지고 있었다. 특히 그의 핵심적 업적이라고 할 수 있는 민족지들은 국내에서 소개되지 않았기에 늘 아쉬운 마음이었다. 그런데 2008년 한국연구재단의 명저번역연구 대상 목록 가운데 말리노프스키의 대표적인 민족지인 본서가 올라 있는 것을 보고 바로 번역연구사업에 지원했고, 마침내 이 책을 번역하게 되었다. 처음에는 이토록 오랜 시간 동안 이 책과 함께하게 될 것이라고는 꿈에도 생각하지 못했다.

이 책에서 말리노프스키는 트로브리안드의 생태 환경과 인간의 상호작용을 '경작 작업'과 '관련 주술'이라는 서로 뒤얽혀 있으면서도 완전히 구별되는 두 가지 활동을 중심축으로 삼아서 서술하고 분석하였다. 트로브리안드인들은 먹고살기 위해서 주로 농사를 짓는다. 그런데 이들은 동시에 많은 시간과 공을 들여서 (외부인의 눈에는 쓸데없는 것처럼 보이는) 주술을 수행한다. 말리노프스키는 이 책에서 트로브리안드인들의 이러한 농경 '작업'과 '주술'이 어떠한 관계를 맺고 있는지를 보여주고자 했다. 사실 인간이 어떤 목적을 달성하기 위해 사용하는 합리적인 기술과 초자연적 수단과의 관계는 어느 사회에서나 대두되는 보편적인 문제이기에, 본서의 주제는 우리의 관심을 끈다.

어떤 학자라면 이러한 주제를 짧은 논문 한 편으로 정리할 수 있을지도 모른다. 그러나 말리노프스키는 이러한 주제를 가지고 방대한 분량의 책을 집필했다. 그는 스스로의 선입관이나 이론적 틀에 맞춰 트로브리안드 사람들이나 그들의 문화를 재단하려는 유혹에 빠지는 것을 거의 강박적이라고 할 만큼 철저히 경계했으며, '기능주의적' 시각으로 트로브리안드 문화에서 어떤 요소도 빠뜨리지 않고 각각의 기능과 상호관계를 적극적으로 제시하려고 노력했던 것이다. 그처럼 '비경제적'으로 집필된 이 책은 말리노프스키의 기능주의적 현지조사 및 민족지 서술 방법의 진수를 보여준다고 평가받았다.

게다가 학술서에서는 이례적으로, 말리노프스키는 '부록'에서 자기 글에 대한 소위 '뒷담화'를 제공한다. 여기서 말리노프스키는 본문에서는 제기하지 못한 과감한 이론적 주장을 펼치기도 하고, 자기 글의 부족한 부분을 고백하기도 하며, 후학들에게 당부할 말을 덧붙이기도 한다. 이 부분을 놓치지 않고 읽어보라고 독자에게 권하고 싶다.

그런데 말리노프스키가 집필한 멋진 민족지를 그냥 읽어 내려가는 것과 그것을 한국말로 번역하는 작업은 (당연한 말이지만) 하늘과 땅처럼 다른 일이었다. 나는 번역 기간 내내 감탄과 한탄이 엇갈리는 괴상한 심리 체험을 했다.

고백컨대, 번역 초기에는 당장이라도 그만두고 싶은 충동을 줄곧 느꼈다. 완벽주의적인 말리노프스키의 글쓰기를 번역하는 작업은 곤혹스러운 일이었고, 종교학을 전공한 옮긴이가 인류학 고전을 번역하고 있다는 고독감(?) 같은 것도 마음을 불편하게 했다. 내용을 정확하게 번역하기 위해 무수한 참고서적들을 뒤적이고, 토착어와 영어, 한국어를 끊임없이 오가며 확인하는 작업을 되풀이할 때면, 나는 이 책의 1, 2권은 인류학자가, 3권은 언어학자가 나누어서 번역했어야 했다고 중얼거리면서 번역 작업에 뛰어든 나의 무모함을 스스로 한탄하기도 했다. 게다가 컴퓨터가 없던 시절 작성된 방대한 원서가 지닌 치명적인 약점으로서 간혹 나타나는 오류와 오기를 일일이 확인해가며 수정하는 작업도 쉽지 않았다.

그렇지만 나는 이 책을 번역하면서, 컴퓨터도 없고 타이프라이터밖에 없던 그 시절에 낯선 타인을, 타인의 사회와 문화를 이해하기 위해 말리노프스키가 기울인 노력에서 깊은 인상을 받았다. 번역 과정에서 나는 인간이 다른 인간을, 다른 문화를 이해하고 설명한다는 작업 자체의 의미에 대해 새삼 생각해보게 되었고, 그러한 노력의 어려움 및 한계를 실감했다. 더불어, 문화의 특수성과 보편성 문제를 비롯해서, 아마도 말리노프스키가 열대의 기후 속에서 씨름했을 여러 문제들을 어렴풋하게나마 함께 고민할 수 있었던 것이다. 이 자리를 빌어서—내 말을 들을 수는 없겠지만—말리노프스키에게 감사의 인사를 전하고 싶다.

또한 이 책의 완성을 위해 노력해주신 아카넷 편집부 및 수많은 분들에게 감사드리고 싶다. 이 책은 번역도 수월하지 않았지만, 출판 역시 만만한 작업이 아니었으리라 생각한다. 수많은 도표들을 정리하고, 특히 원서에서도 뚜렷하지 않았던 사진들을 원본보다 더 선명하게 살려낸 분들의 노고에 감사드린다.

많은 정성을 기울였지만 과문한 탓에 오류가 많이 있을 것이다. 옮긴이의 잘못이다. 모든 학문적 노력과 마찬가지로 이 번역 작업 역시 징검다리의 돌 하나라고 생각한다. 다양한 독자들이 한 걸음 딛고 갈 수 있는 돌의 역할을 할 수 있기를 바랄 뿐이다.

2012. 9.
유기쁨

말리노프스키와 그의 민족지

1. 영국 사회인류학의 독보적 존재

이 책의 저자인 브로니슬로 말리노프스키(Bronislaw Malinowski, 1884~1942)[1]는 폴란드 출신의 저명한 인류학자로서 영국 사회인류학의 창시자로 일컬어진다. 그는 본격적인 현지조사 방법을 인류학 연구에 도입하여 민족지 조사를 위한 새로운 기준을 세웠을 뿐 아니라, 자신의 현지조사 결과를 바탕으로 기능주의적인 문화이론을 확산시킨 것으로 알려져 있다. 트로브리안드 군도에서의 현지조사 결과를 토대로 한 그의 저술들은 인류학뿐 아니라 종교학, 언어학, 법학, 심리학, 사회학 등 여러 학문 분야에서 주술, 종교, 신화, 문화, 친족관계, 교역체계, 언어, 법 등과 관련된 여러 가지 이론적 논의들을 불러일으켰다.

∵

1) Bronisław Malinowski의 폴란드식 발음은 '브로니스와브 말리노프스키'에 가깝다. 그런데 그는 영국에서 본격적으로 인류학자의 길에 접어들어서 영어로 저술활동을 시작하면서 자기 이름의 철자를 Bronislaw Malinowski로 고쳐서 표기했으며, 그 이름으로 학술 및 저술활동을 해왔다. 그가 자신의 이름을 폴란드식 발음과 비슷하게 Browniswaav 혹은 Bronislaav로 표기하지 않았다는 점은 주목할 만하다. 본서에서도 폴란드식 발음을 고집하지 않고, 저자의 이름을 브로니슬로 말리노프스키로 표시할 것이다.

말리노프스키가 모두에게 인정받는 학자였던 것은 아니다. 말리노프스키는 생존 당시는 물론이고 사후에도 극에서 극에 이르는 상반된 평가를 받았다. 그의 탁월한 능력과 업적에 대한 찬사와 경탄도 많았지만, 비판과 비난의 목소리도 높았다. 가령 그는 현지조사 방법과 민족지 서술에서 새로운 시대를 연 인물로 추앙을 받았다.[2] 그러나 리치(Edmund Leach)는 말리노프스키가 현지조사의 기준을 새롭게 세운 공로는 인정할 만하지만, 그가 전개한 일반적 문화 이론은 평범하고 지루할 뿐이라고 평했고[3], 어떤 학자들은 그가 어수룩한 대중을 끌어모으는 데 성공한 잘난 척하는 메시아에 불과하다고 비난했다.[4]

게다가 말리노프스키가 죽고 나서 1967년에, (그의 의지와는 무관하게, 아마 정반대로) 사적인 『일기』가 출판되었다.[5] 『일기』에는 말리노프스키가 현지조사를 진행하면서 겪은 고충과 고통, 심리적 갈등, 혐오, 내적 욕망 등이 날것 그대로 적혀 있었고, 이를 읽은 많은 사람들은 충격을 받았다. 적어도 『일기』에 나타나는 말리노프스키의 모습은 토착민들과 정서적으로 교감을 나누는, 그 자신이 수립한 현지조사자의 이상과는 거리가 멀었다. 심지어 참을성 없고 인종주의적 편견을 가진, 현지조사에 부적합한 인물

⁝

2) 예를 들어, 겔너는 말리노프스키가 인류학이라는 학문의 근간을 뒤흔든 새로운 지도자였다고 평한다. Ernst Gellner, *Language and Solitude: Wittgenstein, Malinowski and the Habsburg Dilemma*, Cambridge: Cambridge University Press, 1998, p.121.

3) E.R. Leach, "The Epistemological Background to Malinowski's Empiricism", *Man & Culture: An Evaluation of the Work of Bronislaw Malinowski*, Routledge & Kegan Paul, 1970(1957), p.119.

4) Clyde Kluckhohn, "Bronislaw Malinowski 1884~1942, *The Journ of American Folklore*, Vol.56, No.221 (Jul.~Sep., 1943), p.208.

5) Bronislaw Malinowski, *A Diary in the Strict Sense of the Term*, London: Routledge & Kegan Paul, 1967.

로 느껴지기도 했던 것이다.[6]

본 해제에서는 말리노프스키의 핵심적 공적으로 알려진 민족지와 현지
조사 성과를 중심으로 말리노프스키의 업적을 살펴보고, 그러한 맥락 속
에서 본서가 차지하는 위치를 가늠해보고자 한다. 이를 위해서, 우선 현지
조사의 기능주의적 접근법이나 민족지 서술에서 그가 일으킨 혁신이 전인
미답의 경지에서 갑자기 생겨난 것이 아니라는 사실을 염두에 두고서, 당
시 지성사의 맥락 속에서 말리노프스키의 업적을 살펴볼 필요가 있다.

2. 말리노프스키의 지적 토양

만약 내가 과거를 불러내는 힘을 가지고 있다면, 여러분을 20여 년 전 유
서 깊은 슬라브의 대학 도시로, 곧 폴란드의 옛 수도이며 동유럽에서 가장
오래된 대학이 위치한 크라쿠프로 인도할 것입니다. 그러면 나는 여러분에게
정신적인 고뇌에 빠져서 중세풍 대학 건물을 떠나는 한 학생을 보여줄 수 있
을 것입니다. 그는 자신의 괴로움을 유일하게 위로해주는 녹색의 책 세 권을
팔에 끼고 있는데, 그 책에는 양식화된 겨우살이 도안이 황금색으로 아름답
게 인쇄되어 있습니다. 그것은 바로 『황금가지』의 상징이었습니다. [……]

6) 『일기』가 출판된 후 한동안은 클리포드 기어츠(Clifford Geertz)의 서평(C. Geertz, "Under the
Mosquito Net", *New York Review of Books*, 14 Sept. 1967)을 비롯하여 말리노프스키의 이중
성과 자격미달을 비난하는 목소리도 높았지만, 점차 민족지학자의 이상과 현실, 조사대상과 현
지조사자 사이의 관계 설정의 문제 등에 관한 좀 더 근본적인 물음이 제기되기 시작했다. 역설
적이게도, 『일기』는 좀 더 섬세하게 성찰적이며 해석적인 인류학, 즉 실증주의적인 과학의 가식
을 배제하고 좀 더 인본주의적인 의제를 아우르는 인류학으로의 전환을 위한 가교 역할을 하게
된 것이다.

나는 이 위대한 저작을 읽기 시작하자마자 그 속에 빠져들게 되었고, 그 책에 사로잡혔습니다. 그때 나는 제임스 프레이저 경이 제시한 인류학이야 말로 위대한 과학이며, 더 오래되고 정밀한 인접 학문들과 마찬가지로 헌신할 만한 가치가 있다는 사실을 깨달았습니다. 그리고 나는 프레이저 식 인류학에 헌신하기로 마음먹게 된 것입니다.[7]

1925년 11월, 리버풀 대학의 강연에서
말리노프스키

말리노프스키가 영국에서 인류학자로서 새로운 학문적 여정을 시작하기 이전의 생애 전반부에 관해 알려진 이야기들은 대체로 그 자신이 이야기한 내용을 토대로 재구성된 것이다.

이렇게 재구성된 소위 '말리노프스키 신화' 가운데 가장 많이 되풀이해서 언급되는 이야기는 말리노프스키가 인류학으로 '극적인 회심'을 하게 된 계기와 관련된다. 말리노프스키는 물리학과 수학 등에 관심을 가지고 대학생활을 보내고 있었다. 그는 박사학위를 받기 위해서 영어 시험에 통과해야 했는데, 프레이저(James Frazer)의 『황금가지』가 영어로 집필된 아주 좋은 책이란 말을 듣고 그 책을 입수했다고 한다. 이후 말리노프스키는 건강이 나빠져서 어쩔 수 없이 요양을 위해 대학을 떠나게 되었다. 그런데 그때 그가 우연히 손에 잡은 『황금가지』를 탐독하면서 인간의 문화를 연구하는 학문에 흥미를 느끼게 되었고, 결국 영국까지 가서 인류학을 공부하게 되었다는 것이다. 그의 일생의 전기가 되는, 나아가 인류학계의 새 시대

∴

7) Bronislaw Malinowski, *Magic, Science and Religion and other essays*, Long Grove: Waveland Press, 1992 (1948), pp. 93~94.

를 여는 전환은 그렇게 시작되었다.

이처럼 '말리노프스키 신화'에서는 폴란드에서 학업을 계속하던 그가 돌연 영국까지 가서 인류학을 전공하게 된 계기가 드라마틱하게 그려져 있다. 그리고 그가 현지조사 방법론 및 기능주의적 문화이론을 오로지 독창적으로 만들어낸 듯이 느껴진다.

그러나 그의 업적과 의의를 제대로 평가하기 위해서는 우선 그와 관련된 과장된 숭배나 비난의 장식을 가능한 한 걷어내고, 그동안 간과되어왔던, 폴란드에서 말리노프스키의 지적인 여정을 객관적으로 살펴보고 평가할 필요가 있다. 상당히 최근까지 말리노프스키의 학문적 배경으로 그가 태어나고 자란 폴란드의 영향은 그다지 논의되지 않았다.[8] 그러나 1984년 말리노프스키 탄생 100주년이 되던 해에 비로소 (여러 폴란드 학자들이 참여한 각종 학회들을 통해서) 그에게 미친 폴란드의 영향이 본격적으로 논의되기 시작했다. 이후 밝혀진 연구 성과들에 따르면, 폴란드에서 말리노프스키의 지적인 여정은 이후 그가 전개하게 될 기능주의 이론의 맹아적 형태를 보여주고 있다.

말리노프스키는 1884년 4월 7일, 폴란드의 유서 깊은 도시 크라쿠프에서 태어났다. 양친 모두 폴란드의 귀족 계급에 속했다. 그는 어려서부터 병치레가 잦았다. 1895년에 그는 갈리치아 지방 전역에서 훌륭한 학교로 명성이 높았던 얀3세 소비에스키 김나지움[9]에 입학해서 중등교육을 받았

..

8) 사실 학자들마다 말리노프스키의 폴란드 시절에 대한 진술이 약간씩 엇갈려서 나타나는 경향이 있다. 한국에서 말리노프스키를 소개하는 몇몇 저술들의 경우도 예외는 아니다. 이러한 경향은 말리노프스키가 자신의 지적 여정을 설명할 때 폴란드의 영향을 거의 배제하다시피 했다는 사실에 어느 정도 기인할 것이다.

다. 건강이 좋지 않아서 결석이 잦았지만, 성적은 탁월했다.

말리노프스키의 아버지(Lucjan Malinowski)는 야기엘로인스키 대학의 교수로서 저명한 언어학자이자 민족지학자, 민속학자였으며, '폴란드 방언학의 창시자'로 알려졌다. 그는 말리노프스키가 성인이 되기 전, 14살 무렵인 1898년에 사망했다.[10] 당시 중부와 동부유럽의 지식인들 사이에 널리 퍼져 있던 학문적 풍조는, 특히 낭만적이고 민족주의적인 민속학, 언어학 등의 학문적 분위기는 말리노프스키가 장차 수립하게 될 현지조사 방법론이나 기능주의적 문화이론에도 간접적으로 영향을 미쳤을 것이다.[11]

이후 말리노프스키는 1902년 10월에 18세의 나이로 크라쿠프의 야기엘로인스키 대학교 철학부에 입학했다. 입학 후 첫해에는 기하학, 수학적 분석, 실험 물리학 강의를 수강했고, 물리학과 무기화학의 실험실 수업에도 참여했다. 근대 철학사에 관한 과목을 수강했지만, 대체로 첫해에는 수학과 물리학에 훨씬 더 많은 관심을 나타냈다. 그다음 해에는 인문학 과목

••

9) King Jan III Sobieski Imperial and Royal Gymnasium.

10) 말리노프스키의 아버지는 물리학, 법학, 역사학, 철학, 민족학 등 여러 분야의 학자들과 친하게 지내면서 종종 집에서 광범위한 주제를 놓고 토론을 벌였는데, 어린 말리노프스키는 가만히 앉아서 대화를 듣곤 했다고 한다. 그는 이러한 기회들을 통해서, 대학에 입학하기 전부터 이미 철학, 심리학, 법의 진화에 관한 일반적 흥미를, 그리고 언어학, 민속학, 민족학에 특별한 관심을 갖게 되었다. Michael W. Young, *Malinowski: Odyssey of an Anthropologist 1884~1920*, New Haven: Yale University Press, 2004, pp. 32~33.

11) 그런데 말리노프스키의 아버지가 당대의 탁월한 방언학자로서 실레시아 등지에서 민족지 조사를 근면하게 수행했던 대표적인 학자임에도 불구하고, 말리노프스키가 활자화된 문헌에서 자기 아버지에 관해 단 한 차례만 간략하게 언급한다는 사실은 주목할 만하다. 말리노프스키는 1911년에 한 학술지에 기고한 리뷰에서 폴란드의 민속학의 역사를 요약하면서, 여러 학자의 이름과 함께 'L. 말리노프스키 교수'의 이름을 언급하였는데, 그것이 아버지에 대한 진술의 전부였다. 개인적인 『일기』에서도 아버지에 대한 언급은 단 한 차례만, 지나가는 말투로 나타날 뿐이다. *Ibid.*, pp. 14, 17 참조.

을 세 과목으로 늘리는 등, 점차 인문학에 대한 관심이 늘어났다. 당시 말리노프스키는 학점이나 자격증을 얻기 위해서가 아니라 배우려는 열망에 따라 과목을 선택했고, 야기엘로인스키 대학은 그러한 여건을 갖추고 있었다. 야기엘로인스키 대학에서 4년 동안 말리노프스키가 씨름했던 과목들은 크게 수학, 물리학, 철학, 인문학이라는 네 가지 범주로 요약될 수 있다. 그가 수강한 시간을 대략 계산해보면 4년 동안 수강한 과목의 3분의 1 이상은 철학과 관련된 것으로, 그가 철학에 가장 많은 시간과 노력을 들였고, 다음으로는 물리학과 수학에 관심을 쏟았음을 알 수 있다.[12]

그런데 말리노프스키가 야기엘로인스키의 철학부에서 공부할 무렵에는 마흐(Ernst Mach, 1838~1916)와 아베나리우스(Richard Avenarius, 1843~1896)의 소위 '제2의 실증주의' 혹은 '신실증주의'가 지식인들 사이에 강력한 영향을 미치고 있었다.[13] 물리학자이자 심리학자이며 과학철학자인 마흐는 당시 지성사에서 두 가지 흐름이 합류하는 지점에 있었다. 한편으로 물질주의가 쇠퇴하고 경험주의가 부상하면서 물질보다 관찰이 우선시되는 흐름이 있었고, 다른 한편으로 다위니즘의 영향으로 생존 수단으로서 기능적 적응의 중요성이 부각되고 있었는데, 마흐는 이러한 두 가지 흐름을 대변하는 인물이었다. 말리노프스키와 관련해서 주목할 만한 마흐의 두 가지 주제는 (1) 선험적 실체에 기반한 설명방식을 불신하는 근본적 경험주의와, (2) 생물학에서 아이디어를 얻은 기능주의이다.[14]

∵

12) *Ibid.*, p. 81.
13) 1906년에 완성된 말리노프스키의 박사 학위논문 「사유의 경제 원칙에 대하여(O zasadzie ekonomii myślenia)」에서는 특히 마흐의 실증주의적 인식론에 대한 관심이 드러난다. 그 논문은 자체로도 중요하지만, 이때의 기본적인 철학적 입장이 일생 동안 대체로 변하지 않기 때문에 주목할 필요가 있다.

마흐는 나중에 말리노프스키가 '안락의자 인류학'을 반대했듯이 '안락의자 심리학'을 비판했으며, 어떤 현상을 설명하기 위해 또 다른 실체들을 '발명'하는 것을 거부했다. 그리고 마흐는 현상들 자체가 아니라 사물들 사이의 기능적 관계들이 과학적 연구의 대상이라고 선언했다. 즉 과학적 연구는 해당 체계에서 요소들 사이의 기능적 관계들을 조사해야 한다는 것이다. 이후 말리노프스키는 문화를 기능적으로 통합된 체계로 보고, 인류학자의 과업은 '통전적 전체'인 해당 문화의 요소들(제도들) 사이의 기능적 관계들을 조사하는 것이라는 논의를 펼치게 되는데, 이미 크라쿠프에서부터 그러한 견해의 맹아적 형태가 갖춰지기 시작했을 것이다.

또한 마흐는 '가능한 가장 적은 작업과, 가장 짧은 시간과, 가장 적은 사유로 영원한 진리의 가장 큰 부분을 획득하는 것이 과학의 과업'이며, 제한된 힘을 가진 인간의 마음이 세계의 풍부한 생명을 반영하려고 할 때 경제적으로 진행할 수밖에 없다는 논의를 펼쳤다. 즉 마흐는 지식을 생물학적으로 해석했으며, 모든 인지활동의 궁극적 목적은 종의 생존에 있다고 여겼다. 지식은 환경에 대한 적응을 용이하게 함으로써 생물학적인 목적에 이바지한다는 것이다.[15]

말리노프스키는 이처럼 과학을 비롯한 모든 인지활동이 생물학적 목적을 위해 사용된다는 자연주의적, 도구적 견해에 동조하였다. 즉 인지적 선택의 원칙은 가장 경제적인 것, 유기체를 위해 단순하고 편리한 것을 우선시하는 것이다. 유기체의 필요에 따라 전략이 결정된다. 이러한 시각은 나중에 문화에 대한 말리노프스키의 전일적인 태도 및 기능주의적 논의로 발

14) Ernst Gellner, op.cit., p. 128.
15) Michael W. Young, *op.cit.*, pp. 85~86.

전되었다. 곧 문화는 광대한 '도구적 장치'로 여겨질 수 있으며, 그 기능은 인간의 필요를 만족시키는 데 있다는 것이다.

리치는 말리노프스키에게서 나타나는 극단적 경험주의와 생물학적 기능주의의 결합이 윌리엄 제임스(William James)의 영향을 받은 것이라고 주장하였다.[16] 물론 말리노프스키가 나중에 윌리엄 제임스의 저작을 읽은 것은 사실이지만, 이미 마흐에게서도 그러한 결합을 찾아볼 수 있다는 데 주목해야 한다. 폴란드 학자인 안드레이 플리스(Andzej Flis) 등의 연구를 통해서 알 수 있듯이, 말리노프스키가 22세에 집필한 박사학위 논문에서도 이미 그 맹아적 형태를 찾아볼 수 있는 것이다.[17]

그런데 폴란드의 지적 토양에서 말리노프스키가 받은 영향은 이와 같은 경험주의와 생물학적 기능주의에 그치지 않는다. 말리노프스키는 당시 동유럽을 풍미했던 낭만주의적 사조를 거부하는 동시에 독창적으로 자기 것으로 만들고자 했다. 19세기에 동부와 중부 유럽의 일부 학자들은 서유럽 학자들과는 다른 스타일의 민족지 연구를 수행하였다. 서유럽 학자들은 '단순한' 사람들을 조사해서 결혼이나 종교, 국가의 초기 형태에 대한 물음, 곧 인류의 초기 조건에 대한 물음의 해답을 찾는 데 관심을 갖고 있었다. 반면, 동부와 중부 유럽에서 여러 지식인이 애써서 관습이나 노래들, 이야기들, 춤 등을 기록한 까닭은 그것과는 전혀 무관했다. 그들은 '민족 문화'

••

16) Leach, *op.cit.*, p. 121.

17) 말리노프스키는 박사학위 논문을 완성한 후, 합스부르크 황제인 프란츠 요제프(Franz Josef)에게 박사학위 논문에 대한 후원과 인정을 요청하는 편지를 썼고, 마침내 황제의 승인을 받아서 가장 우수한 졸업생임을 상징하는 다이아몬드가 박힌 금반지를 수여받게 되었다. 1908년 11월 7일에 야기엘로인스키 대학의 학위수여식에서 말리노프스키에게 그 반지를 수여하는 의식이 엄청나게 성대하고 장엄한 방식으로 진행되었다. 이날의 기억은 말리노프스키에게 깊은 인상을 주었고 일생 동안 자의식을 고취하는 데 영향을 미쳤다.

혹은 농민 문화를 기록하고 보존함으로써 그들의 민족이 '재탄생'할 수 있기를 기대했던 것이다. 이러한 양식의 민족지는 초기 인간사회의 어떤 측면에 대한 이론적인 호기심에서 수행된 것이 아니다. 오히려 지역 관용어의 뉘앙스를 잘 알고, 문화의 통일성에 대한 감각을 가지고, 또한 그것을 보존하려는 애정 어린 동기를 가지고 진행된 것이다. 당시 크라쿠프의 분위기를 고려할 때, 특히 말리노프스키의 아버지가 전문적인 방언학자라는 점을 염두에 둘 때, 말리노프스키는 이처럼 문화를 사랑하고 문화를 보존하려는 현지조사의 전통에 친숙해지지 않을 수 없었을 것이며, 이는 나중에 말리노프스키가 현지조사 방법의 원칙을 수립할 때에도 영향을 미쳤을 것이다.

박사학위를 받은 후, 말리노프스키는 11월 21일에 라이프치히대학 철학부에 정식으로 등록했다. 그곳에서 주목할 만한 인물로는, 우선 고대부터 당시에 이르기까지 유럽이 거친 경제 단계들에 관한 이론으로 유명한 경제사학자인 칼 뷔허(Karl Bücher, 1847~1930)가 있다. 특히 그는 뷔허가 원시인들에게는 경제가 결여되어 있으며, 따라서 그들은 인류 역사에서 전(前)경제적 단계를 나타낸다고 주장한 것을 비판했다. 그러나 원시 경제에 관한 뷔허의 지속적인 관심이나 그의 주요 저서인 『노동과 리듬(*Arbeit und Rhythmus*)』(1896)은 이후 트로브리안드에서 그가 주술과 작업과의 관계를 파악할 때 다소 영향을 미쳤을 것이다.[18] 또한 라이프치히 대학에는 당시 근대 실험심리학의 아버지로서 국제적인 명성을 얻고 있던 빌헬름 분트(Wilhelm Wundt, 1832~1920)가 총장으로 있었다. 분트는 심리학이 모든 과

••

18) Robert J. Thornton & Peter Sklník, "Introduction", in Robert J. Thornton & Peter Sklník ed., *The Early Writings of Bronisław Malinowski*, Cambridge: Cambridge University Press, 1993, pp. 52~53 참조.

학적, 문화적 지식의 공통된 바탕이라고 여겼다. 말리노프스키는 심리학에 지속적인 관심을 가지고 분트의 강의를 수강했으며 그의 이론에서 많은 영향을 받았다. 그러나 그는 개인을 넘어서는 심리를 언급하는 이론적인 경향에 대해서는 거부감을 가지고 있었고, 진화론적으로 인류의 발달 단계를 설명하려는 모든 시도에 비판적인 입장을 견지했다.

라이프치히에서 그는 세 학기를 등록했지만 두 학기만 마치고, 새로운 학문적 여정을 위해 런던을 향해 떠났다.

3. 인류학의 분수령

1910년부터 말리노프스키는 런던경제대학에서 웨스터마크(Edward Westermarck), 셀리그만(C.G. Seligman, 1873~1940) 등의 강의를 들으면서 비로소 인류학 분야에 본격적으로 발을 들여놓았다. 1913~1914년에 런던경제대학 사회학과에서 원시종교와 사회분화, 사회심리학 등을 가르치기도 했고, 1916년에는 런던경제대학에서 이학박사학위를 받았다. 중요한 것은, 말리노프스키가 1914년에 비로소 현지조사에 뛰어들었다는 점이다. 말리노프스키의 중요한 업적은 모두 1914~1918년 사이에 이루어진 현지조사와 연관되어 있다.

(1) '안락의자 인류학자들'[19]의 유산

19세기 말까지, 대부분의 인류학자들은 연구실 '안락의자'에 앉아서 선교사, 탐험가, 여행자, 정부 관리 등, 주로 '미개인들'을 변화시키려는 생각을 가지고 있던 사람들이 기록한 자료를 토대로 이론을 수립했다. 대표적인 학자는 프레이저(Sir James Frazer, 1854~1941)[20]이다. 그는 마치 '지치지 않는 까치'처럼, 모을 수 있는 모든 자료를 엄청나게 수집해서 저술에 활용했다. 그러나 그 말은 곧 자신이 수집한 정보의 맥락을 엄밀히 조사하지 않았음을 의미한다.

프레이저가 기본적으로 가지고 있던 물음은 '인류는 어디서부터 어떠한 과정을 거쳐 현재의 조건에 도달했을까?'라는 것이었다. 그는 인류 발달의 연속성을 전제하고, 현존하는 무문자사회의 부족민들이 과거 원시인들의 조건을 예시해줄 것이라고 추정했다. 즉 현재 나타나는 차이를 인류 발달 단계에서의 차이로 설명했던 것이다. 그리고 인간의 의식이 태초로부터 현대까지 주술, 종교, 과학의 단계로 발전한다는 이론을 수립했고, 인류의 유아기에 속하는 주술적 단계의 특징을 방대한 자료들을 통해 설명했다.

이와 같은 프레이저식 인류학에서는 전체 인류의 지적 진화를 이론적으로 설명했지만, 그 증거자료는 모든 장소, 모든 시대의 맥락에서 찢어낸 엄청나게 많은 사례들로 구성된 것이었다. 그리고 이러한 경향은 단지 프레이저에게만 국한되지 않았다. 19세기 말 서유럽의 수많은 학자들은 다윈니즘의 영향 하에, 잔존하는 '미개인들'을 인류의 과거와 관련된 추론의 증거로 사용하려고 열심이었다. 그리고 점차 여행자, 선교사, 식민지 관리들의 중구난방식 자료들을 대체할 만한, 좀 더 체계적인 민족지의 필요성이 대두되기 시작했다.

∙∙

19) 직접 현지조사를 수행하지 않고, 다른 이들이 현지에서 수집한 자료를 수합해서 이론을 구상하던 인류학자들을 경멸적으로 표현하는 말.
20) 인류학에서 프레이저는 옛 시대를 대변하는 인물이지만, 실제로는 말리노프스키보다 단지 한 해 먼저 사망했으며, 말리노프스키와 동시대인이었다.

(2) 현지조사 시대의 서막

영국에서는 20세기 초에 인류학이 대학 안에 정착되기 시작했다. 사실 말리노프스키가 영국에 도착한 시기는 절묘했다. 그때 영국 인류학계는 제도적으로 정비되던 시기였고, 현지조사연구를 위한 자금이 마련되어 있었다. 따라서 그는 이제 막 의욕에 차 있는, 낙관적인 분위기 속으로 들어가게 된 것이다.

아직 말리노프스키가 크라쿠프에서 학업을 진행하고 있을 무렵부터, 영국 인류학계에서는 이미 중요한 움직임이 일어나고 있었다. 1898~1899년에 오스트레일리아와 뉴기니 섬 사이의 도서지역인 토레스 해협을 탐사하기 위해 케임브리지 원정대가 조직된 것이다. 이것은 영국에서 근대적인, 현지조사에 바탕을 둔 인류학의 시작을 알리는 표지라고 할 수 있다. 이 원정을 조직한 사람은 해던 박사(Alfred Cort Haddon, 1855~1940)였는데, 그는 옛 인류학과 새로운 인류학을 연결하는 인물이었다. 그리고 리버스(W. H. R. Rivers, 1864~1922)와 셀리그만 등이 원정에 참여했다.

이것은 영국 인류학사에서 전환점이 되는 사건이었다. 수많은 전문학자들이 현지조사에 참여하였으며, 현지에서 각자의 역할을 분담하고 나중에 결과물을 출판하는 방식을 취했다. 예컨대 리버스는 가계도, 개인 이름, 친족 등을 맡고, 셀리그만은 탄생과 아동기의 관습, 여성의 사춘기 예식 부분을 맡고, 해던은 교역, 전쟁, 주술, 종교, 공공 생활의 규정 등을 맡아서 책으로 출판하였다. 그렇지만 토레스 해협에서 정보 수집은 피진어를 통해서 혹은 통역자들을 통해서 이루어졌으며, 한 지역에서 비교적 빠른 시일 안에 가능한 많은 정보를 수집하는 방식으로 진행되는 등 여러 가지 한계를 안고 있었다.

19세기 후반부터 20세기 초반에 이르기까지 오스트레일리아는 수많은 학자들의 관심이 집중되는 지역이었다. 오스트레일리아 원주민들(Aborigines)을 둘러싸고 학자들은 초기 인간 사회의 본성에 관한 격렬한 논쟁을 벌여왔다. 오스트레일리아는 문화 발달에서 오랫동안 고립되어 있었고, 수렵 채집인들이 주로 거주하고 있었다. 학자들은 그들이 소유하고 있는 것뿐 아니라 그들이 결여하고 있는 (것으로 보이는) 것에 의해 그들을 정의했다. 그들이 '인간의 살아 있는 조상들'이라는 견해가 단단히 자리 잡았고, 뒤르켐(Emile Durkheim, 1858~1917)과 프로이트(Sigmund Freud, 1856~1939)를 비롯해서 많은 학자들은 호주 원주민들이 진화 순서의 아래 단계에 속하며 다른 모든 문화들이 보편적으로 거쳐온 원초적 문화의 살아 있는 대표자들이라는 전제하에 연구를 수행했다.

런던에 도착한 후 말리노프스키는 오스트레일리아의 민족지를 광범위하게 독서했고, 그 자료 가운데 많은 부분이 '모호하고, 모순적이며, 혼란스럽다'고 느꼈다. 또한 말리노프스키는 민족지에서 동일한 '사실들'이 관찰자의 지위나 직업, 혹은 선입견에 따라서 여러 가지 다른 방식으로 제시될 수 있다는 사실을 발견했다. 즉 그러한 보고들은 충분히 '과학적'이지 않았기 때문에,[21] 말리노프스키는 좀 더 정확하고 과학적인 방식의 현지조사가 필요하다고 느끼게 되었다.

한편, 20세기 초에 런던대학, 케임브리지대학, 옥스퍼드대학에서 각각 인류학이 자리를 잡게 되면서, 변화를 위한 바탕이 마련되었다. 이전까지 인류학자들은 다른 전공에서 인류학으로 전공을 바꾼 사람들이었지만, 이제 대학에서 인류학자를 양성하기 위한 전문적인 훈련이 시작되었던 것이다. 인류학에서 현지조사의 중요성이 부각되기 시작했고, 민족지 자료를

∵

21) Michael W. Young, *op. cit.*, p.177 참조.

수집하는 자들과 수집된 자료로 연구실에서 분석하는 연구자들 사이의 구별이나 경계가 무너졌다. 케임브리지대학의 해던은 인류학자가 "현지조사의 자질을 수반해야 한다"고 주장하였다.[22] 말리노프스키가 런던에서 인류학이라는 새로운 분야에 발을 들여놓을 무렵, 셀리그만은 케임브리지의 해던이나 옥스퍼드의 매럿(Robert R. Marett)과 마찬가지로 인류학의 발전을 위한 열쇠로서 현지조사를 촉진하려고 애쓰고 있었다.

당시 영국 인류학계에서 특히 눈에 띄는 인물은 래드클리프-브라운(A. Radcliffe-Brown)이다. 그는 1906~1908년에 안다만 제도에서 현지조사를 수행하였고 1922년에 결과물을 출판하였다. 그는 추측에 근거해서 재구성한 역사는 인간 생활과 문화를 이해하는 데 어떠한 기여도 할 수 없다고 주장했으며, 적응적이고 통합적인 메커니즘으로서 각 문화를 집중적으로 조사하고 가능한 대로 많은 유형과 비교하는 것이 필요하다고 강조하였다. 그러나 래드클리프-브라운은 대체로 현지조사 기법의 발달에는 특별히 기여한 바가 없다고 평가된다.

말리노프스키가 1914년에 뉴기니 지역으로 현지조사를 떠나기 이전 영국 인류학계의 상황을 요약한다면, 해던의 영향 덕분에 인류학자가 토착민 공동체를 직접 연구하는 전통이 초보적으로 수립되기 시작했고, 자료 수집을 위한 기법과 표준이 발전되고 있었다. 또한 이론적인 면에서 제도들의 상호의존성에 관한 가설이 예비적으로 형성되고 있었다.

∴

22) "Haddon to Howes, 19 May 1901", *Haddon Papers*, University Library, Cambridge, Envelope 3, *Ibid.*, p. 170에서 재인용.

(3) 말리노프스키의 '기능주의적' 현지조사

말리노프스키는 1914년에 로버트 몬드 원정대(Robert Mond Expedition)에 참여하면서 현지조사에 첫발을 내딛게 되었다. 그는 1914년 9월에 뉴기니 지역, 특히 투롱 섬의 마일루 족을 약 6개월에 걸쳐서 조사한 후 1915년 2월에 돌아왔다. 이후 뉴기니 섬 동쪽에 위치한 트로브리안드 군도에서 1915년 6월부터 1916년 5월까지, 1917년 10월부터 1918년 10월까지 각각 1년씩 두 차례에 걸쳐 본격적인 현지조사를 진행했는데, 그것은 당시로서는 이례적으로 현지에서 장기간 체류하면서 수행된 조사연구였다.

20세기 초반까지는 비록 낯선 문화를 연구하더라도 실제로 낯선 현장에서 오랜 기간 동안 수행한 전문적인 연구는 드물었다. 살펴보았듯이, 말리노프스키 이전에는 '안락의자' 학자로 불리는 이론가들이 여행자나 탐험가, 선교사가 기록한 글을 간접적으로 입수하여 이론을 구축하려고 시도하는 경우가 많았다. 현지조사의 중요성이 대두되고 있었지만, 대체로 연구자들은 주로 단기간에 정보를 입수하기 위해 통역자나 양쪽 언어를 구사하는 정보 제공자에게 의존하였으며, 그렇게 얻은 정보는 필연적으로 부정확했고 신뢰하기 어려웠다.

이에 비해, 말리노프스키는 중간에 휴식기가 있었지만, 도합 2년여에 달하는 현지 장기체류의 어려움을 극복하고 방대한 자료를 집대성하는 열정을 보여주었다. 그의 탁월한 언어능력은 현지조사에서 중요한 역할을 했다. 그는 처음에는 피진어를 사용했지만, 현지에서 석 달 뒤에는 정보 제공자들과 대화가 가능했고, 두 번째 방문 무렵에는 그들과 자유롭게 대화하고 재빨리 받아 적을 수 있게 되었다고 한다.[23] 이후 말리노프스키는 현

:.

23) 말리노프스키는 언어에 타고난 재능이 있었는데, 셀리그만 교수는 그의 탁월한 재능이 해부학

지조사의 핵심적인 항목으로서 언어 습득을 강조했다. 그는 "현지조사 성공의 3분의 2는 언어를 제대로 준비"하는 데 있다고 학생들에게 언급하기도 하였다.[24] 뿐만 아니라 말리노프스키는 마을에서 토착민들의 오두막 사이에 자신의 천막을 설치하고서 토착민들을 가까이에서 관찰하려고 했다. 단지 질의응답의 방법을 넘어서서 실제 생활의 헤아리기 어려운 요소들까지 기록하고 파악하려고 시도했던 것이다.

이후 그는 집중적인 현지조사의 원칙을 수립하였다. 우선 현지조사는 낯선 지역사회에서 그 지역의 언어를 습득하고 지역민들과 함께 생활하는 가운데 사계절을 한 주기로 삼아서 적어도 1년에 걸쳐 이루어져야 한다는 것이다. 또한 말리노프스키는 현지조사자가 토착민의 삶 속에 직접 참여하면서 관찰하려는 노력을 기울여야 한다는 소위 참여관찰(participation observation) 방법을 강조하였다.

말리노프스키의 현지조사 방법과 설명 양식에서는 특히 문화적인 맥락과 문화의 통일성이 강조되었는데, 그는 스스로 그것을 '기능주의적 방법'으로 불렀다. 그는 문화란 하나의 기능적 총체 혹은 살아 있는 실체로 인식되어야 하며, 각각의 문화요소들은 문화의 통합적 체계에서 저마다의 기능을 수행한다고 보았다. 따라서 문화는 개별 요소로 쪼개어서 연구될 수 없다. 그가 볼 때, 문화란 그런 식으로 기능하지 않는다. 문화는 복합적 전체로 기능하기에, 문화의 모든 과정은 다른 모든 문화 과정과의 기능적 상호관계 속에서 연구되어야 한다. 곧 문화는 역동적, 기능적 전체로서 연

..

적인 토대를 갖고 있는 것은 아닌지 궁금해할 정도였다고 한다. Michael W. Young, *op.cit.*, p. 47 참조.
24) *Ibid.*, p. 48.

구되어야 한다는 것이다.

기능주의 방법에 따라 실제로 현지조사를 수행하려면, 가능한 많은 사실들을 수집할 필요가 있다. 그렇지만 무조건 자동기계처럼 녹음하고 기록하는 것이 아니라, 기능적 총체로서의 문화를 염두에 두고 사실들 사이의 보이지 않는 상호연관성을 찾아내야 한다. 현지조사자는 '겉으로 드러난 가지각색의 의미와 관련성으로부터 사회 조직화, 법 제정, 그리고 경제와 종교의 원칙들을 구성해야' 한다.

가령 트로브리안드 사회의 토지 보유권에 대해서 조사할 경우, 일반적으로 관료들이 하듯이 단지 법적인 관점에서 누가 어떤 땅을 소유하는지를 몇 가지 질문을 통해 조사하는 것만으로는 불충분하다. 토지 보유권의 문제를 이해하기 위해서는 토착민들의 경제생활을 총망라한 지식이 필요하다. 게다가 토지 보유권의 문제는 정착의 권리, 정치적 권리 주장, 이동의 자유, 각종 예식이나 주술, 종교생활과 밀접하게 얽혀 있기 때문에, 그러한 문화요소들과의 관련성을 살펴보아야 한다. 나아가 가장 광범위한 의미에서 토지 보유권은 인간과 땅과의 관계 문제인데, 인간은 여러 가지 방식으로 토지를 세분하고, 분류하고, 분배하고, 변형시킨다. 따라서 토지 보유권을 알기 위해서는 지형학적 세부사항도 살펴보아야 한다. 또한 땅과 관련된 전통적인 전설, 신앙, 신화 등을 심층적으로 탐구해야 한다. 그 후에야 비로소 토지 보유권의 문제를 논의할 수 있다. 현지조사의 과정은 '관찰하고 증거를 수집하는 일에서 이론적인 틀 만들기로, 그리고 나서 다시 자료를 수집하는 일로 끊임없이 전환해야' 하는 고달픈 작업의 연속인 것이다.

실제로 현지조사에서 [……] 이론 없이는 관찰이 불가능하다는 사실을 분명히 알 수 있다. 그리고 당신이 관찰을 시작하기 전에 이론이 형성되어야 하며, 그렇지만 그러한 이론은 관찰과 구성 과정에서 기꺼이 버려지거나 적어도 수정되어야 한다는 점을 명확히 알게 된다. 이제 당신은 현지조사란 곧 법적 혹은 경제적 제도가 무엇인지, 신화가 어떻게 행동 양식들을 통합하는지, 신화가 어떻게 주술이나 실제적 작업과 뒤섞이는지 등을 파악하려고 끊임없이 힘겹게 몸부림치는 일임을 깨닫게 될 것이다. 당신이 토착적인 제도들을 명확하고 분명하게 파악한다면, 여러 가지로 연관된 하찮은 사건들과 세부사항들의 혼돈 속에서 질서를 수립할 수 있다.[25]

말리노프스키는 현지에서 토착민들이 무엇을 느끼고 경험하는지에 관심을 가졌다. 말리노프스키에 따르면, 현지조사자는 자연환경과 인공환경(문화, 사회 등)의 배경 속에서 환경의 영향을 받고 환경을 변화시키면서, 동시에 서로서로 영향을 미치면서 활동하는 인간을 관찰해야 한다. 또한 현지조사자는 토착민들이 호감과 혐오를 느끼는 방식, 서로간의 관계 속에서 의무와 특권들, 이익과 희생을 통해 동기를 부여받는 방식을 연구해야 한다. 사회 집단을 조직하는 보이지 않는 힘은 기술적, 법적, 관습적, 도덕적 신화와 상징으로 표현된다. 따라서 말리노프스키는 사회 조직을 분석하기 위해서 언어와 상징까지 분석해야 한다고 주장했고, 또 그렇게 시도했다.

이러한 말리노프스키의 '기능주의'적 민족지 연구와 프레이저식 인류학 사이에는 중요한 차이가 있다. 말리노프스키는 맥락에서 떨어진 요소들을 조합한 이론은 무의미하다고 여겼다. 어떤 요소를 파악하기 위해서는 맥

∴

25) 『산호섬의 경작지와 주술』, 제2부 11장 2절. (제2권 p. 172)

락 속에서 그 요소가 담당하는 기능을 보아야 하고, 또한 다른 요소들과의 관계를 파악해야 한다. 그는 문화의 어떤 요소든 해당 맥락에서는 일정한 기능을 담당하고 있다고 생각했다.

또한 말리노프스키는 민족지 연구에서 문화의 통일성과 상호의존성을 염두에 두는 동시에 엄격히 경험주의적인 합리성을 고수하려고 했다. 그리고 경험주의적 표준에 따라, 당시 기원에 관한 진화론적 설명에서 중요하게 부각되던 '과거에 관한 추론'을 추방했다. 말리노프스키는 이전 민족지 연구를 비판하면서 다음과 같이 언급했다.

내가 배웠던 인류학은 여전히 석기 시대의 대표자로서 "진짜 미개인"과 기원 문제, 나아가 여전히 존재하는 다양한 원시 관습들을 통해 읽어낼 수 있는 인류의 역사에 주로 관심을 가졌다. 나는 현지에 들어가기 전부터 순전히 골동품 애호적인 강박으로부터 나 자신을 해방시켰다. 나는 영국에서 출판된 초기 저서에서도 결혼의 역사에 대한 진화론적인 그리고 재구성적인 저술들을 비판했다. 그러한 저술들을 읽어보면, 마치 "오스트레일리아의 부족들은 돌처럼 굳어진 형태로 엄격하게 보존되어온, 그러나 그 내부적인 성격을 조사할 가망은 거의 없는, 고대의 여러 시대에서 온 사회학적 화석들의 박물관이라는 인상"을 받게 된다. "실제 사실에 대한 이해는 사물의 가설적인 초기 단계를 헛되이 숙고하다가 (현행 인류학 이론에서) 희생되어 버린다."[26]

말리노프스키는 현지조사를 수행할 때 현재의 제도나 관습, 믿음, 의례

∶∶

26) 『산호섬의 경작지와 주술』, 부록2, 주 43. (제2권 pp. 425~426)

등을 설명하기 위해 관찰할 수 없는 것, 곧 추론적인 과거를 불러내는 경향을 철저히 경계했다. 그는 추론을 통한 과거의 재구성보다는, 관찰 가능한 현재에서 '과거'가 담당하는 사회적 기능에 주목했다. 말리노프스키에 따르면, 과거에 대한 믿음은 실제로 중요한 문제인데, 과거에 대한 증거로서가 아니라, 동시대 사회에서 그것들의 현재적 기능과 역할과 용도 때문에 그러하다. 말리노프스키가 볼 때, 보통 '과거'는 현재 통용되는 관습이나 제도를 정당화하는 기능을 담당한다. 그는 특히 신화와 전설이 동시대 제도와 관습을 정당화하는 역할을 한다고 보고, 이를 '헌장(charter)'이라는 용어로 표현하였다.

이와 같은 말리노프스키의 기능주의 방법은 당시 현지조사의 새로운 방향을 제시한 것으로 평가받았다. 그런데 기능주의 논의가 민족지 방법론을 넘어서 문화일반과 연관해서 이론화될 때 중대한 문제들이 발생한다는 비판이 제기되었다. 말리노프스키의 기능주의에 따르면, 모든 문화의 모든 요소는 해당 문화에서 적절한 기능을 수행한다. 따라서 현지조사자는 해당 문화의 어떤 요소도 임의적으로 빠뜨리지 않고 각각의 기능과 상호연관성을 적극적으로 찾아보아야 한다.

그러나 현지조사의 장을 떠나서 과연 모든 사회나 문화의 모든 요소가 필수적인 기능을 담당한다고 일반화될 수 있는지는 논란의 여지가 있다. 그리고 문화의 맥락이 지나치게 강조될 경우, 맥락이 다른 두 문화 사이의 비교문화적 연구가 어려워진다는 한계가 있다. 또한 말리노프스키는 특수한 민족지 사례를 또 다른 민족지 사례와 비교하기보다는, 곧바로 보편적인 논의로 건너뛰는 경향이 있었다. 물론 특수한 사례를 통해 문화나 인간 일반을 설명하는 방식은 인류학의 경계 바깥에 있는 사람들도 인류학적 논의에 관심을 갖게 만들었고 또 인류학의 대중화에 어느 정도 기여한 것은 사실이다. 그렇지만 그렇게 형성된 이론들은 동료 인류학자들과 후학들에게 많은 비판을 받았다. 나아가 문화의 맥락들을 떠나서 합리적으로 판단할 수 있는 보편적인 언어 혹은 시각이 가능한 것인지에 관한, 즉 소위 문화의 '통약가능성'의 물음을 비껴가기 어려울 것이다.[27)]

(4) 말리노프스키의 민족지

그는 트로브리안드 군도의 현지조사 결과를 세 권의 방대한 민족지로 출판하였다. 첫 번째 민족지인 『서태평양의 항해자들(*The Argonauts of the Western Pacific: An Account of Native Enterprise and Adventure in the Archipelagoes of Melanesian New Guinea*)』(1922)은 560여 쪽에 달하며, 쿨라 교환에 나타나는 사회적 차원에 대한 그의 자료는 이후 마르셀 모스가 『증여론(*Essai sur le don*)』(1925)을 집필하는 데 결정적인 영향을 주었다. 두 번째 민족지는 530여 쪽에 달하는 『북서 멜라네시아 미개인의 성생활(*The Sexual Life of Savages in North-Western Melanesia*)』(1929)이다. 트로브리안드 민족지의 세 번째 연구서인 『산호섬의 경작지와 주술 : 트로브리안드 군도의 경작법과 농경 의례에 관한 연구(*Coral Gardens and their Magic* : A *Study of the Methods of Tilling the Soil and of Agricultural Rites in the Trobriand Islands, Indiana University Press*)』(1935)는 총 900여 쪽에 걸쳐 집필되었다. 말리노프스키가 '트로브리안드인들'이라는 제목으로 그들에 관해 두루뭉술하게 다루는 책을 한 권으로 펴내기보다는 심층적으로 주제를

••

27) 말리노프스키 업적의 전반적 평가를 위해서는 김용환, 『말리노프스키의 문화인류학』, 살림, 2004 참조. 특히 말리노프스키의 기능주의적 문화 이론의 한계에 대해서는 같은 책, pp. 64~74 참조.

나누어서 분석했다는 점은 주목할 만하다.

그는 민족지를 집필할 때, 두 가지 원칙을 고수하려고 했다.

> 이 모든 일에서 우리는 두 가지 접근법을 따라야 한다. 한편으로는 사회
> 조직의 원칙들과 부족 법 및 관습의 규정들, 토착민의 주술적, 기술적, 그리
> 고 과학적인 주요 관념들을 가능한 대로 정확하게 진술해야 한다. 다른 한
> 편으로는 그곳에서 살아가는 사람들을 계속 만나면서, 우리 눈앞에 주위 환
> 경과 경치의 생생한 그림을 유지하려고 노력해야 할 것이다.[28]

말리노프스키의 민족지에서 특징적인 점은, 마치 독자가 실제로 현지
에 있는 것처럼 느끼게 만드는 방식으로 서술되었다는 점이다. 그는 민족
지를 서술할 때 토착문화의 '맥락'을 드러내는 일에 세심한 주의를 쏟았다.
사실 무미건조한 '옛날 방식의 민족지'에 비해서 '말리노프스키식 민족지'
는 현지의 모습을 생생하고 풍부하게 전달해준다. 이것은 단지 문체상의
문제라기보다는, 문화를 바라보는 기본적인 시각의 차이에서 비롯된 결과
이다. 위에서 살펴보았듯이, 말리노프스키는 문화를 역동적인 전체로 바라
보는 기능주의적 시각을 채택했으며, 민족지에서도 문화의 여러 과정이나
요소들의 맥락과 상호간의 연관성을 드러내고자 하였다.

이렇게 집필된 말리노프스키의 민족지는 당시까지 작성된 수많은 현지
조사 보고서에는 부족했던 차원을 새로이 갖추고 있었다. 곧 관계들은 실
제성을 띠게 되었고 내용은 풍요로워졌다. 민족지를 읽는 독자는 트로브
리안드인들과 마을들, 계절마다 변화하는 경작지의 광경, 장식된 얌 창고,

∵

28) 『산호섬의 경작지와 주술』, 제1부 서론. (제1권 p. 72)

주문을 읊고 있는 주술사의 모습 등에 친숙하게 된다. 독자는 토착민들을 보수를 받는 정보 제공자로서가 아니라 변화하는 삶의 과정 속에서 협력하고, 다투고, 속이고, 화해하면서 실제로 행동하는 행위자들로서 알게 된다. 한마디로 독자는 민족지를 읽으면서 토착문화의 맥락을 알 수 있다. 그리고 말리노프스키와 함께 복잡하게 뒤얽힌 상호관계들을 추적하는 일에 뛰어들게 되는 것이다.

말리노프스키의 민족지를 통해서, 우리는 토착민 생활의 곳곳에서 약동하는 생활의 결들을 한 가지도 놓치지 않으려는 말리노프스키의 강박적이면서도 꼼꼼한 기록을 발견할 수 있다. 래드클리프 브라운(A. R. Radcliffe Brown)은 이러한 방대한 서술에서 정작 필요한 부분은 얼마 되지 않는다면서 불필요한 긴 서술에 대해서 비판했지만, 타문화에 대한 이러한 섬세한 태도는 오히려 높이 살 만한 것이다. 말리노프스키는 언제나 살아서 약동하는 사회생활의 복잡성에 흥미를 느꼈다. 따라서 그는 당시 여러 이론가들이 그러했듯이 단지 '원시사회'의 추상적인 구조뿐 아니라, 낯선 인간 집단이 경험하는 일상생활의 풍부함에 관심을 가졌다. 그는 민족지를 집필할 때 토착민들의 '원시문화'에 대한 몇 가지 이론을 추출해내기보다는, 일상생활의 풍부한 결을 서술함으로써 현실 속에서 살아가는 인간 및 인간사회 문화의 복합성을 그려내는 데 성공할 수 있었던 것이다.

나아가 말리노프스키는 여러 가지 제도와 관습의 중심에 있는, 살아서 생동하는 토착민 개개인에 대한 깊은 관심과 이해를 바탕으로 민족지를 집필했다. 말리노프스키는 우리가 선사시대의 화석화된 유물이 아니라 살아 있는 인간들의 사회를 연구하고 있다는 점을 여실히 보여준다. 리치가 지적한 대로, 말리노프스키는 민족지를 전통적인 물품이나 항목들에 관한 박물관학에서 행동 체계들을 다루는 사회학적 연구로 전환시켰다.[29]

말리노프스키는 현지조사를 수행할 때 토착민 개개인의 심리에 대한 관심을 지속하면서, 단지 정보 제공자의 답변에 그대로 만족하지 않고, 집단 차원의 믿음이 개인들 사이에서 어떻게 받아들여지고 있는지를 점검하였다. 토착민 개개인이 실제로 행하는 것, 그들이 행한다고 여겨지는 것, 그리고 그들이 생각하는 것을 구분하여 개개인의 야망과 목표, 그리고 행위 동기들을 규명하려는 노력은 민족지의 생생하고 풍부한 자료 수집에 기여하였다. 또한 그는 개인의 특수한 욕구들을 충족시키기 위해 문화가 어떻게 기능하는지에 주목했고, 관습이나 체제 속에서 개인이 끊임없이 수정하면서 적응하는 역동성을 포착하려고 노력했다.

말리노프스키는 이처럼 토착민 개인이 맥락 속에서 실제로 느끼고 경험하는 것이 무엇인지에 지속적인 관심을 가지고 있었는데, 프레이저는 이와 관련해서 『서태평양의 항해자들』 서문에서 '그(말리노프스키)는 인간이 이성뿐 아니라 감정을 가진 존재라는 점을 기억한다. 그는 인간 행동의 이성적인 토대뿐 아니라 감정적인 토대를 발견하려고 끊임없이 수고한다'(Malinowski, 1922, p. ix)고 평했다. 프레이저 자신의 논의가 '지성주의적'이라고 비판받는다는 점을 고려한다면, 이것은 말리노프스키의 민족지에 대한 의미심장한 평가라고 할 수 있다.

말리노프스키가 개인의 감정적 차원을 중요하게 여긴 데에는, 소위 '안락의자 학자들'과 이론 중심의 인류학자들에 대한 비판이 깔려 있다. 소위 겉만 훑는 이론가들은 토착민들의 생각과 감정에는 무관심한 채 구조를 추려내거나 이론을 구성하는 일에만 관심을 쏟고 있었다. 반면, 말리노프스키는 현지로 들어가서, 실제로 토착민은 무엇을 어떻게 느끼는지, 토착

••

29) E.R. Leach, *op. cit.*, p. 119.

민의 마음속에서는 무슨 일이 일어나고 있는지를 밝혀내고자 했다. 살아 있는 토착민들을 대상으로 하는 각종 조사연구에서 정작 사람들이 사라지거나 파편화되는 것을 보고, 자신의 민족지 연구에서는 그 사람들을 다시 살려내고자, 즉 그들이 느끼고 경험하는 것을 복원하고자 했던 것이다. 그리고 '토착민의 관점을 유럽인에게 번역해주는 것'이야말로 인류학자의 임무라고 말하기도 했다.[30]

말리노프스키의 개인의 심리에 대한 지속적인 관심은 사회적 차원의 문제를 개인 심리로 환원, 축소한다는 비판을 받았다. 그러나 역으로, 토착민 개인의 경험과 느낌, 감정과 심리에 깊은 관심을 쏟았기 때문에 그의 민족지가 독자에게 매우 생동감 있고 생생하게 다가오는 것도 사실이다. 그의 민족지를 통해서, 독자는 소위 '미개인' 속에서 '인간'을 발견하게 되는 것이다.

4. 말리노프스키 민족지의 최고봉 : 『산호섬의 경작지와 주술』

나는 이 책을 아내에게 바친다. 이 책이야말로 내가 썼던, 혹은 앞으로 쓰게 될 모든 책 가운데 가장 훌륭하다고 믿기 때문이다.[31]

:::

30) 토착민과 토착문화에 대한 말리노프스키의 지속적 관심과 '애정'은 동유럽의 지적 풍조를 배경으로 한다. 말리노프스키가 크라쿠프에서 학업을 수행하던 무렵 동유럽에서 성행했던 농민문화와 민족문화 연구의 흐름은 연구대상에 대한 지속적인 애정을 바탕으로 하고 있었다. Timothy J. Cooley, "Theorizing fieldwork impact: Malinowski, peasant-love and friendship", *British Journal of Ethnomusicology*, Vol. 12, No. 1, 2003, pp.1~17 참조.
31) 『산호섬의 경작지와 주술』, 머리말. (제1권 p. 11)

『산호섬의 경작지와 주술: 트로브리안드 군도의 경작법과 농경 의례에 관한 연구』는 말리노프스키가 저술한 본격적인 현지조사 보고서들 가운데 마지막 책이다. 이 책은 트로브리안드 군도에서 인간이 땅과 맺는 중요한 관계, 곧 '경작'을 다룬다. 제목이 암시하듯이, 이 책은 트로브리안드 군도의 경작지를 중심으로 "한편으로는 순전히 경제적이고 합리적 근거를 지니고 있으며 기술적으로도 효과적인 작업과 다른 한편으로 주술 사이의 관계"가 어떻게 나타나는지를 주로 살핀다.

말리노프스키는 이 책이 자신의 가장 훌륭한 저서라고 표현할 만큼, 그가 가진 모든 역량을 쏟아서 이 책을 집필했다. 이 책은 현지조사 방법의 고전적인 사례를 제시하고 있을 뿐 아니라, 문화를 기능적으로 통합된 총체로 보는 말리노프스키의 기능주의적 시각을 가장 충실하게 반영한 저서로서 민족지의 교과서라고 일컬을 만하다는 평을 받았다.[32]

이 책은 1부, 2부, 3부에 걸쳐 트로브리안드의 경작과 주술을 서술하며, 4부, 5부, 6부, 7부에 걸쳐서 토착민의 언어를 다루는데, 도합 116장의 사진, 24장의 그림과 도표, 3장의 지도가 포함되어 있다. 우선 1부~3부에서는 트로브리안드의 경작 체계가 매우 세밀하게 묘사되고, 경작 작업과 토착민 문화의 다른 측면들 사이의 상호의존성이 서술된다. 1부에서는 트로브리안드의 경관, 날씨, 지리, 부족 경제, 사회조직, 마을 구성, 가정생활, 교환 등이 개괄적으로 서술된다. 2부에서는 본격적으로 트로브리안드의 경작 활동을 다룬다. 즉 경작 작업과 주술 활동이 경작 순서에 따라 서술되며, 수확물 선물 관습에 깔려 있는 사회적, 경제적 틀이 분석된다. 또한

32) Audrey I. Richards, "Bronislaw Kaspar Malinowski", *Royal Anthropological Institute of Great Britain and Ireland*, Jan.~Feb., 1943, p.2.

창고의 구조와 건축이 상세하게 설명되고, 지역별, 작물 종류별로 작업과 주술에 대한 설명이 이어진다. 특히 토지 보유권의 문제를 집중적으로 다루면서, 기능주의적 접근법의 진수를 보여준다. 3부에서는 본문에서 다루지 못했던 내용이 기록과 부록으로 실려 있다.

1부와 2부를 통해 알 수 있듯이, 말리노프스키는 트로브리안드 사회에서 농작물의 경작은 경작 주기마다 변화하는 경작지의 풍경, 경작 활동과 경작지 주술, 축제, 관습, 법, 경작 집단과 경작 기술, 수확물을 넣어두는 창고의 건축과 장식, 마을 구조, 밭의 배치, 수확물의 교환, 신화와 의례, 나아가 지역의 생태환경과 밀접한 관련 속에서 이루어진다고 보았다. 따라서 그는 그러한 요소들을 민족지 기술에 모두 포함해야만 비로소 산호섬 경작지에 대한 총체적이며 진정한 이해에 도달할 수 있다고 생각했다. 사실 현지조사자의 눈에 진기하고 기이하게 보이는 것뿐 아니라 평범하고 일상적이고 단조롭게 보이는 일들조차 해당 문화에서 어떤 기능을 담당하고 있기 때문에, 말리노프스키는 트로브리안드 문화의 모든 양상을 가능한 한 빠뜨리지 않으려고 애썼다.

또한 그는 1부와 2부에서 경작과 관련해서 기능적으로 뒤얽혀 있는 수많은 요소들의 긴밀한 상호관계를 하나씩 풀어가면서 트로브리안드 농경문화의 총체적 맥락을 세밀하게 서술하였다. 특히, 경작이라는 하나의 중심 주제에서 출발하여 다양한 가닥을 따라 바깥으로 옮겨나가는 방식으로 글을 서술함으로써 각 활동의 맥락과 효과를 충실히 보여주었다. 이처럼 이 책은 문화의 측면들은 분리해서 연구될 수 없다는 기능주의의 기본적인 전제를 충실히 전달하면서, 트로브리안드 농경문화의 총체적 맥락을 명백히 보여주고 있다. 독자는 이 책을 통해 농경이 사회 조직, 결혼 선물, 친족 체계 등과 어떻게 연관되는지, 어떻게 잉여 농산물이 부족의 권위와 족장 권력의 바탕이 되는지, 여기서 주술은 어떠한 역할을 하는지를 파악할 수 있다. 나아가 트로브리안드 사회에서 모든 기본적인 인간 활동들은 서로 밀접한 상호관계를 맺으면서 뒤얽혀 있다는 것을 알게 된다.

3부에서는 1부와 2부의 흐름을 막지 않으려고 따로 빼놓은 자료들과 '여담'이 제시된다. 1부와 2부에서는 트로브리안드 농경 문화의 맥락이 주로 서술되었다면, 3부의 기록과 부록에서는 민족지 서술의 맥락까지도 세세하게 제시된다. 특히 부록 2에서는 '무지와 실패의 고백'을 통해, 현지조사 및 민족지 작성의 어려움과 문제점이 세세하게 서술되어 있다.

말리노프스키는 민족지를 서술할 때 해당 문화를 깔끔하게 정리한 결과물만을 제시하려는 의도를 가지고 있지 않았다. 오히려 그는 민족지학자가 현지에서 얻은 성과뿐 아니라 민족지학자가 겪었던 어려움, 그가 저지른 잘못이나 시행착오, 조사하지 못한 부분, 조사방법의 오류까지도 민족지 서술에 포함시켜야 한다고 생각했다. 말리노프스키는 3부에서 트로브리안드 문화를 파악하기 위해 고군분투하는 민족지학자의 고충을 생생하게 전달하며, 또한 독자를 이렇게 뒤엉킨 실타래를 풀어나가는 모험에 끌어들인다. 독자는 이 부분을 읽으면서, 민족지학자가 이러저러한 시행착오를 거쳐가면서 자료를 수집하게 된 과정과 그 자료를 통해 이론을 도출하게 된 과정을 엿볼 수 있다.[33]

이러한 민족지 서술 방식은 단점으로도, 장점으로도 받아들여졌다. 어

··

33) 전경수는 말리노프스키가 민족지 중간중간에 삽입한 여담(digression, 전경수는 '객담'으로 번역)이 그의 인류학적 작업 자체를 맥락화하려는 전략에 따른 것이라고 지적한다. 그리고 "말리노브스키는 이 세상에 등장했던 어떤 인류학자들보다도 가장 철저한 고백자임에 분명하다"고 평가한다. 전경수, 「말리노브스키의 문화이론 : 맥락론에서 기능론으로」, 『한국문화인류학』 34-1, 2001, p. 11.

떤 학자는 말리노프스키의 민족지 가운데 대부분은 불필요하며 수십 페이지에 담을 수 있는 내용을 쓸데없이 길게 늘여놓은 것이라고 비판하기도 했다. 그러한 비판이 경제적으로 따지자면 타당하겠지만, 무미건조함과 정반대에 있는 이러한 방식이야말로 '맥락'을 강조하는 말리노프스키에게 어울리는 서술 방식일 뿐 아니라, 그의 민족지를 가장 독특하게 만드는 특징이라고 볼 수 있을 것이다.[34]

4부~7부는 언어학적 문제를 다룬다. 사실 이 책의 중요한 특징 가운데 하나는 트로브리안드의 농경 언어와 주술 문구들을 다룬 언어학 자료에 있으며, 이 책은 언어 문제에 천착한 최초의 민족지로서 평가된다.

물론 오늘날의 기준으로 볼 때, 혹은 언어학의 엄밀한 기준으로 볼 때, 말리노프스키의 '언어학적 보충편'의 분석 작업은 대체로 아마추어적이고 부정확하며 한계가 있다는 비판을 받는다. 말리노프스키의 언어학적 보충편이 과연 실제로 '언어학적'이라는 말을 붙일 만한 것인지조차 의문시하는 학자들도 있다. 그러나 그는 언어학자가 아니라 인류학자였다. 그가 민족지적 시각으로 언어를 고찰했고, 기능주의의 주요 개념인 '상황의 맥락'과 '기능'을 언어 분석을 위해서도 적용했던 것은 그저 묻어버릴 수 없는 선구자적인 통찰이라고 말할 수 있다.

특히 말리노프스키는 1~3부에서 전개한 기능주의적 접근법을 언어 분석에도 적용해서, 어떤 제도나 문화 요소를 맥락에서 분리해서 이해할 수 없듯이, 우리는 언어를 그것이 발생한 맥락에서 떼어놓고서는 이해할 수

..

---

34) 그렇다고 해서 이 책이 술술 읽을 수 있는, 읽기 편한 종류의 책인 것은 결코 아니다. 말리노프스키는 자신이 이 책을 집필하는 과정이 고통스러웠던 만큼, 독자가 이 책을 읽는 과정도 힘겹고 고통스러울 것이라고 (그러나 충분히 그만한 가치는 있을 것이라고) 본문 속에서 여러 번 되풀이해서 이야기한다.

없다고 주장한다. 담화도 실제 발화의 맥락에서 그것의 기능을 포착해야
지만 완전한 의미를 알 수 있다는 것이다. 예컨대, 그는 당시 많은 학자들
이 그러했듯이 텍스트만의 신화 연구에는 한계가 있음을 강조했다. 신화
를 이해하기 위해서는 맥락 속에서 신화의 발화, 기능, 효과 등을 살펴야
한다. 텍스트도 중요하지만, 맥락이 없는 텍스트는 생명력이 없다. 말리노
프스키가 볼 때, 어떤 맥락에서 어떤 방식으로 발화되는가 하는 것이 이야
기의 내용만큼 중요하다.

　맥락의 중요성은 단지 신화뿐 아니라 언어 일반으로까지 확대된다. 그
는 민족지학자들이 언어의 화용적 특성을 이해하지 못할 경우, 곧 맥락과
결부된 언어적 특성을 파악하지 못할 경우에 조사 대상에 대한 심각한 오
해를 불러일으킬 수 있다고 우려하였다. 또한 그는 토착어를 번역할 경우
에도 상황의 맥락을 충분히 보여주기 위해 노력했다. 말리노프스키는 '말
의 의미'를 곧 맥락 속에서 그 '말의 기능'과 같은 뜻으로 사용했다. 우리
언어와는 매우 다른 언어를 번역하려면, 해당 문화에 대한 전반적인 인식
과 세부적인 맥락의 설명이 반드시 필요하다. 그래야만 그 단어가 상황의
맥락 속에서 어떠한 기능을 하는지를 파악할 수 있기 때문이다. 말리노프
스키는 이러한 생각을 바탕으로 트로브리안드의 주요 원문들과 주문들을
분석할 때 가능한 한 발화의 맥락을 충실히 제시하려고 시도하였다. 이처
럼 어떤 말을 이해하기 위해서는 발화의 화용적 맥락을 고려해야 한다고
주장했던 말리노프스키의 견해는 당시 언어학계에 상당한 파장을 일으켰
다. 사실 언어학에서 학문적 체계를 갖춘 본격적인 화용론 연구는 1960년
대의 존 오스틴(John L. Austin)과 존 설(John R. Searle)을 중심으로 이루어
졌는데, 말리노프스키의 민족지적 언어 연구는 현대 화용론의 맹아적 형태
로 볼 수 있다.[35]

또한 말리노프스키는 언어가 생각의 표현 수단이 아니라 인간 행동의 능동적인 일부라고 주장했다. 말은 단지 생각을 표현하는 수단에 그치는 것이 아니라, 혹은 성찰을 위한 도구가 아니라 행동 양식으로 기능한다는 것이다. 그러한 제안은 후대 언어학자들의 화행이론(speech act theory)의 초기 형태로서 새롭게 조명되고 있다.

한편, 말리노프스키는 그의 학문적인 생애 동안 늘 '맥락'의 중요성을 강조했는데, 트로브리안드의 민족지야말로 그가 제기한 주요 이론들의 맥락으로서 중요한 의미가 있다. 말리노프스키는 이 책에서는 민족지 서술의 범위를 엄격하게 제한하면서 그 이상의 일반화를 시도하지 않았다. 그러나 이 책을 통해서 독자는 신화, 주술, 문화, 친족관계 등과 관련된 그의 논의가 어떠한 배경에서 탄생했는지 그 맥락을 충분히 파악할 수 있을 것이다.

가령 주술 이론을 예로 들어보자. 19세기 말 타일러(E.B. Tylor) 이후 숱한 학자들이 소위 '원시인의 종교성'을 다양하게 연구해왔고, 말리노프스키가 활동하던 무렵에는 레비브륄, 뒤르켐, 프레이저 등을 비롯하여 여러 이론이 논의되고 있었다. 말리노프스키는 주술을 따로 다룬 저술에서 이와 같은 여러 이론을 차례로 반박하였다. 토착민들 사이에서 주술과 실제적인 작업은 명확하게 구별되고 있으며 그에 대한 명확한 인식도 이루어지고 있음을 사례를 통해 보여주었으며, 애니미즘, 애니마티즘, 토테미즘, 페티시즘 등 소위 '~이즘(ims)'을 통한 종교 정의를 버려야 한다고 주장하였다.[36] 이때 그의 가장 중요한 '무기'는 현지조사를 통해 얻은 자료들이었다.

●●

35) 박영순, 『한국어 화용론』, 도서출판 박이정, 2007, p. 50.
36) B. Malinowski, *Magic, Science and Religion, and Other Essays*, R. Redfield ed., Long Grove: Waveland Press, 1992(1948), p. 36.

이 책에서는 주술 '이론'이 체계적으로 정리되어 있지는 않지만, 이 책을 읽으면서 독자는 말리노프스키가 다른 곳에서 전개한 주술 이론을 이해하는 데 도움이 되는 맥락을 충분히 파악할 수 있다. 사실 어떤 학자는 이 책이 "원시 기술 겸 주술 체계에 대해서 아직까지도 최고의 설명"을 담고 있으며, "앞으로도 최고로 남아 있을 것"이라고 주장하기도 했다.[37]

　마지막으로, 이 책은 아무리 작은 사회라도 하나의 문화를, 그리고 그 속에서 살아가는 인간을 이해한다는 것이 엄청난 일인지를 보여준다. 그 일을 위해 치열하게 자신을 바친 한 사람이 바로 말리노프스키였다. 그는 이상적인 민족지학자로 신화화되기도 했고, 일기를 근거로 편견에 찬 인종차별주의자로 격하되기도 했다. 진짜 그의 모습이 무엇인지는 이 책을 읽고 독자가 판단할 문제이다. 말리노프스키라는 인물과 그의 업적에 대해 논란이 많지만, 이 책을 정독한 독자라면 적어도 이 책이 이전에도 없었고 앞으로도 탄생하기 어려운 전무후무한 민족지라는 평가에는 동의할 수 있을 것이다. 오늘날 말리노프스키가 일반화한 여러 이론은 낡은 것으로 폐기처분되었다. 그러나 지금도 인간을 이해하려던 그의 열정과 그가 들인 노력만큼은 전혀 유효기간이 지나지 않았다.

‥

37) Alfred Gell, "Technology and Magic", *Anthropology Today*, Vol. 4, No. 2(Apr., 1988), p. 9

서론 : 트로브리안드인들의 부족 경제와 사회 조직

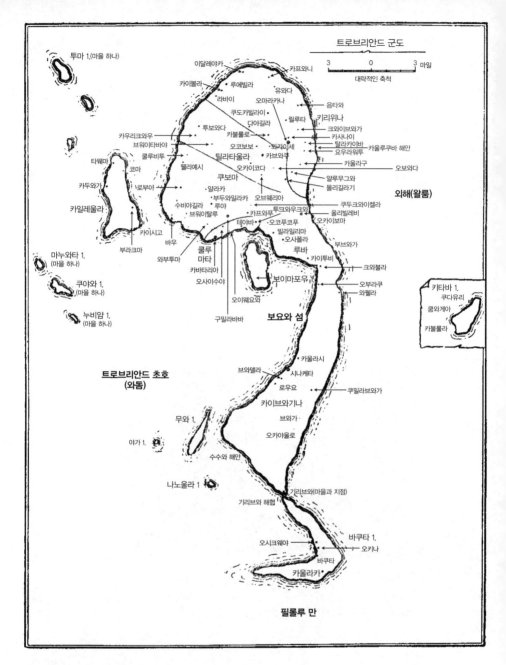

〈그림 1〉 트로브리안드 군도의 지도

필자의 『미개인의 성생활(*Sexual Life of Savages*)』에 실렸던 것을 출판사(Routledge & Sons, Ltd)의 허락으로 다시 실었다.

1. 뉴기니 경작지의 환경과 풍경

이 연구는 주로 인간이 열대의 땅에 쏟아붓는 노력을 다룬다. 다시 말해서, 이 책은 이국적인 세계의 한구석, 뉴기니 동쪽 끝자락의 트로브리안드 군도에서 인간이 대지로부터 먹을 것을 얻어내려고 고투하는 모습을 주로 다루게 될 것이다. 처음으로 트로브리안드 현지를 순례하는 민족지학자는 아마도 식물의 압도적인 생명력과 이를 지배하려는 인간의 헛된 노력에서 깊은 인상을 받게 될 것이다. 만약 당신이 뉴기니의 남쪽 해안을 따라가거나 동쪽의 다도해를 통과하는 첫 항해에서 열대 지방의 매우 광활한 특성을 한눈에 바라본다면, 이러한 대조는 엄청난 위력으로 절실하게 느껴질 것이다. 잇따라 나타나는 일련의 작은 산들 사이로 종종 내륙의 속살을 얼핏 보여주는 깊은 골짜기들이 가로지른다. 눈앞의 경치는 때때로 거의 수직으로 자라난 식물들이 녹색의 벽처럼 우뚝 서 있기도 하고, 혹은 내리막이 되어 충적 평원으로 뻗어가기도 한다. 이 모든 광경은 열대 정글의 힘과 랄랑 대초원 지대의 끈질긴 생명력을 드러내며, 이곳에 덤불과 뒤엉킨 덩굴이 꽉 들어차 있다는 인상을 전해준다. 단지 숙련된 민족지학자만이 여기서 사람이나 사람의 발자취, 혹은 그가 일한 흔적을 감지할 수 있다. 경험이 많은 눈으로 보면, 생동하는 녹색의 물결 가운데 시든 식물의 얼룩처럼 보이는 것이 사실은 작은 마을이라는 것을 알 수 있다. 마을에는 마른 나뭇가지를 엮어서 만든 오두막들이 서 있는데, 청동색 야자잎을 이어붙인 지붕이 있고 목재 울타리도 세워져 있다. 언덕의 비탈 여기저기에서는 기하학적 형태의 땅뙈기들을 볼 수 있는데, 수확기에 그곳은 무르익은 덩굴식물의 무성한 잎으로 갈색을 띠고, 연초에는 싹트는 작물들의 밝은 초록색으로 뒤덮인다. 그 땅뙈기들은 마을의 밭들이다. 만약 당신이 운이 좋다면, 덤불치기가 끝난 어느 날 밤에 나무와 잡초를 태우는 모닥불 곁을 지나치게 될지도 모른다. 그러나 당신이 이처럼 거의 알아차릴 수 없는 징후에 관심을 집중하고 그것을 해석하려고 상상력을 짜낼수록, 지금껏 이 땅에서 인간이 남긴 자취가 얼마나 미약한지를, 그리고 인간의 노력이 얼마나 쉽게 흔적조차 없이 사라지는지를 더욱 실감하게 될 것이다. 또한 인간이 자기 몫으로 여겨온 모든 것이 실은 자연의 자생적인 성장에서 비롯된 것임을 깨닫게 될 것이다. 이곳의 자연은 아직 인간에 의해 정복되거나 인간의 목적에 맞도록 변형되지 않은 것처럼 보인다. 오히려 인간은 대자연의 일부에 지나지 않는다. 인간은 정글이 내어준 나무 아래 마른 잎을 걸치고 불안정하게 거처하면서 해마다 처녀림으로부터 힘들게 얻어낸 것들을 먹고살지만, 몇 년 뒤에는 그것들을 다시 처녀림에 되돌려주게 될 것이다.

그렇지만 만약 당신이 토착민의 마을 한 곳에 정착해서 그들의 작업과 관심사를 지켜본다면, 생각이 사뭇 달라질 것이다. 당신은 어디서나 경작이 효율적인 절차에 따라 이루어지고 있으며, 경작이 단지 고도의 기술적인 활동일 뿐 아니라 중요한 부족 예식이라는 점을 알게 될 것이다. 또한 땅이 전체적으로 잘 구분되어 있고 합법적으로 경계가 정해져 있으며, 개인이나 집단이 많든 적든 땅을 전용하고 있다는 사실을 알아차리게 될 것이다.

만약 당신이 계속 항해하면서 다양한 문화들을 조사하고 그곳의 다른 지역들과 섬들을 탐험한다면, 머지않아 뉴기니의 가장 동쪽 끝에서 약 120마일 정도 정북쪽에 위치한 단조로운 산호 군도인 트로브리안드와 마주치게 될 것이다. 당신은 그곳에서 인간과 자연 사이의 관계가 완전히 달라진 것을 곧 깨닫게 된다. 당신은 산악지대의 숲이나 사고야자 습지, 혹은 랄랑 대초원 지대의 어느 곳에서보다 트로브리안드에서 땅이 훨씬 더 높이 평가될 뿐 아니라 매우 세심하게 나누어지며 더욱 효과적으로 사용된다는 사실을 첫눈에 알아차리게 될 것이다. 심지어 트로브리안드 군도를 잠시 방문한 민족지학자조차 인구의 조밀도와 경작지의 면적, 그리고 경작의 다양성과 철저함에 깜짝 놀라게 될 것이다. 그는 또한 그 지역에서는 경작되지 않고 자연 그대로 자생적인 성장에 내맡겨진 땅이 상대적으로 작다는 점을 발견하게 될 것이다. 게다가 마을에서는 건축물 가운데 적어도 반 이상이 창고라는 사실을 금방 알아차릴 수 있을 것이다. 나아가 생산물을 쌓고 저장하며 다루는 방식을 관찰해보면, 이곳 사람들이 결코 하루하루 근근이 먹고살지 않으며, 오히려 수확물에 의지해서 견실한 부의 토대를 만들어간다는 사실을 매우 쉽게 알 수 있을 것이다.

다음 장들에서 우리는 트로브리안드인들의 얌 경작지와 타로[1]와 바나나 재배지를 돌아다녀야 한다. 우리는 그들의 작업에 참여하고 수확의 기

••

1) 〔역주〕 열대지방의 덩이줄기 식물로서, 얌과 함께 토착민들의 중요한 식량이 되어왔다.

쁨과 여흥을 함께하게 될 것이다. 그리고 코코넛숲을 샅샅이 뒤지기도 하고, 주술사의 집에 들어가서 그가 주문을 외우고 의례를 행하는 모습도 지켜보게 될 것이다. 이 모든 일에서 우리는 두 가지 접근법을 따라야 한다. 한편으로는 사회 조직의 원칙들과 부족 법 및 관습의 규정들, 토착민의 주술적, 기술적, 그리고 과학적인 주요 관념들을 가능한 대로 정확하게 진술해야 한다. 다른 한편으로는 그곳에서 살아가는 사람들을 계속 만나면서, 우리 눈앞에 주위 환경과 경치의 생생한 그림을 유지하려고 노력해야 할 것이다. 이를 위해서, 우리의 특별한 주제로 뛰어들기 전에 트로브리안드인들과 그들의 땅, 바다와 초호(礁湖)[2]를 일반적으로 개관할 필요가 있을 것이다.

　몇몇 독자들은 벌써 트로브리안드 군도의 토착민들에 대해서 알고 있을지도 모르겠다.[3] 어쩌면 당신은 내가 백인 정착지에서부터 남쪽 해안가와 "남부 맛심(Southern Massim)" 문화가 번성한 뉴기니 동쪽 끝의 군도 도처까지 수차례 여행했던 내용을 이미 읽었을지도 모른다. "남부 맛심"이란 용어는 해던(Haddon) 박사가 파푸아 멜라네시아의 문화를 묘사하기 위해 만들어낸 단어인데, 그것에 대한 포괄적인 설명은 셀리그만의 『브리티시

∵

2) 〔역주〕 산호초 때문에 섬 주위에 바닷물이 얕게 괸 곳.
3) 특히 셀리그만(Seligman) 교수의 *Melanesians of British New Guinea*(1910)을, 혹은 나의 *Argonauts of the Western Pacific*(1922)의 서론 세 장들을 읽은 사람들. 그들의 가정생활, 가족생활과 애정사는 나의 책, *Sexual life of Savages of North-Western Melanesia*에 서술되어 있으며, 그들의 아동기는 나의 작은 책 *Sex and Repression*에서 논의된다. 뉴기니의 인접 지역에 대한 저술로는 무엇보다도 포춘(Fortune) 박사의 훌륭한 책, *The Sorcerers of Dobu*가 있는데, 그 지역에 관심을 가진 사람이라면 모두 그 책을 읽어보아야 할 것이다. 또한 암스트롱(W. A. Armstrong)의 책 *Rossell Islan*와 윌리엄스(F.E. Williams)의 설명들(*Orokaiva Society*와 *Orokaiva Magic*), 그리고 제니스(D. Jenness)와 발렌틴(A. Ballantyne)의 *The Northern D' Entrecasteaux* 등이 있다.

뉴기니의 멜라네시아인들(*Melanesians of British New Guinea*)』의 제3부에서 찾아볼 수 있다.

　여기서 이 순례여행을 새삼스럽게 자세히 더듬어볼 생각은 없다. 남쪽 해안과 동쪽 끝의 경치, 흩어져 있는 매혹적인 토착민 마을들, 식인자들과 머리사냥꾼들과 피에 목마른 전사들의 몇몇 관습들에 대해서는 『서태평양의 항해자들』(제1장)에서 이미 서술하였다. 또한 그 책에서는 트로브리안드 근처에서 살아가는 사람들, 곧 당트르카스토(d'Entrecasteaux) 제도[4]의 접근하기 어려운 높은 비탈이나 바닷가에서 사는 사람들과 암플레츠(Amphletts)의 흩어진 바위들에서 살아가는 사람들의 문화를 개략적으로 서술했다. 또한 두 가지 유형의 경치와 두 가지 유형의 문화에서 뚜렷하게 나타나는 차이점을 자세히 설명하였다.

　"우리는 암플레츠의 다갈색 바위들과 어두운 정글을 뒤로 하고, 평탄한 산호섬들로 이루어진 전혀 다른 세계를 향해 북쪽으로 배를 타고 들어간다. 그곳은 파푸아-멜라네시아의 나머지 지역들과는 전혀 다른 관습과 방식을 보유하고 있는 민족지 구역이다. 지금까지는 너무나 파랗고 투명한 바다를 항해해왔다. 얕은 바다에서는 다양한 색깔과 형태를 뽐내는 산호 바닥에서 매혹적인 해조와 물고기들이 황홀한 장면을 연출하였다. 바다 주위로는 열대 정글의 장관이 펼쳐졌고 화산과 산악지대의 경치가 이어졌다. 기운차게 흐르는 물줄기와 폭포들, 높은 계곡에 길게 뻗어 있는 자욱한 구름을 볼 수 있었다. 우리는 이 모든 것에 마지막으로 작별을 고하고 북쪽으로 나아간다. 암플레츠의 윤곽은 머지않아 열대의 아지랑이 속으로

∴

4) 〔역주〕 뉴기니 섬의 남동쪽 끝 부근에 있는 3,000제곱킬로미터에 달하는 화산섬의 무리. 1793년에 프랑스의 당트르카스토가 발견하였으며 파푸아뉴기니에 속한다.

희미해지고, 그 위로 솟아 있는 코야타부[5]의 뾰족하고 근사한 봉우리만 수평선에 남아서 키리위나 초호까지 우아한 모습으로 우리를 따라온다.

"이제 불투명한 녹색 바다로 들어간다. 이따금씩 나타나는 모래톱만이 단조로움을 깨뜨려준다. 파도에 씻기는 맨모래톱도 있지만, 물 위로 판다누스[6] 교목들이 기근(氣根)[7] 위에 웅크리고 있는 곳도 있다. 암플레트 토착민들은 이 모래톱으로 와서 몇 주 동안 거북과 듀공[8]을 잡는다. 이곳은 또한 태고의 쿨라(Kula)[9](엄청난 시간과 노력, 그리고 야심이 바쳐지는 부족 간의 교역)와 관련된 몇몇 신화적 사건들의 배경이 된다. 멀리 앞쪽으로는 군데군데 물안개를 통해 수평선이 두껍게 보이는데, 마치 엷은 연필 자국들을 덧대어 그려놓은 것 같다. 이러한 연필 자국들은 점점 더 뚜렷해지는데, 하나는 길어지고 넓어지며, 나머지들은 독특한 모양의 작은 섬들로 갈라져 나온다. 어느새 우리는 트로브리안드 군도의 큰 초호(礁湖) 안으로 들어온 것을 알아차린다. 오른쪽으로는 가장 큰 섬인 보요와가 있으며 북쪽과 북서쪽으로는 사람들이 거주하는 섬들과 무인도들이 있다.

"초호에서 얕은 바다 사이로 복잡한 항로를 따라서 본섬에 다가갈수록,

∵

5) 〔역주〕퍼거슨 섬(Fergusson Island)의 높고 가파른 산.
6) 〔역주〕열대식물의 일종. 줄기의 기부 가까이에서 굵은 기근(氣根)이 방사상으로 나와 있다.
7) 〔역주〕땅속에 있지 않고 공기 중으로 나와서 기능을 수행하는 뿌리.
8) 〔역주〕해우목(海牛目) 듀공과의 포유류. 산호초가 있는 바다에서 산다.
9) 〔역주〕쿨라는 '원'이라는 뜻으로, 뉴기니 섬 동쪽의 트로브리안드 군도에서 부족 내부 혹은 부족 간에 이루어지는 의례적 교환체계이다. 쿨라에서 교환되는 물건은 실제적 가치가 적은 슬라바와 음왈리라는 장식물이다. 슬라바는 붉은 조개껍질로 만든 긴 목걸이이고 음왈리는 흰 조개껍질로 만든 팔찌이다. 이 교환은 자신의 쿨라 상대에게 슬라바를 선사하면, 그것을 받은 상대는 그것과 동일한 가치를 지닌 음왈리를 돌려줄 의무를 지니는 것을 기본 원칙으로 한다. 쿨라의 교환물은 누군가의 영원한 소유물이 되지 않고 일정한 기간이 지나면 다시 순환된다. 또한 두 종류의 교환물은 언제나 서로 다른 방향으로 전달되는데 슬라바는 시계 방향으로, 음왈리는 시계 반대 방향으로 돈다.

여기저기서 빽빽하게 뒤엉킨 키 작은 정글이 해변까지 내려와 있는 것을 볼 수 있다. 우리는 야자숲 안을 들여다볼 수 있는데, 마치 기둥들이 떠받치고 있는 실내처럼 느껴진다. 여기가 마을이 위치한 자리이다. 우리는 대개 진흙과 찌꺼기들이 널려 있는 해안지역에 상륙한다. 그곳에서는 건조시키기 위해 높이 끌어올려놓은 카누들이 눈에 띈다. 우리는 작은 숲을 통과해서 곧장 마을로 들어간다."[10]

2. 트로브리안드인들이 사는 곳과 하는 일

지금부터 우리는 트로브리안드인들 사이에서 살아갈 것이다. 이미 알고 있듯이 이 군도는 이스트곶[11]의 정북쪽에 위치한다. 인류학자들은 그곳에 사는 사람들이 멜라네시아인이라는 사실을 알고 있다. 그런데 그 거주민들은 인접한 뉴기니 본섬의 파푸아 이웃들보다는 오히려 좀 더 멀리 있는 오세아니아 주민들과 체격이나 문화, 제도가 훨씬 더 유사하다. 그들은 발달된 족장제를 가지고 있다. 그들은 노련한 뱃사람들이고 상인들이며, 그들의 장식 예술은 여러 민족지 박물관의 자랑거리이다.

〈그림 1〉의 지도에서 볼 수 있는 트로브리안드 군도는 산호섬이며, 좀 더 정확히는 루산사이(Lusançay) 환초[12]의 일부이다. 우리가 관심을 갖는 군(群)은 큰 섬 하나와 제법 큰 두 개의 섬들인 바쿠타와 카일레울라, 그리

∴

10) *Argonauts of the Western Pacific*, pp. 49~51.
11) 〔역주〕 뉴기니의 가장 동쪽에 위치한 곳.
12) 〔역주〕 열대 바다에서 주로 생성되는 고리 모양으로 배열된 산호초.

고 해저분지나 초초를 둘러싸고 있는 좀 더 작은 수많은 섬들로 이루어져 있다. 작은 섬들 사이의 바다는 매우 얕아서 어떤 곳은 토착민의 카누로도 지나갈 수 없기 때문에 좀 더 깊은 항로를 통해서 건너가야 한다. 트로브리안드 군도는 바람에 그대로 노출되어 있기 때문에 북서쪽에서 불어오는 계절풍이나 남쪽에서 불어오는 강한 바람을 피할 수 없다. 그나마 본섬의 해안 근처에서 남동 무역풍을 약간 피할 수 있을 뿐이다. 동쪽으로 약 백마일 거리에는 북부 맛심(Northern Massim) 문화의 두 번째로 큰 중심지인 우드락 섬이 있다. 북부 맛심 역시 해던 박사가 붙인 이름인데, 동부 파푸아-멜라네시아인들의 두 번째 분파를 형성하고 있다. 우드락 섬과 트로브리안드 군도 사이에는 키타바, 이와, 가와, 크와이와타, 그리고 디구메누 등 다섯 개의 작은 섬들이 다리처럼 놓여 있는데, 그 섬들의 거주민들은 같은 문화에 속한다. 나중에 경작 신화를 다룰 때 그들을 다시 만나게 된다.

그렇지만 여기서는 거의 전적으로 트로브리안드 군도의 본섬만을 상세하게 서술하고, 인접한 지역들에 대해서는 간략하게만 언급할 것이다. 토착민들이 보요와 또는 그 섬의 주요 지방의 이름을 따서 키리위나라고 부르는 큰 섬에서는 경치와 땅과 농경의 유형이 몇 가지로 나누어진다. 북쪽의 드넓은 원형의 대지는 대부분 비옥한 땅이다. 북쪽과 동쪽 경계의 좁은 산호 능선만이 거의 경작되지 않은 채 남아 있으며, 군데군데 태고의 정글로 뒤덮여 있다. 그러나 거기서 모든 열대 식물이 울창하게 자라는 것은 결코 아니다. 그곳에서는 사고야자, 등나무(lawyer cane), 대나무 등과 같이 경제적으로 중요한 몇 가지 식물들이 자라지 않기 때문에, 필요하다면 해외에서 원재료를 들여와야 한다. 내륙의 몇몇 지역 역시 땅이 너무 질퍽질퍽해서 쓸모가 없다. 반면 서쪽 해안에서는 맹그로브가 광범위하게 자라고 있는데, 그 식물은 만조 때 바닷물에 잠기는 소금기 있는 습지에서 잘 자란다. 섬의 남쪽 지역에서는 죽은 산호가 불쑥 튀어나오곤 하는데 최남단에서는 특히 그러하다. 따라서 그곳에서는 경작도 거주도 거의 불가능하다. 남쪽 지역에서는 소금기를 머금은 습지가 더 깊은 내륙까지 뻗어 있다. 거기서 사람들은 초호 위에 마을을 이루고 고기잡이로 생계를 유지하거나, 혹은 내륙에 있는 한두 곳의 비옥한 장소에 마을을 세운다.

3. 트로브리안드 경작지에 대한 첫인상

이 책의 주제인 토착민의 경작 체계는 부족의 경제생활에서 중요하긴 하지만 일부에 지나지 않는다. 따라서 토착민이 자연 자원을 어떻게 이용하는지를 전체적으로 고려할 필요가 있을 것이다. 여기서는 농경을 상세하게 서술하기 위하여 반드시 필요한 배경으로서 부족 경제의 대략적인 윤곽을 살펴볼 것이다.[13]

방금 제시했던 트로브리안드 군도에 대한 묘사와 그곳의 지도를 함께 고려한다면(이를 통해 남해 부족 가운데서 트로브리안드의 인구밀도가 상당히 조밀하다는 점을 알 수 있다.), 그리고 그곳의 토착민들이 매우 높은 수준의 문화적 능력과 정치 및 경제 조직을 가지고 있다는 사실을 알아차린다면, 그들의 생산 유형과 제조업의 발달을 대략 짐작할 수 있을 것이다. 광대

••

13) 이미 출판된 *Economic Journal*, 1921에 실린 "The Primitive Economics of the Trobriand Islanders"의 짧은 설명과 마찬가지로, 이것은 그 주제에 대한 예비적인 소묘일 뿐이다. 현재 나는 트로브리안드의 고기잡이, 사냥, 제조업, 그리고 내륙의 교역을 충분히 이해하고서 연구를 진행하고 있다. 그들의 해외 원정, 교환 예식과 부족 간 교역은 이미 *Argonauts of the Western Pacific*에 서술되어 있다.

한 죽은 산호를 덮고 있는 비옥한 부식토는 확실히 얌, 타로, 고구마, 바나나, 코코넛과 같은 남해의 유용한 식물들을 집중적으로 경작하는 데 적합하다. 해저 생물이 풍부한 탁 트인 초호에서, 진취적이고 영리한 사람들은 당연히 효율적인 고기잡이 기술을 발전시킬 것이다. 부지런한 사람들이 밀집해서 살고 있는 정착지들에서는 훌륭한 예술과 기술을 기대해볼 수 있다. 주거환경과 기회의 차이로 인해 특별한 제조업 중심지들이 생겨나고 내부 교역 체제가 성립되었으리라고 기대해볼 수 있다. 그리고 필수적인 특정 원료인 돌(죽은 산호는 어떠한 제조업을 위해서도 쓸모가 없다.), 점토, 등나무, 대나무, 사고야자의 결여는 외부 세계와 광범위한 교역이 이루어진다는 사실을 암시한다. 또한 원시림의 부재는 사냥이 결코 중요하게 여겨질 수 없으며, 야생 식물의 채집이 단지 보조적인 역할만 담당한다는 점을 암시한다.

사실 이러한 대략적인 평가는 본질적인 점에서 거의 다 정확하다. 트로브리안드인은 뭐니 뭐니 해도 농부인데, 기회와 필요에 의해서 뿐 아니라 열정과 전통적 가치 체계에 의해서도 그러하다. 내가 이미 다른 어딘가에서 말했듯이 "토착민의 일은 절반이 경작지에서 이루어지며, 아마도 그의 관심과 야망은 적어도 절반 이상이 경작지에 집중되어 있다. 그들은 경작을 통해서 실제로 필요한 양보다 훨씬 더 많은 농작물을 생산하는데, 예컨대 평년에는 그들이 먹을 수 있는 양보다 두 배가량 더 많이 수확할 것이다. 요즘 이러한 잉여 식량은 유럽인들에 의해 수출되어서 뉴기니 다른 지역에서 농장 고용인들의 양식으로 사용된다. 예전에는 식량이 남으면 그저 썩도록 내버려두었다. 한편, 그들은 실제로 요구되는 것보다 훨씬 더 많은 양의 작업을 통해서 이러한 여분의 식량을 생산한다. 토착민들은 미학적 목적을 위해서, 곧 경작지를 깨끗하고 산뜻하게 정돈하기 위해서, 홀

〈사진 2〉 족장의 일부다처 가족
단 위에 앉아 있는 사람은 족장 토울루와이다. 그의 오른쪽에 서 있는 사람은 아들인 길라이비야카이다. 족장의 발치에서는 그의 아내들을 볼 수 있다. 가운데에는 이수프와나, 그녀의 오른쪽에는 족장의 아들 디파파, 그 옆에는 보쿠요바, 보마위세가 있으며, 오른쪽으로는 일라카이시가 묘목에 기대어 있다. (제1부 3절)

룡하고 견고한 울타리를 세우기 위해서, 그리고 특별히 크고 튼튼한 얌 장대들을 마련하기 위해서 많은 시간과 노력을 쏟아붓는다. 물론 이러한 작업들이 모두 식물의 성장을 위해서 어느 정도 필요한 것은 사실이다. 하지만 그들은 분명 순수하게 필요한 정도를 훨씬 넘어서도록 공을 들인다. 토착민 경작 작업의 비실용적인 요소는 그들이 단지 장식을 위해서나 주술예식과 관련해서, 그리고 부족의 관습에 따르기 위해서 행하는 다양한 작업들에서 훨씬 더 분명하게 드러난다."[14]

그다음으로 중요한 것은 고기잡이다. 초호에 위치한 몇몇 마을들은 주로 고기잡이를 통해 생계를 유지하며, 주민들은 시간과 노동의 절반가량을 여기에 바친다. 그러나 고기잡이가 단지 몇몇 지역들에서 두드러지는 반면, 농경은 모든 곳에서 가장 중요하다. 자연 재해나 문화적 재난으로

••

14) *Argonauts*, pp. 58, 59.

〈사진 3〉 돛을 펴고 항해하는 카누
이렇게 큰 카누는 주로 키리위나에서 동쪽 군도로 향하는, 그리고 시나케타와 바쿠타에서 남쪽으로 암플레츠, 도부, 당트르카스토 제도로 향하는 해외 원정을 할 때 사용한다. 해외 원정의 세부사항에 대해서는 『서태평양의 항해자들』을 참조하라. (제1부 4절)

인해 고기잡이가 불가능해진다면 주민들은 모두 농경을 통해 생계를 유지할 길을 찾을 것이다. 그러나 가뭄이 들어서 경작에 실패한다면 반드시 굶주리게 된다. 사냥은 거의 경제적인 활동으로 보기 어렵다. 때때로 자기가 작은 왈라비[15]나 야생 돼지를 잡을 수 있을 거라고 이야기하면서 창을 들고 마을 밖으로 걸어가는 트로브리안드인을 만날 수 있다. 올가미로 새를 잡는 일은 좀 더 중요하다. 그러나 나는 토착민들이 들새를 먹는 장면을 여러 번 목격한 적이 있지만, 그때마다 그들이 먹는 들새는 어떤 백인 상인이 총으로 잡은 것을 멀리 있는 마을에서 가져온 것이라는 사실을 알게 되었다. 그보다는 가뭄 때에 덤불에서 먹을 만한 것을 채집하거나 맹그로

∶∶

15) 〔역주〕 작은 캥거루.

〈사진 4〉 초호의 고기잡이 카누

남쪽 초호의 대부분의 마을들에서 대규모 고기잡이는 모두 그물을 가지고 이루어진다. 토착민들은 여기서 볼 수 있는 큰 삼각형 그물을 물 가까이로 내민다. 후릿그물 속으로 몰아넣어진 물고기들은 이것을 뛰어넘으려고 시도하다가 삼각형 그물 속으로 떨어진다. (제1부 5절, 또한 4절 참조)

브 습지와 초호에서 게와 몰러스크[16]를 잡는 일이 부족의 식량 창고에 훨씬 더 실제적으로 기여한다. 운반과 교역은 원활하게 이루어진다. 내륙에서 이루어지는 물고기와 채소 식량의 교환은 트로브리안드인의 공공생활에 상당히 많은 영향을 미친다.

그러므로 간단히 말하면 우리는 환경주의자의 예측이 대체로 옳다는 사실을 발견한다. 그러나 작업과 그것의 조직, 생산과 부의 분배, 그리고 소비와 관련해서는 생태학적 지표들만으로는 추론할 수 없는 일들이 엄청나게 많다. 경작을 체계화할 때 주술과 정치권력이 얼마나 중요한 역할을 담당하는지에 대해서 환경주의자는 아무것도 예견하지 못할 것이다. 생산물

∵

16) 〔역주〕 연체동물의 일종.

을 분배할 때 친족과 인척에게 각각 다른 의무가 부과되는 방식이나, 트로브리안드의 가구(家口)가 경제적으로 이중적인 토대 위에 수립되는 매우 복잡한 방식을 환경주의자는 예상할 수 없다(5장과 6장 참조). 또한 그는 모권이 부거제(夫居制) 결혼[17]과 결합되어서 더욱 복잡하게 뒤얽히는 방식도 추측할 수 없을 것이다. 트로브리안드인들이 식량을 대량으로 축적할 수 있게 해주는 장치와 관습, 그리고 부족적인 규모의 활동을 조직할 수 있도록 소수의 지도자에게 부를 집중시키는 법적인 체제는 경험을 통해 관찰되고 서술되어야 한다.

그러면 다양한 식량 생산 활동과 예술, 기술, 교역을 차례로 살펴보자. 우선 경작지에서부터 시작하자.

트로브리안드에 도착했을 때 나는 경작지에서 느껴지는 생명력에 강한 인상을 받았고, 그곳의 목가적인 아름다움과 풍부함에 매혹되었으며, 또한 농경의 복잡성에 압도되었다. 내가 트로브리안드 군도에 도착한 것은 1915년 6월 초순인데, 우선 해안에서 며칠을 보낸 뒤 족장의 거주지이며 군도의 주요 마을인 오마라카나에 정착했다. 대부분의 주변 마을에서는 수확이 한창 진행되고 있었다. 중심지인 오마라카나에서는 수확이 막 시작되었거나 시작되려고 하고 있었다. 지금이야말로 트로브리안드의 경작지가 가장 멋지게 보이는 때이며, 토착민들이 농작물에 가장 열렬한 관심을 쏟아붓는 시기이다. 수확기에는 엄청나게 많은 요소들이 경작과 뒤얽히게 된다(1장, 2장, 5장, 그리고 6장). 마을 사람들은 모두가 경작지에 있으며, 따라서 어떻게 보면 경작지가 곧 마을이 된 것 같다. 어떤 순간에는 마을에 단지 노인들과 일하는 여자들, 놀고 있는 어린아이들만 남아 있다.

∴

17) 〔역주〕 신부가 남편의 마을로 옮겨와서 사는 결혼제도.

그러다가 잇달아 여러 무리가 농작물을 가지고 마을로 돌진해 들어오면서 마을은 흥겹고 떠들썩한 분위기에 휩싸이고, 얌과 바구니들이 마을에 가득해지며, 경작의 중요성은 최고조에 달한다(〈사진 60~64〉 참조). 나는 바로 그때, 트로브리안드인은 뭐니 뭐니 해도 농부라는 사실을 처음으로 어렴풋이 알아차렸다. 그들은 즐겁게 땅을 일구고 자랑스럽게 거둬들인다. 그들은 쌓아놓은 식량을 보면서 성취감과 안정감을 느끼며, 얌 덩굴이나 타로의 풍성한 잎을 보면서 진정한 아름다움을 경험한다. 이와 관련해서, 다른 많은 문제들에서도 그렇겠지만, 트로브리안드인은 미학적 기쁨의 본질로서 사심 없는 관조를 이야기하는 칸트(Kant)[18]의 거세된 진술보다는, 아름다움을 지극한 행복의 약속으로 보는 스탕달(Stendhal)[19]의 정의에 동의할 것이다. 트로브리안드인의 입장에서는 보기 좋고 마음에 좋은 모든 것은, 혹은—트로브리안드식으로 말하면—이해뿐 아니라 감정을 주관하는 위장에 좋은 것들은 모두 안전, 번영, 풍요, 그리고 감각적 쾌락을 약속해주는 것들에 존재한다.

수확의 계절에 그 지역을 가로질러 걷다보면, 어떤 경작지들에서는 무성한 녹색 잎들이 황금색으로 물들어가면서 장관을 이루는 광경을 보게된다(〈사진 21〉과 〈사진 31〉 참조). 그곳들은 얌의 주요 재배지 가운데 대다수 다른 재배지들보다 얌이 늦게 여문 곳들이다. 이미 다음 단계의 경작이 시작된 얌 재배지들도 볼 수 있을 것이다(〈사진 20〉). 때때로 당신은 넓은 녹색 잎이 손바닥처럼 펼쳐져 있는 타로 경작지를 지나가게 될 것이다

••

18) 〔역주〕독일의 철학자(1724~1804). 『순수이성비판』, 『실천이성비판』, 『판단력비판』 등의 저술을 남겼다.
19) 〔역주〕프랑스의 소설가(1783~1842). 대표작으로 『적과 흑』 등이 있다.

(〈사진 112〉 참조). 내가 처음으로 오마라카나 주변의 경작지들을 대강 조사했을 때, 경작지의 풍경과 거기서 이루어지는 작업이 너무나 가지각색이고 경작의 취지가 어리둥절할 만큼 다양하게 나타나서 놀란 적이 있다. 어떤 곳에서는 수확이 진행되고 있었는데, 남자들과 여자들은 덩굴을 자르고 뿌리를 파내서 그것들을 깨끗이 손질한 뒤에 더미로 쌓아놓고 있었다. 일부 타로 재배지에서는 여자들이 잡초를 뽑고 있었다. 어떤 경작지에서는 남자들이 손도끼로 키 작은 덤불을 깨끗이 치우고 있었고, 다른 곳에서는 남자들이 땅을 마치 체스 판처럼 작은 사각형 구획들로 구분하고 있었는데, 현지조사 초기에는 피진어(Pidgin)[20]를 사용해서 주도면밀하게 조사했지만 그 목적을 파악할 수 없었다(〈사진 26〉과 〈사진 38〉 참조).

그곳에 도착한 지 얼마 되지 않았을 무렵에 나는 우연히 대규모 경작지 회의를 목격하게 되었다. 경작지 회의에 대해서는 앞으로도 수차례 더 다루게 될 것이다(2장, 9장, 그리고 12장). 나는 그 모임에서 족장과 족장의 후계자이자 조카인 주술사 바기도우와 지역의 유지(有志)들이 모두 함께 어떤 문제를 논의하고 있는 모습을 목격했지만, 나의 정보 제공자는 그 내용을 통역해주지 못했다. 모임이 끝난 후, 족장은 아침 산책 겸 작업을 하기 위해 나를 데리고 경작지로 갔다. 나는 그가 가장 비천한 백성과 마찬가지로 날마다 자신의 경작지에서 일한다는 사실을 통해 감명을 받았다. 족장은 매우 튼튼한 땅 파는 막대기(digging-stick)를 사용했는데, 그가 트로브리안드에서 가장 건강한 사람들 가운데 하나였기 때문이다. 그는 다른 사람들과 마찬가지로 적당한 땅을 찾아서 타이투를 연달아 심을 것이다. 수확기에 그는 다른 사람들과 마찬가지로 세심하고 정확하게 작업할 것이

••

20) 〔역주〕 토착어와 영어가 혼합된 혼성 영어를 가리킨다.

다. 그는 조심스럽게, 다정하게, 그리고 끈기 있게 땅을 뒤엎고 손수 타이투를 뽑아서 다듬을 것이다(5장 4절). 보통 그는 자기 아내들 가운데 한 사람과 동행했다. 즉, 튼튼하고 건강한 이수프와나(〈사진 81〉 참조)나, 아름답고 젊은 일라카이시(〈사진 82〉 참조)나, 그가 개인적으로 결혼한 첫 번째 아내인 카담와실라나, 그가 자신의 형에게서 상속받은 가장 나이가 많은 아내인 보쿠요바(〈사진 2〉 참조)가 그와 동행했다. 나는 토울루와와 그의 아내들에게서 처음으로 경작 기술을 배웠다. 현지조사를 진행할 때 민족지학자의 이론적이면서도 사적인 호기심은 토착민들의 감정을 상하게 하기 쉽다. 이를 벌충하기 위해서는 그들의 작업에 대한 실제적인 관심을 드러내고 육체노동의 능력을 보여주는 것도 유용한 방법이 될 수 있다.

나는 그 계절에 경작지 작업의 특징적인 몇 가지 노동 유형들을 나란히 관찰할 수 있었다. 덩이줄기들을 뽑아내거나 새로운 경작지를 정리하고 준비할 때, 보통 모든 가족, 곧 남편, 아내, 아이들과 부양가족들이 함께 작업에 참여한다(〈사진 24〉와 〈사진 36〉 참조). 어린아이들조차 종종 경작지 작업에서 가지고 놀도록 땅 파는 막대기 장난감과 모형 도끼를 받는데, 그들은 놀랄 만큼 어린 나이에도 진지하게 경작하기 시작한다(1장 3절, 그리고 제4부 5장).

파종과 덤불치기는 종종 공동 노동으로 진행된다. 마을에서 토착민들과 더불어 산다면 그 점을 쉽게 알 수 있다. 족장은 남자들을 소집해서 약간의 음식과 빈랑나무[21] 열매, 그리고 담배를 대접한다. 그들은 전해오는 외

----

21) 〔역주〕 종려나무과의 상록 교목으로서, 높이는 약 25미터이다. 열매는 빈랑자라고도 하는데, 기호품으로 씹거나 염료로 쓰인다. 특히 열매에는 타닌과 알칼로이드가 들어 있으므로 촌충 구제·설사·피부병·두통 등에 사용하고, 어린잎은 식용으로 쓴다.

침소리를 내기도 하고 장난도 치면서 흥겹게 경작지로 가서 반나절 정도 작업한다. 더 작은 마을에서는 남자들이 소구획 한두 곳을 차례대로 정리하거나 파종하면서 공동으로 서로를 위해 작업한다. 때때로 남자가 자기 땅에서 홀로 작업하거나 여자가 그녀의 소구획, 혹은 좀 더 정확하게는 그녀 남편의 소구획에서 혼자서 잡초를 뽑는 일도 있다.

트로브리안드의 경작에서 또 다른 중요한 측면인 주술도 뚜렷하게 눈에 띈다. 확실히 트로브리안드의 주술은 비밀스럽게 행해지지 않는다. 주술은 경작지 주술사의 공적인 의무이기에, 주술의 존재뿐 아니라 세부사항까지도 모든 사람이 알고 있다. 주술은 양도될 수 없을 뿐더러 으레 행해진다고 여겨지기에, 그것과 관련된 비밀은 없다. 이 모든 점을 고려한다면, 평범한 방문자나 상인이나 선교사가 토착민들 사이에서 오랫동안 살면서도 주술이 존재한다는 사실을 알아차리지 못한 경우도 있었을 것 같다. 왜냐하면 트로브리안드의 주술은 엄청나게 단순하고, 대부분의 경우에 어떠한 예식도 수반하지 않으며, 주술 행위를 수행하는 사람은 실제 경작 작업에 열중하고 있는 보통의 토착민과 너무나 비슷하게 보이기 때문이다(3장, 4장, 7장, 9장, 그리고 10장). 주술 의식들은 단순하고 직접적이다. 다만 몇몇 주문들은 밭이나 마을에서 크게 읊어지기 때문에, 주문을 읊는 사람에게 무슨 일을 하고 있냐고 물어볼 마음이 생길 수도 있다. 대부분의 주술 행위는 주술사가 혼자서 혹은 조수들과 함께 수행하며, 때로는 주술에 어떤 권리나 관심을 가지고 있는 사람들과 함께 주술을 행한다(1장 6절, 또한 〈사진 23, 29, 33~35, 52, 그리고 100〉 참조). 정말로 화려하고 대중적인 경작 예식은 단지 한두 개에 지나지 않는다(9장 2절, 또한 〈사진 103~108〉 참조).

나는 부족 생활이 경작지를 중심으로 돌아간다는 사실을 일찌감치 알아챘다. 계절의 순환에 따라 일을 나누고 이익을 분배할 때면 농경이 항상 우선시된다. 농작물이 풍부한 지역들은 경제적으로 가장 부유할 뿐 아니라, 보통 정치적으로도 지배력을 발휘한다. 각각의 마을에서 경작지 주술사는—마을의 우두머리나 그의 상속자 혹은 가까운 친척이 그 직책을 맡는다—첫 번째 혹은 두 번째로 영향력이 센 사람이다. 농작물은 트로브리안드 전역에서 부의 토대가 된다. 농작물은 결혼 지참금과 정치적 공물의 형태로 복잡한 체계에 따라 분배되는데, 이는 트로브리안드 사회를 이해하기 위해 가장 중요한 부분이다. 고기잡이가 상당히 중요한 역할을 담당하는 몇몇 마을의 주민들도 농사짓는 이웃에게 경제적으로 의존한다. 이제 경제 지역 혹은 지구(地區)라는 주제를 살펴보도록 하자.

4. 경제 지구 : 경작자와 장인

우리는 트로브리안드에서 교역과 제조업이 잘 발달해 있을 뿐 아니라 식량을 얻기 위한 두 가지 주요 활동들, 곧 농경과 고기잡이가 이루어진다는 사실을 이미 알고 있다. 그러나 군도의 어디에서나 보편적으로 농경과 고기잡이가 이루어지는 것은 아니다. 왜냐하면 대략 두 지구들에 각기 상응해서 전문화가 이루어지기 때문이다. 지도(〈그림 1〉)를 보면, 북부의 광활한 넓은 지역에는 마을들이 도처에 빽빽하게 들어차 있는 반면, 남부에는 서쪽 해안 근처에 한 무리의 마을들이 자리 잡고서 북부의 초호 취락들과 이어져 있다는 것을 알 수 있다. 북부에서 고르게 분포되어 있는 마을들과, 초호에서 반원형 띠 모양으로 자리 잡고 있는 마을들은 각각 농경과 고기잡이를 업으로 삼고 있다. 그러나 이러한 두 가지 주요 구별 외에도, 여러 지구 사이에서 그 이상의 차이들을 찾아볼 수 있다. 그 차이들은 얼마간은 정치적이고 얼마간은 사회학적이며 얼마간은 경제적인 것들인데, 여기서 우리가 특히 관심을 가지는 것은 경제적인 차이점들이다.

북부에는 북동쪽에 키리위나, 가운데에 틸라타울라, 그리고 남서쪽에 쿠보마라는 주요 지방들이 위치하고 있다. 앞의 두 지방에서는 거의 전적으로 농경을 업으로 삼는다. 키리위나는 정치적으로 우세하고 사회적으로도 가장 서열이 높은 지방인데, 아마 경제적으로도 가장 부유할 것이다. 그 지역 전체의 최고 족장은 오마라카나에 거주한다. 그 섬의 북쪽 끝에 있는 마을들은 키리위나의 일부로 간주되는데, 그곳에는 이 지역의 유일한 고기잡이 마을인 라바이와 카이볼라가 있다. 그 마을들은 상어와 가숭어[22]라는 두 어종의 물고기만 전문적으로 잡는데, 이것은 엄밀하게 계절적인 고기잡이지만 경제적으로 중요하다. 큰 상어가 카이볼라에서 잡히면—이곳은 주술에서나 실제적으로나 상어 고기잡이로 알려진 장소이다—그 지역 전체에서 톡 쏘는 맛의 상어고기를 실컷 맛볼 수 있을 것이다. 또한 보름달이 뜰 무렵에 라바이로 몰려오는 수많은 가숭어 떼를 공기 그물(air-nets)을 이용해서 잔뜩 잡게 되면(〈사진 5〉), 최고 족장과 하위 족장들에게 가숭어가 공물로 보내질 것이고, 키리위나 전역에서 물고기를 풍족하게 맛볼 수 있을 것이다. 이러한 고기잡이와 관련된 독특한 주술이 존재하는데, 그것은 신화 전승 및 지역 고유의 의례와 결합되어 있다. 공동체마다 각각의 우두머리가 그 주술을 수행하며, 터부(taboo)[23]와 예식들이 수반된다.

∵

22) 〔역주〕 숭어과의 바닷물고기.

23) 〔역주〕 터부는 사회적으로 인가된 금지명령에 의한 온갖 사회적 금기 혹은 금지를 가리킨다. '건드릴 수 없는', '침해할 수 없는', '성스러운' 이란 뜻을 가진 폴리네시아어에서 유래한 용어이며, 1777년 제임스 쿡(James Cook) 선장의 여행기를 통해 처음 영어로 소개되었다. 특징적인 것은, 금지된 것을 접촉한 사람 역시 곧 금기의 대상이 된다는 점이다. 초기 인류학자나 종교학자들은 터부에 나타나는 금기와 성스러움의 관계에 주목했는데, 성스러운 존재나 대상은

마을 사람들은 그들이 잡은 물고기를 공물로 제공해야 하지만, 결국 그것을 받은 공동체들로부터 답례 선물을 받는다.

나는 라바이나 카이볼라와 같은 공동체들에서 고기잡이와 농경이 차지하는 상대적 중요성에 대하여 어떠한 유용한 수치 자료도 제시할 수 없다. 물론, 양적인 지표를 가지고 진술들을 입증하는 것이 바람직하다고 생각한다. 그러나 대체로 인류학의 현지조사에서 이렇게 하기란 불가능하며, 위조되거나 꾸며진 수치 자료들은 백해무익하다. 내가 체류하는 동안에는 여러 차례 상어가 잡혀서 분배되었기에, 나는 오마라카나에서 이 진미를 맛볼 수 있었다. 그러나 오늘날 상어잡이는 대부분 중단된 것이나 다름없기 때문에, 상어잡이가 번성했을 때 교역이 어떻게 이루어졌는지를 제대로 알아낼 수 없다. 만약 당신이 주술사에게 옛날에는 해마다 얼마나 많은 상어가 잡혔냐고 묻는다면, 그는 눈을 감고서 많은 수를 나타내기 위해—아

••

일상적인 것과 구별되는 속성을 지니고 있기 때문에 구별된다는 관점이 지배적이었다. 예를 들어, 윌리엄 로버트슨 스미스(William Robertson Smith)는 "성스러움과 불결한 것을 구분하는 것은 야만을 넘어선 참다운 진보"라고 주장했고, 제임스 프레이저(James J. Frazer)는 원시적 사고의 특징으로 성스러움과 불결에 대한 혼동을 들었다. 이처럼 그들은 성과 속의 대립이라는 그리스도교적 사유에 근거하여 '터부'의 개념을 속된 것으로부터 성스러운 것의 보호, 혹은 분리라는 측면에서 이해하였다. 그런데 메리 더글라스(Mary Douglas)는 성스러움과 속됨의 대립 속에서 금기를 이해하려는 태도를 비판한다(*Purity and Danger: An analysis of the concept of pollution and taboo*」(1966). 더글라스는 성스러운 것과 불결한 것의 구별은 사물의 본질적 속성에 근거한 것이라기보다는 한 사회 혹은 집단의 분류체계에 따라 이루어진다고 주장하였다. 예를 들어 「신명기」와 「레위기」의 정결법에서 돼지, 낙타, 토끼와 같은 동물이 불결한 동물로 기피의 대상이 되는 이유는 유대인의 분류체계에 따르면 그 동물들은 속한 종의 특징에서 벗어난, 애매한 동물들이기 때문이라는 것이다. 그러므로 더글라스의 관점에 따르면, 원시적, 혹은 고대적 사유 방식과 현대인의 사고방식은 다르지 않다. 단지 양자 간에는 분류체계의 상이성만 존재할 뿐이다. 이렇게 볼 때, 금기는 종교적 상징화를 거쳐 한 집단의 분류체계를 효과적으로 작동시키는 요인으로 기능하며, 또한 이러한 금기의 관념과 실천을 통해 그 집단의 우주론 혹은 가치체계를 살펴볼 수 있다.

마도 이백 마리 혹은 사백 마리—자신의 주먹을 몇 차례나 서로 마주칠 것이다. 다른 사람에게 물어보면, 그 숫자는 스무 마리로 줄어들 수도 있고 혹은 팔백 마리로 늘어날 수도 있을 것이다. 토착민들은 사실을 진술하기보다는 인상을 남기려고 하기 때문이다. 생산된 식량이나 잡힌 물고기의 수와 양은 지역의 영예와 관련된 문제이다. 카이볼라에서 얼마나 많은 상어를 낚아 올렸나 하는 문제와는 어떠한 개인적 이해관계도 없는 내륙의 누군가에게 물어본다면, 그는 그해에—물론 줄잡아서—아마도 여섯 마리에서 열두 마리 정도가 잡혔다고 말해줄 것이다. 라바이에서 잡힌 가숭어의 양은 한층 더 변덕스럽다. 나는 때로는 연안 마을들과 교환을 통해 받은 물고기의 양보다 더 많은 물고기가 라바이에서 오마라카나로 운반되었다는 이야기를 들은 적도 있다. 한편, 한 해 내내 물고기 떼가 거의 오지 않는 경우도 있다.

키리위나에서 대부분의 마을들은 동쪽 바다 기슭에 "연안지구"를 가지고 있는데, 거기에는 해외 항해를 위한 큰 카누 한 척과 고기잡이나 연안 항해를 위한 여러 척의 작은 카누들이 바닷가에 얹혀 있다. 이러한 마을들에서는 남자가 혼자 밖으로 나가서 낚시를 하거나, 혹은 한 무리의 사람들이 후릿그물을 가지고 암초 위에서 고기를 잡는 모습을 볼 수 있다. 마을 사람들은 이러한 고기잡이를 통해 가을과 봄의 무풍기(無風期) 동안 물고기를 조금씩 얻을 수 있다. 이것은 생업이라기보다는 맛있는 진미를 얻고 스포츠의 즐거움을 누리기 위해 행해지는 아마추어적인 취미생활에 가깝다. 아마추어적이라는 표현에서 내가 의미하는 바는, 이와 관련해서 어떠한 공식적인 주술도, 어떠한 고기잡이 계절도, 어떠한 공동으로 조직된 원정도, 외부 공동체들이나 내부 사람들에 대한 어떠한 의무도 없었다는 뜻이다.

틸라타울라 지방에서는 고기잡이를 전혀 하지 않는다. 그들은 토착적 표현에서 "정말로 풋내기 뱃사람들"로 묘사된다(제5부 5장 13절을 보라). 만약 찬란하게 빛나고, 고상하며, 귀족적인 지방인 키리위나를 트로브리안드의 아테네라고 칭할 수 있다면, 강한 군사력을 가지고 있으며, 고되게 일하고, 검소한 틸라타울라는 그 섬의 스파르타라고 이야기할 수 있을 것이다. 틸라타울라 사람들은 그들의 농경에 자부심을 가지고 있으며, 그들보다 더 귀족적이지만 덜 호전적인 이웃들과 싸워서 종종 승리한 것을 자랑스러워한다. 틸라타울라의 중심지인 카브와쿠의 족장은 때때로 최고 족장[24]과 전쟁을 벌이곤 했는데, 한편으로 그는 최고 족장에게 종속되어 있었지만, 다른 한편으로는 그의 경쟁자이면서 위험한 적수였다. 경제적으로 틸라타울라의 토착민들은 경작에 집중한다. 그들은 고기잡이용 카누나 해외 원정용 카누를 가지고 있지 않으며, 돌 다듬기[25]를 제외하고는 어떠한 예술에도 능숙하지 않다.

몇몇 중심지들, 특히 오보와다, 카우리크와우, 오코보보의 전문가들이 돌 다듬는 일을 한다. 솟아 있는 암초에서 잘라낸 특별한 결을 가진 큰 산호석이 장인의 오두막 앞으로 옮겨지고, 특정한 해변에서 가져온 매우 고운 모래도 입수된다. 이 예술을 위해서는 일정한 기술과 인내가 요구되는데, 장인은 전통적인 방식대로 몇 주 동안 쉬지 않고 연마용 기구 위에 몸을 구부리고 작업해야 한다. 이 장인들은 주로 신분이 높은 족장들인 오마라카나의 타발루와 카브와쿠의 톨리와가를 위해서, 그리고 릴루타, 얄루무그와 혹은 크와이브와가의 하위 족장들을 위해서 일했다. 일하는 동안

••

24) 〔역주〕 오마라카나에 거주하는 족장을 가리킨다.
25) 〔역주〕 돌을 다듬어서 주로 큰 돌칼을 만든다.

그들은 고용주에게서 정기적으로 식량을 받아서 생계를 유지했다.

그러나 좀 더 서쪽의 쿠보마 지역으로 가봐야지만 정말로 발달된 제조업을 발견할 수 있다. 쿠보마 지역의 땅에는 돌이 많아서, 확실히 동쪽의 이웃들보다 경작지가 볼품없다. 쿠보마에서 가장 비옥한 땅은 그 지역 족장의 거주지인 구밀라바바 마을에 속한다. 쿠보마의 족장 역시 한 사람의 타발루이다. 약간의 사회학적인 정보를 미리 논하자면, 트로브리안드인들은 말라시, 루쿠바, 루크와시시가, 루쿨라부타라는 네 가지 토템 씨족들로 나누어진다. 이 씨족들 각각은 또한 하위 씨족들로 나누어지는데, 하위 씨족이 훨씬 더 중요한 사회적 단위이다(12장 1절과 3절 참조). 각각의 하위 씨족은 신분 지표라고 불릴 만한 것을 가지고 있다. 그리고 이러한 위계 속에서 타발루 하위 씨족은 가장 서열이 높다고 보편적으로 인정된다. 정확하게 우리말로 표현하기는 어렵지만, 마치 우리가 한 사람의 캠벨, 한 사람의 카메론, 혹은 한 사람의 맥도날드를 이야기하듯이, 트로브리안드인들의 언어는 한 남자가 한 사람의 타발루 혹은 한 사람의 음와우리, 혹은 한 사람의 투다바라는 관념과 함께, 또한 오마라카나를 통치하는 족장인 그 타발루, 틸라타울라 지방의 우두머리인 그 톨리와가, 릴루타에 거주하는 그 음와우리 등이 있다는 관념을 전달해준다. 하지만 그 주요한 타발루 외에도 보조적인 계열의 타발루들이 존재하는데, 왜냐하면 가장 귀족적인 이 하위 씨족은 여러 중심지에 흩어져서 살고 있기 때문이다(12장 3절을 보라).

쿠보마로 되돌아가면, 이 지구에서는 제조업이 특히 발달했기 때문에 우리의 흥미를 끈다. 우리는 쿠보마의 주민들을 트로브리안드의 제조업 카스트라고 이야기하고 싶어질 것이다. 왜냐하면 고대 그리스에서나 심지어 지중해 연안에서도 정확히 거기에 필적하는 어떤 것도 찾아볼 수 없기 때문이다. 그들은 주로 상인이었던 페니키아인들이나 유대인들과 같지 않으며, 오히려 제조업자들이며 장인들이다. 그리고 엄격한 카스트 체계에서 그러하듯이, 그들은 고도의 수공(手工) 능력으로 인해 높은 신분을 부여받기보다는 오히려 천한 부류로 분류된다. 특히 모든 트로브리안드 장인 가운데 가장 감탄할 만한 능력을 가진 브워이탈루 주민들의 경우가 여기에 해당한다. 이 마을은 이웃 마을인 바우와 함께 최고의 효험을 지닌 요술[26]로 유명한데, 조각 분야에서도 최고의 작품은 확실히 이 마을에서 나온 것이다. 브워이탈루에서 조각은 전통적으로 장려되어왔고, 작품의 완전성이나 양적인 측면에서 그 지역에 견줄 곳이 없다. 아득한 옛날부터 그 지역 사람들은 동부 뉴기니의 목공이었고 조각가였다. 그들은 아직도 나무 쟁반, 사냥용 창과 고기잡이용 작살, 지팡이, 연마용 판, 빗, 나무망치, 파래박[27] 등을 다량으로, 기하학적으로나 예술적으로 완벽하게 만들어내는데, 민족지 박물관을 방문해보면 그것들을 감상할 수 있을 것이다. 그들은 또한 섬유를 엮어서 만든 작품과 특정한 형태의 바구니 제조에 뛰어났다. 우기 동안, 다른 공동체들이 먼 바다로 떠나는 원정을 준비하거나 축제와 예식적인 분배로 분주할 때, 혹은 (여러 세대 전에는) 전쟁을 하느라 정신없을 때, 브워이탈루 남자들은 날마다 지붕이 있는 큰 단들 가운데 하나 위에 빙 둘러서 구부리고 앉아서, 그들의 걸작을 나무 위에 조각하고 다듬을 것이다(〈사진 98〉 참조). 교역과 수출을 위한 대규모 제조는 바로 그러한 방식으로 이루어진다. 그들의 작업과 관련해서는 어떠한 주술도 존재하지 않으며, 오히려 모든 개인은 어릴 때부터 기술이나 재료에 대한 지식, 야망과 가치관을 반복해서 학습한다. 다른 어떤 공동체도 그들과 경쟁할 수 없으

· ·
· ·

26) 즉 주술에 의한 상해 혹은 살해의 기술.
27) 〔역주〕 배 안에 들어온 물을 퍼내는 바가지.

며, 경쟁하려고 시도하지도 않는다.

얄라카, 부두와일라카, 쿠두크와이켈라와 같은 다른 마을들은 빈랑 씹기를 위한 생석회를 전문적으로 생산한다. 마지막에 거론한 마을은 또한 장식 석회 단지에 불로 그슬린 무늬를 그려넣곤 했는데, 아직도 민족지 박물관에서 그것들을 감상할 수 있다. 그 석회 단지들은 확실히 남해 예술에서 가장 수준 높은 작품들 가운데 하나이지만, 불행히도 이 제조업은 지금은 없어졌다. 값싼 유럽의 교역용 구슬로 요란하게 그리고 보통 저속하게 장식된 평범한 석회 단지가 아름다운 토착 생산물의 자리를 완전히 빼앗았다. 루야의 주민들은 랄랑 잎으로 정교하게 짠 바구니를 생산하는데, 그것은 주로 3단 바구니나 홀아비의 모자, 작은 손가방으로 활용된다. 이것들은 지금까지도 군도 도처에서, 뿐만 아니라 쿨라 지구 전역에서 거래된다. 또한 몇몇 마을들, 특히 바우, 브워이탈루, 그리고 와부투마에서는 고기잡이를 하는데, 뾰족한 끝이 여러 갈래인 작살을 가지고 혐오스럽게 여겨지는 노랑가오리를 잡는 일을 전문으로 한다.

5. 경제 지구 : 어부

이제 북부 초호 지구인 쿨루마타의 일반적인 경제 활동을 살펴보자. 크고 복잡한 카바타리아 마을에서 우리는 관저에 살고 있는 또 다른 타발루한 사람을 만나게 되는데, 인접한 다른 두 취락에서도 동일한 신분의 족장들이 귀화해서 살고 있다(12장 3절). 그러나 이 지구는 앞서 세 지구들의 경우에 그러했던 것처럼 한 우두머리의 통치를 받는 하나의 정치적 단위가 아니다.

〈사진 5〉 공중으로 뛰어오른 물고기 잡기
라바이 마을에서 찍은 이 사진은 삼각형 그물이 사용되는 방식을 보여준다. 또한 이전 사진과 비교해
보라. (제1부 5절)

〈사진 6〉 초호 마을의 광경
초호의 연안 마을인 카바타리아의 마을 거리. 물고기를 몰아댈 때 사용되는 후릿그물(또한 〈사진 4와
5〉 참조)을 말리는 모습을 왼쪽에서 볼 수 있다. 남자들과 여자들은 나날이 해야 하는 일들로 바쁘다.
(제1부 6절)

그곳의 토착민들은 어부로서 자신들의 천직을 진지하고 중요한 일로 여
긴다. 이 점에서 그들은 몇몇 남쪽 마을의 주민들과 매우 유사하다. 그러
니 다시 지도로 눈을 돌려서 다른 고기잡이 지구들을 살펴보도록 하자. 우

리는 본섬의 허리라고 할 만한 곳에 위치한 마을 복합체인 루바를 찾아볼 수 있다. 루바의 새로운 중심지는 몇 세대 전에 오마라카나에서 갈라져 나와 설립된 올리빌레비이며 그 이웃에는 오카이보마 마을이 있는데, 그 두 마을의 주민들은 주로 농경에 종사한다. 그러나 오코푸코푸에서 아래로 오부라쿠에 이르는 다른 마을들은 주로 고기잡이로 먹고산다. 좀 더 남쪽으로는 다소 길게 뻗어 있는 주인 없는 땅 너머로 시나케타라는 큰 마을을 찾아볼 수 있는데, 그곳은 몇 개의 작은 촌락들로 둘러싸여 있다. 그보다 더 남쪽에서는 마을 세 개가 동쪽 해안을 향해서 자리 잡고 있다. 그 마을 사람들은 주로 농경에 종사한다. 반면 시나케타는 고기잡이의 주요 중심지일 뿐 아니라, 그곳에서는 장신구나 가치의 표시로 사용되는 붉은 원반 모양 조가비의 생산이 이루어진다(*Argonauts of the Western Pacific*, pp. 371~374, 〈사진 50, 51, 52〉 참조).

이제 고기잡이 마을들에 관심을 집중해보면, 연안 마을마다 고유한 고기잡이 방식이 있다는 점을 알 수 있다. 이미 알고 있듯이, 브워이탈루 사람들과 그 이웃들은 그물로 고기잡이를 하고 연체동물과 게를 잡기도 하지만, 주로 작살로 노랑가오리를 잡는 데 관심을 가진다. 쿨루마타의 중심에 위치한 큰 정착지인 카바타리아는 특히 수많은 구멍과 숨을 곳이 있는 산호 노두(露頭)로 이루어진 초호에 자리 잡고 있기 때문에 중요한데, 그곳은 독이 있는 뿌리를 사용해서 물고기를 잡기에 가장 좋은 곳이다(제5부 2장 4절을 보라). 카바타리아에 거주하는 어떤 하위 씨족에게는 이를 설명하는 가족 전승이 전해 내려온다. 그들의 조상들은 트로브리안드와 동쪽의 우드락 사이에 있는 작은 섬들 가운데 한 곳에서 땅속으로부터 나왔다. 나중에 그들은 카바타리아로 이주하면서 산호 노두와 함께 고기잡이 기술과 물고기가 노두에 홀리게 만드는 주술을 가지고 왔는데, 그 주술은 오

〈사진 7〉 테야바 해안
"때로는 (고기 잡는 마을의) 모든 공동체가 고기잡이 원정을 떠나거나 거기서 되돌아오는 모습"이 목격되는데, 그들은 노 젓는 장대들과 아마도 이웃하는 재배지들에서 생산된 농작물을 나르고 있다. (제1부 6절)

래전에 소실되었다. 물론, 신화와 전설의 역사적 해석에 숙련된 사람이라면, 이 이야기는 이러한 유형의 고기잡이가 동쪽 군도에서부터 트로브리안드 전역으로 퍼져나갔음을 뜻하는 것이라고 해석할—그리고 심지어 그렇게 하면서 수정할—것이다. 오늘날 산호 노두로 이루어진 그 땅뙈기들은 개별적으로 소유되거나 때때로 임대되는데, 그곳에서는 빈번하게 고기잡이 작업이 이루어진다. 이러한 고기잡이가 매우 중요한 까닭은 다른 어떤 유형의 고기잡이도 불가능한 조건과 날씨에서도 그와 같은 방식으로 물고기를 잡을 수 있기 때문이다. 현재 이러한 고기잡이와 관련해서 어떠한 주술도 실천되지 않는다는 사실은 주목할 만하다. 카바타리아의 토착민들은 작업이 쉽고 상대적으로 날씨에 구애받지 않기 때문에, 다른 누구도 물고기를 공급할 수 없을 때 그들은 물고기를 공급할 수 있다는 점에서 독점자들이라고 할 수 있다. 트로브리안드 경제에서는 물고기와 채소의 교환이 중요한 역할을 하는데, 그러한 교환에서 그들은 다른 곳의 정상가보다 대략 두 배를 요구하는 대신, 믿을 수 있게끔 어김없이 물고기를 전달한다.

좀 더 동쪽에 위치한 공동체인 테야바, 오사이수야, 투크와우크와, 오이웨요와에서도 역시 고기잡이를 하지만, 고기잡이의 최고 중심지인 카바타리아는 말할 것도 없고, 오부라쿠나 오코푸코푸보다도 신통치 않다. 오부라쿠나 오코푸코푸의 초호 구역에는 산호 노두(露頭)가 전혀 없다. 그들은 그물과 두들기는 기술을 사용해서 대규모 고기잡이를 한다(〈사진 4〉와 〈사진 5〉 참조). 이 때문에 그들이 고기잡이를 하려면 바람이 잔잔한 날씨와 여울목의 적당한 움직임, 그리고 물론 잘 조직된 공동 작업이 요구된다. 일이 잘 풀리면 그들은 물고기를 많이 잡을 수 있을 것이고, 채소와 교환할 때 더 나은 기준을 제시할 것이다. 그러나 그들의 거래 상대는 물고기를 받기 위해서 종종 오랫동안 기다려야 할 것이며, 심지어 성공적인 항해라고 하더라도 어획량은 일정치 않을 것이다. 더 남쪽으로 이동해서, 동쪽 해안에 위치한 유일한 마을인 와웰라로 들어가보자. 주민들은 바람이 잔잔한 날이면 틈틈이 고기잡이를 하지만, 그들이 정말로 탁월한 분야는 토착적인 천문학과 기상학, 혹은 좀 더 정확히는 토착적인 시간 계산의 지식이다(〈그림 3〉과 10장 참조). 경제적으로 그들은 경작을 통해 먹고살며, 또한 해변의 풍부한 코코넛 재배지에도 상당한 정도로 의존한다.

약 일곱 개 내지 여덟 개의 마을들로 구성되어 있는 큰 정착지인 시나케타가 중요한 까닭은, 이곳에서부터 그리고 남쪽의 인접한 섬인 바쿠타의 큰 마을에서부터 암플레츠와 도부까지 이르는 주요 항해 원정의 일부가 이루어지며, 여기서 예식적인 쿨라 교환을 비롯한 몇몇 직접적인 부족 간 교역이 일어나기 때문이다. 옛날에는 물론이고 어느 정도는 지금까지도 시나케타와 바쿠타의 토착민들은 원정 도중에 국화조개를 잡곤 했는데, 그 것으로 조가비 원반이 만들어진다(*Argonauts*, 15장 2절과 3절 참조). 이제 살 펴보겠지만, 이 제조업은 우리가 이미 틸라타울라에서 관찰했던 연마된 큰 칼의 생산과 경제적인 측면에서 굉장히 유사하다. 비슷한 유형의 세 번째[28] 제조업은 조가비 팔찌 만들기이다(앞의 책, 21장 4절 참조). 아직 언급되지 않은 쿠보마 서쪽의 작은 섬인 카일레울라에서 조가비 팔찌 만들기를 전문 적으로 담당했다. 또한 이 지구에는 각각 더 작은 마을 하나씩을 이루고 있는 마누와타, 쿠야와 그리고 누비얌 섬들이 있다. 그렇지만 거의 두 번 째로 조가비 팔찌를 잘 만드는 곳은 산호 노두 마을인 카바타리아이다. 또한 조가비 팔찌의 주요 생산지인 카바타리아와 카일레울라 마을들에서는 쿨라 고리(Kula ring)에서 파생된 특별한 교환이 이루어지곤 했는데, 거기서는 식량뿐 아니라 유용한 제조업 물품들의 교환이 본래의 쿨라 순환에서보다 더 큰 역할을 차지했다(앞의 책, 21장 3절).

여기서 나는 '트로브리안드의 경제'라는 주제에서 약간 벗어나더라도 한 가지를 더 논의해야겠다. 토착민들은 **라피**라고 부르는 작은 진주조개를 아득한 옛날부터 잡아왔는데, 그것은 토착민들에게 가장 중요한 식용 연체동물이었다. 토착민들은 그 조개를 열었을 때 크고 아름다운 둥근 진주가 눈에 띌 때마다 아이들에게 가지고 놀라고 던져주곤 했다. 그런데 유럽의 영향 아래 새로운 산업이 꽃피게 되었다. 파푸아 정부의 현명한 법령에 따

:.

28) 〔역주〕 말리노프스키는 연마된 큰 칼 생산, 조가비 원반 제조, 조가비 팔찌 생산 등을 비슷한 유형에 속하는 세 가지 제조업으로 보고 있다.

라, 유럽 상인들은 단지 토착민에게서 진주를 구매하는 것만 허용되며, 그들 자신이 직접 진주를 채취하거나 이를 위해 토착민을 고용해서는 안 된다. 진주조개의 채취는 대략 지난 25년간 카바타리아, 테야바, 투크와우크와, 오부라쿠, 그리고 시나케타라는 다섯 공동체의 토착민들에게 엄청나게 중요한 소득원으로 여겨지게 되었다. 그러한 변화는 토착 경제에 여러 가지로 혁명을 일으켰다. 이는 인류학자에게 토착민의 습관과 관념에 관한 몇 가지 흥미로운 정보를 제공해주는데, 특히 전통과 관습을 엄격하게 고수하려는 토착민의 "보수주의"에 대해서 생각할 거리를 제공해준다.

진주 채취는 엄청난 재산을 모을 수 있는 가능성을 열어놓았고 전체적인 권력 균형을 뒤집어 엎어놓았지만, 그 산업은 오로지 옛날부터 라피 조개를 잡았던 공동체들에서만 이루어진다. 바쿠타와 카일레울라의 능숙하고 숙련된 어부나 브워이탈루에서 노랑가오리를 잡는 능란하고 영리한 어부뿐 아니라 풋내기 뱃사람들도 진주를 채취하지 않는다. 진주를 채취하는 일은 단순하기 때문에, 그들은 기술적으로 그 일을 완벽하게 잘 해낼 수 있다. 그들은 일의 조직력에서나 부의 가치를 인정하고 교역의 장단점을 헤아리는 데 있어서도 모두 비슷한 수준에 있다. 그들이 진주 채취를 삼가는 부분적인 이유는 전통적으로 그 산업을 도맡아해오던 공동체들이 반대할 것이기 때문이고, 그 공동체들은 침범을 막을 만한 도덕적인, 또한 토착민의 견해에서는 법적인 권리를 가지고 있기 때문이다. 그렇지만 더 큰 이유는, 그들은 확립된 권리를 침해하는 것이 꼴사나울 뿐 아니라 부당하다고 느끼기 때문이다.

둘째로, 진주 채취는 인류학자에게 수요 창출의 어려움을 보여준다. 외국 물품들 가운데 토착민에게 구매력을 발휘하는 유일한 품목은 담배이다. 그런데 이것조차 한계를 가지고 있다. 토착민은 거래용 담배 열 상자를 담배 한 상자의 열 배 값으로 치지 않을 것이기 때문이다. 정말로 훌륭한 진주와 교환하려면, 상인은 부를 나타내는 토착적인 물건들, 곧 조가비 팔찌, 예식용 큰 칼, 그리고 국화조개의 원반 모양 조가비들로 만들어진 장신구들을 대가로 주어야 한다. 남해의 특정한 재료를 해외로 보내서 거기서 모조 귀중품을 생산하려는 시도들이 있었지만 완전히 실패했다. 돌 절단기를 만드는 어떤 모험적인 회사는 (나는 그 회사가 영국에 있었는지 네덜란드나 독일에 있었는지 말할 수 없다.) 약 삼사십 년 전에 유럽의 판암 혹은 점판암으로 큰 돌칼을 생산해서 남해의 여러 지구에 대량으로 공급하려고 시도했다. 그러나 토착민들은 이 물건들을 쓰레기처럼 내다버렸다. 내 친구인 브루도는 우드락 섬의 원석 한두 조각을 파리에서 다듬게 했다. 그것 역시 토착민들에게 받아들여지지 않았다. 따라서 오늘날 상인들은 모두—문명화된 "귀중품"이 미개인의 장신구와 교환될 수 있도록—토착민 노동자들을 하인으로 부리면서 큰 도끼 칼을 연마하거나 국화조개를 작은 원반 모양으로 문지르게 하고, 때로는 조가비 팔찌를 쪼개고 깨끗하게 다듬도록 한다. 트로브리안드인은, 마치 공작부인이나 파리의 매춘부가 붉은 원반 모양 조가비로 만들어진 목걸이를 경멸하듯이, 유럽인들의 유치한 진주 욕심을 경멸하는 태도를 쉽게 드러내고 표현한다.

근대의 진주 채취를 통해 알 수 있는 트로브리안드의 관습과 관념들 가운데 세 번째이자 아마도 가장 중요한 측면은 다음과 같다. 곧 엄청난 뇌물이나 경제적 미끼, 혹은 백인 상인의 압력이나 부에 대한 경쟁적인 열망도, 토착민이 자기 생업을 포기하고 진주조개잡이에 나서도록 만들 수는 없다는 점이다. 나의 상인 친구들 가운데 한 사람은 경작이 한창 진행될 때면 "당신이 그들에게 칼로마와 담배를 채워넣어주더라도 빌어먹을 검둥이들은 헤엄을 치려고 하지 않을 거요"라고 말했다. 또한 농경 공동체

〈사진 8〉투크와우크와의 후미에서 고기 잡는 카누
마을의 젊은 남자들과 소년들은 종종 이웃 마을이나 초호로 유쾌한 짧은 여행을 떠난다. 이 사진은 투크와우크와의 바다에 면한 부분을 보여주는데, 이웃하는 습지에서 자라는 맹그로브들이 점차 마을의 야자숲을 뒤덮고 있다. (제1부 7절)

와의 부족 간 계약에 따라 고기잡이 원정을 떠나야 할 때면, "그 어떤 것도 이 고집스러운 자들이 성실하게 **라피** 캐기 작업을 하도록 만들 수 없을 겁니다"라고 했다. 표준적인 얌 바구니 혹은 오늘날 그 등가물인 담배 개비로 따져보면, 보통의 어부가 일반적으로 하루 동안 진주 채취를 통해서 벌 수 있는 양은 성공적인 고기잡이를 통해서 얻을 수 있는 양보다 대략 열 배 내지 스무 배가량 더 많다고 대충 어림할 수 있다. 그렇지만 그는 이러한 사실을 무시할 것이다. 그는 도박꾼의 흥분, 백일몽과 야망을 무시하고, 자신이 받은 타로와 얌의 대가로 두세 줄의 물고기를 잡아주기 위해서 바다로 나갈 것이다. 전통에 대한 복종과 부족의 명예심으로 인하여, 그는 변함없이 자신의 경작지를 우선시하며 교환을 위한 고기잡이를 두 번째로, 진주 채취를 그중에서 마지막으로 여긴다.

다양한 경제 지구들에 대한 이러한 조사는 다소 지루하지만 반드시 필요한 것이었다. 우리의 특별한 주제의 배경으로서 반드시 필요한 경제적 자료들이 비록 조금씩이지만 충분히 서술되었다. 실제로 나는 여기서 기술적 세부사항이나 주술 의례와 관습적인 화려함에 대한 묘사, 작업의 순서에 대한 서술을 제외하고는, 트로브리안드 섬의 경제학을 흠잡을 데 없이 요약해놓았다.

6. 멜라네시아에서 제조업의 전문화처럼 보이는 것

우리는 조사를 통해 농경이 그 부족 전체에게 가장 중요하다는 점을 알게 되었다. 또한 어디서나 다른 어떤 일보다도 농경이 우선시된다는 사실을 통해서, 농경이야말로 식량 생산을 위한 주요 활동이라는 점을 알게 되었다. 또한 마을들 가운데 절반가량은 고기잡이를 하지 않으며, 고기잡이가 가장 집중적으로 이루어지고 있는 지역의 중심지에서조차 고기잡이가 두 번째로 중요하게 여겨진다는 사실을 알게 되었다. 제조업에 관해서는, 그것들이 어떤 식으로든 농경이나 심지어 고기잡이와도 비교될 만한 역할을 하지 않는다는 점을 매우 분명히 강조할 필요가 있다. 각 지구별 분업에 대해 이야기할 때, 근대 제조업 공동체의 전문화와 유사한 어떤 것을 떠올려서는 안 된다. 마을들은 저마다, 특정 지역에서만 유용한 품목을 제외하고는, 모든 종류의 기술과 솜씨를 발휘할 수 있다. 예를 들면, 내륙 마을에서는 카누를 건조하거나 그물을 만들지 않는다.

어쨌든 나무를 조각하는 브워이탈루에서 뿐 아니라 농경의 중심지인 오마라카나에서도 생산이 불가능한 품목은 없다. 매우 남쪽에 위치한 기리브와나 동쪽의 몰리길라기와 같은 작고 하찮은 마을에서도 못 만드는 품목은 없으며, 바구니 세공품의 중심지인 루야나 석회 단지 제조업의 중심지인 쿠두크와이켈라에서 자기 마을까지 물건을 들여올 수도 있다. 만약 당신이 농한기의 찌는 듯 무더운 비오는 날에, 혹은 어떤 날이든 해넘이 이후에 트로브리안드의 마을 깊숙이 들어가본다면, 언제든지 그 공동체의 남성이 석회 주걱을 파거나 뱃머리 나무토막을 다듬느라, 혹은 도끼나 까뀌를 땜질하거나 그 자루를 다시 밀어넣거나 새로 만드느라, 혹은 코코넛으로 물병을 만들거나 석회 단지를 완성하느라 바쁘게 일하는 모습을 볼 수 있을 것이다. 또한 여자들은 요리나 집안일을 하고 있지 않다면, 그들의 섬유 치마를 손질하거나, 깔개를 바느질하거나, 판다누스 잎을 데치거나, 바구니를 엮고 있을 것이다. 이 모든 솜씨가 발휘되고 있으며, 나무 접시, 곤봉, 창, 정교한 바구니와 같은 좀 더 전문화된 품목들도 도처에서 생산되고 복제된다.

이러한 의미에서 볼 때, 나무 접시, 빗, 다듬는 판[29], 쾅쾅 치는 판[30], 석회 호리병박과 생석회, 정교하게 엮은 바구니, 그을린 밑그림이 그려진 석회 단지, 조가비 원반, 조가비 팔찌, 연마된 큰 돌칼과 같은 종류의 물품 생산은 전문화되어 있지만, 그렇더라도 약간 조악한 견본들은 어디에서나 이따금씩 제조될 수 있으며 또 제조되고 있다. 어떤 경우에는, 특히 조가비 원반, 조가비 팔찌, 그리고 연마된 돌을 제조하는 경우에 그 산업은 원료의 공급에 의존한다. 조가비의 경우, 조가비를 발견할 수 있는 몇몇 장

∴

29) 〔역주〕 여자들이 풀잎 치마를 만들 때 사용하는 판.
30) 〔역주〕 축제 때에 특히 인기 있는 타로 푸딩인 모나를 만들기 위해 타로를 쾅쾅 쳐서 가루로 만들 때 사용하는 판.

소에서 수집이 이루어져야 하기에, 항해와 고기잡이를 하는 세 공동체들에서만 작업이 용이하다. 또한 우드락 섬에서 수입한 돌은 자연히 동쪽의 몇몇 공동체들에 놓아두게 되기 때문에 거기서 작업이 이루어진다. 다른 마을 한두 곳도 재료를 얻는 데 어느 정도 지역적인 장점을 지니고 있다. 예를 들면 북부 쿠보마의 습지에서는 루야의 바구니 제조에 필요한 가느다란 풀이 자라며, 반면 바우와 브워이탈루 주변의 맹그로브 소택지들에서는 조각하기에 아주 적당한 나무가 생산된다. 그렇지만 전체적으로 보면 전통과 공동의 자부심, 그리고 제조업의 조직화로 인해 제조업의 중심지들에서 작업이 집중적으로 이루어진다.

그러한 "제조업 공동체들"의 구체적인 모습이 민족지학자의 기대를 충족시킬 때도 있지만, 때로는 놀랍게도, 심지어 실망스럽게도, 별다른 인상을 주지 않는다. 만약 당신이 평균적인 트로브리안드 마을로 가는 대신, 계절풍이 부는 우기나 계절 사이의 무풍기에 특히 브워이탈루나 얄라카 혹은 루야로 간다면, 마을 중심부에서 남자들이 지붕이 있는 단 위에 무리 지어 앉아서 일도 하고, 전해오는 설화를 이야기하기도 하고, 서로 친근하게 겨루며, 완성된 물품을 전시하고 또 감탄하는 모습을 발견하게 될 것이다. 사실 브워이탈루는 파푸아 멜라네시아에서 가장 발달된 형태의 제조업 공동체를 보여준다. 때로는 시나케타와 바쿠타에서도 조가비 원반이 제조되는 모습을 볼 수 있을 것이다. 만약 장신구가 많이 생산되는 해에 이 마을들에 오게 된다면, 당신은 축제적인 분위기에서 경쟁적으로 장신구들이 전시되는 흥미로운 현장을 목격할 수 있을 것이다(*Sexual Life of Savages*, p. 34 참조). 물론 고기잡이 마을에서는 사람들이 종종 그물을 말리고(〈사진 6〉 참조), 카누를 준비하는 모습이 눈에 띈다. 때로는 모든 공동체가 고기잡이 원정을 떠나거나 거기서 되돌아오는 모습을 볼 수 있으며(〈사진 7〉 참조),

혹은 해변에서 작업에 열중하는 모습을 목격할 수 있다(〈사진 5〉 참조).

내가 앞에서 서술한 내용 속에 흩어져 있는 자료들을 지금 이렇게 간략히 요약한 까닭은 한편으로는 원시 경제의 사실들을 올바른 시각으로 정돈하기 위해서다. 왜냐하면 우리가 "농경", "수산업", "제조업", "전문화"와 같은 단어들을 사용할 때, 그럴듯한 의미를 넌지시 끼워넣기가 쉽기 때문이다. 또한 부분적으로는 민족지학자조차도, 이전에 이러한 특수한 문제에 마주친 적이 없다면, 그가 읽은 내용이나 박물관에서 받은 인상으로 인해서 트로브리안드를 비롯한 남해 제조업의 중심지에 대해 다소 과장된 기대를 가지고 접근하기가 쉽기 때문이다. 나는 나 자신의 현지조사 경험을 통해서 그 점을 알고 있다. 만약 당신이 유럽이나 오스트레일리아나 미국의, 한마디로 문명화된 세계의 여러 박물관에서 트로브리안드의 물품을 찬찬히 바라본다면, 혹은 당신이 멜라네시아와 뉴기니를 여행할 때 수백 마일 떨어진 곳에서 만들어진 트로브리안드의 물건들이 완벽에 가까운 탁월한 작품이라는 정보를 듣게 된다면, 호기심이 발동하게 될 것이다. 당신은 부득이하게 모종의 기술적 설비를, 시장과 대리인과 유통 경로를 갖추고 있는 어떤 정연한 생산 체계를 예상하게 된다.

그렇지만 우선 당신이 석회 단지 혹은 3단 바구니가 사실상 한두 곳의 마을에서만 만들어진다는 사실을 알게 된다면 놀랄 수밖에 없을 것이다. 당신이 얄라카나 쿠두크와이켈라라고 불리는 그저 무너질 것 같은 오두막에 불과한 것들 속으로 걸어 들어가서, 남해의 제조업 지도자가 이끄는 기술자들 혹은 숙련공들의 조합 대신에 여섯 명의 남자들, 청년들, 소년들이 그 전통을 이어가고 있는 모습을 보게 된다면, 틀림없이 놀라고 충격을 받게 될 것이다. 암플레츠의 굉장한 도기—다양하게 널리 분포되어 있는, 파푸아 멜라네시아인들의 제조업과 기술의 기념비적 작품—는, 내가 알기로는, 당시 서너 명의 젊은 도제들을 거느린 일곱 명의 늙은 여자들의 어깨에 의존하고 있었다. 심한 독감이 유행하면 전통적인 모든 공정이 무너질 수도 있다. 실제로 한 세대 전에 쿠두크와이켈라에서 서너 명의 남자들이 뜻밖에 일찍 죽음으로써 석회 단지 제조업에서 이러한 일이 일어났던 것 같다. 물론 그뿐 아니라 출산율의 저하, 취향의 변화와 그에 따른 이익의 감소로 인해 소년들은 기술을 배우는 데 태만하게 되었다. 옛날에는 심지어 작은 촌락 한 곳에서도 정말로 막대한 분량을 생산할 수 있었고 그래야만 했다. 만약 걸작품인 석회 호리병박 한 개 혹은 나무 접시 한 개의 생산에 약 일주일이 걸릴 거라고 추정하고 남자들이 자기 시간의 3분의 1도 안 되게 작업했으리라고 가정하더라도, 매년 장인 한 사람이 약 열다섯 개의 표본들을 생산했을 것이다. 따라서 열 명 혹은 스무 명의 장인들은 백오십 개에서 삼백 개의 물건들을 생산할 수 있었을 것이다. 물론 일부 품목들의 경우에는 원재료의 부족으로 인해 생산이 제한되었다. 돌칼의 재료인 응회암[31]은 우드락 섬에서 수입해야 했고, 호리병박은 해마다 자라나야 했으며, 조각을 위해서는 큰 나무들을 쓰러뜨려서 적당한 목재를 구해야 했다. 암플레츠에서는 한 곳에서만 점토를 구할 수 있었는데, 그곳은 마을들에서 상당히 먼 거리에 있었다. 내가 그곳에 머물렀을 때 마을 두 곳에는 점토가 전혀 없었고, 세 번째 마을에서는 아주 조금만 있었다.

그처럼 불리한 조건들과 시간의 제약은 우리가 어떤 의미로 트로브리안드의 "제조업 활동들"에 대해 이야기할 수 있는지를 보여준다. 만약 이러한 활동들을 농경에서 이루어지는 기회의 폭이나 집약적인 과잉 생산과 비교해본다면, 우리는 경작을 좀 더 올바른 시각에서 이해할 수 있을 것이다.

••

31) [역주] 화산이 분출하면서 나온 화산재 등의 물질이 굳어져서 만들어진 암석.

7. 마을과 거기서 일어나는 일

이제 곧 우리는 토착민의 경제를 파악하기 위한 구체적인 배경을 살펴
보게 될 것이다. 그러나 여기서 잠시 멈추고 이 모든 활동의 지역적 배경을
좀 더 가까이서 살펴보자. 지금까지 여러 마을을 나열해왔지만, 아직까지
그 마을들의 배치나 구조의 세부사항이 어떠한지는 전혀 모르고 있다.

방문자는 연안의 마을들 중 한 곳에 상륙해야 한다. 만약 그가 남쪽에
서 출발하려고 한다면 시나케타나 바쿠타에서, 북쪽에서 출발하려 한다면
카바타리아나 투크와우크와에서 뭍에 올라야 한다. 이 마을들, 곧 매혹적
인 야자숲 사이로 드문드문 집이 보이고 몇 척의 카누가 해변에 끌어올려
져 있거나(〈사진 7〉 참조) 혹은 앞바다를 향해 노 저어 가는 몇 척의 카누가
보이는(〈사진 8〉 참조) 이 마을들은 가까이에서 보면 그다지 돋보이지 않는
다. 해변 자체는 잡동사니, 조가비, 생선뼈, 그리고 최근에는 깡통과 넝마
조각들로 어질러져 있는 경우가 매우 많다. 또한 초가지붕을 보기 싫게 만
드는 주름 잡힌 양철 조각들이나, 우아한 코코넛 물병을 점차 대신하고 있
는 기름통에서도 유럽의 영향이 나타난다. 첫눈에는 연안의 촌락들도 무
질서하게 보인다. 오두막은 여기저기 불규칙하게 자리 잡고 있으며, 창고
들은 별다른 체계 없이 야자나무 사이에 흩어져 있다. 그러나 정착지들 가
운데 한 곳을, 혹은 차라리 여러 정착지를 면밀히 조사해보면, 각각의 연
안 정착지가 실은 한 무리의 더 작은 마을들로 구성되어 있다는 사실을 알
게 된다. 또한 모든 작은 마을이 명확한 부분들로 구성된다는 사실을 알
수 있다. 곧 창고들과 가옥들이 하나 혹은 두 개의 둥근 고리 모양으로 중
앙의 공공장소를 둘러싸고 있다. 창고와 가옥이 분리된 곳에서는, 창고들
이 안쪽의 고리에 모여 있고 가옥들은 원형의 길 바깥쪽에 늘어서 있다(〈그

림 2)를 보라).

내륙으로 걸어가면서, 우리는 마을들의 크기와 구조가 다양하며 건축물의 완성도나 장식된 정도가 가지각색이라는 사실을 알게 된다. 만약 지역의 중심지 가운데 한 곳, 예컨대 구밀라바바나 오마라카나로 들어간다면, 아름답고 넓은 중앙 공터와 크게 잘 지어진, 가끔은 장식도 되어 있는 얌 창고들을 보게 될 것이다. 그러나 우리는 약 스무 채의 오두막들과 창고들이 자그마한 중앙 공터를 둘러싸고 있는 작은 내륙 마을도 지나치게 될 것이다. 또한 몇몇 작은 촌락들이 숲 하나에 무리지어 있는 복합적인 정착지도 통과하게 될 것이다. 어떤 마을이든 멀리서는 키 큰 나무숲으로 표시되는데, 때로는 이 숲이 자연 그대로의 정글처럼 보이기도 하지만 때로는 코코넛 야자가 숲의 대부분을 차지하고 있다. 이따금 그러한 나무숲에서 아무도 살지 않는 경우도 있다. 이제는 버려진 마을 터이거나, 혹은 신화적 연상이나 어떤 특별한 주술적 터부로 인해 정글이 그대로 남겨진 자리이다. 복합적인 마을이거나 단일한 마을이거나, 큰 마을이거나 작은 마을이거나, 모든 마을은 하나의 정착 단위를 이룬다. 각각의 마을은 주민들이 농사짓는 땅으로 둘러싸여 있다. 또한 마을마다 마을 소유의 샘, 과일나무들, 야자숲이 있으며, 대부분의 경우 마을마다 바닷가로 나갈 수 있는 마을길이 나 있다. 다음 장들에서는 마을이 작은 촌락들 혹은 구간들로 나누어지는 원칙(12장 3절), 토지 보유권의 원칙들(12장), 그리고 마을의 구조적 요소들, 특히 얌 창고가 분배되고 세워지는 방식(7장과 8장)을 좀 더 알 수 있을 것이다.

마을의 중앙 공터에서 대부분의 공공생활이 이루어진다. 앞으로 자세히 다루게 될 수많은 경작지 행사들이 여기서 개최된다. 사람들은 해마다 경작지 회의를 위해 그곳에 모인다(2장 3절, 12장 4절). 우리는 수확기에 그곳

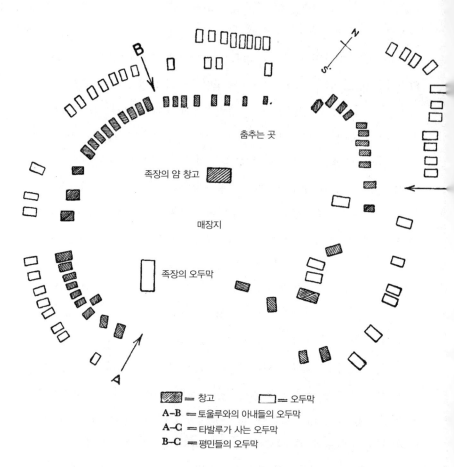

춤추는 곳

족장의 얌 창고

매장지

족장의 오두막

▨ = 창고   ▭ = 오두막
A–B = 토울루와의 아내들의 오두막
A–C = 타발루가 사는 오두막
B–C = 평민들의 오두막

〈그림 2〉 오마라카나의 평면도
저자의 *Sexual Life of Savages*(George Routledge & Sons Ltd.)에 실렸던 것을 다시 실었다.

에서 새로운 농작물이 전시되는 광경을 보게 될 것이며, 나중에는 예식적인 얌 더미 세우기와 창고 채우기를 살펴보게 될 것이다(5장과 7장). 중앙 공터에서는 특별히 흥미로운 형태의 주술, 곧 풍요의 주술이 수행될 것이다(7장). 또한 우리는 그곳에서 공동 작업을 하거나, 혹은 중대한 시작 예식들 가운데 하나를 준비하기 위해 고기잡이 원정을 떠나려고 모인 남자들을 보게 될 것이다.

중앙 공터에서 벌어지곤 하는 공공생활의 다양한 사건들 가운데 얼마나 많은 부분이 경작지와 관련되는지, 혹은 적어도 농작물의 사용과 관련되는지를 알게 된다면 당신은 깜짝 놀라게 될 것이다. 시간 계산표(〈그림 3〉)를 슬쩍 훑어보면, 경작지 활동이 5단의 오른쪽 절반을 차지한다는 사실을 알 수 있다. 예식(10단)조차도 우선 수확에 직접적으로 의존한다. 1단과 10단에서 처음 석 달과 마지막 석 달은 사회생활과 성생활, 그리고 예식 생활로 점철되는 것으로 기록되어 있다. 만약 여기에 기입된 사항들을 마을에서 이루어지는 실제 상황 속으로 투영한다면, 각 사건의 핵심에는 언제나 장식된 식량, 곧 중앙 공터의 커다란 얌 더미들, 농작물로 채워진 다채로운 용기들, 타로와 얌, 코코넛과 바나나로 만든 장식 띠들(〈사진 1, 11, 그리고 16〉 참조)이 등장할 것이다. 밀라말라 축제가 벌어질 때면, 쌓여 있는 생채소와 과일들의 풍경이 죽은 자들의 영들을 맞이하고 그들을 기쁘게 한다(〈사진 16〉 참조). 죽은 사람들에 대한 기억은 임종한 그해 동안 혹은 그다음 해까지, 요리하지 않은 식량의 분배 예식을 통해 기려진다. 사실, 수확기에 전시된 얌들은 얌 창고에 산더미처럼 쌓아올려지자마자 꺼내지고, 일부는 또다시 다른 곳으로 옮겨진다.

만약 지난해에 마을에서 중요한 인물이나 신분이 높은 사람이 아무도 죽지 않았다면, 대규모 식량 분배와 함께 춤의 절기가 시작되며, 요리와 식사가 뒤따른다(〈사진 9〉 참조). 그때부터 날마다 남자들은 오후부터 저녁까지 내내 춤을 출 것이며, 여자들은 새로 만든 특별히 화려하게 꾸민 치마를 입고서 여느 때보다 많은 양의 음식을 요리할 것이다. 큰 접시들에 담긴 요리된 음식이 한 집에서 다른 집으로 교환될 것이고, 요리되지 않은 식량 선물이 손에서 손으로 계속 전달될 것이다(〈사진 10〉 참조).

춤의 절기에는, 트로브리안드에서 이루어지는 대부분의 축제나 활동에서 그러하듯이, 공동의 분배와 잔치가 벌어진다. 보통 춤의 절기가 시작할 때나 중간 즈음에 특별히 성대한 분배와 잔치가 벌어지고, 끝날 무렵에도 분배와 잔치가 수차례 이루어진다. 공동체의 우두머리는―그가 지구의 족장인지 혹은 단순히 동등한 지역민들 가운데 일인자(primus inter pares)인지는 중요하지 않다―줄곧 예식의 주최자 역할을 한다. 그는 식량을 공급한다. 그 식량을 받은 공동체의 구성원들은 진행되고 있는 예식 활동이 무엇이든 간에 거기에 협력할 의무를 지게 된다. 즉 춤추기나 귀중품들의 전시에, 경쟁적인 시합이나 공개적인 노래 부르기에 참여할 의무를 지게 된다.

만약 공동체의 어떤 구성원이 지난해에 사망했다면, 올해의 춤추기는 생략될 것이다. 아마도 그 대신 한두 번의 예식적인 식량 분배가 이루어질 것이다. 식량 분배는 트로브리안드에서 가장 흔히 볼 수 있는 특유한 예식 활동들 가운데 하나이다(〈사진 1, 11〉 참조).

식량 분배가 가장 정교하고 풍족하게 이루어지는 경우는 장례연회가 벌어질 때다. 그러한 예식들의 사회학적, 경제적, 그리고 신조적 원칙들은 대충 다음과 같다. 고인(故人)의 친속 가운데 가장 나이가 많은 남성이 예식의 주인으로 행세한다. 그러한 경우에 그는 자신의 친척과 아내의 친척들로부터, 그리고 만약 그가 지역 유지라면 보통 그에게 공물을 바치는 사

〈사진 9〉 춤추는 남자들
밀라말라 달에 벌어지는 춤의 절기 동안. 남자들은 매일 오후 본격적인 연습을 하고 저녁부터 늦은 밤까지 예식의 춤을 춘다. 북 치는 사람들과 노래하는 사람들이 가운데 서 있다. 남자들은 때때로 이 사진에서처럼 여자들의 치마를 입거나 혹은 장식된 방패를 들고서, 원형으로 리듬에 맞춰 움직인다. 춤의 주요 기술은 움직임의 리듬에, 무엇보다도 춤추기용 방패나 판다누스 잔가지를 복잡하게 흔드는 데 있다. (제1부 7절)

람들로부터 상당한 식량을 선물로 받는데, 아마도 그는 자신의 창고에 저장해놓은 식량 가운데 많게는 절반에 해당하는 분량을 여기에 보탠다. 작은 행사일 경우에는 이 모든 식량을 땅 위에 원형의 더미들로 쌓으며(〈사진 11〉 참조), 큰 행사일 경우에는 다채로운 용기들 속에 식량을 담는다(〈사진 1〉 참조). 각각의 더미는 고인과 명확한 사회적 관계를 맺은 사람에게 배당된다. 일반적으로 대부분의 식량은 고인의 자식이나 친속에게 분배되는데, 그 사람들이야말로 대부분의 장례 의무를 수행한 사람들이기 때문이다. 분배는 받을 사람의 이름을 예식적으로 크게 외친 후 각자의 몫을 나누어주는 방식으로 이루어진다.

이후 식량을 받은 사람들은 요리되지 않은—이 점에 주목하자—덩이줄기와 과일로 구성된 선물을 바구니에 담고, 흔히 멀리 떨어져 있는 자기 마을로 운반해서 자신의 집에 내려놓는다. 몇몇 사소한 예외들이 있지만, 그 선물은 창고에 비축되지 않으며, 선물을 받은 사람들은 친속과 인척 양쪽에게 그것을 분배한다. 따라서 분배의 중심지 주변에 있는 모든 공동체는 식량을 풍족하게 제공받을 것이며, 그 식량은 틀림없이 아주 사치스러운 식사를 통해서 소비될 것이다. 장례 분배가 이루어지는 지구에서는 차고 넘칠 만큼 많은 양의 식량이 유통될 것이다.

내가 이러한 사실들을 상세히 설명한 까닭은, 멜라네시아의 이 지역에서 "잔치"나 "축제"는 대규모 공동 식사를 중심으로 이루어지지 않으며, 오히려 요리되지 않은 많은 양의 식량을 개인들에게 재분배하는 방식으로 이루어진다는 점에 주목할 필요가 있기 때문이다. 그러한 재분배는 단지 이삼 일 동안 식량의 임자가 종종 여러 번 바뀐다는 사실뿐 아니라, 또한 전체 지구에서 더 많은 식량이 준비되며 사치스러운 규모로 소비된다는 것을 의미한다. 대개 그러한 분배를 위해서 돼지 한두 마리가, 또는 종종 열두 마리가 도살된다. 그렇지 않으면 연안 마을들 가운데 한 곳에서 물고기를 가져올 것이다(〈사진 12〉 참조). 이것은 또한 토착민들의 표현대로 "별미와 함께 먹으면 (즉 비계, 살, 또는 물고기와 함께 먹으면) 주식(主食)이 좀 더 쉽게 미끄러져서" 더 많은 덩이줄기를 소비하게 된다는 것을 뜻한다.

타로나 얌 요리가 공동으로 준비되더라도 공동으로 소비되지는 않는다. 사람들은 삼삼오오 무리지어 요리 단지 주위에 웅크리고 앉아서 자신의 조가비 숟가락을 그 속에 담근다(*Sexual Life of Savages*, 〈사진 86〉, p. 372). 그러므로 그 식사의 축제적인 성격은 공동으로 먹으면서 서로 교제를 나누는 데 있지 않다. 그들은 작은 무리로 나뉘어서, 보통은 가족들과 먹는 경향이 있다. 오히려 식사의 축제적인 성격은 더미로 쌓여서 전시되어 있는 많은 양의 식량을 함께 바라보고 즐기는 데 있다. 잔치의 골자는 주고,

〈사진 10〉 밀라말라 계절 동안의 마을 거리
죽은 영들을 환영하기 위해 축제가 개최되는 동안 여자들이 타로와 얌 푸딩을 준비하는 모습을 볼 수 있다. 타로와 얌 푸딩은 왼쪽의 큰 단지 안에서 끓고 있는 코코넛 기름으로 요리될 것이다. 왼쪽으로 는 집들이 늘어서 있고, 오른쪽으로는 얌 창고들의 안쪽 고리가 보인다. (제1부 7절)

받고, 전달하는 데 있다. 또한 우선 농작물을 공동으로 모으는 일과 나중에 재분배하는 일에 기여함으로써 친족의 의무를 만족시키는 것도 잔치의 핵심이다.

장례 분배의 사회학적 도식으로 되돌아가보자. 이 문제는 너무나 복잡하게 뒤얽혀 있어서, 나는 엄청나게 공들여서 수많은 구체적인 사례들을 수집했지만 단지 거래의 기본적인 원칙만을 규명할 수 있었다. 예식의 주인은 자신에게 친족 의무를 지고 있지만 고인에 대한 장례 의무를 수행하지 않았던 모든 사람의 도움을 받아야 한다. 다른 한편, 그는 고인의 병중에 그리고 사후에 이러저러한 방식으로 의무를 다했던 모든 사람에게 선물을 증여해야 한다. 예를 들면, 한 남자가 예식 주인의 인척(姻戚)이기 때문에 분배를 위해 식량을 기부했는데, 분배가 끝난 뒤에는 그가 고인의 아들로 분류되기 때문에 사실상 같은 양의 식량을 가지고 집으로 돌아오게 되는 일도 종종 일어난다.

식량 더미를 바라보는 일, 그것의 취급과 운반은, 이미 언급했듯이, 집단적 예식에서 가장 핵심적인 부분이다. 그렇지만 또한 작은 무리나 가족이 함께 먹는, 혹은 심지어 혼자서 먹는 식사 자체도, 결코 집단적인 행동은 아니더라도 집단적 예식의 중요한 일부를 이룬다. 식욕을 충분히 만족시키고, 과식하고, 포만감을 느끼는 것과 쌓여 있는 식량의 광경은 토착민에게서 감정적으로 결합된다. 그것은 곧 말리아—번영, 충만, 포만—를 의미하는데, 우리는 그 개념을 앞으로도 계속 만나게 될 것이다. "토할 때까지 먹는 것"이나 과식, 고기와 다른 별미를 곁들여서 먹는다는 관념은 수확기의 "풍요의 달들"의 분위기에 자연스럽게 들어맞는다. 우리는 이러한 주제가 주술 문구에서나 관습과 전통적 제도들 속에서, 나아가 실제 토착민들의 이야기 속에서 표현되는 것을 보게 될 것이다(6장 3절, 제5부 5장 3절, 제7부 〈주술 문구 16과 26〉 참조).

표(〈그림 3〉)를 다시 한 번 살펴보자. 왼쪽에서 우리는 3(야바타쿨루), 4(톨리야바타), 5(야바탐) 달에 해상교역 공동체의 해외 원정 준비(3단), 그리고 상어잡이와 외해(外海) 고기잡이를 위한 준비(2단)가 기재된 것을 볼 수 있다. 만약 그러한 사건들이 마을과 마을 주위에서 그리고 해안에서 실제로 일어나는 광경을 보게 된다면, 또다시 식량이 카누 건조(建造)를 위한 예식적인 환경의 일부라는 점을, 그리고 증여되는 선물에는 중요한 사회학적, 경제적 함의가 있다는 점을 발견하게 될 것이다. 카누를 만드는 전문가들은 그 배의 주인이자 소유자에게서 상당한 식량 선물을 받게 될 것이다. 쿨라에 대비해서 큰 도끼 칼, 조가비 팔찌, 혹은 조가비 원반을 주문한 사람은 기술자들도 부양해야 한다(앞의 4절을 보라). 이 계절에 이루어지는 대부분의 활동이 오로지 농경과 관련된 것은 아니며, 심지어 경작지와 직접적으로 관련된 것도 아니다. 독자가 경작이야말로 트로브리안드에서 유일한 일이라고 상상하게끔 유도한다면, 그것은 한쪽으로만 치우친 잘못된 관점의 서술일 것이다. 그러나 해외 교역을 준비할 때 경제적인 부분은 거의 다 농작물, 곧 요리하지 않은 식량이나 요리한 음식 선물의 교환과 관련된다. 마찬가지로, 만약 우리가 북동쪽 연안의 상어와 가숭어 고기잡이를 연구한다면, 고기가 많이 잡힐 때마다 내륙 마을에 풍성한 선물이 증여되겠지만, 이러한 선물은 조만간 농작물로 되갚아진다는 사실을 발견하게 될 것이다.

계절풍 계절의 후반부 여러 달 동안, 그리고 무풍기 동안에는 얌 식량이 공공연하게 전시되는 일은 거의 없을 것이다. 왜냐하면 그때부터 창고들이 비어가기 때문이다. 이제 경작지에 대한 관심은 새로운 농작물을 지켜보고 "풍족한" 혹은 "부족한" 수확의 가능성을 어림잡으려고 애쓰는 데로 돌려진다. 머지않아 잘 자라난 일부 이른 농작물이 수확을 기다리게 된다. 그러면 준비 예식들이 개최되고 첫 열매가 전시된다(5장 2절과 3절). 그리고 이제 수확이 시작되는데, 마을 전체는 다시금 농작물로 가득 채워지게 된다. 그때 우리는 새로운 창고들과 새로운 집들이 세워지는 광경과, 바구니에 가득 찬 얌, 타로 묶음, 바나나 사탕수수 다발과 같은 선물과 답례 선물이 교환되는 모습을 보게 될 것이다.

우리는 내륙 마을들 중 한 곳의 중앙 공터에 자리 잡고서 계절의 순환을 살펴보았다. 공공생활은 한 해의 시작 무렵 다양한 축제들과 함께 이루어지는데, 그 가운데 일부인 춤, 경기, 노래 대결과 같은 것들은 오로지 식량 분배와 함께 조직된다. 다른 것들, 곧 장례식 같은 것들은 주로 생산물의 처리를 중심으로 진행된다. 이러한 활동들이 진행되는 기간 내내 사람들은 저녁나절이면 물건을 수선하거나 만드느라, 혹은 어떤 솜씨를 발휘하느라 바쁘며, 제조업의 중심지에서는 남자들이 날마다 전문적인 작업을 수행한다. 그렇지만 한 해를 전체적으로 살펴보면, 경작지 생산이야말로 어떻든 그들의 주요 생업이며, 농작물의 공개적인 전시는 모든 예식의 일부를 형성한다고 말할 수 있다. 그것은 놀랄 만한 일도 아닌데, 왜냐하면 농경은 주된 식량 생산 활동이며 모든 토착민에게 가장 중요한 개인적 관심사이기 때문이다.

8. 집 안에서 그리고 가족에게 일어나는 일

지금까지는 중앙 공터에 오래 머무르면서 공적인 생활에서 일어나는 사건들을 주시했다. 우리가 안쪽 고리에서 바깥쪽 고리로 걸어가려면 두 채의 창고 사이를 통과해야 할 것이다. 그리고 길 맞은편에서 창고들 가운데 하나를 마주하고 서 있는 창고 소유자의 집을 보게 되는데, 그곳에서 아내와 아이들과 함께 사는 것이 트로브리안드의 통례이다. 곧 살림집 하나에 한 가족이 산다. 다만 드물게는 먼 친척들이 그들과 함께 머무르기도 한다. 보통은 늙은 부부조차 자신들의 오두막을 가지고 있다. 과부나 홀아비는 혼자 사는 반면, 총각들은 작은 공동 가옥에서 산다(*Sexual Life of Savages*, 3장 4절을 보라). 집, 창고, 그 사이에 나 있는 길, 깨끗하지만 그 뒤로 쓰레기 더미가 발견되는 공간, 이 모든 것은 가족에게 속한 가정의 영토이다. 집 뒤에서 아내는 요리할 음식을 다듬고 준비하거나 치마 만들기, 깔개 바느질, 혹은 몇몇 가사 도구의 수선과 같은 순전히 여성에게 속한 몇 가지 활동을 한다. 또한 거기서 종종 어린아이들이 뛰어논다. 요리는 집 안에 있는 돌 화덕 위에서 하지만, 진흙 화덕을 사용해야 할 때면 집 뒤에서 혹은 때때로 집 앞에서 요리를 한다. 집의 정면은 가족생활의 사회적 중심이다. 그들은 저녁이면 거기에 모여 앉아서 먹고 이야기를 나눈다. 거기서 그들은 이웃의 방문을 받는다.

집 안으로 들어가면, 가구도 별로 없고 단지 작은 문을 통해 들어오는 빛으로만 밝혀지는, 보잘것없지만 흉하지는 않은 내부를 보게 된다. 집은 땅 바로 위에 자리 잡은 아치형의 초가지붕에 지나지 않는다(〈사진 94〉). 벽을 향해서 침상들이 놓여 있는데, 보통 뒷벽을 끼고 두 개, 측벽을 끼고 한 개의 침상이 놓여 있다(*Sexual Life of Savages*, 〈사진 8〉 참조). 여기에 판다누스 섬유 깔개들을 몇 장 펼쳐놓음으로써 밤을 맞을 준비를 마치게 된다. 우리는 그러한 낮은 침상들 가운데 하나에서 주술사가 자신의 허브들과 재료들에 마법을 거는 모습을 살펴보게 될 것이다(2장 4절). 비어 있는 벽쪽에서는 예외 없이 돌 세 개로 이루어진 화덕을 발견할 수 있는데, 이것은 서구인에게도 그러하듯이 트로브리안드인에게도 가정생활의 상징적 중심이 된다. 비오는 날이면 여기서 요리가 이루어진다. 또한 경작지 주술사는 자신의 주술 체계에서 가장 중요한 의례 행위를 수행할 때, 그 돌들 가운데 하나 위에 조상의 영들에게 바치는 공물을 놓아둘 것이다. 침상들의 위쪽에는 한두 개의 선반이 있고, 주술사는 수확기부터 경작지의 화전(火田)이 이루어지는 시기까지 그 선반 위에 주술용 횃불을 보관한다. 선반 위에는 보통 음식을 준비하는 요리용 단지, 음식을 담아 먹는 나무 접시들, 그리고 저장용 덩이줄기들 약간을 놓아둔다. 예식적인 분배를 통해서 덩이줄기들을 받는 경우에만 그것들을 곧바로 소비하기 위해 집 안에 둘 것이다. 타로, 바나나, 과일처럼 썩기 쉬운 채소들 역시 집 안에 둔다.

일상생활의 경로를 따라가다 보면, 농경으로 바쁜 계절에는 가족이 일찌감치 경작지로 간다는 사실을 알게 된다. 아침에도 음식을 요리하는 일

〈사진 11〉 장례식의 소규모 덩이줄기 분배
예식 주인의 친척과 친구들이 마을로 가져온 얌은 중앙 공터에 원형 더미로 전시된다. "각각의 더미는
고인과 명확한 사회적 관계를 맺은 사람에게 배당된다." (제1부 7절)

은 없다. 전날 저녁식사에서 남은 차가운 얌이나 타로를 조금 먹을 뿐이
다. 이것들을 먹는 식사는 "차가운 식사를 위해 남겨진 음식"을 의미하는
특별한 단어로 묘사된다. 제대로 된 식사는—하루에 단 한 번이다—사람
들이 나날의 작업에서 돌아오고 난 후 해질녘에 준비되는데, 작은 얌, 타
이투, 혹은 큰 얌 종류인 **쿠**비로 구성되거나, 혹은 때때로 물고기나 들새나
돼지고기로 맛을 낸 약간의 타로가 마련된다. 이것들을 깜부기불에 구울
수도 있고, 작은 단지 속에 넣고 끓일 수도 있으며, 혹은 매우 드물게는 진
흙 화덕 속에서 구울 수도 있다. 낮 동안에는 사람들이 경작지에 나가 있
든 혹은 무더위 때문에 마을로 돌아와 있든 간에, 요리된 어떤 음식도 제
공되지 않는다. 망고, 빵나무 열매, 혹은 바나나와 같은 과일들을 먹거나,
그린 코코넛을 쪼개서 코코넛 밀크를 마시고 그 과육을 먹기도 한다. 또는
신선한 열매가 충분히 공급될 때에는 때때로 그 일부를 구워 먹기도 한다.

큰 점토 단지는 단지 공동 요리를 위해서만, 다시 말해서 날것이 아니라 요리된 음식이 분배될 때에만 사용한다(〈사진 10〉 참조). 요리된 음식의 분배는 공동 노동에 대한 보상으로 이루어지는데, 때로는 이미 언급된 다른 분배에서도 선물의 일부로 통용될 수 있다.

토착민들은 첫 번째로 "주요 식량"[32](제5부 2장 8절을 보라), 곧 모든 농작물을 포함하지만 주로 작은 얌들을 가리키는 용어와 두 번째로 '맛 좋은' 혹은 '더 가벼운 음식', 곧 야생 열매, 사탕수수와 빵나무 열매와, 세 번째로 '별미' 음식, 즉 돼지, 가금, 물고기, 먹을 수 있는 애벌레, 갑각류와 같은 모든 형태의 단백질 음식을 각각 구별한다. 비록 주요 식량이 그들에게 풍요의 토대이며, 쌓여 있는 주요 식량은 그들에게 풍성함, 부, 그리고 즐거운 부족 행사들의 연속을 상징하지만, 토착민들은 그것만 먹는 일을 그다지 내켜 하지 않는다. 나중에 식사에 대한 토착민들의 태도와 그것이 유기체에 대해 가지는 생리학적 중요성을 다루면서(7장 4절) 이 점을 좀 더 충분히 파고들 것이다. 토착민들은 음식에 영양분이 있다는 사실을 단지 어렴풋하게만 깨닫는다. 그들은 '주요 식량'의 결여가 그들이 몹시 두려워하는 굶주림을 의미한다는 점을 안다. 그러나 토착민들에게 식사가 중요한 까닭은 주로 먹는 일이 생생한 즐거움을 주기 때문이다. 만약 약간의 별미가 더해진다면 그러한 즐거움은 더욱 고양되고 길게 연장된다.

음식과 관련된 또 다른 흥미로운 행위 규정은 요리와 쌓여 있는 식량 사이의 대립이라고 말할 만한 것에 근거한다. 이미 살펴보았듯이, 요리는 힝

••

32) "주요 식량"이라는 표현에 대한 토착어 상당어구(equivalent)는 카울로이다. 독자에게 혼란을 주지 않도록, 나는 이 서론에서는 토착어 단어들을 거의 완전히 제거했다. 대신 토착어 단어에 상당하는 우리말 단어를 인용부호와 함께 제시했다. "상당어구"의 분석을 위해서는 4부 2장을 보라.

상 집 안에서 혹은 집 주위에서 이루어진다. 그러나 마을의 안쪽 고리에 개방형 창고들이 세워진 마을들에서는 안쪽 고리의 내부에서 요리하는 것을 금지하는 명확한 터부가 존재한다. 따라서 족장의 개인 거주지는 항상 안쪽 고리의 내부에 있지만, 혹은 총각들의 집[33]도 종종 거기에 있지만, 그곳에서 요리를 해서는 안 된다. '요리가 허락되는 집'을 가리키는 특별한 토착어가 존재한다. 창고들과 집들이 나란히 서 있는 마을에서는 창고들이 반드시 지붕으로 덮여 있다. 요리하는 집 가까이에 서 있는 유일한 개방형 창고들은 어린이들의 장난감 같은 창고들이다(8장 6절 참조).

우리는 농경이 마을 생활에서 가장 중요하며, 그것이 직접적으로나 간접적으로 거의 모든 활동과 관계된다는 점을 살펴보았다. 그러나 농경의 위치를 정말로 이해하기 위해서는 첫째로 트로브리안드 사회의 구조를, 둘째로 끊임없는 주고받기, 부의 이동, 농산물과 다른 물건들의 임자 바꾸기의 근저에 놓여 있는 경제적 원칙들을 좀 더 분명히 이해해야 한다. 장례식의 분배든, 족장에 대한 선물이든, 수확기의 공물이든, 물고기와 채소의 교환이든, 가치 있는 물건의 생산이든, 우리는 트로브리안드의 어디에서나 예식 활동과 제조업 활동은 선물과 답례품의 교환을 수반한다는 흥미로운 현상을 발견한다. 좀 더 면밀하게 살펴보면, 이러한 부족 교환의 몇 가지 중요한 원칙들이 드러날 것이다. 얼핏 보기에 자유롭고 자율적인 선물로

..

33) 〔역주〕주로 독신 남성들을 위해 세워지는 집. 토착어로 **부쿠마툴라**라고 불린다. 매우 드물지만 남자가 자기 딸을 위해서 **부쿠마툴라**를 짓는 경우도 있었고, 옛날에는 여자들을 위한 **부쿠마툴라**도 있었다고 전해진다. 그렇지만 말리노프스키는 여자를 위한 **부쿠마툴라**를 실제로는 한 번도 목격하지 못했다고 한다.(Bronislaw Malinowski, *The Sexual Life of Savages in North Western Melanesia*, Kessinger Publishing, LLC, 2010(1929), p. 72 참조) 본서에서 말리노프스키는 소년들을 위해 **부쿠마툴라**가 지어지며, 소녀들은 결혼 전에 집에 머무른다고 명시적으로 밝히고 있다. 따라서 이 책에서는 'bachelors' house'를 총각들의 집으로 번역하고자 한다.

〈사진 12〉 잔치 식사를 위해 물고기 훈제하기
물고기가 많이 잡히면, 토착민들은 물고기를 훈제한 후에 분배해서 얌과 함께 먹는다. 여기서 사진에 찍힌 분량은 한 남자의 몫을 나타낸다. 그렇게 훈제된 물고기는 하루 내지 이틀 동안은 상하지 않을 것이다. (제1부 7절)

보이는 것이 보통은 봉사와 기부가 상호 교환되는 호혜적 의무의 그물로 엮여 있다는 점을 알 수 있을 것이다. 또한 이와는 별도로 여기서 더욱 눈에 띄게 흥미로운 점을 발견하게 될 것이다. 곧 대부분의, 사실상 모든 트로브리안드의 교환에서—매우 예식적이고 명백히 공평한 교환이든, 아니면 이제껏 그러했듯이 거의 상업적인 교환이든 간에—농작물이 단지 두드러진 역할만 하는 것이 아니라 오히려 토착적인 부의 어떤 다른 품목과도 비교될 수 없는 유일무이한 역할을 한다는 점이다.

9. 트로브리안드 사회의 구성

우선 앞에서 개략적으로 살펴본 내용의 사회학적 함의를 정리할 필요가 있다. 우리는 "족장", "지역 유지", "모권제(母權制)"[34], 혹은 "모계제(母系制)"[35], "부거제(夫居制) 결혼", "씨족", "하위 씨족", "부족", "마을 공동체", "가구(家口)", "가족"이 의미하는 바를 좀 더 분명히 파악해야 한다. 나는 이러한 단어들이나 표현들에 특별한 혹은 사적인 의미를 전혀 부여하지 않았다. 이 단어들의 간단하고 상식적인 의미는 『인류학의 기록과 물음(Notes and Queries in Anthropology)』이나 보통의 사전에서 찾아볼 수 있을 것이며, 나는 바로 그러한 의미에서 그 단어들을 사용했다. 그렇지만 한편으로, 모든 문화에서 "가족" 혹은 "씨족"은 저마다 약간씩 다른 특정한 형태를 가지며 고유한 성격을 띠고 있다. 다른 한편, 그 단어들 중 일부, 아마도 그중에서도 특히 "씨족", "모권제", "가족"과 같은 단어들은 최근 인류학 문헌에서 엄청나게 많은 가설들을 함축한 채로 종종 사용되는데, 따라서 전문가들이나 아마추어들은 그러한 의미에서 그 단어들을 이해할 수도 있겠다.

그렇지만 먼저 트로브리안드 사회의 한두 가지 현저한 특징들을 지적해보려고 한다. 그러한 특징들은 일시적인 방문자에게도 강한 인상을 남길 정도로 토착민들의 사회 조직에 깊이 뿌리내리고 있다. 거침없이 표면에 드러나기 때문에 모든 사람에게 깊은 인상을 주며, 전문 사회학자들은 트

∴

34) 〔역주〕 matriarchy. 여성이 가족이나 씨족의 우두머리가 되고 정치권력을 소유하는 사회 제도.
35) 〔역주〕 matriliny. 혈통이 어머니의 계통을 따르며, 친족 범주의 결정이나 친족 집단의 귀속권이 어머니를 통해서 결정되는 제도.

로브리안드 사회의 주요 속성이라고 열거할 만한 사회적 원칙들은 신분, 모권제, 혹은 좀 더 정확히는 모계제, 그리고 토테미즘, 혹은 좀 더 정확히는 특정 동물을 연상시키는 씨족들로의 분할이다. 간단히 말하면, 트로브리안드에서 신분은 개인의 위신과 직함으로 존재한다. 신분이 가장 높은 사람은 족장이라고 불린다. 그는 **구야우**(전체 족장)나 **굼구야우**(하위 족장)라고 칭해지지만, 후자의 직함은 결코 구두의 호칭으로 사용되지는 않을 것이다. 신분에 따라 적어도 네다섯 개의 등급으로 세세하게 구별되는 특정한 장신구를 착용할 자격이 부여된다. 따라서 타발루들은 최고 등급의 장신구를 지니고, 크워이나마, 부라야마, 그리고 음와우리와 같은 하위 족장들은 조금 낮은 등급의 조가비 장신구와 장식을 걸칠 자격을 부여받으며, 카브와쿠의 톨리와가 및 그들과 지위가 동등한 사람들은 다른 종류의, 약간 덜 귀족적인 장신구를 걸친다. 또 다른 하위 족장들은 구별되는 일정한 장신구에 대한 권리를 가지며, 평민들은 매우 수수하게 꾸며야 한다. 브워이탈루의 최하층민은 특히 신분이 더 높은 사람의 면전에서는 어떠한 조가비 장신구도 전혀 착용해서는 안 된다. 그렇지만 가장 매서운 차별 수단은 터부와 관련된다. 이것은 무거운 짐인 동시에 특별함을 나타내는 표지이다. 대충 이야기하자면, 신분이 높을수록 터부는 더욱 엄중하다. 신분이 높은 사람들이 브워이탈루와 바우의 '하층민'에 대해서 나타내는 혐오는, 깨끗한 음식을 먹는 높은 하위 씨족의 구성원들이 야생 돼지, 노랑가오리, 그리고 브워이탈루에서는 먹지만 키리위나에서는 금지된 다른 어떤 종류의 물고기들처럼 혐오스러운 것들을 먹어치우는 사람들을 향해서 느끼는 극도의 불쾌감에서 절정에 달한다. 그러나 관습은, 으레 그렇듯이, 굉장히 복잡하고 엄청나게 모순적이다. 가령 시나케타의 족장들은 야생 돼지와 노랑가오리를 먹지만 오마라카나의 족장들은 그들이 자신들과 거의 동등

〈사진 13〉 작업하는 전문가
조각의 달인이 〈사진 3〉의 카누에서 볼 수 있는 것과 같은 뱃머리 판을 장식하고 있다. (제1부 10절)

하다고 인정한다. 반면 브워이탈루의 하위 씨족 구성원들은 똑같은 식습
관 때문에 매우 혐오스러운 존재들로 여겨진다. 문화적 배경이 다른 유럽
인들은 이처럼 복잡한 태도의 심리학을 이해하기 어렵겠지만, 여기서는 이
문제를 더 이상 세부적으로 파고들지 않겠다.

　또한 신분에는 명확한 예식이 수반되는데, 그 주요 원칙은 높이가 신분
에 상응해야 한다는 것이다. 어느 누구도 족장의 머리보다 위로 솟아 있어
서는 안 된다. 평민들이 돌아다닐 때, 족장은 높은 단 위에 앉아 있어야 한
다. 만약 그가 일어서면 그들은 구부려야 한다. 앉아 있는 족장 곁을 평민
들이 지나가야 할 때, 족장은 일어서야 한다. 이것은 트로브리안드에서 엄
격하게 고수되는 불편한 특전이다. 만약 어떤 이유에서든 족장이 계속 앉
아 있거나 쭈그리고 있다면, 평민들은 엎드려서 기어가야 한다. 언젠가 오
마라카나의 내 친구들 가운데 한 사람이 서열이 낮은 브워이탈루 마을에

머무르던 나를 방문하려고 찾아온 적이 있었다. 그때 나는 그의 도착을 알리는 "오 구야우!"라는 소리가 길게 끌면서 울려 퍼지자, 브워이탈루 마을의 모든 사람이 마치 허리케인 때문에 쓰러지는 것처럼 다양한 높이에서 땅으로 쓰러지는 것을 직접 목격했다. 또한 나는 오마라카나에서 신분이 낮은 사람들이 응당 그래야 하고 마땅하다는 듯이 자신들의 사냥용 창을 자기 뒤에 끌면서 몸을 웅크린 자세로 족장에게 나아가는 모습을 종종 보았다.

나는 신분에 관한, 혹은 씨족과 하위 씨족의 기원에 관한 트로브리안드의 관념에서 나타나는 모순을 더 이상 길게 논하지 않을 것이다. 나는 어떻게 네 가지 주요 씨족들, 곧 말라시, 루쿠바, 루크와시시가, 그리고 루쿨라부타의 토템 조상들이 라바이 근처 오부쿨라의 구멍에서 나왔는지를, 어떻게 원래 가장 높은 신분이었던 개, 루쿠바가 돼지, 말라시로 인해서 그 신분을 잃어버리게 되었는지를 말해주는 신화를 다른 어딘가에서 서술했다. 이 신화는 네 가지 주요 씨족들의 일반적인 신분 서열을 정당화한다. 말라시는 서열상 제일 처음에, 루쿠바는 두 번째로, 루크와시시가는 세 번째로, 루쿨라부타는 마지막에 온다.[36]

높은 지위의 여자들도 마찬가지로 특권을 가지고 있다. 그들은 매우 많은 공공 예식들에 참석한다. 신분이 높은 여자들은 신분이 높은 남자들과 대체로 동일한 특권을 가지며, 평민 남자들은 비슷한 존경을 표시하면서 그들을 대할 것이다. 여자들의 자유, 영향력, 그리고 독립심은 겉으로 드러나는 그들의 행위에서 분명하게 드러난다. 사회학자는 트로브리안드 사회의 모계적 구성의 흔적을 쉽사리 알아차릴 것이다.

∴

36) 그 이상의 전거를 위해서는 *Myth in Primitive Psychology*의 2장 참조.

트로브리안드에 방문한 사람은, 특히 그가 그곳의 언어를 좀 알고 있다면, 혹은 장례식 분배와 같은 몇 가지 공공 예식에 직접 참여해본다면, 그 사회가 수많은 집단들로 나누어져 있다는 사실을 곧 알게 될 것이다. 만약 당신이 그곳의 언어로 말할 수 있다면, 낯선 두 사람이 만났을 때 처음에는 으레 상대방에게 부족의 네 가지 큰 부류 가운데 어디에 속하냐고 물어본다는 사실을 곧 알게 될 것이다. 유럽인조차 예외 없이 이러한 질문을 받으며, 자신이 그러한 부류 가운데 하나에 속한다고 여기는 것이 유용하다는 사실을 깨닫게 된다. 토착민에게 모든 인간은 말라시이거나 루쿠바이거나 루크와시시가이거나 혹은 루쿨라부타여야 하기 때문이다. 매우 많은 동물들과 식물들 역시 그러한 씨족과 결합된다. 그러나 그러한 분류는 결코 모두에게 총망라해서 적용되는 것은 아니다. 즉 새, 곤충, 물고기와 식물의 대다수는 세분되지 않은 채로 남아 있다.

이러한 표면적인 관찰에 좀 더 정확성을 기하기 위해서는 이상하고 놀라운 점들, 예를 들면 족장을 물리적으로 높이는 것, 동물 이름과 연관되는 세부 분류의 존재, 가계(家系)와 상속과 계승을 모계를 중심으로 헤아리는 것뿐만 아니라, 인간이 집단을 이루는 그다지 튀지 않는 몇 가지 기본적인 형태들까지도 검토해야 할 것이다. 왜냐하면 그것들이 특별히 트로브리안드나 멜라네시아나 미개인들에게만 해당하는 것은 아니지만 그럼에도 불구하고 매우 중요하기 때문이다. 가구(家口)가 부족 생활에서 큰 역할을 차지하며, 가구가 가족, 곧 남편, 아내, 그 자녀들로 구성된다는 점은 트로브리안드 사회학의 기본적인 사실이다. 지역 공동체가, 다시 말해서 마을의 주민 모두가 마을의 땅에서 엄청나게 많은 일들을 함께 하고, 같은 울타리 안에서 공동으로 경작하며, 분배와 모험과 축제를 공동으로 수행한다는 점 역시 또 다른 "명백한" 사실이다. 그렇지만 많은 명백한 사실들이 그러하듯이, 그러한 사실들은 이상하고 예외적인 것들처럼 첫눈에 깊은 인상을 주지는 않기 때문에 주의를 끌지 못하고 있다.

아마도 트로브리안드의 토착민들이 사회 집단을 형성하는 모든 유형을 간략하게 설명하는 편이 제일 낫겠다. 독자는 그러한 설명을 통해서 이 책에서 사용되는 다양한 용어들의 의미를 대략 파악할 수 있을 것이며, 사회 조직과 법체계, 관습적 용법의 두세 가지 중요한 원칙들을 이해할 수 있을 것이다.

모든 개인은 우선 한 가구의 구성원으로 태어난다. 어머니가 그 아이에게 젖을 먹이고 돌봐주는데, 그녀는 자기 친어머니와 자매들의 돌봄을 받으면서 처음 한 달 남짓 격리된다. 나중에 아버지와 어머니는 양육의 의무를 대부분 공유한다. 아이의 출산, 특히 첫아이의 출산은 종종 어머니의 부모, 곧 유아의 외조부모의 집에서 이루어진다. 출산하고 나서 어머니와 아이는 남편의 오두막으로 되돌아오는데, 남편의 오두막은 대개 또 다른 공동체에 위치한다. 트로브리안드에서 결혼은 부거제(父居制), 곧 신부가 남편의 마을로 옮겨오는 방식을 따르며, 보통 신혼부부는 남편의 마을에서 몸소 새로운 집을 짓는다. 거기서 그들은 공동으로 경제를 꾸려나간다. 남편, 아내, 그리고 나중에 자식들은 공동의 저장실에서 식량을 가져와서, 어머니가 그들을 위해서, 그리고 그들만을 위해서 요리한 음식을 하나의 단지 혹은 접시에 담아서 먹는다. 아이들이 어릴 때는 그들 모두가 같이 잔다. 사춘기가 되면 소년들은 총각들의 오두막으로 이사한다. 또한 가족은 엄청나게 많은 일들을, 특히 경작지에서 함께 한다. 아이들에 대한 교육은 일찍부터 이루어지는데, 어머니는 여자 아이들을 가르치고, 아버지는 남자 아이들을 훈련시킨다. 가족 집단의 결속은 아들이 부모의 집을 떠나서 총각들의 오두막으로 가더라도, 그리고 나중에 아버지의 공동체를 떠나서 외삼촌의 공동체에 들어가더라도 깨지지 않는다(6장 2절 참조). 아들은 그가 같은 마을에 머무르는 한, 항상 부모의 집에서 먹는다. 딸은 결혼할 때까지 집에 머무른다. 아들은 부모의 집에 필요한 것들을 공급해야 하고 나중에 누이가 결혼하면 누이의 가구에도 도움을 주어야 한다. 아버지가 살아 있는 한, 아들과 딸은 아버지가 싸움에서 지원이 필요하거나 개인적인 적들로 인해 위험에 처했을 때, 병중에 있거나 경제적인 어려움을 겪고 있을 경우에, 아버지에 대한 가지각색의 개인적인 의무를 진다. 만약 아버지가 죽으면 그의 자식들은, 특히 아들은 복잡하고 불유쾌한 장례 의무들[37]을 수행해야 할 것이다. 따라서 가족은 중요한 단위이며, 특히 표면적으로는 보통의 가부장적 가족과 매우 유사하다.

그렇지만 만약 출계를 따지는 방식들과 공동의 책임, 의무, 봉사의 체계들을 연구한다면, 문제가 겉보기보다 더 복잡하다는 사실을 알게 될 것이다. 혈통은—만약 내가 모든 전통적, 계보적 연속성을 망라하여, 즉 출계, 상속, 계승을 망라하여 하나의 단어를 사용한다면—모계적이다. 아이들은 어머니와 같은 몸과 피를 가진 것으로 여겨진다. 그들은 그녀의 토템 정체성을 물려받는다. 즉 아이들은 어머니의 씨족과 하위 씨족에 속한다. 그녀의 딸들은 그녀가 신분 덕분에 혹은 공동체 우두머리와 그녀의 관계 덕분에 소유하게 된 모든 지위와 특권을 계승하게 된다. 아들은 어머니의 남자형제, 곧 외삼촌을 계승한다. 물질적 재산과 특권 또한 모계로 상속된다. 성인 남자가 자기 아버지의 마을에서 외삼촌의 마을로 거주지를 옮겨야

∴

37) 〔역주〕 예컨대 죽은 사람의 살을 먹는 관습이 있다. 그들은 몹시 두려워하고 역겨워하면서도 시신을 먹어야 하는데, 이것은 존경과 사랑, 헌신의 행위로 여겨진다. Bronislaw Malinowski, *Magic, Science and Religion and other essays*, Waveland Press, 1992(1925), p. 50 참조.

〈사진 14〉 덩이줄기와 물고기를 교환할 때 예식적인 식량 제공
섬마을에서 온 카누들이 덩이줄기를 싣고서 주요 고기잡이 중심지 가운데 하나인 오부라쿠의 해안에
도착했다. 덩이줄기는 사각형의 들것 위에 쌓여서 마을로 운반된다. 거기서 각 남자는 그의 상대에게
덩이줄기를 예식적으로 제공한다. 이 사진은 해안의 야자숲과 더 남쪽으로 뻗어 있는 주요 습지의 특
징적인 광경을 보여준다. (제1부 10절)

한다는 기묘한 사실도 이와 관련되어 있다.

그렇다면 사회적 연속성에는 명백히 두 가지 원칙들이 존재한다. 지배
적인 규칙은 모계제이며, 모계제를 통해서 지위, 소유, 그리고 사회적 정
체성이 형제자매들로부터 자매의 아이들에게 전해진다. 반면, 가부장적인
가구 구성과 아버지와 자식 간의 매우 강한 애착 관계로 인해서, 아버지
가 자식들에게 많은 것들을 전수하는 경향이 생겨난다. 만약 사실을 진화
론에 끼워 맞추거나 역사적 재구성을 통해 짜맞추려고 시도하지 않을 만
큼 충분히 조심스러운 인류학자가 있다면, 그는 여기서 "모권제 체계가 쇠
퇴하고 가부장제가 싹트고 있다"고 쉽게 결론짓지 않을 것이다. 단지 그는
독립적인 두 가지 계통 원칙들이 나란히 존재하는데, 그것들이 상황을 다
소 복잡하게 만들고 있다는 사실을 관찰할 것이다. 실제로 그것들의 작용

을 연구하는 것이야말로 우리의 첫 번째 임무이다. 이 책에서 트로브리안드인들의 가장 중요한 경제적, 법적 제도들 가운데 하나인 수확기의 증여를 서술하고 분석할 때, 이러한 이중적 계통 체계가 작동하는 한 가지 양상을 살펴보게 될 것이다(6장 1절과 2절).

트로브리안드의 가족에 대해서 이야기할 때, 한 개의 단순한 단위가 아니라 두 종류의 집단들을 다루고 있다는 점을 기억해야 한다. 즉 일상생활을 지배하는 사회적 단위이며 지역공동체, 곧 마을에서 중요한 하위 분류 단위인 아버지를 우두머리로 하는 가구와, "진짜 친속", 곧 어머니와 그녀의 아이들, 그리고 그 집단의 법적인 우두머리인 그녀의 남자 형제로 구성된 집단을 모두 염두에 두어야 한다(6장 2절 참조).

트로브리안드 현지에서 마을 안을 걸어 다녀보면, 마을이 수많은 가구들의 간단한 산술적인 총합과 기하학적인 병렬로 구성된다는 점을 발견할 것이다. 이것 역시 명백한 또는 표면적인 현상이다. 그리고 여기서는 남성의 지배와 거의 가부장적 원칙이라고 서술될 수 있는 것이 유력하다. 왜냐하면 각 마을 공동체의 우두머리 자리는 최고 신분의 하위 씨족 가운데 가장 오래된 종족의 가장 나이 든 남성이 차지하고 있기 때문이다. 그러나 모계의 법 역시 그러한 그림의 배후에서 작용하면서, 마을 공동체도 토템 씨족도 아닌 또 다른 중요한 집단을 끌어들인다. 우리는 이미 출계가 모계적이라는 사실을 알고 있다. 즉 모든 사람은 어머니로부터 어머니에게로, 한 사람의 공동 여성 조상에게로 거슬러 올라가서 자기 친속의 유래를 찾아낸다. 궁극적인 여성 조상은 또 다른 여자에게서 태어나지 않고 땅 밑에서 지상으로 나온 사람이다(12장 1절). 그러한 공동 여성 조상에게서 비롯된 모든 후손은 토착민들이 '친속'이라고 부르는 것을 형성하는데, 나는 그것을 가리키기 위해 '하위 씨족'이라는 용어를 사용할 것이다. 아마도 서른

개, 마흔 개 혹은 쉰 개의 하위 씨족들이 있는데, 나는 하위 씨족들의 완전한 목록을 작성할 수 없었다. 그러한 하위 씨족들 각각은 네 개의 지배적인 씨족들 가운데 하나에 속한다. 표면적으로는, 대화에서나 심지어 민간전승에서 씨족이 좀 더 눈에 잘 띄는 단위처럼 보인다. 그러나 실제로는 법이나 경제에서, 실제 행위에서, 그리고 사회학적 의미에서, 하위 씨족이 훨씬 더 중요하다. 앞으로 살펴보겠지만, 하위 씨족은 토지 보유권의 신화적 토대에서(12장 1절과 3절), 마을의 구성에서(6장 1절과 2절, 그리고 12장), 그리고 주술에서(2장 1절, 9장 1절, 그리고 12장 3절) 매우 강력한 단위를 형성한다. 또한 하위 씨족은 신분이 부여되는 단위이다. 나는 말라시 씨족에 속하는 약 열 개 혹은 열두 개의 하위 씨족들을 열거했다. 말라시 씨족에 속하면서 오마라카나와 다른 중심지들을 통치하는 하위 씨족은(앞의 4절 참조) 보편적으로 최고 신분의 집단으로 인정된다. 그렇지만 최하층인 브워이탈루와 바우의 주민들도 같은 씨족에 속한다. 그러므로 이 씨족에는 가장 높은 하위 씨족과 가장 경멸받는 하위 씨족이 혼합되어 있다.

여기서 우리는 족장의 지위와 관련된 문제에 직면한다. 이 책에서 신분, 족장의 지위, 우두머리의 지위 문제는 너무나 눈에 띄는 부분을 차지하기에, 이 말들이 의미하는 바를 명확히 할 필요가 있다. 그리고 이와 관련해서 여러 지구에서 여러 지도자의 상대적 지위와 특전, 정치적 구성, 신분, 배분 문제를 이해하기 위해서는, 전통과 역사 속에서 특권적인 세습적 권리, 신분의 권리 주장, 상호 의존의 구체적인 사례들이 차곡차곡 축적되어 왔다는 점을 반드시 염두에 두어야 한다. 그러므로 족장의 지위를 간략히 요약한다면 그것은 다소 거칠고 즉각적인 설명이 될 것이며, 그 주제의 복잡성을 정확히 나타낼 수 없다. 예를 들어, 오마라카나의 최고 족장과 그의 군사적 경쟁자인, 카브와쿠에 거주하는 틸라타울라 지방의 족장과의 관계를 살펴보자. 최고 족장은 신분이 더 높다. 부족의 풍요는 최고 족장에게 달려 있으며, 그는 비와 햇빛의 주술을 휘두르는 자이다. 그의 개인적 명성, 그를 둘러싸고 있는 권력과 위엄의 후광은 비교할 수 없을 정도로 더 찬란하고 존엄하다. 동시에, 그는 때때로 경쟁자에게 패배당해서 본고장에서 쫓겨날 수도 있다. 또한 틸라타울라의 경쟁자는 최고 족장이 사용하지 않으며 사용해서도 안 되는 일정한 장신구들에 대한 권리를 가진다. 게다가 이 경쟁자는 최고 족장을 만났을 때 몸을 아주 낮게 굽히지는 않을 것이다. 최고 족장의 군사적 경쟁자는 그러한 관계를 최고 족장과는 전혀 다르게 자신의 관점에서 설명한다. 게다가 제삼자들은 지구마다 서로 다른 견해를 제시할 것이기 때문에, 그들의 관계를 충분히 서술하는 일은 한층 더 복잡해진다. 또한 가장 높은 신분에 속한 다른 족장들의 지위도 복잡하다. 그들은 최고 족장과 같은 하위 씨족에 속하지만—그것은 누구도 논박하지 않는 사실이다—그들의 권력과 명성은 너무 보잘것없어서 비교할 수조차 없다. 여기서도 우리는 기묘한 역설을 발견한다. 즉 타발루 하위 씨족에서 가장 핵심적인 위치에 있는 키리위나의 최고 족장과 친속들은 일정한 종류의 음식물 터부와 절제를 준수해야 한다. 그러나 키리위나에 있는 낮은 신분의 백성들도 동일한 절제를 준수하는 반면, 초호 연안에서 사는 더 높은 신분의 사촌들은 이를 철저히 무시한다(앞의 7절을 보라).

그러므로 모든 인간적 질서에서, 특히 소규모로 수립된 모든 원시적인 제도에서 그러하듯이, 각각의 단일한 규정에는 매우 자주 서로 모순되며 그 규정을 번복하는 것처럼 보이는 수많은 예외들이 있다는 점을 고려해야 한다. 이를 염두에 두고서, 다음과 같은 본질적인 사항들을 주장할 수 있다. 즉 족장의 지위에는 두 가지 제도들, 곧 신분과 마을 공동체의 우두머리 지위가 결합되어 있다. 각 마을에는 마을의 우두머리가 있다. 그는

〈사진 15〉 고기잡이 배들의 도착
"이미 끈으로 꿰어놓은 물고기를 카누에서 직접 꺼낸다." 이 사진은 직접적인 물물교환의 광경을 보여준다. "풍어가 예상될 때…… 내륙 사람들이 얌과 타로, 혹은 바나나를 가지고 와서 그것들을 직접 물고기와 교환하기도 한다." (제1부 10절)

마을에서 우세한 하위 씨족의 연장자 종족 가운데서도 가장 나이가 많은 남성이다. 이것은 좀 복잡하게 들린다. 그러나 앞으로 살펴보겠지만(12장 3절) 모든 마을은 하나 혹은 그 이상의 하위 씨족들로 구성된다. 보통 신분에 따라서 그 가운데 어떤 하위 씨족이 가장 우세한지가 결정되며, 그 하위 씨족의 우두머리는 마을 공동체의 지도자가 된다. 그는 앞으로 좀 더 특별히 우리의 관심을 끌게 될 것이다. 왜냐하면 그 혹은 그의 대리인이 공동의 경작지 구내에서 경작 작업조의 구성원들을 위해서 공식적인 경작지 주술을 수행하기 때문이다(1장 6절 참조). 이 지도자는 그의 마을이 중심지일 때, 곧 서열이 높은 마을일 때, 그 지구 전체의 족장이 된다(앞의 4절 참조). 키리위나 지구의 경우라면, 그 남자는 또한 전체를 아우르는 최고 족장이 된다. 그의 공식적인 명령은 자신의 지방 너머까지는 미치지 않는다. 그렇지만 다른 한편으로 그의 몇몇 경제적 특권들은 자신의 지방보다 훨씬 더 광범위한 영역까지 영향을 미친다. 최고 족장의 패권은 보편적으로 인정되며, 그의 명성은 심지어 그가 사용하는 언어가 더 이상 소통되지 않고 그의 백성들의 관습과 방식들도 더 이상 이해되지 않는 여러 군도에까지 미친다. 이러한 최고 족장 외에도 틸라타울라의 중심지인 카브와쿠의 강력한 우두머리를 비롯해서 위에서 열거했던 다른 지구들의 우두머리들이 존재한다. 그러므로 내가 족장에 대해서 이야기할 때, 단지 그들 가운데 최고 족장만을 염두에 두고 있는 것은 아니다. 내가 이류 족장 혹은 하위 족장에 대해서 이야기할 때는 보통 다소 덜 중요한 지구의 우두머리나, 혹은 신분은 높지만 자신의 마을 공동체 너머로는 영향력이 미치지 않는 우두머리를 의미한다. 내가 종종 사용하는 유지라는 용어는 족장의 친척들을 가리키거나, 혹은 신분이 낮은 공동체의 경우에는 노인들, 특히 중요한 주술을 실행할 수 있거나, 항해, 고기잡이, 경작과 같은 어떤 산업이나 일에 대하여 자기만의 기술을 가지고 있어서 두드러진 지위를 획득한 사람들을 의미한다. 서열이 높은 마을에서는 모계제에서 족장의 친척으로 여겨지지 않는 족장의 아들들이나 이류 하위 씨족의 우두머리들, 그리고 그 마을에 거주하도록 초대받은 족장 부인의 남자 형제들도 유지 집단에 속한다. 귀족적인 마을에서 군소 하위 씨족의 구성원들, 족장에게 필요한 특정한 봉사를 하기 때문에 그곳에 거주하는 사람들, 그리고 족장의 일부다처 가구에서 자기 어머니가 그다지 중요하지 않기 때문에 바깥으로 밀려난 사람들은 일반 서민에 속한다. 서열이 낮은 마을에서 유지와 평범한 마을 사람들 사이의 구별은, 이미 언급했듯이, 주로 나이와 개인적 능력에 따라 이루어진다.

여기서 나는 주로 족장의 지위에 대해 이야기했다. 트로브리안드 사회의 전반적인 성격, 곧 그들의 부족적 구성이라고 불릴 만한 것은 그 지구들을 조사하고 족장의 지위를 분석함으로써 이 책에 필요한 만큼을 알 수 있었다. 지금까지 마을을 묘사하고 우두머리의 지위를 분석함으로써 마을 공동체의 사회학을 예비적으로 파악할 수 있었는데, 이 점은 경작지 작업을 하고 있는 마을 주민들을 지켜보고 토지 보유권과 관련해서 마을의 구성을 논의함에 따라 좀 더 형체를 갖추고 분명해질 것이다. 이제 우리는 씨족과 하위 씨족에 대해서 이 책의 목적에 소용이 될 만큼은 충분히 알게 되었다(그러나 12장 3절 참조).

10. 트로브리안드 군도에서 부의 이동, 그리고 그 속에서 농경의 역할

우리는 농작물이든, 물고기나 일용품이나 "귀중품"이든, 부의 끊임없는 흐름이야말로 트로브리안드의 경제와 공적인 예식 생활의 특징을 이룬다는 점을 이미 충분히 알고 있다. 트로브리안드의 교환 유형은 너무나 다양하고 거래는 어리둥절할 만큼 복잡하다. 그래서 현실성을 훼손하거나 몇 가지 본질적인 특징을 생략하지 않고서 사실을 간략하게 제시하기란 쉽지 않다.

한두 가지 구체적인 사례들을 통해 문제에 접근해보자. 1914년에 내가 오마라카나에 도착한 지 얼마 지나지 않아서, 최고 족장인 토울루와는 새로운 3단 바구니가 필요하다고 느끼게 되었다. 알다시피 그러한 바구니는 루야 마을에서만 고유하게 생산된다. 신분이 높은 남자에게 그 바구니의 용도는 이중적이다. 한편으로 3단으로 된 바구니의 구조는 부와 풍요를

〈사진 16〉 밀라말라 기간 동안 농작물의 전시
"수확에 뒤따르는 축제에서 죽은 자들의 영들은 춤과 잔치에 참여하고, 그들을 위해 베풀어진 요리된 음식을 먹기 위해 마을로 되돌아"온다. (제1부 10절)

상징한다. 다른 한편, 바구니를 구성하는 세 개의 낮은 원통들이 서로 포개어지도록 만들 수도 있는데, 그러면 가장 높은 곳의 내용물만 눈에 보이게 된다. 따라서 족장이 낮은 칸들에 담배나 빈랑나무 열매와 같은 자신의 비품을 비축해놓을 수 있기 때문에 이 바구니는 매우 유용하다. 만약 이러한 비품이 대중의 시선에 노출된다면, 그는 노블레스 오블리주(noblesse oblige)[38]의 원칙에 따라 그것을 주위 사람들에게 분배해야 한다. 3단 바구니의 필요성은 내가 그 마을에 도착한 것과 기능적으로 연관되어 있었을

⁘

38) 〔역주〕 높은 신분에 상응하는 도덕적인 의무.

것이다. 왜냐하면 나는 족장에게 날마다 담배 반 개비를, 그리고 보통 빈 랑나무 열매 작은 다발을 가져다주곤 했기 때문이다.

족장은 이 바구니를 구하기 위해서 자기 딸들 가운데 한 명을 루야에 보냈다. 그녀는 친구들과 함께 얌 한 바구니를 선물로 가지고 그곳에 갔다. 루야의 전문가는 선물을 받고 나서 3단 바구니를 만들기 시작했다. 이 주 내지 삼 주 뒤에 그는 미완성의 물품을 족장에게 가져가서 보여주고, 그가 만들고 있는 바구니에 족장이 만족하는지를 물었다. 그리고 나서 그는 또 다시 타이투 한 바구니와 거북 등껍질 반지 몇 개를 받았다. 최초의 선물로부터 약 한 달이 지난 뒤에, 그는 완성된 물품을 가져와서 세 번째로 얌 한 바구니를 받았다.

이것은 '요청하는 선물', '유지하는 선물'과 '매듭짓는 선물'을 통해 물품을 구입하는 전형적인 사례였다. 주목할 것은, 물품이 주문을 받아서 만들어졌다는 점이다. 주문을 받아서 생산이 이루어지고 이따금씩 중간 선물이 증여되는 이러한 교환 유형은 대부분의 트로브리안드식 물물교환에서 특징적으로 나타난다. 우리는 이미 귀중품이 이러한 방식으로 생산된다는 것을 알고 있다(앞의 4절을 보라). 또한 카누를 건축하거나 장식 판을 조각하기 위해 이러한 방식으로 전문가가 초빙되곤 한다.

이러한 거래 유형의 주요 특징들 가운데 하나는, 요청의 선물과 유지하는 선물에서 언제나 농작물이 중요한 자리를 차지한다는 점이다. 뱃머리 판(〈사진 13〉 참조)을 조각하거나 창고나 집의 박공(膊栱)판[39]을 조각할 때처럼 귀중한 물건을 만들 경우에는, 족장이나 물건 생산을 의뢰한 유지가 노동자를 부양해야 할 것이다.

∴

39) 〔역주〕 양쪽 방향으로 경사진 지붕의 양 끝에 붙이는 八 자 모양의 두꺼운 널빤지.

그러므로 이러한 물물교환은 제조업의 생산과 밀접하게 관련된다. 실제로 이러한 물물교환은 생산을 시작하게 만들고, 전문가나 전문가들이 경제적으로 생계를 유지할 수 있게 해주며, 전문가들이 자기 경작지에서 작업할 필요를 줄여주고, 다른 사람들이 그들을 위해 식량을 생산할 동안 전문적인 기술에 종사할 수 있게 해준다. 물론 이러한 일은 단지 소규모로만 이루어진다. 이미 나는 트로브리안드에서 모든 사람은 경작자라고 말했고, 우리가 어떤 의미에서 전문화를 이야기할 수 있는지를 분명히 밝혔다. 동시에, 모든 제조업은 농경에 의해 부양되며 이러한 부양은 매우 직접적인 방식으로 이루어진다는 점을 명확히 할 필요가 있다.

내가 트로브리안드에 관해 저술했던 다른 책들을 읽은 독자라면 알고 있겠지만, 요청하는 선물과 뒤이은 봉사 혹은 물건의 교환으로 이루어지는 물물교환의 도식은 몇몇 경제 시스템에서 나타난다. 가령 방대한 쿨라 제도와 연결되어 있는 모든 예식 선물은 '시작 선물'과 '답례 선물'의 교환을 기초로 하는데, 여기서 토착민들이 적어도 네 가지로 구별하는 '요청하는 선물'이 특별한 역할을 담당한다(*Argonauts of the Western Pacific*, 14장 참조). 그리고 나서 중간 선물이, 그리고 마침내 '매듭짓는 선물'이 증여된다. 물고기와 채소 식량의 교환은 여러 가지 방식 혹은 기술을 통해 이루어진다. 그 가운데 가장 예식적이고 훌륭한 것은 '시작 선물'인데, 보통, 내 생각엔 항상, 농사짓는 사람이 주도권을 쥐고 있다. 채소 식량은 우아하게 장식된 들것에 담겨서 연안 마을로 운반될 것이다(〈사진 14〉 참조). 식량으로 구성된 그러한 시작 선물을 받으면 어부들은 그에 상응하는 물고기로 답례할 의무를 지게 되는데, 그러한 의무는 다른 일 때문에 경시되거나 보류되어서는 안 된다(앞의 4절과 5절을 보라). 시작 선물을 받은 어부들은 한 차례 좋은 날씨를 기다렸다가, 원정이 시작될 것이라고 내륙 마을에 통고한 뒤에 풍어를 기약하며 떠난다. 내륙 공동체 사람들은 어부들이 돌아오리라고 예상되는 무렵, 해안에 도착한다. 때때로 그들은 여러 시간 동안 기다려야 한다. 마침내 어부들이 돌아와서, 이미 끈으로 꿰어놓은 물고기를 카누에서 직접 꺼낸다(〈사진 15〉 참조). 남자들은 저마다 자기 몫의 끈을 받아서 가능한 한 빨리 자신의 마을 공동체로 되돌아 달려간다.

이미 언급한 대로, 채소 식량과 물고기의 이러한 교환은 부족 생활에서 두드러진 역할을 한다. 어떤 경우에는, 예컨대 경작지 주술의 첫 번째 시작 의식이 수행될 경우에(2장 4절), 각각의 내륙 공동체는 반드시 물고기를 마련해야 한다. 그러한 경우에는 보통 카바타리아의 믿을 만한 고기잡이에 의지하게 된다. 또한 키리위나나 틸라타울라에서 수확물이 충분히 저장되었을 때, 그리고 대규모 장례식 분배를 준비하거나, 예식적인 춤이나 경기의 절기를 앞두고 있을 때, 내륙 공동체는 연안 마을에 풍성한 채소 선물을 보낸다. 이에 대한 보답으로, 어부들은 바다에 나가서 답례 선물을 마련해야만 한다. 보름달이 뜨는 날이 축제일로 선호되기 때문에, 종종 어부들은 정해진 날짜에 적어도 약간의 물고기라도 잡아오기 위해서 최선을 다해야 한다. 만약 그들이 그렇게 할 수 없다면 내륙의 분배는 물고기 없이 이루어져야 하는데, 그렇더라도 적어도 중간 예식이나 마지막 잔치에는 물고기가 조달되어야 할 것이다.

트로브리안드에서 물고기와 채소의 교환 예식은 영속적인 동반자 체제에 기초하고 있다. 즉 모든 공동체가 서로 연결되어 있고, 각각의 공동체에 속한 모든 남자에게는 자신의 개인적 동반자가 있다. 종 모양의 표준적인 바구니 하나에 가득 찬 채소 식량과 약 2킬로그램에서 3킬로그램의 무게에 해당하는 한 줄의 물고기가 대략 등가물로 여겨진다. 예식적인 교환 외에도 다른 종류의 물물교환이 이루어진다. 풍어가 예상될 때, 혹은 심지어 풍어가 보고된 뒤에, 내륙 사람들이 얌과 타로, 혹은 바나나를 가지고 와서 그것들을 직접 물고기와 교환하기도 한다. 때로는 어부들이 먼저 채소를 요청한다. 특히 어부들이 종자용 타로나 얌을 약간 필요로 하는 경우에 그러한 일이 일어난다. 그렇지만 그러한 경우에도 어부들은 결코 물고기를 내륙 마을로 가져가지 않을 것이다. 대신 채소가 카누 바로 아래로 운반되고 거기서 물고기와 교환될 것이다. 토착민들이 물품을 운반하고 취급할 때, 농작물은 먼저 증여되거나 그 자리에서 직접 교환된다. 전체적으로 이러한 물물교환 체제는, 내륙 마을 주민들이 단백질을 함유한 음식을 대단히 갈망하고 있는 반면, 해안 마을 주민들은 그들이 생산할 수 있는 양보다 더 많은 농작물을 필요로 한다는 사실에 기초한다.

거래의 또 다른 유형을 살펴보자. 이것은 지금까지 설명한 거래 유형들보다 아마도 약간 덜 상업적이지만, 마찬가지로 농작물로 구성된 시작 선물에 답례 봉사가 뒤따르는 양식을 따른다. 일단 한 가지 활동이 시작되면, 그 기획을 주도한 사람, 곧 족장이나 우두머리나 지역 유지는 풍성한 식량을 준비하고, 그 일에 참여한 사람들이 식량을 분배받아서 먹게 될 것이다. 우리는 식사하는 방법과 함께 어떻게 그들이 사회적으로 무리지어서 먹는지를 살펴보면서 이 점을 언급했다. 경작지에서 뿐 아니라, 카누를 이어 붙여 만들거나, 창고를 짓거나, 오두막 지붕을 짚으로 이는 일(8장 참조)처럼 공동 노동이 이루어지는 경우마다 그와 같은 식량의 보상이 기대된다. 또한 '경쟁적 활동'이 이루어질 때, 혹은 춤의 절기나 다른 축제 기간이 시작될 때, 예식을 주최한 사람은 많은 양의 식량을 준비해야 한다. 옛날에는 한 지구의 족장이 전쟁에서 자신을 도와 달라고 "동맹자들과 지지자들"을 소집하는 경우에도 식량 보급을 책임질 의무를 졌다.

이미 알고 있겠지만, 선물과 답례 선물을 통한 형식적인 교환 외에도 물고기와 채소 식량을 예식과 무관하게 물물교환하는 경우가 있는데, 이때는 물품들이 곧바로 교환된다. 이러한 방식의 교환은 몇몇 제조품의 경우에도 이루어진다. 제조업의 중심지 가운데 한 곳에서 접시, 빗, 석회 단지, 바구니, 혹은 땋은 팔찌가 엄청나게 많이 생산되었을 때, 마을 사람들은 그들이 만든 제품을 가지고 농작물이나 물고기가 풍족한 곳을 찾아가거나, 해외에서 몇몇 물품을 수입한 지역을 방문할 것이다. 그들은 자기가 가져온 물품을 보여주고 자기가 원하는 것을 요청한다. 그들은 원하는 양을 직접적으로 언급할 것이며, 그리고 나서 양쪽이 적정한 총액에 동의할 때까지 필연적으로 흥정이 계속될 것이다. 어떤 경우에는 뱃사람들이 먼 바다로 원정을 시작할 때, 해외에서 교역할 만한 물건을 구하기 위해서 제조업 공동체에 찾아갈 수도 있을 것이다. 여기서도 "흥정하면서 거래"가 이루어질 것이다. "흥정하면서 거래"하는 것을 가리키는 토착어가 존재하는데, 이러한 교환 형식들은 훨씬 더 뚜렷하게 상업적인 성격을 지닌다. 동시에, "흥정하면서 거래"할 수 있는 등가물의 범위는 매우 제한되어 있으며, 그러한 등치는 전통적으로 매우 협소하게 고정되어 있다는 점을 기억해야 한다. 따라서 브워이탈루의 작은 나무 접시 한 개는 열 번 중 아홉 번은 바구니 하나에 가득 찬 얌과 교환될 것이다. 열 번째 경우에 그 나무 접시를 만든 작업자는 연안 마을에서 거북 껍질 귀걸이 몇 개를, 혹은 옛날이라면 동쪽 해안에서 돌칼 하나를 얻고 싶어 할 수도 있을 것이다. 혹은 보통 카바타리아나 카일레울라 섬에서 구할 수 있는 작은 요리 단지 하나를 얻으려고 나무 접시 두 개를 주려고 마음먹을 수도 있을 것이다. 그러나 트로브리안드의 모든 교역에서 가장 놀라운 특징은 사실상 대부분의 교환에서 경작지 생산물이 한 가지 요소로 등장한다는 점이다. 물건을 만든 사람들이 동쪽으로 키리위나나 틸라타울라에 가든, 혹은 남쪽으로 제조업 활동을 하지 않는 쿠보마나 루바 지역으로 가든, 그들의 주요 관심사는 식량에 있다. 한 바구니의 얌은 언제나 유용하며, 키리위나에서 구할 수 있는 식량의 품질이 가장 좋다. 식량의 크기와 품질은, 특히 예식적인 목적과 선물을 위해 사용되는 경우에, 매우 중요하게 여겨진다.

또한 시나케타나 바쿠타와 같은 해외 교역 공동체의 구성원들이 원정을 준비할 때, 그리고 이미 살펴보았듯이 제조업 중심지들을 방문할 때, 그들은 경작지 생산물과 코코넛, 빈랑나무 열매를 준비할 뿐 아니라, 이전의 원정에서부터 이러한 목적에 쓰려고 간직해두었던 해외에서 수입한 어떤 물품들을 가지고 갈 것이다. 그러나 항상 식량이 더욱 중요하다. 왜냐하면 식량은 늘 환영받고 항상 그 가격에 팔리는 반면, 다른 어떤 품목의 교환 가치는 그 순간에 이러저러한 잠재적 구매자들이 그것을 필요로 하느냐 아니냐에 따라 매우 많이 달라지기 때문이다. 근대적 조건에서 여기에 상응하는 흥미로운 대응물이 있으니, 모든 유럽의 수입품 가운데서도 거의 보편적인 교환의 매개로 사용될 수 있는 유일한 한 가지가 있다. 이것은, 우리가 이미 알고 있듯이, 거래용 담배이다. 나는 앞에서(5절) 거래용 담배 조차도 양적인 한계를 가지고 있다고 지적하였다. 즉 중독성이 있는 이 물건의 구매력은 양에 비례해서 증가하지 않을 것이기 때문이다. 강력한 경제적 동기를 유발하기 위해서는 단지 토착적으로 가치 있는 물건만이 사용될 수 있다. 그러나 자잘한 교환의 경우에는, 어떤 표본이든 봉사든 민족지학자가 토착민에게서 필요로 할 만한 모든 것에 대해서, 담배는 이제 보편적인 통화가 되었다. 알다시피, 주로 진주를 찾는 백인 상인들은 도끼나 까뀌의 재료가 되는 강철 칼날, 나이프, 허리띠, 거울, 옥양목, 내풍(耐風) 램프, 등유, 쌀과 설탕 등, 여러 가지 물건을 구색을 갖춰서 비축해놓을 필요가 있다는 점을 깨닫게 된다. 토착민이 이러한 품목들 가운데 하나를 필요로 할 때, 다른 어떤 물건도 그가 원하는 것을 대신할 수 없다. 토착민이 원하는 물건을 갖추고 있지 않은 상인은 불리한 입장에 놓인다. 그렇지만 만약 상인이 선수를 치려면, 매우 큰 진주에 관한 문제가 아닌 한, 그는 담배를 가지고 토착민의 상업적 반응을 가장 잘 끌어낼 수 있다.

이러한 점에서 담배는 예전에 통화에 근접했던 단 한 가지 물품인 한 바구니의 타이투, 곧 중요한 종류의 얌과, 비록 대체될 수는 없지만 매우 유사하다. 시작 선물 혹은 요청하는 선물을 구성하는 것은 항상 바구니로 측량되는 얌이다. 얌은 유지하는 선물로도 등장하는데, 그것은 전문가의 작업에 자금을 조달하거나 전문가를 부양하기 위한 것이다. 어떠한 부족 사업이라도 그것을 시작하고 진행하기 위해서는 많은 양의 얌이 필수적이다. 일반적인 물물교환에서, 한 바구니의 얌은 가치의 척도 역할을 하는 유일한 상업적 단위이다. 한 바구니의 얌은 한 묶음의 타로와 동등하다. 그러나 타로와 얌 사이에는 두 가지 차이점이 있다. 첫째로 타로는 계절마다 소량만 생산되기 때문에, 항상 꾸준히 공급되지만 결코 엄청나게 풍족하지는 않다. 둘째로, 타로는 보관되지 않는다. 따라서 비록 타로 한 다발이 기술적으로는 한 바구니의 얌과 동등하지만, 그것은 결코 후자와 같은 중요성을 갖지 못한다. 그러나 어떤 경우에도 식량이 곧 통화라고, 심지어 돈이라고 이야기하는 것은 부적절하다. 대체로 교환되는 모든 물품 유형에는 제한된 범위의 대응 물품들이 존재하며, 등가물을 정하는 특정한 척도가 존재한다. 때때로 이것은 얌 바구니로 환원해서 표현될 수 있다. 그렇지만 때로는 그것이 불가능할 수도 있다. 따라서 작은 나무 접시 한 개가 키리위나에서 한 바구니의 얌과 동등한 가치가 있으며 몇몇 남쪽 마을들에서는 여덟 개의 코코넛과 같은 가치가 있지만, 그렇다고 해서 여덟 개의 코코넛과 한 바구니의 얌 사이에서 등가관계가 수립되는 것은 아니다.

한 바구니의 얌을 네 개의 코코넛과 바꾸려는 공동체도 있고, 열여섯 개의 코코넛을 기꺼이 내놓으려고 하는 다른 공동체도 있다. 또한 좀 더 전통적으로 정착된 몇몇 교환 형태들에서는 어떤 남자가 예식용 도끼 칼, 끈으로 꿴 조가비 원반들, 혹은 한 쌍의 큰 조가비 팔찌들과 같은 상당한 귀중품을 얻기 위해 대략 백 바구니의 얌을 지불하는 모습을 보게 될 수도 있다. 그러나 만약 당신이 담배를 가지고 귀중품 하나를 구매하려고 한다면, 당신은 천 개비 혹은 이천 개비를 지불해야 할 것인데, 이것은 얌 가격의 대략 열 배 내지 스무 배에 해당한다. 사실, 그 귀중품을 소유한 사람이 분배를 위해 엄청나게 많은 양의 담배를 필요로 하는 매우 드문 경우를 제외하고는, 당신이 이러한 교환을 성사시킬 수 있을지조차 매우 의심스럽다. 그 까닭은 얌과 귀중품을 바꾸는 첫 번째 거래가 전통적인 의무적 교환 유형에 적합하기 때문이다. 담배를 받고 귀중품을 파는 경우에는, 토착민의 욕심이나 혹은 큰 예식적 분배를 위해 담배가 많이 필요하다는 것이 교환의 동기가 될 것이다. 달리 말하면, 트로브리안드에서는 어떠한 상설 시장도 없고, 따라서 정해진 가격도 없으며, 따라서 어떠한 확고한 교환 장치도 없어서, 통화가 성립할 여지도 없다. 돈에 대해서는 말할 것도 없다.

한마디로 트로브리안드에서 통화나 돈이나 교환의 매개에 대해서 이야기하는 것은 어울리지 않는다. 또한 마찬가지로 자본과 이익이라는 개념을 그들의 경제에 적용하거나, 그들이 우리처럼 산업과 노동이 전문화되어 있다고 상상하거나, 혹은 그들의 교역이 입씨름으로 가격을 결정하는 시장 체제에 토대를 두고 있다고 암시하는 것도 올바르지 않다. 트로브리안드에서 그러한 종류의 것들은 존재하지 않으며, 나는 그들의 교환에서 농작물이 가장 중요한 역할을 수행한다는 사실을 분명하게 제시하였다.

지금까지 이웃 공동체의 구성원들에게 자기가 만든 물건을 제공하는 제조자의 관점에서 문제를 살펴보았다. 농경 지구에 속해 있는 보통 남자—그리고 어떤 의미에서는 그가 "표준적인 트로브리안드인"이다—는 자신의 가구를 위해 충분한 채소를 생산한다. 실제로 그는 자기가 생산한 것들의 절반밖에 가질 수 없으며, 나머지 절반은 자기 누이의 가구에게 주는 대신, 이에 상응하는 양을 자기 처남으로부터 받지만 말이다(6장). 그러므로 그는 자기에게 필요한 만큼 경작지 생산물을 가진다. 그가 유일하게 교환을 통해 얻어야 하는 것은 자신의 지구에서 발견할 수 없는 일부 원료들이다. 예를 들면, 그의 식단이 압도적으로 녹말 위주로 구성되어 있기 때문에 매우 환영받는 별미인 물고기와 같은 단백질 음식이나, 어떤 특별한 종류의 혹은 탁월한 물품들이다. 그는 식량으로 이 모든 것의 값을 지불할 수 있다. 때때로 서쪽의 이웃들과 거래할 때, 그는 다듬은, 혹은 다듬지 않은 돌 조각을 요구받을 수도 있을 것이다(이것은 오래전의 일이다). 혹은 동쪽의 이웃과 거래할 때, 그는 요리용 단지, 등나무 줄기나 깃털들, 혹은 당트르카스토 제도에서 수입한 다른 어떤 물품을 제공할 수도 있을 것이다. 그러므로 우리는 제조자와 농업 종사자 모두가 대체로 제조한 물품과 식량을 교환하려고 하며, 매우 드물지만 그들이 매개자의 역할을 할 경우에는 다른 물건이 교환에 도입된다는 것을 알 수 있다.

이 게임에는 우리가 고려해야 할 배역이 하나 더 있다. 부의 이동과 교환의 형태들이 족장이나 중요한 우두머리의 관점에서는 어떻게 보일까? 앞으로 살펴보겠지만, 족장은 여러 아내를 통해서 상당한 양의 농작물을 축적할 수 있다(6장 1절과 2절, 그리고 기록 3). 뿐만 아니라, 그는 또한 자신의 백성으로부터 공물을 받는다. 게다가 그는 여러 가지 중요한 품목들을 경제적으로 독점한다. 예를 들면 키리위나에서 최고 족장은 그 지구의 모든 코코넛과 빈랑나무의 명목상 소유자이다. 다시 말해서, 그는 해마다 각각의 나무에 열리는 열매들 가운데 약간의 몫을 받는데, 심지어 한 해에 그가 받는 몫이 합해서 열매 수천 개에 이르기도 한다. 그리고 그는 키리위나 전체 지구에서 돼지를 키우도록 허락된 유일한 사람이다. 다시 말해서, 그 지구에서 각각의 돼지는 개인에게 단지 '분배된' 것이기에, 사람들은 돼지를 도살할 때마다 일부를 족장에게 바쳐야 한다. 실제로 돼지들은 거의 전적으로 족장의 마을에서 도살되곤 하는데, 실제 소유자는 도살된 돼지의 일부를 그곳에 놓아두고서 나머지만 집으로 가져가게 된다. 낮은 신분의 족장이나 중요한 우두머리는 자기 마을 안에서 비슷한 특권을 향유한다.

그러나 이것이 정말로 중요한 까닭은, 족장이 한편으로 농작물을 축적하고 그 지역의 가축이나 야자나무들을 통제하는 권력을 지니고 있는 반면, 다른 한편으로는 이처럼 쌓아놓은 부를 효과적으로 사용할 권리와 의무를 모두 지니고 있다는 사실에 있다. 족장의 명령에 따라 값진 물건이 생산되고, 카누가 건조되고, 큰 창고와 집들이 세워진다. 또한 그는 대규모 기획을 조직하는 사람이다. 무엇보다도 그는 자신이 축적한 재산, 혹은 이렇게 축적된 식량에 의해 생산된 부를 이용해서 전쟁을 일으키거나, 해코지 주술[40]로 사람을 죽이도록 요술사[41]를 고용하거나, 또는 범죄자를 창으로 찌르는 대가를 어떤 사람에게 지불할 수 있다. 트로브리안드에서 족장은 자신의 권력을 주로 경제적인 방법을 사용해서 휘두른다. 족장은 그

∵

40) 〔역주〕 이 책에서 말리노프스키가 사용하는 'witchcraft', 'bewitch'와 같은 단어들은 누군가에게 해를 끼치기 위해서 사용하는 주술을 가리킨다. 일반적인 주술과 구별하기 위해서 이러한 단어들은 '해코지 주술'이라는 말로 번역할 것이다.

41) 〔역주〕 해코지 주술을 행하는 사람. '요술'이란 용어는 학자들에 따라 다양하게 사용되고 있지만, 일반적으로 종교학에서는 유럽 이외의 주술전통들을 가리키는 용어로 사용되며, '의도적인 주술행위'로 정의되고 있다. 그런데 말리노프스키는 요술을 특히 남에게 해를 끼치기 위해 사용하는 해코지 주술을 가리키는 말로 사용한다.

가 받는 모든 봉사에 대해서 대가를 지불해야 한다. 족장은 그의 백성 대부분이 그를 위해 의무적으로 내어놓는 생산물을 받아서 이러한 대가를 지불하기 위한 자금을 충당한다. 그렇지만 결국, 그가 축적한 모든 부는 그의 백성에게로 다시 흘러들어간다. 그러나 이러한 공동 부담과 재분배가 단지 한가로운 임자 바꾸기 놀이는 아니다. 그 과정에서 약간의 부가 좀 더 영속적인 물건으로 변형되며, 부족 생활에서 엄청나게 많은 행사들과 제도들이 이러한 집중과 재분배의 과정을 통해 또다시 조직된다. 바로 이러한 과정을 통해서 그와 같은 제조업 전문화가 존재할 수 있게 된다. 또한 바로 이러한 과정을 통해서 부가 정치적 조직화의 수단이 된다.

이 자리에서는 트로브리안드 경제의 바탕에 깔려 있는 개념들을 더욱 상세하게 설명하거나 농경과 제조업, 경제와 부족의 예식 생활, 사회 조직화와 다양한 교환 형태들 사이의 관계를 좀 더 충분히 파고들 수 없다. 놀랄 만큼 복잡한 장례식 식량 분배와 같은 제도를 상세히 살펴보는 것도 불가능하다. 독자들이 트로브리안드 조직에 대해서 일반적으로 알기 위해 필요한 모든 정보와 다음 장들을 이해하기 위해 필요한 배경은 이미 충분히 설명되었다. 우리는 모든 예식 생활이 식량의 전시와 분배를 중심으로 이루어지며, 경작이 문화의 다른 양상들에 영향을 미친다는 사실을 살펴보았다. 종교를 예로 들어보자. 수확에 뒤따르는 축제에서 죽은 자들의 영들은 춤과 잔치에 참여하고, 전시된 식량과 귀중품을 즐기며, 그들을 위해 베풀어진 요리된 음식을 먹기 위해 마을로 되돌아오는데(1장 6절과 9장 2절), 이러한 '모든 영혼의 날', 혹은 트로브리안드인들이 말하듯이 '모든 영혼의 달'에서, 농경은 핵심적인 역할을 담당한다(〈사진 16〉 참조).[42] 또한 장

∴

42) 또한 나의 논문 "Spirits of the Dead", in *J. R. A. I.*, 1916과 비교해보라.

례식 분배에서는 농작물, 도덕적 의무, 고인에 대한 경건한 회상이 모두 뒤엉켜서 결합되어 있다. 죽은 자의 영은 경작지 주술을 통해서 경작지와 다시 접촉하게 된다. 그렇지만 과연 토착민들이 이 자리에 영이 "정말로" 현존한다고 믿는지는 그다지 확실하지 않다(제7부, 〈주술 문구 1〉, D 참조).

　모든 곳에 침투하는 주술의 영향력[43]은 아마도 농경에서 가장 잘 드러난다. 그러나 나는 여기서는 그 점을 더 깊이 다루지 않을 것이다. 왜냐하면 그 문제는 다음 장들에서 충분히 부각될 것이며, 특히 다른 곳에서 이미 주술의 영향력에 관해서 다루었기 때문이다.[44] 주술은 트로브리안드 문화의 모든 측면과 관련되어 있는데, 그 점에서 경작은 다른 중요한 활동이나 제도와 다르지 않다. 그러나 농경은 여러 가지 방식으로 부족 생활에 활력과 동기를 불어넣으며, 경작지 생산물이 토착민에게 부의 토대인 동시에 정치적 권력과 법과 질서의 뿌리라는 점에서, 또한 모든 교환에서 농경이 지배적인 역할을 할 뿐 아니라 목적을 이루기 위한 수단을 제공한다는 점에서, 농경은 트로브리안드 생활에서 매우 특별한 지위를 차지한다. 우리는 이제 농경에 대한 묘사와 분석으로 넘어갈 것이다.

∴

43) 〔역주〕 이와 관련해서, 주술이 지닌 힘에 대한 말리노프스키의 생각을 참고할 필요가 있다. 그는 주술의 힘이 모든 곳에 침투하지만, 그렇다고 해서 도처에 내재하는 보편적인 힘은 아니며, 오히려 인간에게만 귀속되는 특정한 힘이라고 주장했다. 또한 그는 주술의 효능이 주문과 의례를 통해서만 고정된다는 점을 강조했다. 이러한 주장은 트로브리안드 현지에서 주술사의 주문과 의례가 차지하는 역할에 대한 현지조사와 분석을 근거로 삼고 있다. 이러한 생각을 바탕으로, 그는 "어떤 것 속에도 고정되지 않고 거의 어떤 것에도 전달될 수 있는" 힘으로서의 마나 (mana) 이론에 반대했다. Bronislaw Malinowski, "Magic, Science and Religion" in *Magic, Science and Religion and other essays*, Waveland Press, 1992(1925), pp. 76~79 참조.

44) *Argonauts of the Western Pacific*, 17장과 18장, 그리고 이론적인 분석을 위해서는 "Science, Religion and Magic", in *Science, Religion and Reality*, edited by J. Needham, Sheldon Press, 1925 참조. 이 책에서는 반복되는 언급 외에도 특히 주술을 1장 5절과 6절, 부록 1과 제6부에서 다룬다.

제2부

산호섬의 경작지와 주술

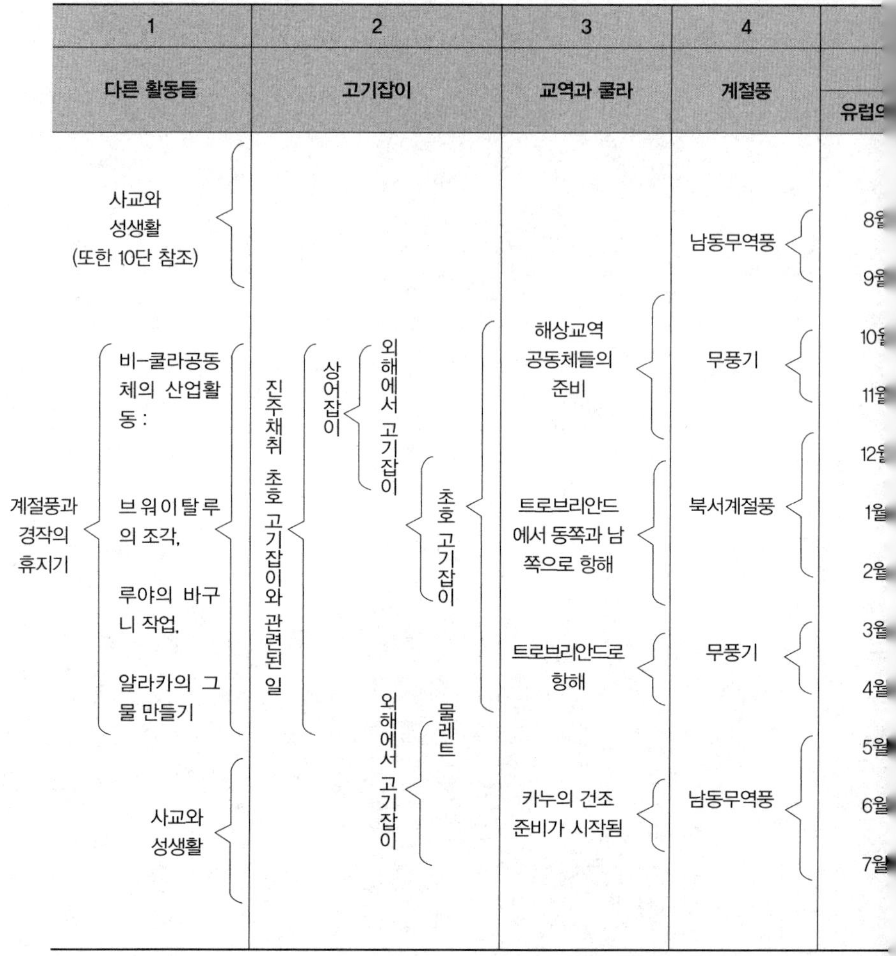

1	2	3	4	유럽의
다른 활동들	고기잡이	교역과 쿨라	계절풍	

1 다른 활동들	2 고기잡이	3 교역과 쿨라	4 계절풍	유럽의
사교와 성생활 (또한 10단 참조)			남동무역풍	8월 / 9월
비-쿨라공동체의 산업활동 : 브워이탈루의 조각, 루야의 바구니 작업, 얄라카의 그물 만들기	진주채취 초호 고기잡이와 관련된 일 / 상어잡이 / 외해에서 고기잡이 / 초호 고기잡이 / 물레트 / 외해에서 고기잡이	해상교역 공동체들의 준비	무풍기	10월 / 11월
계절풍과 경작의 휴지기		트로브리안드에서 동쪽과 남쪽으로 항해	북서계절풍	12월 / 1월 / 2월
		트로브리안드로 항해	무풍기	3월 / 4월
사교와 성생활		카누의 건조 준비가 시작됨	남동무역풍	5월 / 6월 / 7월

〈그림3〉 시간 계산표[1]

1) 달의 또 다른 이름 : 가이길라=톨리야바타, 카투부기보기=야바탐, 오브와타요우요=야코키.

6	7	8	9	10
농경의 계절	카이마타 (주요 경작지)	카이무그와 (이른 경작지)	타포푸 (타로 경작지)	예식
말리아	경작의 휴지기; 가부	소푸		키리위나의 밀라말라 바쿠타의 밀라말라
말리아	코움왈라와 이른 파종	소푸		
말리아	캄코콜라와 소푸			춤; 카야사; 예식적 분배
게구다	소푸와 울타리 만들기	이수나풀로	파종 (마른 땅)	
게구다	성장 주술(1); 카바탐과 잡초 뽑기			
몰루	이수나풀로		두 번째 주기	
몰루	성장 주술(2)			
몰루	바시	수확	이수나풀로	카이투부타부 절기
마투워	오크왈라와 툼; 수확의 시작		(둠야에) 파종	밀라말라를 준비하는 복장
말리아	카야쿠; 수확의 계속	카야쿠;타카 이와 가부	첫 번째 주기	
말리아	브와이마 채우기; 빌라말리아			키타바의 밀라말라
게구다	요워타; 타카이와	코움왈라: 이 른 파종	이수나풀로	시나케타, 루바, 서부지역의 밀라말라

제1장
경작에 대한 일반적 설명

지금까지 이야기한 내용을 간단히 요약하면, 트로브리안드인들에게 경작과 고기잡이는 생계유지를 위한 두 가지 주요 원천이다. 그들은 수렵을 통해서는 거의 생계를 유지할 수 없다. 그들의 가축인 돼지와 가금류는 축제 기간에 별미가 되며, 덤불에서 채집한 열매는 그들이 식량 부족에서 벗어나는 데 도움이 된다. 그러나 경작이 실패했을 때에는 채집이나 고기잡이나 가축만으로는 충분하지 않다. 가뭄이나 농작물을 해치는 병충해는 필연적으로 부족 전체에게 굶주림(몰루)을 의미한다. 그리고 이것은 그들이 가장 두려워하는 재난인데, 비록 드물게 일어나지만 수세기 동안 기억된다. 반면 풍년은 풍요(말리아)를 의미하는데, 다시 말해서 만족과 축제를, 그리고 덧붙이자면 마을의 떠들썩함과 다툼을, 한마디로 삶을 살아갈 만하게 만드는 모든 것을 의미한다. 또한 우리는 고기잡이와 경작이 밀접하게 상호 관련되어 있으며 농경이 부족 경제의 중심축을 형성하고 있다는 사실을 알고 있다.

1. 경작의 계절적 리듬

경작지의 농사는 한 해 동안 계절의 흐름에 따라 풍성한 리듬과 운율을 만들어낸다. 토착민들의 시간 계산표(〈그림 3〉)는 경작 주기가 계절에 의존하며, 부족 생활의 다양한 국면들이 경작에 좌우된다는 사실을 명백히 보여준다.[2] 토착민들에게 해마다 계절의 순환은 농경 활동의 주기에 따라 정의된다. 심지어 '년(year)'을 가리키는 이름은 타이투인데, 그것은 작은 종류의 얌으로 그 지역의 주요 농작물이다. 이러한 어원은 토착민들에게 억지스럽거나 한물간 것으로 여겨지지 않는다. 그들에게 지나간 해는 말 그대로 "지나간 타이투의 시간" 혹은 짧게 말하면 "지나간 타이투"이다. 경작 작업에 몰두해 있을 때, 토착민들은 시간을 농작물과 관련해서 측정한다. 지나간 농작물, 두 농작물 전, 앞으로 세 농작물 등.

한 해는 다시금 농작물이 설익은 계절(게구다)과 그것들이 여물기 시작하는 계절(마투워. 시간 계산표 6단)로 나뉜다. 두 계절 동안에는 격렬히 고되게 노동하는 기간도 있고 한가롭게 일할 수 있는 기간도 들어 있다. 그러나 경작이 정말로 중요하게 여겨지고 공동체 전체가 경작에 매달리는 바쁜 시기에는 경작에 방해가 되는 어떤 것도 허락되지 않는다(1~3단을 보라. 그것은 2, 3, 4달 동안 단지 그와 같은 부족 활동만이 농경과 어울릴 수 있음을 보여준다). 만약 농작물이 준비되지 않으면, 트로브리안드인들이 그토록 매료되어 있는 해외 원정인 쿨라(3단)가 연기되며, 그들은 농작물을 마련하기 위해 할 수 있는 일이라면 무엇이든 다 해본다. 성적 관심, 춤, 축제는 농

⁘

2) 도표의 구성에 관한 방법론적인 설명과 도표의 다소 부정확함에 대해서는 부록 2, 4절의 주 1을 참조.

경에 종속된다. 화전이 끝나고 정리, 파종, 울타리치기, 버팀대 세우기 등 집중적인 작업이 진행되는 석 달 동안(2~4달. 1단과 10단)에는 전쟁을 치르는 것조차 허용되지 않았다(내가 확인할 수 있었던 한에서는 그랬다. 왜냐하면 그 무렵 전쟁은 완전히 억제되었기 때문이다). 축제, 예식, 구애의 계절은 수확기와 집중적인 작업 기간 사이에 오며, 싸움과 항해는 경작이 한가한 시기에 이루어진다.

도표에는 춤추고 즐기는 계절이나 장례 연회와 분배의 계절(제1부 7절 참조)과 경작 활동과의 상호관계가 나타나 있다.[3] 그러나 그러한 상호관계를 명백하게 표현하기란 그다지 쉽지 않다. 그 이유는, 우선 예식 생활이 중점적으로 이뤄지는 달인 밀라말라가 네 지역에서 서로 다르게 나타나기 때문이다(다음을 보라). 둘째로, 축제의 계절이 합의에 따라 연장되면, 경작은 나중에 시작되기 때문이다. 따라서 계절의 상호관계는 혼동되지 않지만, 정확한 시기 조정은 유동적으로 나타난다. 대충 이야기하자면, 수확이 끝난 후 길게는 대략 넉 달이 지나면, 경우에 따라서는 단지 두 달 후에 새로운 경작이 시작된다.

따라서 경작의 계절이 시간을 재는 실제적인 척도가 된다. 어떤 기간을 정의하거나 어떤 사건을 설명하려는 토착민은 자신이 염두에 둔 기간이나 사건을 항상 그 기간에서 가장 중요한, 가장 엄격하게 지속된, 가장 특징적인 지표, 곧 당시에 이루어진 경작 활동과 결부시킬 것이다. 그는 다음과 같이 말할 것이다. 이것은 오 타카이와(덤불치기 때), 혹은 와 가부(잘라서

..

3) [역주] 트로브리안드 군도에서는 지난해에 마을에서 사망한 사람이 아무도 없으면 춤과 식량 분배를 중심으로 하는 축제가 열리지만, 반면 지난해에 공동체의 누군가가 사망했을 경우에는 춤이 생략되고 의례적인 식량 분배와 장례 연회가 대규모로 이루어진다.

말린 덤불을 태우는 기간인 화전 때), 혹은 와 소무(파종 때), 혹은 오 프와코바(잡초 뽑기 파종 때), 혹은 와 바시(남은 덩이줄기들을 제거하는 때), 혹은 오 코포이(타로와 얌의 예비 수확 때), 혹은 오 타요유와(진정한 수확 때) 일어났다.

경작 활동은 달의 순서와 긴밀히 연관되어 있는데, 토착민들은 달의 순서를 나타내는 이름도 가지고 있다. 따라서 죽은 자들의 영들이 마을을 방문하는 밀라말라 혹은 축제 기간의 달은 보통 덤불치기와 화전 사이의 휴지기와 일치한다. 이러한 상호관계는 도표의 5단에서 나타난다. 여기서는 한 해를 표시하는 우리의 달력에 딱 들어맞지는 않지만 매우 비슷하게 대응하는 열세 개의 고유한 달 명칭을 찾아볼 수 있다. 항풍(恒風)[4](4단)은 우리의 달력에 정확히 부합하기에, 4단과 5단은 밀접하게 대응한다. 6단에서는 풍요로운 계절과 배고픈 계절(말리아와 몰루)에 대한 토착민의 구별이 나타나는데, 그것은 농작물의 공급 여부를 알려준다. 또한 6단에서는 농작물의 성장 단계에 따라, 경작지의 농작물이 무르익은 계절과 설익은 계절(마투워와 게구다)에 관한 토착적 구분이 나타난다. 경작지 활동(7단, 8단, 그리고 9단)은 6단을 통해서 달과 계절에 긴밀히 연관된다. 우리가 알고 있듯이, 비록 이러한 상호관계는 한 달 안팎으로 달라질 수 있지만 말이다.

이 점을 좀 더 상세하게 살펴보자. 시간 계산표를 훑어보면, 9월이나 10월경에 건조한 무역풍 계절이 끝난다는 것을 4단을 통해 알 수 있다. 그 뒤에 오는 무풍기와 이후의 계절풍 기간에는 많은 양의 비가 내린다. 이제 경작지에서는 본격적인 우기가 시작되기 전에 덤불치기와 화전과 정리가 이루어져야 한다. 이런 작업이 너무 늦어져서 작물의 발아와 성장이 우기에 진

..

4) 〔역주〕 일정한 지역에서 거의 일정한 방향으로 부는 바람. 탁월풍(卓越風) 항상풍(恒常風), 일반풍(一般風)으로도 불린다.

행되면 안 되기 때문이다. 도표에는 달과 계절에 관련된 전형적인 혹은 이상적인 활동 순서가 적혀 있다. 따라서 밀라말라 달은 주요 경작지들(카이마타)에서 작업을 쉬는 기간과 일치하게 된다. 파종은 계절풍의 이른 비와 함께 시작되며, 수확은 두 번째 무풍기가 끝날 무렵, 무역풍이 불어오기 전에 시작된다. 경작지 회의(카야쿠)는 토착적인 시간 계산에서 1년의 마지막 무렵에 개최된다. 이따금씩 있는 일이지만, 만약 토착민들이 밀라말라 달 이후 춤의 절기를 한 달 더 연장하려고 결정한다면, 그에 따라 경작 활동은 더 늦게 시작될 것이다. 그러나 그러한 경우에 토착민들은 대체로 공동 작업을 통해 경작의 초기 단계들을 더 빨리 끝낼 것이기 때문에, 파종은 사실상 미뤄지지 않는다.

도표에서는 나타나지 않지만, 또 다른 복잡한 문제는 네 곳의 구별된 지구들이 서로 다르게 달을 셈한다는 점이다. 키타바에서는 6월에 영들의 방문을 받는다. 오코푸코푸와 올리빌레비보다 아래에 있는 본섬의 남쪽 지역뿐 아니라 서쪽의 쿠보마와 쿨루마타 지역에서는 7월에 영들을 맞이한다. 키리위나에서는 8월에 영들을 맞이하며, 바쿠타에서는 9월이나 심지어 10월에 그들을 맞이한다. 바쿠타에서는 팔롤로 벌레[5]가 거초(裾礁)[6]에 나타남과 동시에 밀라말라 달이 시작되는데, 토착민들은 그 벌레 역시 밀라말라라고 부른다. 달을 계산할 때 나타나는 차이점들에도 불구하고, 나는 그곳에서 경작 활동이 동시에 진행된다고 생각한다. 도표를 가지고 이야기하자면, 계절들과 유럽의 달들, 그리고 경제·농경 활동들 사이의 상호관

⋮

5) 〔역주〕 남태평양의 산호초에 주로 서식하는 털갯지렁이과의 다모충.
6) 〔역주〕 섬이나 육지 주변에 나타나는 단순한 모양의 산호초. 모래사장이 있는 경사가 완만한 면이나 풍랑이 약한 곳에서는 넓게 형성되고 바위가 많은 부분, 풍랑이 센 곳, 바닷물이 흐려지기 쉬운 곳에서는 좁게 형성된다.

계는 일정한 반면, 단지 5단에서만 지구마다 이름을 붙이는 관습에 따라 변동이 나타난다고 말할 수 있다. 10단의 항목들은 축제 기간의 차이를 가리킨다.

그러나 경작 활동이야말로 정말로 중요하며, 시간의 순서를 결정한다. 달은 그보다 덜 중요하다. 날짜 계산에서 정확성이 요구될 때, 트로브리안드인들은 다가오는 사건을 이러이러한 달과 그달 안의 이러이러한 날에 관련지어야 하는데, 이러한 목적을 위해서 그들은 토착 음력을 필요로 한다. 그러나 그러한 경우에도 보통 그들은 해당 달에 이루어지는 경작 활동들을 먼저 언급하고 나서, 단지 더욱 상세하고 정확하게 정의하기 위한 수단으로서 달의 명칭을 사용한다.[7]

연도들의 연대기적인 순서도 경작 활동과 관련해서 정의된다. 토착민들은 크와빌라(밭, 혹은 소구획 경작지) 각각을 고유한 이름으로 호칭한다. 밭들이 연속적으로 경작되는 까닭에, 토착민들은 과거의 사건을 그해에 경작되었던 밭 두세 개의 이름과 연관 지을 수 있다. 토지 보유권을 다루는 장에서 살펴보겠지만, 모든 밭은 고유한 이름을 가지고 있기 때문이다. 그러므로 토착민에게 과거의 날짜에 대해 질문해보면, 그들은 지나간 연도별로 경작지가 조성되었던 장소들의 이름을 일일이 열거할 것이며, 제대로 된 이름들의 조합에 이를 때까지 그렇게 할 것이다. 이런 식으로 그들은 수십 년 전까지 연도들을 세어나갈 수 있다.

∵

7) 나는 또 다른 글에서 음력과 절기력을 다루었다(*Journal of the Royal Anthropological Institute*, Vol. LVII, 1927). 나는 거기서 토착민들이 달력을 계산할 때 토착 달(native moons)은 부수적 역할을 하며, 계절적 경작 활동들이 최고로 중요하다는 점을 분명히 드러냈다. 나는 또한 달의 명칭과 구별은 처음의 여덟 개 내지 아홉 개 달들—즉 경작이 실제로 진행되고 있는 시기 동안—에서 좀 더 분명하고 명확하게 규정된다는 사실을 설명하려고 노력했다(어쨌든, 부록 2의 4절, 주 1 참조).

2. 트로브리안드 농경의 몇 가지 측면들

제1부에서 나는 농경이 트로브리안드 부족 생활에 어떻게 고루 스며들어 있는지를 구체적으로 보여주었다. 이제는 트로브리안드 문화의 다른 측면들이 경작 체계와 어떻게 연관되는지를 살펴보자. 토착민들과 함께 살고 함께 작업하며 함께 이야기를 나누었던 관찰자라면 누구나 토착적인 농업의 엄청난 규모와 복잡성에서, 그리고 수많은 세부사항들에서 깊은 인상을 받을 것이다. 또한 실제로 경작과는 무관한 활동들이 경작 활동을 둘러싸고 지나치게 많이, 집중적으로 이루어진다는 사실을 발견하고 놀라게 될 것이다.

경작은 엄청나게 복잡하고 중요한 일련의 주술과 결합되는데, 그 주술에는 신화와 전통적인 헌장과 특권이 포함되어 있다. 주술은 경작 작업과 나란히 등장하며, 결코 기회가 생겼을 때나 변덕에 따라 우연히 혹은 산발적으로 나타나지 않는다. 오히려 주술은 전체적인 계획에서 핵심적인 부분이기 때문에, 정직한 관찰자라면 결코 주술을 그다지 중요하지 않다고 제쳐놓을 수 없다(부록 1 참조).

또한 농경은 법적인 측면을 지닌다. 소구획 경작지의 분배 문제에 이르면, 우리는 특권과 권리주장, 의무들이 뒤얽혀 있는 복잡한 체계가 관련되어 있는 것을 알 수 있다. 여기에 반쯤 의례적인 거래들이 수반되는데, 토착민들은 결코 그것들을 하찮게 여기거나 무관한 일로 생각하지 않는다.

게다가 경작지 형성의 사회학도 복잡하다. 족장이나 공동체 우두머리가 담당하는 역할, 공식적인 경작지 주술사의 역할, 토지 소유자의 역할, 소구획 경작지를 빌리는 사람들의 역할, 그리고 수확으로 이익을 얻는 사람들의 역할은, 트로브리안드의 토지 보유권을 성립시키는 복잡한 경제적,

사회적 그물 속에 딱 들어맞게 얽혀 있다(6장, 11장, 그리고 12장 참조). 토착 문화에서 경작과 직접적으로 관련된 또 다른 중요한 측면은 사회 조직인데, 그중에서도 특히 친족 체계와 정치권력에 주목해야 한다. 토착민들은 보통 자신들이 먹고살기 위해 필요한 양보다 더 많은 농산물을 수확한다. 그리고 이러한 잉여 농산물은 공물과 결혼 선물로 사용된다. 나중에 수확기의 얌 분배에 대해 살펴볼 때(5장에서 8장), 우리는 경작자가 가장 좋은 농작물을 항상 자신의 누이와 그녀의 남편에게 준다는 사실을 알게 될 것이다. 그리고 신분이 높은 사람이나 족장의 특권임이 분명한 일부다처제 결혼 덕분에, 그러한 결혼 선물의 상당 부분은 여러 족장과 유지들의 창고 속으로 들어간다는 사실을 알게 될 것이다. 족장제는 족장이 아내들의 모계 친척들로부터 많은 양의 주요 농작물을 공물로 받는다는 사실을 토대로 성립된다(제1부 10절, 그리고 6장 2절 참조). 족장은 자신의 재량에 맡겨진 엄청난 양의 얌을 차례차례 분배해야 한다. 얌의 일부는 축제와 부족 사업의 재정을 조달하기 위해서 분배되고, 일부는 족장의 영원한 재산이 될 물건들을 생산하는 수많은 장인들을 부양하기 위해서 사용된다(제1부 4절, 6절, 그리고 10절). 부족의 통치권은 모두 경작에 기초하고 있는데, 특히 풍부한 잉여 생산물을 남기는 효과적인 경작을 토대로 한다. 또한 경작은 트로브리안드 군도 사람들의 친족 체계와 공동 조직의 토대가 된다.

마지막으로, 명백히 외적인 여러 요소 가운데서도 유독 두드러지는 것은, 토착민들이 경작의 미학(美學)에 놀랄 만한 관심을 쏟아붓는다는 점이다. 공동체의 경작지는 단순히 식량 생산을 위한 수단이 아니다. 경작지는 자부심의 근원이며 집단적 야망의 주요 대상이다. 트로브리안드인들은 그들의 눈과 마음을 즐겁게 하는 아름다운 광경을 만들어내는 일에 아낌없이 노력을 퍼붓는다. 또한 그들은 작업을 깔끔하게 마무리하고 여러 장치

〈사진 17〉 최고조에 달한 경작의 업적
"수확의 두 단계들에서 토착민들은 말끔히 손질된 얌을 원뿔형 더미로 쌓아올린다. 각각의 더미를 나뭇가지로 만든 정자로 덮고, 마을 사람들이나 방문자들이 감탄할 수 있도록 며칠 동안 혹은 심지어 몇 주 동안 그대로 놓아둔다." (1장 9절, 또한 5장 4절과 6장 3절 참조)

〈사진 18〉 정글을 가로지르는 길에서
"최근에 빽빽하게 자라난 낮은 정글이 두 개의 녹색 벽처럼 서 있는 사이를……" (1장 3절, 또한 5장 5절 참조)

〈사진 19〉 수확이 끝난 경작지를 통과하는 길에서
"남성은 식량을 직사각형의 배낭처럼 생긴 바구니에 담아서 운반하거나, 혹은 매우 크고 긴 얌일 경우 자신의 어깨에 짊어지고 운반한다." (1장 6절, 5장 6절 참조)

를 완벽하게 만들어내는 일에, 그리고 식량의 전시에 지나치게 관심을 쏟는다. 우리는 가족 공동의 경작과 경쟁적 전시를 통해서 단순한 욕심이나 불안 이외의 다른 동기가 어떻게 작용하는지를 살펴보게 될 것이다. 농작물에는 여러 종류가 있으며 경작지가 다양할 뿐더러, 주술적, 심미적, 그리고 실제적 기능에 따라 소구획들이 구분되기 때문에, 트로브리안드의 경작은 더욱 복잡해진다.

　이 모든 요소, 곧 주술의 의미와 기능, 우아함과 심미적 마무리가 차지하는 역할, 친족의 특권과 신화의 영향력 사이의 관계들은 다음 장들에서 이론적으로 종합될 것이다. 앞으로 나올 상세한 설명 속에서 길을 잃지 않도록, 지금은 몇 가지 일반적인 원칙들을 규정할 필요가 있다.

3. 경작지들을 통과해서 걷기

제1부에서 우리는 다소 두서없이 경작지를 찾아가서, 토착민이 경작지에 쏟아붓는 관심을 조사하고 작업의 사례들을 어느 정도 수집했다. 트로브리안드의 경관은 첫눈에 보기에는 그다지 아름답지 않다. 발밑은 단조롭고 편평한 산호 바닥이며 대부분 비옥한 검은 흙으로 덮여 있지만, 습지나 건조하고 돌이 많은 땅뙈기도 군데군데 흩어져 있다. 본섬과 바쿠타의 북쪽과 동쪽 해안 둘레에는 낮고 불규칙적인 산호 능선이 이어지는데, 토착민들은 이를 라이보아그라고 부르며, 원시림으로 덮여 있다. 나머지 땅은 거의 다 간헐적으로 경작이 이루어지며, 따라서 덤불은 몇 년마다 개간되기 때문에 높이 자라나지 못한다. 그러므로 만약 당신이 그 지역을 가로질러 걸어간다면, 최근에 빽빽하게 자라난 키 작은 정글이 두 개의 녹색 벽처럼 서 있는 사이를 지나가거나, 혹은 경작지를 통과하게 된다. 〈사진 18〉과 〈사진 19〉에서 우리는 덩이줄기를 운반하는 남성과 여성의 무리를 볼 수 있는데, 이러한 광경은 그 지역에서 수확기에 볼 수 있는 전형적인 풍경이다. 수확기에는 농작물이 경작지에서 마을로 계속해서 운반되는데, 어떤 경우에는 두 마을 사람들이 식량을 다시 경쟁적으로 전시하기도 한다(5장 5절과 6절). 여성은 종 모양의 바구니에 농작물을 담아서 머리에 이고 나른다. 남성은 식량을 직사각형의 배낭처럼 생긴 바구니에 담아서 운반하거나, 혹은 매우 크고 긴 얌일 경우 자신의 어깨에 짊어지고 나른다.

트로브리안드의 경작지에는 확실히 사람을 끌어당기는 무언가가 있다. 멀리까지 전망이 탁 트인 잘 개간된 땅을 지나가다보면, 때때로 보마(성스러운 작은 숲)나 수많은 마을들 가운데 한 곳의 자리를 나타내는 나무숲이 지평선 위로 솟아 있는 광경을 볼 수 있다. 혹은 우리는 산호 능선의 정글을 눈으로 죽 둘러보거나 섬들 사이의 녹색 초호(礁湖)를 멀리 내다볼 수 있다. 개간이 끝나고 대부분의 예비 농작물이 파종된 이후의 경작지를 찍은 〈사진 20〉을 보면, 그러한 전망이 어떤 것인지 알 수 있다. 여기서 우리는 농작물이 이미 자라고 있는 모습을 볼 수 있다. 이를테면 키가 큰 사탕수수 수풀과 타로의 하트 모양 싹을 볼 수 있으며, 또한 여기저기서 덤불치기와 화전 이후에도 남아 있는 작대기들을 감싸고 올라가는 큰 얌(쿠비)의 덩굴을 볼 수 있다(2장 5절, 3장 1절). 전경(前景)에서는 이미 놓여 있는 장대들이 마치 서양 장기판처럼 경작지를 직사각형의 면들로 나누어놓은 것을 볼 수 있다. 원경(遠景)에서는 울타리 뒤로 산호 능선에 낮게 깔려 있는 덤불을 볼 수 있다. 한 무리의 남자들이 일하는 모습도 보인다.

그렇지 않으면, 얌이 한창 자라고 있는 경작지를 가로질러서 걸어보자. 얌 경작지는 어느 정도 켄트 주의 홉 재배지를 생각나게 하지만, 물론 더 매력적이다. 무성한 덩굴은 견고하게 높이 솟아 있는 장대들을 감싸 올라가고, 짙은 그늘을 이루는 잎들은 녹색 분수처럼 위를 향해 솟아오르거나 아래쪽으로 떨어진다. 이러한 광경의 풍부하고 어둑한 느낌은 토착민의 주문에서 너무나 자주 언급된다(〈사진 21〉). 이미 수확이 끝난 경작지에서도 여기저기서 바나나 나무와 고구마가 아직 자라고 있는데, 이를 위한 주문은 따로 있다. 곧 오래되고 너저분한 과수원의 주문이다. 습기가 많은 지역에서는 타로 경작지를 만나게 될 것이다. 그곳에서는 허수아비들과 바람 딸랑이들(wind rattles)을 볼 수 있을 것이다. 그리고 나지막하고 편평하게 자라는 타로의 넓은 녹색 잎들을 둘러싸고 있는 견고한 새 울타리를 지나치게 될 것이다. 남부에서는 좀 다른 광경을 마주하게 될 것인데, 그곳에서는 땅이 비옥한 지역이 드물고, 작은 경작지들은 종종 정글과 맹그로브 습지와 돌이 많은 산호섬 노두(露頭) 사이에 끼어 있다. 〈사진 22〉는 그러한 타로 경작지를 보여준다. 새로운 식물들이 큰 돌무더기 사이에서 자라나는 모습이 보인다. 잘 만들어진 울타리 근처에는 작은 캄코콜라가 서 있다. 울타리의 반대편은 예전에 경작지가 있던 자리이다. 산호 능선을 따라 걸어가다가, 때때로 죽은 산호 속에서 다소 깊은 구덩이를 우연히 발견할 수도 있다. 이러한 구덩이들은 부식토로 채워져 있고, 부식토에서 특히 잘 자라는 가지각색의 얌이 경작되고 있다. 그 덩굴은 한두 개의 버팀대를 감아 오르면서 가장자리 너머로 뻗어나간다.

대충 계산해보면, 전체 지역의 대략 5분의 1이나 4분의 1 정도가 늘 경작되고 있는 것 같다. 트로브리안드에서 경작은 매우 다양하게 이루어진다. 그 이유를 살펴보면, 첫째로 토착민들은 전혀 다른 두 가지 유형의 경작지들―오직 타로만이 재배되는 **타포푸**와 주로 얌이 재배되는 경작지―을 가지고 있기 때문이다. 둘째로, 주로 얌이 재배되는 경작지들은 이른 경작지인 **카이무그와**와 주요 경작지인 **카이마타**라는 두 가지 종류로 나누어지기 때문이다. 카이무그와는 좀 더 작은 규모로 형성되며 카이마타보다 훨씬 더 잡다한 농작물이 재배된다. 반면 카이마타에서는 거의 다 타이투가 재배된다. 농작물이 시들고, 우거지고, 수확되는 여러 단계를 거친다는 점과 바나나와 사탕수수도 이따금씩 재배된다는 사실을 고려한다면, 그리고 산호 능선에 개간되는 구덩이들까지 염두에 둔다면, 경작이 매우 복잡한 작업이며 인간의 관심과 노동을 요구한다는 사실이 분명해진다.[8]

좀 더 가까이에서 경작지들을 조사해보면, 또 다른 흥미로운 세부사항들을 보게 된다. 예를 들면, 어떤 소구획들에서는 다른 곳에서보다 작업이 훨씬 더 세심하게 이루어진다. 이 소구획들은 보통 가장 훌륭한 경작지들

••

8) 일찍 재배되는 경작지와 주요 경작지들 사이의 관계에 대해서는 부록 2, 4절의 주 2를 보라.

인데, 이곳을 둘러싸는 울타리와 덩굴 버팀대, 그리고 **캄코콜라**라고 불리는 주술적 구조물은 다른 소구획에서보다 더 깔끔하게 마무리가 되어 있고 규모도 더 크다. 보통 마을에서 경작지로 들어설 때, 이 소구획들을 가장 먼저 만나게 될 것이다. 토착민은 그 소구획들을 **레이워타**라는 특별한 이름으로 부르지만, 우리는 "표준 소구획"이라고 부를 것이다.[9] 표준 소구획은 일반적으로 몇몇 중요한 사람들에 의해 경작되며, 주술과 경작에서 선도적인 역할을 한다.[10] 그 소구획들은 어느 정도 대표성을 띠기 때문에, 그곳에서의 작업은 미학적으로 완전하게 마무리되어야 하고, 최대한 완벽하게 이루어져야 한다. 표준 소구획에서는 어떠한 주술 의례도 생략되어서는 안 될 것이며, 어떤 예식들은 그곳에서만 수행될 것이다. 물론 그러한 예식들은 나머지 경작지들도 간접적으로 잘 되게 하려는 의도에서 수행된다. 이러한 표준 소구획들은 공동체의 자랑이며 모든 주술 활동이 집중되는 곳이다.

따라서 가끔 찾아오는 방문자조차 트로브리안드의 경작지들이 매혹적일 뿐 아니라 세부적으로도 호기심을 자아낸다는 점을 알아차리게 될 것이다. 민족지학자는 예비답사를 하는 동안에도 그곳의 경작지들이 흥미진진하고 의미심장하다는 사실을 발견한다. 모든 소구획의 모퉁이에는 분명히 비실용적인 기하학적 구조물이 세워져 있는데, 그것은 **캄코콜라**라고 불린다. 그 구조물은 소위 주술적인 혹은 밀교적인 차원에서 경작지의 풍작

∴

9) 〔역주〕 말리노프스키는 「트로브리안드인의 원시 경제학」("The Primitive Economics of the Trobriand Islanders" in *The Economic Journal*, 31, no. 121, 1921, pp.1~16)에서 주술사는 항상 각 계절의 목적에 맞춰서 선정된 네 곳의 소구획 경작지들 가운데 한 곳에서 먼저 의례를 수행한다고 언급하면서, 그 소구획들은 레이워타라 불린다고 밝히고 있다.
10) 부록 2, 4절의 주 3을 보라.

을 약속해준다. 가장 큰 **캄코콜라**가 서 있는 모퉁이를 앞으로 "주술적 모퉁이"라고 부르게 될 것인데, 이곳을 주의 깊게 조사해보면 더 많은 세부사항들이 드러날 것이다. 토착민들이 시 브왈라 발로마, "영들의 집"이라고 부르는 작은 막대기 구조물과, 가느다란 막대기들로 만든 모형 캄코콜라와, **캄코콜라**에 기대어 있는 특별한 식물들과, 그 속에 끼워진 몇몇 허브들과, 또한 장대에 감겨 있는 거친 풀 가닥을 볼 수 있을 것이다. 조만간 민족지학자는 이것들이 주술 활동의 흔적임을 알게 될 것인데, 사실 그는 걸어가는 곳마다 **캄코콜라**에 기대어 주문을 암송하고 있는 주술사를 마주치게 될 것이다. 퍼포먼스가 실제로 진행되는 동안 찍은 〈사진 23〉에서, 우리는 주술적 모퉁이에 있는 한 무더기의 식물을 볼 수 있다. 또한 우리는 그 사진에서 큰 **캄코콜라**뿐 아니라 그것이 복제된 모형까지도 볼 수 있으며, 장차 얌 버팀대로 사용될 큰 장대들이 늘어서 있는 모습도 볼 수 있다(3장 4절 참조). 민족지학자는 그러한 눈에 띄는 기호들에서부터 시작해서, 점차 경작을 둘러싸고 있는 신화와 주술의 세계를, 그리고 사회학적 성격의 가치관과 정서를 발견하게 된다.

만약 민족지학자가 풍년에 말끔하게 단장된, 농작물이 무르익은 경작지를 토착민과 함께 걷게 된다면, 트로브리안드인에게는 경작지 전체가 풍요(말리아)를 상징한다는 사실을 깨닫게 될 것이다. 만약 그가 공동으로 예비적인 개간이나 파종 작업을 하는 토착민들을 지켜본다면, 혹은 경작의 또 다른 단계에 어떤 토착민 가족과 함께 야외 작업을 하면서 하루를 보낸다면, 사교 생활의 얼마나 많은 부분이 경작지에서 경작과 관련해서 이루어지는지를 이해하게 될 것이다. 때로는 부족적인 규모로, 때로는 가족들이나 개인들 사이에서 훨씬 더 작은 규모로 이루어지는 경쟁은 일상생활에 짜릿한 활력을 불어넣는다.

훌륭하고 보기 좋은 경작지를 소유하는 것은 단지 자존심의 문제가 아니다. 그것은 또한 특권이기도 하다. 족장이나 족장을 위해 경작하는 사람들만이 정말로 일등급의 경작지를 소유하도록 허락된다. 그 까닭은, 신분이 낮은 사람들이 너무 풍요롭게 된다면 그들에게 안 좋은 일이 닥칠 것이기 때문이다.

경작지가 전혀 없는 사람은 아마 열외자일 것이다. 반면 이러저러한 이유로 경작을 제대로 못하는 사람은 경멸의 대상이 된다. 모든 사람은 경작을 해야 하고, 더 많은 소구획을 경작할수록 그 사람의 명성은 더 높아진다. 건장한 성인 기혼 남성이라면 아내의 도움을 받아서 평균 세 곳에서 여섯 곳까지의 소구획들을 관리할 수 있다. 소년이나 젊은이는 소구획 한두 곳을 일굴 수 있을 것이며, 예외적으로 건장한 사람은 여덟 곳에서 열 곳까지의 소구획들을 경작할 수 있을 것이다. 나중에 우리는 남성과 여성의 작업 분담에 대해서, 그리고 토지 보유권과 각 사람이 필요한 만큼의 소구획을 경작할 권리에 대해서 다시 살펴보아야 할 것이다(이 장의 8절, 그리고 11장과 12장 참조).

소년은 아주 어릴 때부터 자기 경작지를 일구기 시작한다. 오마라카나에서는 브워이사브워이세라는 이름의 작은 꼬마가 나와 우정을 나누며 종종 나를 방문했었다. 그 꼬마는 5파운드짜리 비스킷 깡통 위에 즐겨 앉아서 천막[11] 안에서 진행되는 일을 지켜보곤 했다. 그렇게 자그마한 받침대에 올라앉아 있어도 그 아이는 아주 작게 보였다. 그 아이는 아마 여섯 살

••

---

11) 〔역주〕 말리노프스키는 오마라카나에서 주거용 집들로 이루어진 바깥쪽 고리와 나란히 천막을 치도록 허락받았다. 그의 천막은 족장인 토울루와의 집에서 불과 몇 야드 떨어져 있었으며, 주술사인 바기도우의 집과도 가까웠다. 천막의 위치를 통해서도 말리노프스키가 오마라카나에서 특별한 방문자로 대접받고 있었음을 추측할 수 있다.

도 채 되지 않았을 것이다. 언젠가 경작지를 지나가다가, 나는 우리가 브워이사브워이세의 소구획을 지나가고 있다는 말을 들었다. 그때는 그 말이 단지 농담인 줄 알았다. 나는 그 말이 사실이라고 확인해주는 여러 가지 이야기들을 듣고, 그와 다른 어린아이들이 경작지에서 일하는 모습을 직접 본 후에야, 비로소 그렇게 어린 꼬마들도 실제로 자기 자신의 경작지를 일군다는 사실을 수긍하게 되었다. 물론 너무 힘든 일은 손위 사람들이 대신 해주지만, 어린아이들도 정리와 파종, 그리고 잡초 뽑기를 하면서 많은 시간을 진지하게 일해야 한다. 아이들에게 그것은 결코 가벼운 놀이가 아니며, 오히려 피할 수 없는 의무이자 강렬한 야심의 문제이다.

그러므로 경작은 부족 생활에서 중대한 부분을 차지한다. 트로브리안드에서 경작은 영적인 차원을 지니는데, 공동체의 세습 주술사가 공공연히 엄숙하게 휘두르는 신비한 힘과 주술에서 그 깊이가 드러난다. 주술사의 직무는 인간과 그의 조상이 출현한 땅과의 원초적 결합을 상상하는 토착 신화를 바탕으로 한다(12장, 특히 1절 참조).

4. 훌륭한 경작자, 토크와이바굴라의 실제 임무

이제 토지 조사에서 벗어나서 경작지 노동의 계절적 순환을 따라가보자. 이것은 크게 네 가지로 구분된다. 첫째로 덤불을 잘라내고 그것이 마른 뒤에 불태워서 땅을 미리 준비해야 한다.[12] 두 번째 단계는 땅을 정리

••

12) 시간 계산표(〈그림 3〉)를 보면, 우리는 7단(주요 경작지)에서 첫 단계가 13번째 달에 오며, 8단(이른 경작지)에서는 11번째 달에 온다는 것을 알게 된다. 타로 경작지들은 좀 더 복잡한데,

하고, 파종하고, 얌의 버팀대를 세우고, 울타리를 만드는 일들로 이루어진다.[13] 세 번째 단계는 대부분 자연에 맡겨야 한다. 종자가 싹트고, 덩굴이 버팀대를 감싸 올라가며, 타로에서는 큰 잎과 뿌리가 자라난다. 그동안 인간이 할 수 있는 일은 단지 여자들이 하는 잡초 뽑기와, 남자들이 하는 예비적인 가지치기나 덩이줄기 솎아내기와 덩굴 다듬기뿐이다.[14] 그동안 주술사는 식물이 잘 성장하도록 주문을 외운다. 마지막으로 농작물이 다 여물은 뒤에 최종 단계인 수확기에 이른다.[15] 방금 언급된 성장 주술과는 별도로, 모든 새로운 유형의 작업은 각각의 주술 의례에 의해 개시된다. 그러한 주술 의례들은 실제 경작 활동의 순서에 대응하여 연속적으로 수행된다.

토착민들은 폭우가 쏟아지거나, 바람이 많거나, 그들이 춥다고 느끼는 날에는 결코 경작 작업을 하지 않는다. 무풍기의 참을 수 없이 무더운 한낮에, 경작자들은 보통 집으로 돌아가거나 그늘에서 휴식한다. 공동 작업이든 개인 작업이든 가족 작업이든, 농부들은 일반적으로 일찌감치 경작지로 갔다가 10시에서 11시 사이에 마을로 돌아오며, 아마도 가벼운 식사를

∵

왜냐하면 순환 주기가 좀 더 짧기 때문이다(10장 2절 참조). 풍요의 시기와 준비의 시기가 있는데, 그것들은 대략 3번째와 4번째 달에, 그리고 대략 8번째와 9번째 달에 온다.

13) 표의 7단(주요 경작지)은 이 단계가 2번째, 3번째, 그리고 4번째 달에 해당한다는 것을 보여준다. 8단(이른 경작지)은 13번째, 1번째, 그리고 2번째 달에 해당한다. 9단(타로 경작지)은 4번째와 9번째 달에 해당한다.

14) 7단(주요 경작지)은 5번째에서 8번째 달에, 8단(이른 경작지)은 3번째에서 6, 7번째 달에 해당한다. 이 단계는 9단(타로 경작지)에는 기록되어 있지 않지만, 6번째와 7번째 달, 그리고 11번째와 12번째 달에 해당할 것이다.

15) 7단(주요 경작지)은 10번째에서 12번째 달에, 8단(이른 경작지)은 8~10번째 달에, 9단(타로 경작지)은 8번째 달과 13번째 달에 해당한다. 타로는 또 이른 경작지에서 4번째 달에, 그리고 주요 경작지에서는 6번째 달에도 수확된다.

하고 낮잠을 잔 뒤 다시 일을 시작하는데, 대략 3시 혹은 4시부터 해질녘까지 일한다. 일부 경작지들은 마을에 바로 인접해 있고 가장 먼 경작지도 걸어서 반시간 이내의 거리에 있기 때문에, 편의에 따라 일을 중단했다가 다시 시작하는 데에는 아무런 어려움이 없다.

작업의 기술적인 효율은 대단하다. 트로브리안드 농부의 농기구는 가장 초보적인 종류이기 때문에 이 점은 더욱 주목할 만하다. 농기구들을 열거해보면, 땅 파는 막대기(다이마), 도끼(케마), 까뀌(리고구)[16], 그리고 마지막으로 특히 인간의 손이 사용된다. 손은 토착민들의 여러 가지 활동에서 마치 농기구처럼 사용되며, 종종 실제로 흙과 접촉하게 된다. 땅 파는 막대기는 파종과 솎아내기를 할 때, 그리고 수확과 잡초 뽑기를 할 때 흙을 파헤치기 위해서 사용된다. 도끼와 까뀌는 덤불을 잘라내고 덩이줄기를 솎아낼 때, 그리고 수확할 때 중요한 역할을 한다. 손을 사용하는 기술은 땅을 정리하고, 파종하고, 잡초를 뽑고, 솎아내기를 할 동안, 그리고 수확을 할 때 중요하다. 트로브리안드인들이 누릴 수 있는 가장 자랑스러운 직함 가운데 하나인 "훌륭한 경작자", **토크와이바굴라**는 이러한 도구들을 사용해서 고된 일을 해낸다.

트로브리안드에서 땅을 경작할 때 토착민들은 힘든 작업도 해야 하고 땅의 성질과 날씨 변화, 그리고 농작물의 특성에 대한 견실한 지식을 바탕으로 기술적인 노련함도 발휘해야 하며, 현명하게 땅에 적응할 필요도 있다. 그렇지만 트로브리안드의 경작에는 또 다른 요소가 관여되어 있다. 토착민들이 성공적인 경작을 위해서 반드시 필요하다고 여기는 이것은 바로 주술이다.

∴

16) (역주) 한 손으로 나무를 찍어서 깎는 연장. 날이 가로로 나 있어 자루와 직각으로 되어 있다.

5. 경작지의 주술

경작에 영향을 미치면서 그것을 조절하는 힘들과 믿음들 가운데서—물론 실제적인 작업을 제외하고—가장 중요한 것은 주술이라고 이야기해도 좋을 것이다.[17]

경작지 주술(메그와 토워시 혹은 단지 토워시)은 트로브리안드 군도에서 대중적이고 공식적인 의식이다. 역시 토워시로 일컬어지는 경작지 주술사는 공동체의 이익을 위하여 경작지 주술을 수행한다. 모든 사람은 예식의 일부에 참여해야 하며, 예식의 나머지 부분도 모두를 위해서 수행된다. 또한 모든 사람은 주술에 대한 대가를 지불해야 한다. 주술은 마을 공동체 전체를 위해 수행되기 때문에, 모든 마을은, 그리고 때때로 마을의 모든 분할 구역은 자기들을 위한 토워시(경작지 주술사)를 두고 있으며, 자체의 토워시 주술 체계를 가진다. 그리고 아마도 주로 그러한 것들을 통해서 마을의 통합이 드러난다.

주술과 실제적인 작업은 토착민의 생각 속에서 서로 분리될 수 없지만, 그렇다고 해서 서로 혼동되지도 않는다. 경작지 주술과 경작 작업은 하나로 엮인 일련의 꾸준한 노력으로 진행되는데, 그것들이 합해서 하나의 연

∴

17) 〔역주〕 말리노프스키는 트로브리안드인들의 생활에서 주술이 차지하는 중요성을 여러 저작을 통해 매우 강조하였다. 그는 현지조사 결과를 바탕으로 토착민들이 현대인과 마찬가지로 어느 정도 합리적인 생활 방식을 가지고 있으며, 주술은 기술적 지식이 성공을 보장할 수 없는 상황에 대한 자연스러운 감정적 반작용이라고 주장했다. 특히 주술 의례의 논리는 불안을 경감시키는 것으로서, 사회 속에서 주술이 계속되는 것은 그것이 제대로 기능하는 것처럼 보이기 때문이라고 주장했다. 트로브리안드인들의 생활 속에서 주술이 차지하는 위치에 대한 그의 시각은 "Magic, Science Religion", in J. A. Needham ed., *Science, Religion and Reality*, 1925, pp. 20~84에 잘 나타나 있다.

속적인 이야기가 만들어진다. 주술과 작업은 한 이야기 속의 주제임이 틀림없다.

토착민들이 생각할 때, 주술은 능숙하고 효과적인 농사만큼이나 경작지의 성공을 위해 반드시 필요하다. 주술은 땅을 비옥하게 만들기 위해서 필수적이다. "경작지 주술사가 입으로 주문을 읊으면, 주술의 효험이 땅속으로 스며든다."(〈원문 36〉, 제5부 7장 2절). 토착민들은 주술을 농작물의 성장을 위해서 필수적인 천연 비료처럼 여긴다. 나는 종종 다음과 같은 질문을 받았다. "당신네 나라에서는 경작지에 어떤 주술을 행합니까? 그것은 우리들의 주술과 마찬가지입니까, 아니면 다릅니까?" 우리는 어떠한 주술도 전혀 행하지 않거나 혹은 우리의 "선교사(misinaris)"가 **브왈라 타프와 로로**, 곧 신성한 예배소에서 일괄적으로 주술을 행한다고 말하면서 우리의 방식을 묘사했지만, 그들은 전혀 우리의 방식에 찬성하는 것 같지 않았다. 그들은 과연 우리의 얌이 제대로 "싹트고", "잎이 올라가고" "솟아올라 갈" 수 있는지 의심스러워했다. 한번은 오마라카나에서 카일라이, 가토야와와 함께 그런 대화를 나누었는데, 나는 우리의 방법에 대한 그들의 반응을 다음과 같이 기록해두었다(〈원문 81〉, 제5부 11장 9절). "선교사들은 '우리가 신성한 예배를 드렸기 때문에 경작지가 무성해진다.'고 주장합니다. 이것은 거짓말입니다." '거짓말'에 상응하는 토착민의 단어는 순전히 우연한 실수나, 다른 무엇인양 속이지 않는 진정한 상상의 비약에서부터, 가장 **뻔뻔스러운** 거짓말에 이르는 그 어떤 것도 망라할 수 있다는 점에 주목해야 한다. 토착민들은 선교사들을 속임수 때문에 비난하지 않는다. 오히려 일종의 어리석음 때문에, 혹은 경작 주술의 경우에는 선교사들이 가지고 있는—레비브륄(Lévy-Bruhl) 교수의 표현을 빌리면—전논리적 심성(prelogical mentality)[18] 때문에 비난한다.

마치 선교사 나리처럼 행동하는 개종한 토착민들의 경작지에서도 **토워시** 주술이 은밀하게 수행되었을 것이다. 토착민 여성과 결혼한 백인 상인의 경우도 마찬가지다. 그는 사람들이 하도 떠들어대고 또 아내도 간절히 원하기 때문에, 결국에는 그 지역 **토워시**의 도움을 받아서 자신의 경작지에서도 주술이 수행되게 해야 했다.[19] 토착민들은 주술의 도움을 받지 않고서 경작하는 것을 상상조차 할 수 없다.

경작 주기는 족장이 소집하는 회의와 함께 시작된다. 주술사의 집 앞에서 열리는 이 회의에서는 어디에다 경작지를 일굴 것인지, 누가 이러저러한 소구획을 경작할 것인지, 언제 작업을 시작할 것인지가 결정된다.[20] 이와 연계해서 주술사는 경작의 모든 순서를 개시하는 첫 번째 큰 예식을 준비하는데, 그동안 마을 주민들은 주술사에게 예식의 보수로 제공할 많은 양의 특별한 식량—주로 물고기—을 마련한다. 이러한 공물의 일부는 저녁에 조상의 영들을 불러내서 그들 앞에 제물로 내놓지만,[21] 나머지 대부

∵

18) [역주] 프랑스 소르본대학의 철학교수였던 레비브륄(1857~1939)은 원시인의 사유 방식을 분석하여 당대의 사회학, 인류학, 종교학 등에 새로운 통찰력을 제공하였다. 그는 1910년에 출판한 *Les Fonctions mentales dans les sociétés primitives*에서 원시인은 서구 문명인과는 다른, 논리 이전의 사고방식을 지녔다고 주장했다. 그에 따르면, 원시인은 사태와 사물을 논리적 연관 속에서 객관적으로 인식하기보다는 논리 이전의 신비적 관계를 통해서, 그리고 집단적인 사유 방식을 통해서 파악한다. 이러한 그의 주장은 원시사회와 서구문명은 질적으로 다르다는 당시 서구 학자들의 서구 중심적 시각을 함축하고 있다. 그러나 말리노프스키는 여기서 역으로 토착민들이 서구 선교사들을 비난하는 이유를 레비브륄의 용어를 빌어와서 선교사들의 '전논리적 심성' 때문이라고 역설적으로 표현하고 있다.

19) [역주] 예컨대, 말리노프스키가 현지조사를 수행할 무렵, 젊은 스코틀랜드 사람인 카메론은 토착민 여성과 결혼해서 살고 있었다. 그는 경작지 주술사로 하여금 자신의 경작지에 주문을 걸게 했으며, 토착민들처럼 빈랑나무 열매를 씹었다. 그는 **밀라말라**를 비롯한 토착민들의 관습에 대해서 말리노프스키에게 정보를 알려주었다.

20) 실제 작업과 주술 사이의 상호관계에 대해서는, 부록 1, 주술과 작업의 비교표를 참조.

21) 부록 2, 4절, 주 8 참조.

178

분은 주술사와 그의 친족들이 먹는다. 그리고 나서 주술사는 이튿날 사용할 특정한 나뭇잎에 대고 긴 주문을 읊조린다. 다음날 아침, 주술사와 마을 남성들은 경작지로 가서 시작 예식을 행하는데, **토워시**는 땅을 두드리고 마법에 걸린 나뭇잎으로 땅을 문지른다. 언어적으로나 정서적으로나, 그러한 행동이야말로 경작지 주술 전체를 상징한다. 이 의식은 경작의 첫 단계인 덤불치기뿐만 아니라 그 시기의 경작이 시작되었음을 공식적으로 알린다. 이후 실제 작업은 각 단계마다 적절한 예식에 의해 개시된다. 주술사는 쳐낸 덤불이 충분히 마른 뒤에 경작지 작업에 터부를 부과하며, 마른 덤불을 의례적으로 태운다. 그리고 주술사는 며칠에 걸쳐서 일련의 예식들을 수행함으로써 그다지 중요하지 않은 농작물의 파종을 개시한다. 이후 연속적인 의식들을 통해서 주요 작물인 얌의 파종, 덩굴 버팀대 세우기, 잡초 뽑기, 예비적 솎아내기, 그리고 최종적으로 수확 등이 개시된다. 작업이 진행될 때, 경작지 주술사는 일정한 순서에 따라 의식과 주문을 병행하면서 농작물의 성장을 돕는다. 그는 식물이 싹트고, 잎이 피어나고, 뻗어 오르도록 돕는다. 그는 식물의 뿌리가 발아하고, 성장하고 부풀어 오르도록 만든다. 그리고 그는 무성한 잎들이 덩굴 버팀대 사이에서 풍성한 다발을 이루게 한다.

의식들은 표준 소구획들, 곧 레이워타 가운데 한 곳에서 가장 먼저 수행된다. 이것은 현실적인 의미에서도 중요한데, 왜냐하면 표준 소구획에서 경작하는 사람은 주술 의례의 리듬에 박자를 맞춰야 하며, 거기에 뒤처져서는 안 되기 때문이다. 또한 표준 소구획에서는 작업이 특별히 세심하게 진행되어야 한다. 표준 소구획들은 빈틈없이 정리되고 정돈된다. 표준 소구획들에 심을 종자로는 완전한 덩이줄기가 선택된다. 언제나 비옥한 땅이 표준 소구획으로 선정되기 때문에, 그곳들은 경작지 작업의 매우 훌륭한 모범을 보여줄 뿐 아니라 성공적인 경작의 표본이 된다. 표준 소구획들에서 이루어지는 작업은 정확하고 우수하며 완성도가 높기 때문에, 또한 완전한 결과물을 내놓기 때문에 다른 모든 경작지의 뚜렷한 귀감이 되는데, 토착민들은 표준 소구획들의 탁월함이 주로 주술의 영향 덕분이라고 여긴다.

6. 경작지 주술사[22]

토워시 또는 경작지 주술사는 마을 공동체마다 있는 세습 관리이다. 사실 토워시의 자리는 족장이나 우두머리의 지위와 일치하는데, 개인의 정체성에서는 아닐지라도, 적어도 종족의 원칙에서는 그러하다. 토착민의 신화나 법적인 원리에 따르면, 경작지 주술사는 항상 마을을 소유한 친족 집단의 우두머리이다. 그러나 그는 종종 자신의 임무를 자신의 남동생이나 모계 조카, 혹은 자기 아들에게 위임한다. 경작지 주술사의 직무를 양도하는 일은 오마라카나 최고 족장들의 종족에서 특히 자주 일어나는데, 그들에게는 경작지에 주문을 거는 임무가 너무나 과중한 책임이 되기 때문이다.

트로브리안드인들의 신화 체계에 따르면, 땅과 인간은 매우 밀접하게 연결된다. 인류의 근원은 땅에 있다. 각 지역 집단 혹은 하위 씨족의—이 둘은 동일하다—첫 번째 조상들은 항상 특정한 어떤 장소로부터 그들의

••

22) 〔역주〕 이 절의 원제는 "the garden wizard"이다. 그러나 말리노프스키는 이 책에서 특별히 마법사(wizard)와 주술사(magician)를 구별하지 않으며, 실제로 이 절에서 설명하는 것은 주술사이기 때문에 명확한 이해를 위해 주술사로 번역하였다.

경작지 주술을 가지고 출현했다고 전해진다(12장 1절 참조). 항상 그러한 것은 아니지만, 보통 그들이 출현한 장소는 하위 씨족의 땅, 곧 하위 씨족이 세습 권리를 갖는 영토가 된다.[23] 이러한 세습적인—신화적, 법적, 도덕적, 그리고 경제적—토지 소유권은 우두머리에게 귀속된다. 그리고 이러한 복합적인 주장들 덕분에 그가 경작지 주술사의 역할을 하게 된다. 트로브리안드의 가장 자부심 강한 경작지 주술사인 바기도우는 내게 다음과 같이 말했다. "나는 땅을 두드립니다. 왜냐하면 내가 그 땅의 주인이기 때문입니다." 여기서 일인칭은 "나, 곧 나의 하위 씨족과 내 종족의 대표자"를 의미한다.

주술 원문에 대한 연구(제7부)를 통해서, 우리는 경작지 주술의 전통적 혈통[24]이 예식을 수행하는 각각의 주술사를 통해서 생생하게 보존되어 왔음을 알게 될 것이다. 어떤 종류의 주문에서 주술사는 자기보다 이전에 주술을 사용했던 모든 사람의 이름을 반복해서 말해야 한다. 주술의 한두 단계에서 주술사는 자신이 받은 풍성한 선물 가운데 극히 일부인 약간의 음식을 전임자의 영들에게 예식의 공물로 바칠 것이다. 공동체로부터 받은 그러한 선물은 상업적인 증여라기보다는 감사와 복종의 표현이다. 그것은 주술사의 수고를 인정한다는 의미에서 주술사와 그의 선구자들에게 바쳐진다. 이러한 의례적인 음식 제공은 주술의 필수적인 절차이며, 울라울라라고 불린다.

그러나 일반적으로 공동체의 구성원들은 주술사에게 다른 선물도 바친다. 경작 주기가 시작될 때 주술사는 보통 코코넛이나 바나나와 같은 식량

∵

23) 때때로 어떤 하위 씨족은 그들이 이주한 지역의 소유권을 얻는다. 12장 3절 참조.
24) '혈통'이라는 용어의 의미와 계승의 원칙들에 대한 설명을 위해서는 제1부 9절을 보라.

조금을 선물로 받는다. 혹은 그는 빈랑나무 열매 다발이나 바구니, 도끼, 깔개, 창, 또는 요리용 단지와 같은 일용품을 받을 수도 있다. 이러한 유형의 선물은 소우술라라고 불리며, 그가 소명에 따라 일하면서 겪은 어려움에 대한 보답을 의미한다. 나의 토워시 친구들 가운데 한 사람은 토착민 특유의 구체화된 말투로 다음과 같이 설명해주었다. "경작지에서 주술을 열심히 수행하다가 발을 다치면, 나는 외칩니다. '워! 이워예 카이게구. 갈라 세네 시 소우술라.'" "아! (그 물건이) 내 발을 쳤구나. 그들의 소우술라 보답이 충분하지 않구나. (즉 그들이 나의 어려움을 보상할 만큼 충분히 내게 바치지 않는구나.)"

때때로 주술사는 예식용 큰 도끼날, 원반 모양 조가비가 달린 허리띠나 장신구, 혹은 조가비 팔찌 한 쌍 등, 시부기보기라고 불리는 귀중품 선물을 받는다. 이러한 선물은 보통 불운한 계절이 지난 후 그의 비위를 맞추기 위해서, 혹은 특별히 풍요로운 수확기에 감사를 표시하기 위해서 제공된다.

주술사는 보통 자신의 임무를 수행하면서 몇몇 젊은 남자들의 도움을 받는다. 주술사의 남동생과 누이의 아들들은 자연스럽게 그의 계승자가 되며, 그는 그들에게 정해진 순서에 따라 주술을 지도하고 주문을 가르친다. 또한 주술사는 그들에게 어떤 재료를 사용해야 하는지를 말해주고, 어떻게 의례를 수행할 것이며 어떤 개인적인 규정을 준수해야 하는지를 조언해준다. 이러한 가르침 가운데 가장 어려운 것은 상투적 문구들을 배우는 것이다. 그러나 이것조차 그다지 특별한 훈련을 필요로 하지는 않는다. 왜냐하면 경작지 주술은 공공연한 예식이기에, 모든 사람이 종종 주문을 듣게 되기 때문이다. 그 의례는 잘 알려져 있으며, 누구라도 당신에게 주술사가 어떠한 규정을 지켜야 하는지를 정확히 말해줄 수 있다. 게다가 경작지 주술을 전수받아서 그것을 수행해야 하며, 따라서 주술에 더욱 관심을

〈사진 20〉 새 경작지의 전망
"잘 정리된 땅…… 때때로 성스러운 작은 숲의 자리를 나타내는 나무숲이 지평선 위로 솟아 있다. 혹은, 산호 능선의 정글……." (1장 3절, 또한 3장 3절 참조)

가진 사람들은 어릴 때부터 모든 세부사항에 정통해질 것이다. 그들은 주술사의 타고난 내조자들이자 조수들이다. 주술사가 예식을 부담스럽게 느낄 때마다 그들이 그 예식에 참여한다. 혹은 그들은 우두머리 주술사가 표준 소구획에서 수행하는 의례를 다른 소구획 경작지들에서 되풀이한다. 그리고 그들은 종종 주술사가 재료를 수집하거나 주술용 혼합물과 구조물을 준비하는 일을 거든다.

이 외에도, 주술사는 젊은이들과 어린이들 가운데 비공식적 조수들을 두는데, 그들은 그의 여러 가지 용구를 운반하며, 그가 일정한 주술적 표지들을 세우는 일을 거들고, 여러 가지 자잘한 봉사를 한다.

나는 아까 주술사의 터부를 언급했다. 그러한 터부들은 거의 다 특정 음식의 절제로 구성되어 있다. 주술사는 어떠한 상황에서도 특정한 동물과 물고기의 살을 건드려서는 안 되며, 특정한 채소들을 먹어서도 안 된다. 일반적으로 이러한 터부들은 그가 의례에서 사용하는 재료나 주술의 목적과 공감적으로 연결되어 있다.[25] 또한 주술사는 일반적으로 조상의 영에게 공물을 바치는 특별한 의식을 수행하기 전에는 새로운 농작물을 먹으면 안된다. 절제의 세 번째 유형은 그가 예식을 수행하는 날에 지켜야 할 금식이다(2장 4절 참조).

이 모든 것을 살펴볼 때, 트로브리안드 군도에서 경작지 주술사의 직위는 한가한 자리가 아니라는 사실을 알 수 있다. 그는 경작지의 실제 작업에 뒤이어 일련의 시작 의례들을 수행해야 하고, 격려의 주문을 외워서 식물의 성장을 자극해야 한다. 뿐만 아니라, 그는 결코 쉽지 않은 절제와 금식 체계를 준수해야 하며, 마지막으로 특히 상당히 많은 양의 실제적인 작업과 관리를 해야 한다.

경작지 주술사는 공동체에서 경작의 전문가로 여겨진다. 그는 아마도 그의 손위 친척인 족장과 함께, 그해에 어떤 밭이 경작될 것인지를 결정한다. 이후 매 단계마다 그는 경작지에서의 작업이 어떻게 진행되고 있는지, 농작물이 어떻게 싹트고, 발아하고, 익어가고 있는지를 알아야 한다. 그러고 나서 그는 다음 단계를 개시해야 한다. 그는 날씨를 살펴야 하고, 화전을 시작하기 전에 잘린 덤불의 상태를 살펴야 한다. 그는 파종 주술을 수행하기 전에 경작지가 제대로 준비되었는지 살펴봐야 하며, 다른 모든 단계에서도 그렇게 해야 한다. 또한 주술사는 경작에 뒤처지는 사람을 발견

∵

25) 〔역주〕 영국의 인류학자 제임스 프레이저는 공감적인 연결이 주술의 기본적인 특징이라고 주장했다. 그는 『황금가지』에서 주술을 공감주술(sympathetic magic)이라는 틀에서 논의하면서, 주술을 유사성의 법칙에 의한 동종주술(homeopathic magic) 혹은 모방주술(imitative magic)과 접촉이나 감염의 법칙에 의한 감염주술(contagious magic)로 구별한다. 예를 들어 어떤 사람이 메마른 땅에 물을 뿌리는 행위를 함으로써 비를 내리게 하려는 주술 행위는 동종 혹은 모방주술에 해당되며, 반면에 어떤 사람에게 해를 끼치기 위해서 그 사람의 모형을 만들고 그 안에 그 사람의 머리카락이나 손톱 등을 넣고 찌르는 행위를 한다면, 이는 감염주술에 해당된다는 것이다.

〈사진 21〉 충분히 자란 얌 경작지
"무성한 덩굴은 견고하게 높이 솟아 있는 장대들을 감싸 올라가고, 짙은 그늘을 이루는 잎들은 녹색 분수처럼 위를 향해 솟아오른다." (1장 3절. 또한 4장 2절 참조)

하거나, 몇몇 사람들이 소구획 경작지의 울타리치기와 같은 공동의 임무를 게을리 함으로써 공동체 전체의 이익을 위태롭게 하는 모습을 발견했을 때, 그 주범들을 심하게 책망하면서 그들이 다시 열정적으로 일하도록 설득해야 한다.

나는 천막 안에서 독서하거나 내 필드노트를 훑어보면서 앉아 있다가, 혹은 몇몇 토착민 친구들과 이야기를 나누다가, 오마라카나의 바기도우나 오부라쿠의 나바빌레, 혹은 시나케타의 모타고이가 자기 집 부근에서 외치는 소리를 수차례 들은 적이 있다. 그는 장황한 연설을 통해서 공개적으로, 이러저러한 사람이 자기 몫의 울타리를 완성하지 못했기 때문에 공동의 담에 넓은 틈이 생겼고, 그 틈을 통해 덤불돼지나 왈라비가 들어올 수 있게 되었다고 비난하였다. 이제 경작지에 심은 종자가 싹트기 시작하면 곧 야생 동물들이 흥미를 느끼게 될 테고, 그러면 경작지가 막대한 손해를 입게 될 것이기 때문이다. 혹은 그는 쳐낸 덤불이 거의 말랐으니 사나흘 안에 화전이 시작될 것이라고 알리기도 했다. 혹은 그는 공공의 작업 터부들 가운데 하나를 부과하면서, 며칠 안에 큰 **캄코콜라**가 세워질 것이니 모든 사람은 다른 작업을 모두 멈추고, 주술적 구조물과 마지막 얌 버팀대를 세울 때 필요한 길고 단단한 장대들을 구해와야 한다고 말했다.

따라서 **토워시**는 시작 의례를 베풀어서 잇따른 단계들을 개시하고 터부들을 부과하며 일의 속도를 정함으로써 경작지 작업에 간접적 영향력을 발휘할 뿐 아니라, 또한 수많은 활동들을 직접적으로 지휘한다. 이러한 일을 하기 위해서 그는 끊임없이 경작지를 방문해서 작업을 검사하고 부족한 점을 발견해야 하며, 특히 두드러지게 탁월한 경작자에게 주목해야 한다. **토워시**의 공개적인 칭찬은 매우 큰 상이며, 완벽한 경작자, 곧 **토크와이바굴라**가 되고 싶은 토착민들의 야심을 자극한다.

토착민들은 **토워시**가 주술을 통해 풍요의 힘을 조절한다고 굳게 믿고 있으며, 이러한 까닭에 그가 인간의 작업까지도 지배해야 한다고 기꺼이 인정한다. **토워시**가 실제로 우두머리이거나 신분 공동체에서 고귀한 종족의 족장이거나 혹은 그의 조카나 남동생이라는 사실로 인해서, **토워시**의 주술적 능력과 전문가적 지식, 그리고 주술적 조상들과의 전통적 부자관계는 더욱 강화된다는 점을 기억해두자. 족장의 아들이 주술사의 직책을 맡게 될 때, 그는 공동체의 적법한 우두머리의 대리인으로서 그 직책을 유지한다(12장 2절과 3절 참조). 나아가 주술 행위들은 공동체의 생활을 조직하는 위력을 가진다. 왜냐하면, 첫째로 주술 행위들은 진행되는 활동에 규칙적인 간격으로 끼어들어서 일련의 터부 기간이나 휴식 기간을 부과하기 때문이다. 둘째로, 각각의 의례들은 표준 소구획에서 충실히 수행되어야 하고, 그 소구획들은 그러한 의례들을 위해 완벽하게 준비되어야 하는데,

〈사진 22〉 타로 경작지
"남쪽에서 작은 경작지들은 종종 정글과 돌이 많은 산호 노두(露頭) 사이에 끼어 있다." (1장 3절, 또한 10장 2절 참조)

그에 따라 마을 전체를 위한 본보기가 수립되기 때문이다(부록 1 참조). 따라서 주술은 단지 각 개인이 마음가짐을 정돈하는 데 도움을 주는 정신적인 힘일 뿐 아니라, 또한 경작지 작업의 경제적 조직화와 밀접하게 관련된 사회적인 힘이다. 하지만 토착민들은 주술과 기술적 활동을 이론적으로나 실제적으로나 매우 예리하게 구별한다. 이 점에 대해서는 잠시 후에 다시 살펴볼 것이다.

7. 훌륭한 경작지와 그 신화적 배경

이미 언급한 대로, 경작지 주술은 각 마을 공동체의 매우 귀중한 자산이며 마을 공동체의 사회적 통합을 상징할 뿐 아니라 마을 공동체가 부족 위계에서 차지하는 지위를 나타낸다. 서열이 높은 마을은 항상 경작에서 앞서 나간다. 이것은 자연스러운 일이다. 왜냐하면 앞으로 살펴보겠지만(12장 3절), 가장 고귀한 하위 씨족이 가장 비옥한 영토인 키리위나 지역에 자리 잡았기 때문이다. 이 지역의 명성, 특히 경작의 탁월함에 대한 명성은 북부 맛심까지 퍼져 있다. 내가 최고 족장의 중심지에서 약 80마일 떨어진 우드락 섬의 디코야스 마을에 도착한 첫날 저녁에, 사람들은 키리위나가 얼마나 부유한 곳인지를 열띤 목소리로 이야기해주었다. 나는 우드락 섬과 그 주변의 모든 사람에게 경작지를 선물해주고 경작을 가르쳤던 문화 영웅[26]인 투다바가 키리위나의 땅속에서 나왔다는 이야기를 들었다. 또한 키리위나는 최초로 생겨난 섬이며 이곳에서 가장 먼저 경작지가 형성되었다는 말을 들었다. 따라서 나는 수천 마일을 빙 돌아서 마침내 키리위나에 도착하기 적어도 1년 전부터, 농경이 트로브리안드 군도에서 시작되었다고 느끼게끔 되었다. 나아가 그러한 이야기들은 경작이나 일하는 방법 및 적절한 행동에 대한 지식, 토템들의 기원과 인간의 토템적 정체성에 대한 지식이 키리위나에서 동쪽과 남쪽으로 퍼져나갔으며, 키리위나는 여전히 세계에서 가장 비옥하고, 부유하고, 귀족적인 장소라는 느낌을 전해주었다.

투다바의 전설은 북부 맛심 지역 전체에 널리 알려져 있다. 우드락 섬과 당트르카스토 제도, 암플레츠와 마셜 베넷 제도의 모든 곳에서는 어떻

..

26) 〔역주〕 문화 영웅(culture hero)은 고대 사회의 많은 종교 전통들에서 발견되는 신화적인 존재이다. 문화 영웅의 가장 중요한 활동은 세상을 인류가 거주할 만한 안전한 곳으로 만드는 일이다. 그리고 그는 인간을 위해 제도를 수립하고, 문화적인 물건을 가져다주며, 인간에게 문명의 기술을 가르치는 것으로 알려져 있다. 한마디로, 이 영웅은 인간에게 문화를 가르친다. 그러나 신화 속에서 문화 영웅은 지고신과는 달리 전지전능하지는 않은 것으로 묘사된다.

게 그 문화 영웅이 키리위나의 토착민이었는지, 그가 어떻게 처음으로 경작을 시작했고 경작지 주술을 수행했는지에 대한 이야기들이 전해진다. 역시 우드락 섬에서 수집한 비슷한 종류의 전설에서, 나는 투다바가 키리위나의 땅에서 나온 최초의 인간이라는 말을 들었다. 투다바 이후에 다른 사람들이 나왔다. 사람들이 나올 때마다 투다바는 각자에게 저마다의 토템을 주었다. 투다바가 처음 세상에 나왔을 때에는 키리위나 외에는 아무 땅도 없었다. 그는 큰 돌을 바다로 던졌고, 거기서 키타바 섬이 솟아나왔다. 그다음에 그는 그곳에 가서 다른 돌들을 던졌고, 이와, 크와이아와타, 그리고 디구메누 섬들이 존재하게 되었다. 그리고 그는 (우드락 섬의 일부인) 마다와 지역을 만들었고, 그다음에 우드락 섬의 나머지를, 그리고 큰 바위 채석장들이 있는 술로가를 만들었다. 그다음에 그는 나다 혹은 나딜리(라플란 제도)로 왔는데, 그곳에서는 몇몇 사람들이 그보다 먼저 살고 있었다. 왜냐하면 이 섬들은 벌써부터 존재했기 때문이었다.[27] 투다바가 만든 다른 섬들에는 모두 카누를 타고 온 키리위나 출신의 사람들이 살게 되었다. 투다바가 라플란 제도로 갔을 때, 그곳 사람들은 그를 죽이려고 했고, 그래서 그는 떠났다.

변형된 전설에서, 나는 당시에 두 사람이 있었는데 한 사람은 투다바였고 다른 한 사람은 게레우였다는 이야기를 들었다. 게레우는 투다바보다 먼저 키리위나의 땅에서 나왔다. 그에게는 마리타라는 이름의 누이가 있었다. 게레우와 마리타는 둘 다 우드락 섬으로 건너왔다. 투다바는 북쪽에 있는 와누마 지역으로 갔고, 게레우는 크로판 쪽으로 (남쪽으로) 갔다. 그

∵

27) "어떤 땅도 없었다."와 "이 섬들은 벌써부터 존재했다."는 두 개의 문장들이 담고 있는 모순들은 우리 자신의 신화, 곧 그리스도교의 신화를 포함해서 모든 신화에서 나타난다.

때 투다바는 게레우가 하는 일을 우연히 보게 되었다. 게레우는 큰 경작지를 가지고 있었고, 투다바는 그에게 물었다. "누가 이곳에서 경작지를 일구고 있소?" 게레우는 대답했다. "내가 혼자서 하고 있소." "당신이 서너 명의 남자가 경작할 수 있을 만큼 그렇게 큰 경작지를 일군다고?" 게레우는 말했다. "그렇소. 내가 그 일을 혼자서 하고 있소." "당신은 어떻게 경작지를 일구고 있소?" 투다바는 물었다. 그러자 게레우가 그에게 말했다. "내가 작은 나무 하나를 자르면 어린 나무가 몽땅 쓰러진다오. 내가 큰 나무를 하나 자르면 큰 나무가 몽땅 쓰러진다오. 내가 작은 불을 피우면 모든 것이 불타오른다오. 내가 막대기 하나를 부러뜨리면, 수많은 막대기들이 나타난다오. 내가 울타리를 만들기 시작하면 울타리가 저절로 만들어진다오. 내가 타로 하나를 심으면 다른 타로들이 많이 자라난다오. 내가 타이투 하나를 심으면 수많은 타이투가 자라난다오. 내가 얌 하나를 심으면 수많은 얌들이 자라난다오."

투다바는 대답했다. "오, 이것은 전혀 좋지 않소. 이렇게 빠른 작업은 좋을 게 없소. 우리가 식량을 너무 많이 생산한다면 사람들은 일하지 않을 것이오. 건강한 남자가 큰 경작지를 일구고 약한 남자가 작은 경작지를 일구는 편이 더 낫소. 약한 남자는 물고기를 잡으러 가서 물고기를 타이투와 교환할 것이오."

그다음에 투다바는 게레우에게 어떻게 경작지를 일구는지 말해주었고, 그에게 주술을 전해주었다. 투다바가 지녔던 주술은 게레우의 주술처럼 강력하지 않았지만, 게레우의 주술은 없어졌고 지금 사람들이 알고 있는 주술은 투다바의 주술이다. 이러한 까닭에 사람들은 오늘날 그렇게 큰 경작지를 일굴 수 없다.

또한 게레우는 땅 밑에 돌로 만들어진 화덕을 가지고 있었다. 투다바는 그것을 들여다보고, 게레우가 뱀과 이구아나와 주머니쥐와 덤불돼지와 쥐와 물고기를 구웠다는 사실을 알았다. 투다바는 그에게 말했다. "쥐는 좋지 않으니 내버리시오. 뱀은 좋지 않으니 내버리시오. 이구아나는 좋지 않으니 내버리시오. 당신은 돼지와 주머니쥐와 물고기를 키우시오." 그러한 까닭에 오늘날 사람들은 단지 물고기와 주머니쥐와 돼지를 먹으며 쥐와 뱀과 이구아나를 먹지 않는다.[28]

게레우는 그의 충고를 따랐고 그후 미시마로 가서 수많은 빈랑나무 열매를 그곳에 남겨놓았다. 그다음에 그는 두아우로 갔는데, 그곳에서 그의 카누가 좌초했다. 거기서 게레우와 마리타는 물에 빠져서 돌로 변했다. 그리고 큰 얌들은 두아우로 흘러들어갔지만, 타이투는 키리위나로 떠내려갔다. 이러한 까닭에 퍼거슨 섬의 북쪽에는 매우 질 좋은 큰 얌들이 있고 키리위나에는 타이투가 풍부하다.

따라서 우리에게는 두 사람의 문화 영웅이 있는데, 그들 가운데 한 영웅은 경작의 옛 체계를 표상하며, 신화 속에서 한층 더 강한 주술을 부여받았다. 반면, 다른 영웅인 투다바는 법 제정자로 남아 있으며, 그의 말은 현재 통용되는 질서를 수립하였다.

우드락 섬에서 나는 경작지 주술이 주로 투다바가 준 주문들로 구성되며, 주술에서 항상 그의 이름이 언급된다는 말도 들었다. 첫 번째 경작지 주술사는 투다바로부터 직접 주문들을 받았고, 그 문구들은 아직도 모계로 전해온다. 우리는 투다바의 이름과 게레우의 누이인 마리타의 이름을

··

28) 비록 이 이야기가 경작과는 직접적으로 관련되지 않지만, 내가 입수한 신화의 설명을 가능하면 완전하게 전달하기 위해 이 삽화를 포함시킨다. 덧붙이자면, 그것은 게레우가 좀 더 고대의 문화적 질서를 표상하며 투다바는 개혁자임을 시사한다.

키리위나의 경작지 주술 가운데 한두 개의 주문에서 발견하게 될 것이다.

나는 그 전설의 또 다른 변형을 트로브리안드 군도의 남쪽 섬인 바쿠타에서 우연히 수집했다. 거기서 나는, 투다바가 최초로 적절한 경작법을 사람들에게 알려주었고, 최초로 경작지 주술을 만들었으며, 최초로 경작지 터부를 수립했고, 최초로 사람들에게 무엇을 심고 무엇을 심지 말아야 하는지를 말해주었다는 이야기를 들었다. 투다바는 키리위나에서 작업을 마친 뒤에 동쪽으로 항해했고, 제일 먼저 키리위나의 동쪽 해안에서 똑똑히 보이는 가장 가까운 섬인 키타바에 왔다. 다음은 바쿠타의 경작지 주술사인 음브와시시가 전해준 그 신화의 원문 전체를 의역한 것이다(〈원문96〉, 제5부 12장 40절 참조).[29]

(1) 키타바에서, 투다바는 그곳을 풍요롭게 만들었다. 그는 그 마을에 가서 큰 얌과 타이투와 타로와 아룸[30]을 심었다. 그 지방은 근사해졌다. (2) 그는 키타바를 (농사가) 엄청나게 잘 되는 지방으로 만들었다. (농작물은) 맛이 전혀 쓰지 않으며, 마을 둘레에 심겨진 얌은 매우 크고, 덤불과 산호 능선에서 자라는 얌도 모두 매우 질이 좋다. 그곳은 큰 얌의 본고장이다. (3) 그는 마을의 한쪽 끝에서 다른 쪽 끝까지 순회하였다. 그는 키타바 섬을 마무리하고 나서 멈추었다. 키타바 지방은 이미 근사해졌고 임무는 완수되었다.

(4) (그는 말했다). '나는 항해할 것이다. 나는 이와로 갈 것이다.' 거기서 그는 닻을 내렸고 해변으로 갔다. 그는 마을에 얌과 타이투를 심었다. 그다

∵

29) 이러한 의역을 행간번역 및 해설(인용한 곳의 40번, 41번 참조)과 비교해보면, 독자는 괄호 속에 들어 있는 단어와 구절들이 원문에서 분명히 말해지지는 않았지만 맥락에 의해 암시된다는 것을 알게 될 것이다.
30) 〔역주〕아룸속(屬)의 식물.

음에 그는 물가에 있는 덤불과 식물을 보기 위해서 해안으로 갔다. (5) 그들은 말했다. '투다바여, 당신의 카누는 떠내려갔습니다. 당신의 카누에 가서 그것을 해안으로 끌어오십시오.' (6) 그리고 (이야기하는 사람이 해설하기를) 보라, 그는 덤불 속에는 종자를 심지 않았다. 거기서는 농작물의 맛이 쓰다. 마을에서만 (그는 종자를 심었고, 거기서는 맛이 좋다). (7) 그는 (자신의 카누에) 도착했다. '오, 아니지. 나는 항해를 할 것이다. 내가 이미 마을에 심은 것들로 충분하다.'

(8) 그는 배를 타고 디구메누로 갔다. 그 섬의 주인인 크와이와타 사람들이 왔다. 그들은 그를 쫓아버렸고 (소리치기를) '여기는 우리의 섬이오. 오, 투다바여, 당신은 (여기에) 정착할 수 없소.' (9) 그들은 그를 쫓아냈다. 그는 그들에게 말했다. '나는 내가 이곳 디구메누에서 얌도 심고 타이투도 심고 바나나도 심어야 한다고 생각했다. (그러나) 너희들이 이미 나를 쫓아냈기 때문에, 나는 너희에게 단지 코코넛만 줄 것이다. 나는 크와이와타로 배를 타고 갈 것이다.'

(10) 그는 배를 타고 크와이와타로 갔다. 그는 카누를 잡아매서 정박시켰다. 그는 해변으로 가서 타로, 타이투, 얌을 마을에 심었다. 그러나 그들이 그를 공격했고, 그때 그는 가와 섬으로 건너갔다.

(11) 그는 가와 해안으로 가서 그 마을에 얌을 심었으며, 바나나와 아룸과 타이투를 심었다. 그는 타로를 심었다. (12) 그후에 아마도 덤불로 (가려고 그는 시도했고), 종자를 심어서 모든 지방을 풍요롭게 만들려고 했다. 그들은 그를 공격했다.

(13) 그는 카누를 타고 항해하여 보바기세에 도착했다. 보바기세에서 그는 타로를 심었고 사고야자와 타이투를 심었다. 그는 보바기세 마을을 좋아하게 되었고, 물고기를 주었다. 그리고 그는 왐와라로 배를 타고 갔다.

(14) 그는 (그곳으로) 가서 그곳에 머물렀고, 다음과 같이 말했다. '왐와라 사람들아. 나는 얌과 타이투와 타로를 심을 것이다. 나는 비어 있는 땅이 없어질 때까지 모든 지방에 심을 것이다. 나는 너희 땅 전체에서 질서를 바로잡을 것이다.' (15) 그들은 동의했다. 그는 그들의 지방에서 종자를 심었다. 그 일이 끝난 후, 그는 카누를 타고 항해해서 나딜리로 갔다.

(16) 그는 닻을 내렸다. 정말로 닻을 내렸다. (그러나) 그들은 일어나서 그를 공격했다. (그는 도망쳤고) 그는 (그 섬의) 한쪽 끝을 뜯어냈다. 그것은 투다바의 카누 바닥(에 의해) 하나의 (분리된) 섬으로 남게 되었다. (17) 그는 달아나서 외해(外海)로 나갔다. 그들은 그를 죽이려고 여기저기 돌아다녔다. 그는 또 다른 (쪽에서) 땅의 한 조각을 떼어냈고, 그 사이에 항로를 (만들었다). (18) 그는 세 곳(섬들)을 떼어냈다. 한 곳의 이름은 오불라쿠였고, 다른 한 곳은 부그왈람와, 나머지 한 곳은 부다유마였다. (19) 그는 말했다. '나딜리 사람들이여, 너희들은 매우 나쁘다. 나는 너희 땅을 정돈해서 멋지게 만들었을 텐데. 나는 너희에게 얌, 타이투, 바나나, 타로를 주었을 텐데. 그러나 너희가 내게 잘못을 행하였기에 나는 너희에게 코코넛을 줄 것이다.'

(20) 그는 배를 띄워서 나딜리 너머의 낯선 땅으로 떠났다. 그는 그곳에 정착했다. 그가 나딜리 너머의 그 지역에 있는 동안, 어떤 남자가 큰 상어낚싯바늘로 상어를 잡고 있었다. (21) 그가 잡은 상어는 낯선 땅을 향해 헤엄쳐 갔고, 거기서 해안으로 갔다. 투다바가 말했다. '그대는 누구인가?'

(22) '아, 나, 나는 나딜리 사람이오. 나는 상어낚싯바늘로 상어를 잡고 있소. 상어가 나를 끌어당겨서 당신의 마을에 오게 되었소.' 그들은 함께 앉았다. (23) 투다바가 말했다. '그대는 내 친구다. 함께 경작지 두 곳을 일구자.' 그들은 경작했다. (24) 그 달이 지나고 나서, 그(나딜리 사람)는 말했다. '나는 내 마을로 가겠소.' 투다바가 말했다. '그대가 주요 식량을 채워넣을

수 있도록 그대의 카누를 매어놓자.' (25) 그(나딜리 사람)는 말했다. '좋소, 나는 내일 가겠소.' 투다바는 그의 카누를 식량으로 채웠고 다음과 같이 말했다. '다 됐다. 이리 오라. 나는 그대의 야생 생강에 주술을 걸 것이다.' (26) 그(투다바)는 야생 생강에 주술을 걸었다. 그는 그것을 잘 싸서 두 묶음으로 만들었다. 그(나달리 사람)는 말했다. '당신은 남고 나는 노를 저어 가겠소.' (27) 투다바는 일어나서 말했다. '그대가 바다에서 노를 저을 동안, 야생 생강 한 묶음을 씹다가 그대의 마을에다 의례적으로 뱉어라. (수평선에서) 그곳이 잘 보이도록 하기 위해서이다. 그리고 돌아서서 두 번째 묶음을 씹어서 내 자리에 뱉으면 이곳은 사라질 것이다. 그러면 내가 여기 머무르는 동안 아무도 나를 보지 못하게 될 것이다.' (28) 그(나딜리 사람)는 노를 저어 갔다. 그는 의례적으로 투다바의 섬에 뱉었고 그곳은 사라졌다. 그는 의례적으로 나딜리에 뱉었고 그곳은 선명하게 나타났다. (29) 그는 노를 저었고 벌써 (그의 마을에 가까운) 얕은 물에 이르렀다. 그의 카누는 암초 때문에 뒤집혔다. 짐이 쏟아졌다. 모든 식량은 바다로 들어갔고, 멧돼지 이빨로 만든 그의 목걸이도 가라앉았다. (30)[31] 그것은 투다바의 멧돼지 이빨 목걸이였는데, 투다바는 나딜리 사람에게 그것을 귀중한 선물로 주었다. 우리는 그것이 번쩍이는 모습을 바닷물을 통해 본다. (31) 그의 모든 개인적인 영향력은 바닷속으로 들어갔다. 그 사람은 마을로 가서 거기 머물렀다.

이 신화의 정말로 중요한 부분은, 트로브리안드인들은 나딜리라고 부르

31) 〔역주〕 원문에서는 번호 (30)이 누락되어 있으며, (29)에서 바로 (31)로 넘어간다. 역자는 이 구절에서 어조가 갑자기 바뀐다는 점을 고려해서, 역자의 판단에 따라 이 구절에 누락된 번호 (30)을 표시하였다.

고 그 고장 방언으로는 나다라고 하며 우리 지도에서는 라플란 제도인 곳에서 투다바가 베푼 공적을 언급하면서 마무리된다.

이 신화는, 실제로 그러하듯이, 그 일대에서 가장 큰 얌(쿠비)이 키타바에서 자라는 까닭과, 이와의 마을 주변에는 좋은 농작물이 자라지만 그 섬의 나머지 지역은 돌이 많아서 경작지로 사용될 수 없는 이유를 해명해준다. 알다시피, 신화 속에서 그 이유는 투다바의 카누가 떠내려간 사고 때문이라고 설명된다. 디구메누 섬은 오로지 모래톱으로만 이루어져 있으며, 여기서는 코코넛과 크웨빌라와 술룸워야 등의 향기로운 허브 몇 종류만 자라날 수 있다. 이 점은 신화에서 언급되지 않지만, 신화를 해설해준 토착민은 그 이름들을 하나하나 열거해주었다. 크와이와타 사람들은 모래톱을 소유하고 있었고, 자기 섬에서 모래톱까지 와서 경작지를 일구고 있었는데, 그들의 적개심으로 인해 모래톱과 크와이와타 섬의 땅이 모두 메마르게 되었다. 가와 섬 혹은 우드락 섬(무루와 혹은 무유와)의 땅이 메마른 이유도 마찬가지로 설명된다. 거기서 투다바는 한 지역에서는 대접을 잘 받았지만 다른 지역에서는 쫓겨났다. 한편, 라플란 제도는 모래땅이 있는 낮은 환초 지역인데 그곳에서는 코코넛만이 자란다. 거주민들이 적대적인 행동을 취했기 때문이다.

마지막 사건, 곧 문화 영웅과 라플란 제도의 한 어부와의 우호적 교제는 진심 어린 정표라고 말할 만한 것을 우리에게 남겼다. 그 정표는 과거에 일어난 사건 때문에 바다 밑바닥에 떨어졌고, 우리 눈으로 확인할 수 있다. 즉 라플란 제도 반대쪽의 암초 위에서 내려다보면, 돌이 된 멧돼지의 이빨이 물속에 잠겨 있는 것을 볼 수 있다. 이 신화는 또한 나다에서 경작이 전혀 이루어지지 않는 까닭을 어느 정도 설명해준다. 그 이유는, 비록 투다바는 자기 친구에게 모든 농작물을 주었지만 카누가 침몰하면서 다시 사라졌기 때문이다. 바로 그 결말은, 토착민들의 신화에서 종종 그렇듯, 이상하고 부적절하다는 느낌을 준다. 끝에서 두 번째 절에서 갑자기 어조가 달라지는데, 그것은 분명 화자(話者)가 그 사건에 대한 주석으로 덧붙인 것이다. 당트르카스토 제도의 몇몇 토착민들이 들려준 또 다른 전설은, 아마 틀림없이, 내가 우드락 섬에서 기록했던 게레우와 그의 누이 마리타에 대한 이야기가 변형된 것이다. 그 이야기는 어떻게 신화적 영웅과 그의 누이가 미시마를 떠나서 노르만비 섬의 두아우로 항해했는지를 말해준다. 그들은 빈랑나무 열매를 몽땅 뒤에 남겨두고 떠났다. 그러한 까닭에 미시마에는 갈망의 대상인 이 자극제[32]가 그토록 풍부하다. 그들은 단지 타이투(작은 얌)와 쿠비(큰 얌)만을 가지고 갔다. 카누에서 내릴 때 누이의 속치마가 흘러내렸다. 오빠는 그녀의 알몸을 보지 않기 위하여 고개를 돌려야 했고, 그래서 다가오는 돌풍을 알아채지 못했다. 이 돌풍은 카누를 전복시켰고 큰 얌 전부를 물속으로 뒤엎었다. 그러나 타이투는 카누에 남아 있었다. 그는 타이투에 주술을 걸어서 트로브리안드 군도의 북쪽으로 떠내려 보냈다. 이러한 까닭에 쿠비(큰 얌)는 노르만비 섬에서 잘 자라고, 타이투는 트로브리안드 군도에서 풍부한 것이다.

또 하나의 전설에서는 농작물을 가득 실은 카누의 또 다른 해외원정 이야기가 나오는데, 퍼거슨 섬의 어떤 지역, 특히 코야타부 비탈 주변의 북쪽 해안이 왜 그렇게 비옥한지를 설명해준다. 결코 풍부한 잉여 농산물을 자랑할 수 없는 지역인 도부와 암플레츠, 북부 맛심의 북서쪽 가장자리에 있는 루산사이 제도, 그리고 라플란 제도 혹은 나딜리는 그 일대의 메마른

∴

32) 〔역주〕 빈랑나무 열매를 가리킨다. 토착민들이 즐겨 씹는 빈랑나무 열매에는 각성효과뿐 아니라 중독성이 있다고 알려져 있다.

지역들이다. 이 모든 지역의 사람들은 최초에 신화적인 풍요를 베풀던 자들을 이러저러한 방식으로 불쾌하게 했다. 따라서 이제 그들은 다른 지역민들에게 의존하거나, 혹은 코코넛, 물고기 그리고 야생 과일을 먹어야 한다.

신화적 영웅 투다바는 모든 지역에 잘 알려져 있다. 물론 키리위나에서도 그의 이야기가 전해진다. 정확히 말하면, 키리위나에서는 엄청나게 많은 이야기들이 전해지는데, 투다바 신화들과 전설들과 심지어 설화[33]들이 무더기로 전해지고 있다. 그러나 충분히 주목할 만하게도, 전설 속에서 키리위나의 경작지가 외곽 지역들보다 훨씬 뛰어나다고 너무나 뚜렷하게 표현된 부분이 정작 키리위나에서는 알려져 있지 않다. 내가 여기서 제시한 자료는 이미 언급했던 대로 우드락 섬과 가장 남쪽 섬인 바쿠타에서 입수한 것이다. 나는 경작지를 최초로 만든 사람이자 경작지 주술을 처음 만든 사람으로서 투다바의 문화적 역할에 대하여 카일레울라, 심심, 키타바 등

⁝

33) 〔역주〕 이 절에서 말리노프스키는 '신화'와 '전설'이란 용어들을 명확하게 구별해서 사용하고 있지 않다. 그렇지만 말리노프스키는 자신의 글, "Myth in Primitive Psychology"에서 (1) 설화(fairy tale) (2) 전설, 역사적 설명, 소문 등 (3) 성스러운 이야기, 곧 신화를 각각 구별해서 설명하였다. (1) 설화는 보통 농한기 저녁에 마을 사람들이 화톳불 주위에 둘러앉아서 서로 돌아가면서 하는 재미난 이야기를 가리킨다. 여기서 주의해야 할 것은 각각의 이야기는 그 이야기를 처음 한 사람, 곧 이야기의 '소유자'에 의해서만 암송된다는 점이다. 또한 설화에서는 이야기의 내용뿐 아니라 그것이 전달되는 방식, 곧 이야기 전달의 퍼포먼스가 내용만큼 중요하다. (2) 이와 대조적으로 전설, 역사적 설명, 소문 등은 과거에 있었던 큰 전쟁이나 해외원정, 혹은 엄청난 주술적 효력에 대한 이야기들로서, 이야기의 소유자가 따로 정해져 있지 않으며 그것을 전달할 때에도 어떠한 퍼포먼스의 성격도 띠지 않는다. 첫 번째 부류의 설화에 비해서 두 번째 부류의 이야기들은 토착민들에게 정말로 있었던 일에 대한 설명으로 여겨진다. (3) 신화는 원시 공동체에서 단지 이야기가 아니라 살아 있는 실재로 여겨진다. 그것은 의식, 예식, 사회적 혹은 도덕적 규정을 정당화해주는 역할을 하며 따라서 원시 문명의 중추를 형성한다. Bronislaw Malinowski, "Myth in Primitive Psychology", *Magic, Science and Religion, and other essays*, Waveland Press, 1992(1926), pp. 101~111 참조. 또한 이 책에서는 4장 4절에서 설화에 대한 간략한 설명이 제시된다.

외딴 섬 출신의 토착민들이 전해주는 이야기를 들은 적이 있다. 또한 암플 레츠에서도 토착민들이 그 이야기를 다시 되풀이하는 것을 들었다. 당트르카스토 제도를 통과하는 여행에서, 나는 두아우, 도부, 굿이너프 섬의 토착민들도 그이야기를 잘 알고 있음을 발견했다. 그러나 정작 그 이야기에서 찬미되는 지역의 토착민들은 그 이야기를 들어본 적도 없는 것처럼 보인다!

내 생각으로는, 이러한 매우 이례적인 일이 벌어지는 까닭은 다음과 같다. 곧 트로브리안드인들, 그중에서도 키리위나와 틸라타울라 사람들은 자신들이 농경에서 탁월한 것을 당연하게 여기기 때문이다. 그들은 그렇게 여길 만한 충분한 이유가 있고, 누구도 일찍이 그들의 주장에 이의를 제기하지 않았다. 그들은 자신들의 능력과 부에 대한 확실한 증거를 가지고 있다. 키리위나의 토착민이든 어떤 이웃 마을에서 온 손님이든, 혹은 키타바나 우드락 섬, 암플레츠나 도부에서 온 **쿨라** 파트너이든 간에, 사람들은 모두 키리위나의 창고가 독보적이고, 키리위나의 경작지는 그 일대에서 가장 크고 훌륭하며, 그곳에서 수확된 얌의 총량은 해마다 가장 많다는 사실을 인정했다. 한마디로, 키리위나인은 자신의 지나간 풍요에 대해서 이야기할 필요가 없다. 그는 자부심과 확신을 가지고 현재를 가리킬 수 있다. 몇몇 토착민들이 그러하듯이 자신의 가난을 정당화할 필요는 더더욱 없다. 그는 가난으로 고통 받지 않는다.

그렇다고 해서 키리위나에는 경작과 관련된 신화적 토대가 없다고 가정하는 것도 부정확하다. 첫째로, 키리위나에는 조상이 출현한 영토와 관련해서 지역의 하위 씨족 혹은 귀화한 하위 씨족이 해당 영토의 풍요 주술을 지배한다고 주장하는 간단한 신화가 존재한다. 그러한 간단한 신화적 단언은 하위 씨족이 자기 땅에 대한 권리를 주장하는 것을 전통적으로, 그리고 법적으로 보호해준다.

둘째로, 키리위나에는 훌륭한 경작에 대한 전승이 존재하는데, 그것은 계속 만들어지며 끊임없이 새로워진다. 이것은 이러저러한 마을의 위업에 대한 이야기들, 특별히 놀라운 수확에 대한 설명들(5장, 그리고 기록 2), 그리고 한 마을이 다른 마을에게 "두들겨 맞는", 제도화된 식량 경쟁(**부리틸라울로**, 5장 6절 참조)의 결과들로 구성된다. 그러나 이 모든 것은 과거의 기적에 대한 언급이라기보다는 현재에 대한 찬미에 가깝다. 이따금씩 일어나는 흉작의 역사적 증언도, 풍요의 이야기로 상쇄되기는 하지만, 어느 정도 비슷한 방식으로 기능한다(5장 1절)[34].

신화들을 다시 전체적으로 살펴보자. 경작의 기원에 대한 이야기들의 요지는 왜 어떤 지역들에서는 눈에 띄게 경작이 잘 되는데 다른 지역들에서는 제대로 농사짓기 어려운지 그 까닭을 설명하는 것이다. 신화들은 일반적인 경작에 대해서, 그리고 지역에 따른 비옥함의 정도와 관습의 차이에 대해서 설명하고 합리화해주는 전설적인 헌장[35]을 담고 있다. 대부분의 신화에서 우리는 왜 투다바가 어떤 섬들을 선호했는지를 설명해주는 도덕적 이유를 찾아볼 수 있다. 그가 잘 대접받았던 곳에서는 경작지가 번창했다. 얌은 비옥한 땅속에서 성장했고, 타로가 잘 자랐으며, 타이투의 무성한 잎이 땅에 그늘을 드리웠고, 오늘날까지도 그러하다. 거주민들이 그를

∴

---

34) 부록 2, 4절, 주 4를 보라.

35) (역주) 말리노프스키는 신화가 현재의 관습과 태도, 행위를 정당화하고 합법화하는 기능을 한다고 주장하면서, 이러한 기능을 가리키기 위해 사회적 '헌장(charter)'이라는 용어를 사용했다. 즉 신화는 현재의 권위나 제도를 정당화하고 합법화할 필요가 있을 때마다 사람들이 끊임없이 불러내고 참조하는 '헌장'과 같은 역할을 한다는 것이다. 가령 트로브리안드에서 '원초적 출현' 신화가 토지 보유권을 위한 '헌장'으로 기능한다고 할 때, 이 말은 현재 특정 하위 씨족이 특정 영토에 대한 권리를 주장하는 것이 '원초적 출현' 신화를 통해 정당화된다는 의미이다.

위협하고 쫓아냈던 곳에서는—그것은 토착민 단어 보카빌리를 통해 표현되는 복합적인 관념이다—땅이 메마르거나 질퍽질퍽한 채로 남아 있었고, 그곳에서는 단지 코코넛 야자와 덤불의 야생 과일들만 자랄 수 있었다. 그 두 필수품은 트로브리안드의 어디에서나 잘 자란다. 트로브리안드 군도의 본섬, 특히 키리위나 지역은 경작이 시작된 곳이고, 거기서부터 투다바가 방랑을 시작했다. 그곳은 항상 경작의 최고 중심지로 남아 있다.

8. 주술의 힘과 작업의 능률

이러한 관념들의 신화적 순환을 이해하기 위해서는 토착민들이 주술과 실제 작업 사이의 관계를 어떻게 생각하는지에 유의할 필요가 있다. 트로브리안드에서 원초적 출현에 관한 짧은 신화들은 주술과 매우 밀접한 관계를 가지고 있다. 왜냐하면 주술은 언제나 조상들이 땅 밑에서 가져온 것이라고 여겨지기 때문이다(12장 1절). 신화 속에서 주술의 기틀을 마련하고 그것을 휘두른 자들은 트로브리안드에서 가장 비옥한 지역에 풍요를 선물로 주었다. 그런데 이 선물은 예외 없이 이중의 방식으로, 곧 주술적인 방식과 자연적인 방식으로 이해된다. 토착민들은 모래가 많고 소금기가 있으며 돌이 많은 땅에서는 얌이나 타로가 자랄 수 없고, 게다가 타이투는 더욱 자랄 수 없다는 사실을 알고 있다. 만약 당신이 암플레츠의 험한 비탈이나, 라플란의 불모의 모래나, 바람에 노출되고 바닷물에 젖은 루산사이 환초의 부스러기들 위에서 농장이나 경작지를 일굴 수 있느냐고 묻는다면, 그들은 아니라고 대답하면서 왜 대부분의 식물들이 그곳에서 잘 자랄 수 없는지를 충분히 이치에 맞게, 거의 과학적인 언어로 설명할 것이다.

동시에 그들은 어떤 지역에 특출하게 비옥하고 언제나 풍요로우며 농사가 잘 되는 드넓은 경작지가 펼쳐져 있다면, 그 비결은 다른 곳보다 우월한 주술 체계의 덕분이라고 여긴다. 따라서 위의 신화들에 대한 토착민의 해설을 종합하면 다음의 사실이 분명해진다. 즉 문화 영웅은 한편으로는 비옥한 땅과 튼튼한 묘목을 선물해주고 경작 기술에 대한 지침이나 농작물을 다루는 법, 마름병과 다른 위험으로부터 농작물을 보호하는 방법을 알려준 인물로 상상된다. 다른 한편으로, 문화 영웅은 강력한 주술 체계를 가져다준 인물로 여겨진다. 주술과 경작지 작업이라는 두 가지 방법들, 곧 메그와 라 케다와 바굴라 라 케다는 분리될 수 없다. 그것들은 결코 혼동되지 않으며, 결코 둘 중 하나가 다른 하나의 자리를 차지하도록 허락되지도 않는다. 토착민들은 결코 주술로 땅을 개간하거나 의례를 통해서 울타리나 얌 버팀대를 세우려고 시도하지 않을 것이다. 그들은 직접 이마에 땀을 흘려가면서 그 일을 해야 한다는 사실을 매우 잘 알고 있다. 그들은 또한 어떤 작업이라도 대충 해치운다면 농작물에 해를 끼치게 된다는 사실을 알고 있으며, 주술을 아주 많이 사용하면 작업 부족을 벌충할 수 있으리라고 가정하지도 않는다.

나아가 토착민들은 이러한 지식을 분명하게 표현할 수 있고, 몇 가지 원칙들을 열거하고 인과 관계들을 따져가면서 그 점을 명확하게 설명할 수 있다. 그들은 땅과 농작물에 대한 견실한 지식을 가지고 있다. 실제로 그들은 땅을 예닐곱 가지 유형들로 구별하며, 어떤 종류의 농작물이 습지의 끈적끈적한 토양에, 검은 부식토에, 건조한 지방의 가볍고 돌이 많은 땅에 가장 잘 적응하는지를 매우 잘 알고 있다. 따라서 비록 '불모지'에 해당하는 단어가 없더라도, 토착민들은 산호 바위[36] 위에서나, 늪이나 습지의 부드러운 진흙에서나, 소금물로 흠뻑 젖은, 맹그로브가 자라는 검은 부식토에서, 혹은 모래에서는 어떠한 경작도 불가능하다는 사실을 알고 있으며 또 설명할 수 있다. 그들은 또한 프와이프와야, 곧 진짜 흙 혹은 땅은 덤불(오딜라)이 자라는 곳에서만 발견되는데, 그곳에서 나무와 덤불을 잘라낸 후에 농작물을 심을 수 있다고 말할 것이다. 경작에 적합한 토양은 타이투와 쿠비와 타로 등이 가장 잘 자라는 검고 무겁고 비옥한 부식토와, 전체적으로 부식토보다는 하급이고 타로에는 적합하지 않지만 비가 많이 오는 해에는 얌 작물이 잘 자라는 밝은 붉은색 토양, 라이보아그나 그 근처에서 발견되며 앞의 토양과 비슷하지만 더 무겁고 덜 건조하며 특히 다양한 종류의 얌이 잘 자라는 토양, 타로 경작지로 사용할 수 있으며 매우 건조한 해에는 얌 경작지로도 사용할 수 있는 늪지의 토양, 타로에는 매우 부적합하지만 내한성(耐寒性) 종류의 얌을 위해서 사용할 수 있는 메마르고 돌이 많은 토양으로 분류된다. 토착민들은 또한 라이보아그(산호 능선)의 구덩이를 채우고 있는 검은 부식토가 큰 얌인 쿠비를 경작하기에 적합하다는 사실을 알고 있다.

트로브리안드인들은 수많은 종류의 얌과 타로, 타이투 각각을 가리키는 이름들을 정말로 수백 개나 가지고 있다.[37] 어떤 이름들은 실제 식물학적인 품종으로 정당하게 인정될 만한 차이들을 구별할 수 있게 하며, 다른 이름들은 크기, 모양, 품질 등의 특징을 묘사한다. 토착민들은 땅을 잘 치우고 잡초를 뽑아야 하는 까닭을 합리적으로 설명할 수 있다. 그들은 왜 타이투를 좀 더 깊게 심어야 하며 흙무더기로 덮어야 하는지에 대해서 분명한 이론을 가지고 있다. 그들은 돼지들이 가까이 오는 것을 막는 영리한

⁝

36) 이 지역들에 대해 기록된 토착민의 용어에 대해서는 제5부 1장 11절과 12절을 보라.
37) 제5부 3장 9~22절 참조.

장치들을 고안했는데, 예를 들어 이따금씩 울타리가 손상되더라도 울타리를 뛰어넘는 돼지들을 잡을 수 있도록 울타리 반대쪽에 날카로운 말뚝을 만들어둔다. 그들은 여러 종류의 허수아비와 새 딸랑이(bird rattle)를 설치한다. 그들은 이 모든 실용적인 장치들을 건전한 경험적 규칙에 따라 합리적으로 다룬다.

작업과 주술 사이의 이러한 구별이 겉으로 표현되지 않고 암시되기만 하는 것도 아니다. 일을 할 때마다 나는 항상 그것이 주술의 방식인지 경작의 방식인지 물어보곤 했는데, 매우 빨리 분명한 대답을 들을 수 있었다. 예를 들면, 나는 부피가 큰 구조물인 **캄코콜라**가 주술과 관련된 것이라는 말을 들었다. "메그와 왈라; 갈라 투와일레 시 코니 와 바굴라—오로지 주술입니다. 경작지에서 그것들에게 다른 일은 전혀 (없을 것입니다)." 나는 또한 영들의 집(시 브왈라 발로마)과 모형 울타리와 **카바탐**(얌 버팀대) 주위에 감겨 있는 수풀과 **캄코콜라**에 놓인 어떤 평평한 막대기가 모두 순전히 주술적인 것이라는 말을 들었다. 다른 한편으로, 나는 재가 땅을 비옥하게 하고, 건조한 계절에는 깊이 심는 것이 권장할 만하며, 돌은 땅에서 제거되어야 하고, 잡초는 농작물을 숨 막히게 한다는 등의 설명을 들었다. 따라서 토착민들에게 주술의 목적은 작업의 목적과 다르다. 그들은 땅을 세심하게 경작함으로써 어떤 결과가 만들어질 수 있는지를 매우 잘 알고 있으며, 충분하고 부지런한 노동으로 이러한 결과를 만들어내려고 노력한다. 동시에 그들은 아무리 열심히 계속 노력하더라도, 인간의 작업으로 해충, 마름병, 덤불돼지, 가뭄 혹은 비와 같은 특정한 불운을 극복할 수 없다는 사실을 알고 있다. 또한 그들은 가끔 불가사의한 방식으로, 흉작이 될 것이라는 모든 예상에도 불구하고 풍작이 되는 경우를, 혹은 좋은 날씨가 이어져왔고 작업도 성실히 진행해왔는데도 경작의 결과물이 예상 밖으로 신통치 않은 경우를 경험한다. 토착민들은 마땅한 결과 이상의 어떤 설명할 수 없는 행운을 주술의 덕분으로 돌리며, 마찬가지로 기대하지 않았던 부당한 불운을 흑주술[38]이나 혹은 그들 자신이 주술을 실행할 때 있었던 어떤 결함 탓으로 돌린다.

간단히 말해서, 경작지 주술사가 터부를 준수하면서 의례와 주문을 통해서 공식적으로 수행하는 주술은 특별한 영역을 형성한다. 다른 한편으로, 각자가 노력과 성취의 인과관계에 대한 인식을 바탕으로 상식에 따라 몸소 행하는 실제적 농사일은 또 다른 영역을 구성한다. 주술은 신화에 기초하며, 실제 작업은 경험적 이론에 기초한다. 전자는 설명할 수 없는 재난을 미리 제압하고 받을 자격이 없는 행운을 획득하는 것을 목적으로 하며, 후자는 인간의 노력이 당연히 가져온다고 여겨지는 것을 준다. 첫 번째 것은 우두머리, **토워시**의 사회적 특권이며, 두 번째 것은 공동체의 모든 구성원의 경제적 의무이다.

나는 지금까지 오로지 공적인 주술에 관해서만 이야기해왔다. 또한 주술과 작업 사이의 구별을 분명히 하는 동안, 단지 공적인 경작지 주술사인 **토워시**의 의례와 주문들만 언급했다. 이제 이즈음에서 트로브리안드에는 사적인 경작지 주술이 존재한다고 이야기하는 것이 좋겠다. 나는 사적인 주술 문구들을 한두 개 입수했고, 다음 장들 가운데 한 곳에서 그 문구들을 제시할 것이다. 사적인 경작지 주술의 경우에는 의례가 다소 빈약하며 영향력도 제한되어 있는데, 그 사실도 어느 정도 충분하게 설명될 것이다. 사적인 주술은 주로 파종 시기에 얌 종자를 대상으로 해서, 그리고 덩

∶

38) 〔역주〕 타인에게 해를 끼치기 위해 행하는 주술의 종류를 말한다. 이와 반대로 타인에게 유익을 안겨주기 위한 목적으로 행하는 주술을 백주술이라고 한다.

이줄기들을 솎아내는 시기에는 땅 파는 막대기와 도끼를 대상으로 행해진다. 그것은 주술에 걸리는 대상에게 직접 읊는 단순한 주문들로 구성된다. 공적인 경작지 주술이 그러하듯이, 사적인 경작지 주술도 결코 경작지에서 이루어지는 작업과 통합되지 않는다.

여기서 또 다른 형태의 경작지 주술을 언급할 필요가 있다. 그것은 사악하고 심술궂은 주술인 **불루브왈라타**인데, 경작지를 해치기 위해서 이웃이 행하는 것으로 여겨진다. 불행히도 나는 트로브리안드에서 체류가 끝나가도록 이 주술의 흔적만 추적하고 있었다. 대부분의 흑주술 사례들이 그러하듯이, 그 주술의 존재 여부를 확인하는 데만도 긴 시간과 엄청난 인내가 요구되었다. 흑주술의 세부사항을 입수하는 데에는 더욱 긴 시간이 걸렸을 텐데, 나는 그러한 임무를 성공적으로 완수하지 못했다. 내가 느낀 바로는, 적어도 경작지에 관해서는 **불루브왈라타**가 단지 하나의 신화에 지나지 않는다. 흑주술을 수행한다고 의심받는 사람들은 있지만, 그들은 결코 그러한 혐의에 들어맞는 일을 하지 않는다. 그렇지만 서툰 경작자들은 자신이 경작에 실패한 까닭이 자기 마을이나 좀 더 먼 곳에 사는 이웃 탓이라고 여길 것이고, 이웃들도 마찬가지로 그러한 혐의와 악의를 누군가에게 덮어씌울 것이라는 인상을 받았다(어쨌든, 3장 2절 참조).[39]

경작지의 전형적인 흑주술은 비와 가뭄의 주술로서, 풍요의 조건을 조절하는 주술이다. 그러나 이것은 요술처럼 은밀하게 행해지지 않는다. 비와 가뭄의 주술은 족장의 뜻에 따라 실행되는데, 그는 자신의 분노를 표현하기 위해서, 그리고 집단에게 벌을 내리고 자신의 뜻을 강제하기 위한 수단으로서 그 주술을 공개적으로, 또한 공식적으로 휘두른다. 사실상 비와

••

39) 또한, 부록 2, 4절, 주 5 참조.

가뭄의 주술을 휘두르는 것은 오마라카나 최고 족장이 지닌 가장 두려우면서 선망의 대상인 특권들 가운데 하나이다(5장 1절 참조).

이제 실용적 측면을 살펴보자. 트로브리안드에서는 남성과 여성, 족장과 평민, 족장의 주요 아내, 족장의 친누이, 또한 가장 초라한 노처녀들을 포함해서 모든 사람이 경작지 작업을 한다(제1부 3절 참조). 경작지 주술사역시, 오마라카나의 경작지 주술사인 바기도우처럼 몸이 아픈 경우만 아니라면, 작업에서 제외되지 않는다. 주술사는 다른 사람들이 작업하는 만큼의 소구획들에서 마찬가지로 작업하고, 동일한 강도로 모든 활동을 수행하며, 결코 자기가 해야 할 작업의 일부를 다른 사람에게 슬쩍 떠넘길수 없다. 사실 토착민들은 언제나 경작지 주술사와 족장이 매우 유능한 경작자이기를 기대한다. 릴루타와 크와이브와가, 그리고 음타와의 군소 족장들은 훌륭한 경작자들로 인정받고 있는데, 그들은 항상 더 나은 경작자가 되려고 서로가 혹은 평민들과 경쟁한다. 경작지 작업은 전문화되지 않으며, 전문가들이 경작지 작업을 면제받는 일도 없다. 전체 공동체를 위해 활동하는 주술사조차 자기 몫의 경작지 작업을 해야 한다.

경작에서 가장 중요한 구별은 남자와 여자의 역할 구분이다. 여자는 결코 자신을 위해 경작할 권리를 가질 수 없다. 그녀는 절대로 "경작지의 주인" 혹은 "소구획의 주인"이라고 불리지 않는다. 그녀는 결코 독립적으로 작업하지 않으며, 어떤 남성이 항상 그녀를 위해 그리고 그녀와 함께 농사를 지어야 한다. 가장 신분이 높은 여성이 자기보다 신분이 더 낮은 남자와 결혼한 경우에도 그렇다. 결혼하지 않은 소녀는 그저 자기 어머니를 돕는다. 결혼하면 그녀는 남편의 경작지에서 일한다. 남편, 아내, 자식들로 이루어진 가족은 트로브리안드 경작의 가장 작은 협동 단위이다. 그들은 경작지 회의 때 그들에게 분배된 여러 소구획 경작지들을 협력해서 경작한다(2장 3절 참조). 〈사진 24〉에서는 그러한 가족 집단이 완전히 정리된, 예비 농작물을 심을 준비를 갖춘 경작지에 모여 있는 광경을 볼 수 있다. 이러한 공동 작업에서는 규칙적인 분업이 이루어진다. 남자가 덤불을 자른다. 남자와 여자는 함께 땅을 정리하고 파종을 위해 준비한다. 남자가 파종을 한다. 여자는 잡초를 뽑는다. 남자는 덩굴을 원하는 모양으로 가꾸어야 하며 뿌리를 솎아내야 한다. 반면, 최종적인 수확을 위해서는 남자와 여자가 함께 협력한다. 훌륭한 경작자라는 명성이나 누구나 받고 싶어 하는 칭찬과 그 밖의 이득은 여자가 아니라 남자에게 돌아간다. 그녀는 단지 간접적으로 그것들을 나눌 뿐이다. 여자의 영예를 높이는 것은 오히려 그녀의 남자 형제가 그녀의 가족을 위해 주는 농산물의 양이다.

게다가 미혼 남성이나 미혼 여성은 일가족과는 다른 방식으로 작업을 하며, 족장이 여러 명의 아내들 가운데 한 사람과 경작지 작업을 분담하는 방식은 일부일처제 부부 사이의 작업 분담 방식과 다를 수밖에 없기 때문에 상황은 더욱 복잡해진다. 옛날에 최고 족장이 50여 명의 아내를 두고 그에 상응하는 소구획들을 가지고 있었을 때, 그는 각각에 대해 보통 남자가 하는 몫의 50분의 1의 작업을 대충 할 수 있을 뿐이었다. 신분의 유형에 따라서 경작지에 대한 권리와 경작지에서의 작업 및 협력이 어떻게 다르게 나타나는지 살펴보는 것이 가장 좋겠다.

(1) 독신 남자나 홀아비는 모든 작업을 스스로 해야 하며, 다만 잡초 뽑기는 몇몇 친족 여성이 호의로 해줄 수도 있다. (2) 한 사람의 아내와 아마도 아이들을 둔 보통 남자는, 자기 아들들이 어리다면 그들의 도움을 받아서 남자가 해야 할 작업만을 할 것이며, 반면 그의 아내와 딸들은 여자의 작업을 할 것이다. 아들이 장성한 후, 만약 그가 한동안 부모의 집에서 계속 머무른다면 아버지의 공동체에서 자신의 소구획을 받을 것이다. 그렇지

〈사진 23〉주술적 모퉁이
"주문을 암송하기 직전에…… 캄코콜라에 기대어 있는 주술사." (1장 3절, 또한 3장 4절 참조)

〈사진 24〉경작지의 가족 집단
"……가족은 트로브리안드 경작의 가장 작은 협동 단위이다." (1장 9절, 12장 2절 참조)

않으면 그는 그곳을 떠나서 모계 공동체에서 자신의 경작지를 일굴 것이다. (3) 둘 혹은 그 이상의 아내를 가진 우두머리나 유지는 일반적으로 보통의 소구획 할당량보다 그가 가진 아내의 수만큼 배가 되는 소구획들을 가질 것이다. 그는 이처럼 많은 수의 소구획들에서 모든 작업을 혼자서 할 수 없지만, 대신 자신의 신분을 이용해서 덤불치기와 파종을 공동으로 하고 보수를 지급할 수 있다. 또한 그는 아들들을 자기 마을에 오랫동안 데리고 있을 것이며, 이들은 각자 자기 어머니의 소구획에서 작업하면서 그를 도울 것이다. (4) 대략 40에서 60여 명의 아내(내가 트로브리안드에 머무를 동안 그들은 14명으로 줄어들었다.)와 크고 복잡한 가정을 가진 최고 족장은 각각의 아내를 위해 대략 두세 곳씩 경작지를 일굴 것이다. 그가 직접 분담하는 작업량은 분명히 매우 조금밖에 되지 않을 것이다. 내가 판단할 수 있는 한, 그는 한 사람이나 두 사람, 혹은 기껏해야 세 사람의 아내와 함께 작업할 것이다. 〈사진 25〉에서는 작업에 열중하는 경작 작업조의 남성들을 볼 수 있다. 전경(前景)에서는 기울어진 **캄코콜라** 장대들을 볼 수 있다. 나머지 작업은 일부는 각 아내의 아들들에 의해서, 일부는 공동 노동에 의해서 마무리될 것이다. 덤불치기와 주요 농작물의 파종 때에는 항상 공동 노동이 이루어진다(4장 5절 참조).

9. 부족 경제와 공적 생활에서 경작의 위치

제1부에서는 트로브리안드의 경제에서 농경이 얼마나 근본적인 역할을 하고 있는지를 살펴보았다. 이제 우리는 주술적 상부구조에 법적 원칙들과 심미적 관념들이 뒤얽히고 작업과 지식이 결합되면서 농경 제도에 경제

〈사진 25〉 타이투를 심고 있는 경작 작업조의 남성
"덤불치기와 파종 때에는 항상 공동 노동이 이루어진다." 전경(前景)에서는 기울어진 캄코콜라 장대들을 볼 수 있다. (1장 8절)

적 차원을 넘어서는 새로운 차원들이 더해지는 방식을 알 수 있다.

경작지들은 어떻게 보면 일종의 예술 작품이다. 토착민들은 형태와 장식이 완벽하고 매끄럽게 마무리된 카누나 집을 만들면서 예술가의 기쁨을 느끼며, 공동체 전체는 그러한 성취를 자랑스럽게 여긴다. 그런데 이와 마찬가지로, 토착민들은 자신의 경작지를 계획하고 가꿀 때에도 정성을 쏟아붓는다. 그는 물론이고 그의 혈족이나 친한 마을 사람들까지도 그의 노동이 이룩한 빛나는 결과를 자랑스러워하게 될 것이다.

토착민들은 순전히 심미적 효과를 거두기 위해서 경작지를 깨끗하고 멋지고 아름답게 가꾸려고 상당한 노력을 기울인다(제1부 3절 참조). 그들은 파종하기 전에 땅에서 돌, 막대기, 부스러기들을 치우는데, 순전히 기술적인 근거에서 엄밀하게 요구되는 정도보다 훨씬 더 세심하게 작업한다. 그들은 말끔하게 치운 경작지에 막대기들을 올려놓고, 길이가 약 4~10미터,

폭이 2~5미터인 산뜻한 직사각형들로 땅을 분할한다(〈사진 26〉을 보라). 이러한 직사각형들은 실제로는 별로 쓸모가 없지만, 토착민들은 경계를 표시하는 막대기들의 품질과 조화를 매우 중요하게 여긴다. 이미 언급했던 대로, 토착민들은 순전히 주술적인 구조물인 **캄코콜라**를 멋지게 만들기 위해서도 많은 노력을 쏟아붓는다. 토착민들은 얌 덩굴의 버팀대로 쓸 장대를 찾을 때, 자기 자존심을 걸고 튼튼하고 단단하며 곧은 장대를 고른다. 그들은 이어지는 작업 단계마다 서로를 방문해서 경작지의 미학적 특성에 대해 서로 감탄하고 평가하는데, 이것은 마을 생활에서 나타나는 변치 않는 특징이다.

토착민들은 성공적으로 작업을 마무리했을 때 상당한 즐거움을 맛본다. 또한 토착민들은 "보기 좋은 경작지와 풍성한 농작물을 가지는 것은 올바르고 자랑스러우며 바람직한 일"이라는 원칙에 녹아 있는 사회적인 압력을 경험한다. 트로브리안드의 경작과 수확, 그리고 일반적인 경제적 조건의 수많은 특징들 속에서 그러한 심리적 요소들이 표현되는 것을 볼 수 있다.

토착민들이 수확한 농작물을 활용하는 방식을 좀 더 충분히 살펴보면, 왜 그들이 경작지에서 그렇게 열심히 일을 하면서 그토록 많은 관심과 심미적인 배려를 쏟아붓는지 그 이유를 알 수 있을 것이다. 토착민들이 어떤 식으로 농작물을 땅에서 뽑아서 저장하는지, 그들이 어떤 식으로 농작물을 깨끗이 다듬고 셈하고 장식해서 여러 차례 전시하는지, 어떤 식으로 농작물에 특별한 주술을 걸어서 장기간 농작물을 저장하더라도 탐욕스러운 인간의 식욕을 자극하지 않도록 만드는지, 농작물을 어떤 식으로 사회적 범주에 따라 재분배하고, 다시 이름 붙이고, 분류하는지 등을 모두 상세히 살펴보고 난 뒤에야, 비로소 우리는 트로브리안드의 농부에게 농작물이 어떤 가치를 지니는지를 평가할 수 있을 것이다(5~7장 참조).

또한 농작물의 경제적 기능이 서로 구별된다는 점을 지적할 필요가 있다. 앞으로 살펴보겠지만, 주술에서는 대체로 타로가 타이투나 쿠비보다 더 많이 눈에 띄지만 농산물의 출하와 부족 경제에서는 타로가 그것들보다 훨씬 덜 중요하다. 설명은 매우 간단하다. 타로는 썩기 쉬우므로 그것을 파내자마자 바로 먹어야 하기 때문이다(제1부 10절 참조). 거대하고 다루기 힘든 얌인 쿠비는 비교적 오랜 기간 동안 저장될 수 있지만 작은 얌인 타이투처럼 좋은 상태로 보존되는 것은 아니며 훨씬 더 맛이 없기에, 토착민들에게 그다지 주요 식량으로 인정받지 못한다. 그렇지만 쿠비는 크기와 모양이 굉장하기 때문에 장식과 전시를 위해 귀중한 농작물로 인정받는다(〈사진 63〉, 〈사진 65〉, 그리고 〈사진 74〉 참조). 주요 식량인 타이투는 토착민들에게 카울로, 곧 최고의 채소 식량이다. 그 점은 수확기와 그 이후에 뚜렷하게 드러난다. 타이투는 번영의 수단이고, 풍요, 곧 말리아의 상징이며, 토착민에게 부의 주요 원천이다.

식량이 있다는 것은 토착민들에게 두려워할 게 없음을, 곧 미래에 대한 안심과 자신감을 의미한다. 그런데 단지 그뿐만이 아니다. 식량이 있다는 것은 춤과 축제, 카누 만들기와 조각을 위한 여가의 가능성을 의미하며, 유쾌한 해외 원정과 대규모의 방문과 사교를 위한 기회를 뜻한다. 탁월한 경작자나 족장, 혹은 주술사에게 그것은 부투라(명성)와 허영심의 만족을 의미한다.

앞으로 수확에 대해 살펴볼 때, 식량에 대한 토착민의 태도가 분명하게 드러날 것이다. 트로브리안드인에게 수확은 힘든 작업이지만, 그럼에도 불구하고 수확기는 분명 축제의 기간이며 즐거운 시기이다. 식량이 처리되고 전시되는 방식이나 얌과 얌 무더기들을 세고 감탄하는 관습을 살펴본다면, 또한 채색된 얌 창고를 채우는 광경이나 풍요의 의례인 빌라말리아

주술을 비롯한 모든 과정을 지켜본다면, 식량, 혹은 쌓아놓은 식량에는 토착민들을 감정적으로 끌어당기는 힘이 있다는 사실을 알아차리게 될 것이다. 가령 토착민들은 수확의 두 단계에 당면한 작업을 계속하는 대신에, 일을 중단하고 말끔히 손질된 얌을 멋진 원뿔형 더미로 쌓고 각 더미 위에 나뭇가지로 만든 정자를 세운다. 그리고 마을 사람들이나 방문자들이 보고 감탄할 수 있도록 며칠 동안, 심지어 몇 주 동안 그대로 놓아둔다. 그러한 더미(〈사진 17〉 참조)는 경작자의 성취, 공동체의 부, 그리고 땅의 비옥함을 나타낸다.

토착민의 입장에서, 쌓아놓은 식량은 좋은 것이다. 쌓아놓은 식량이 없다는 것은 두려워할 만한 일인 동시에 부끄러워할 만한 일이기도 하다. 어떤 사람에게 **갈라 캄**, "네 식량은 없다."고 말하거나, 혹은 **캄 몰루**, "너는 배고프다."고 말하는 것보다 더 큰 모욕은 없다[40](또한 6장 3절 참조). 전통적인 관습에 복종해야 할 경우가 아니라면, 어떤 사람도 음식을 받거나, 식량을 구걸하거나, 낯선 곳에서 음식을 먹지 않을 것이다. 식량을 주는 것은 우월한 행동이다. 그리고 관대하게 베푸는 것은 모두에게 인정받는 미덕일 뿐 아니라 최고의 특권이다.

장례 때나 춤출 때, 결혼할 때나 상가에서 접대할 때를 비롯한 모든 경우에 식량이 전시된다. 식량은 조상의 영들이 해마다 되돌아올 때 그들에게 바쳐지며, 예식의 공물로서 제공된다(제1부 7절과 10절 참조).

이미 지적했던 대로, 신분에 따라 식량이 축적된다. 신분이 높은 남자만이 틈새가 넓게 트인, 장식된 큰 창고를 가질 수 있다. 평민들은 눈에 띄지 않는 **브와이마**(창고, 8장 참조)에 얌을 저장해야 한다.

∴

40) 두 표현들에서 캄은 우연한 동음이의어이다.

식량 분배와 관련된 복잡한 사회학, 곧 친족 및 인척 관계와 관련된 의무들과 족장에게 바쳐질 공물에 대해서는, 앞에서도 잠깐 언급했지만(제1부 9절), 6장(1절과 2절)과 12장(특히 1절, 2절, 그리고 3절)에서 더욱 깊이 논의하게 될 것이다. 수확을 설명하는 부분에서는, 수확된 농작물을 할당 혹은 분배하는 복잡한 토착 시스템에 따라 생산물을 취급하고 운반하기 위해서 얼마나 엄청난 양의 노동이 요구되는지를 보게 될 것이다.

알다시피 식량은 다른 실용품들의 생산 과정에서 사용된다. 그리고 족장의 수중에 있는 축적된 식량은 부족 단위의 사업을 가능하게 한다(제1부 4절, 6절, 그리고 10절). 이와 관련해서, 경작의 명예, 곧 **토크와이바굴라**(유능한 농사꾼)에게 따라오는 명성은 신분이 높은 사람들만 식량을 축적할 수 있도록 하는 규칙에 언제나 종속된다는 사실을 기억해야 한다. 당신은 훌륭한 경작자라는 명성을 얻을 수도 있겠지만, 그렇더라도 족장이나 우두머리의 얌 창고를 채우기 위해 힘을 쏟아야 한다. 어떤 평민도 너무 부유해져서는 안 되며, 실제로 권력을 지닌 자들을 제외하고는 다른 누구를 위해서 작업해서도 안 된다. 그럴 경우 명성을 얻기보다는 오히려 요술로 인해 건강이 나빠지거나 심지어 죽음에 이르는 것이 그의 노동에 대한 보답이 될 것이다.

해마다 수확되는 농작물은, 특히 작은 얌(타이투)은 트로브리안드의 공적인 생활과 사적인 생활, 그리고 모든 제도와 일의 경제적 토대이다(제1부 10절 참조). 이 점을 염두에 둔다면, 미학적인 즐거움과 열정적인 감정의 뒤섞임, 힘든 작업과 즐거운 활동의 뒤섞임, 주술적 신비주의와 매우 격렬한 노동의 뒤섞임을 이해할 수 있을 것이다. 다음 장들에서 이러한 문제들을 다루게 될 것이다. 우리는 트로브리안드인이 땅을 갈고, 튼튼한 덩굴 버팀대를 세우고, 주술적 구조물을 만들고, 소구획 경작지들을 길고 가느다란 장대로 서양 장기판처럼 분할할 때 세심한 관심을 쏟는 까닭을 이해하게 될 것이다. 또한 이처럼 미적인 부분에 지나치게 신경을 쓰면서 작업을 해나가는 것이 농작물의 성장에 공감적 영향력을 미친다는 믿음을 헤아릴 수 있게 될 것이다. 토착민들은 끊임없이 주술을 수행함으로써 그러한 영향력이 훨씬 더 생생하게 지속된다고 믿는다.

평범한 농부들은 족장과 자신의 인척과 친척에 대한 의무를 다하기 위해서, 그리고 또한 자신의 몫을 얻기를 열망하면서 진심으로 즐겁게 일을 한다. 만약 그가 정말로 유능하다면 자기 가족에게 필요한 만큼을 벌고 모두에게 각각 정해진 몫을 공급해서, 자신에게 합당한 명성을 얻게 될 것이다. 그러나 그는 결코 자신의 경쟁자를 능가해서 개인적인 부를 쌓으려는 야망을 품어서는 안 된다. 그렇게 하면 반드시 탈이 생길 것이다.

성공적인 경작을 위해서는 개인적인 노력도 필요하지만, 공동체의 일상적인 경작지 주술인 **토워시**의 힘, 풍요의 주술인 **빌라말리아**의 영향, 그리고 특히 최고 족장인 **토우리쿠나**의 가장 강력한 주술적인 힘이 작용해야 한다. 이 마지막 주술은 지나친 햇빛으로 가뭄을 일으킬 것인지, 혹은 적절한 비를 내림으로써 트로브리안드 군도를 비옥하게 할 것인지를 최종적으로 결정한다.

제2장
오마라카나의 경작지 : 이른 작업과 시작 주술

트로브리안드에서 가장 부유하고 비옥한 지구인 키리위나의 중심부에 오마라카나가 자리하고 있다. 오마라카나는 북부 맛심의 모든 종족 가운데 가장 고귀하고 강력한 타발루 하위 씨족의 중심지다(제1부 3절 참조). 이미 우리는 키리위나가 훌륭한 경작지와 탁월한 경작지 주술의 신화적 후광으로 둘러싸여 있다는 것을 알고 있다. 또한 키리위나가 가장 귀족적이며 가장 부유하고 따라서 가장 강력한 지방이며, 그곳의 부와 권력은 최고 족장인 오마라카나의 그 타발루의 수중에 있다는 것을 알고 있다.

이 하위 씨족의 명예로운 혈통은 최초의 말라시로 거슬러 올라가는데, 그들은 인류가 처음 땅에서 나왔을 때 등장했던 형제와 자매, 혹은 모계 공동체에 더욱 적합하게 표현하자면 자매와 형제이다. 그들은 오마라카나 전체의 신화적 중심지인 라바이 마을 근처의 북서 해안에서 출현했다.

전승에 따르면 그들은 오마라카나로 이주했고, 그들의 찬란한 신분과 막강한 지위 앞에서 원래 오마라카나에서 살던 그 땅의 자손들은 물러날 수밖에 없었다(12장 1절과 3절 참조).[1]

1. 경작 주기의 주요 인물들

그래서 타발루 하위 씨족은 그 땅[2]의 소유자들로 여겨지게 되었으며, 또한 경작지 주술사로 활동할 권리와 의무를 지니게 되었다. 최고 족장은 공개적으로, 그리고 공식적으로 오마라카나의 경작지에서 수행되는 카일루에 빌라라는 토워시 경작지 주술 체계를 장악하고 있다. 내가 그 지구를 방문했을 무렵(1915~1918)에는, 권력을 충분히 휘두를 수 있었던 마지막 족장인 토울루와가 아직 살아 있었다. 그는 마을에서 눈에 띄는 존재였다. 그는 때로는 자기 오두막이나 창고 앞에서 땅에 웅크리고 앉아 있었고, 때로는 백성이 자유롭게 움직일 수 있도록, 〈사진 27〉에서처럼 그의 **쿠부도가** (높은 단) 위에 앉아 있었다(제1부 9절 참조). 그는 빈틈없고 상식적인 남자였지만, 그의 자존심은 유럽의 침입으로 꺾여버렸다.[3] 그는 대부분의 직책에서 은퇴하였다. 또한 그는 기억력이 나빴으며 주술의 구비 전승에 그다지 정통하지 못했다. 그러므로 그가 알고 있던 경작지 주술은 그의 모계 조카이자 직접적인 계승자이며 족장 지위의 합법적인 추정상속인(推定相續人)[4]인 바기도우에게 위임되었다.

기억하겠지만, 경작지 주술사의 직책은 본래부터 족장직 혹은 공동체의 우두머리직에 귀속되어 있으며 다른 모든 작위나 지위와 마찬가지로 여성

··

1) 〔역주〕 그들은 원래 라바이 근처의 오부쿨라 땅에서 출현했는데 이후 오마라카나로 이주했으며, 따라서 오마라카나의 원주민들은 새로운 마을로 이주해야 했다고 전해진다.
2) 〔역주〕 오마라카나를 가리킨다.
3) 〔역주〕 1912년에 주재 부지사였던 벨라미는 요술을 행했다는 죄목으로 토울루와를 감옥에 가두었다. 이 사건으로 인해 토울루와는 최고 족장으로서의 자부심에 상처를 입었다. 뿐만 아니라, 토착민들 사이에서 최고 족장의 권위도 손상되었다.
4) 〔역주〕 현재 상태로 상속이 이루어질 경우 상속받게 될 사람을 가리키는 용어.

〈사진 26〉 경작의 미학(美學)
"말끔하게 치운 경작지에 막대기들을 올려놓고, 산뜻한 직사각형들로 땅을 분할한다." (1장 9절, 3장 3절 참조)

〈사진 27〉 수확물 공물을 감독하는 최고 족장
"그는 그 마을에서 눈에 띄는 존재였다. 그는 때로는 자기 오두막이나 창고 앞에서 땅에 웅크리고 앉아 있었고, 때로는 백성이 자유롭게 움직일 수 있도록 (여기서 보이는 것처럼) 높은 단 위에 앉아 있었다." (2장 1절, 제1부 9절 참조)

의 핏줄을 따라 세습되는데, 즉 형에게서 남동생에게로 그리고 외삼촌으로부터 조카에게로 세습된다(제1부 9절 참조). 그렇지만 때때로, 그다지 드물지 않게, 족장은 그 직책을 자기 아들에게 위임할 수 있는데, 특히 아들이 높은 신분의 하위 씨족에 속해 있다면 더더욱 그렇게 할 것이다. 루크와시시가의 하위 씨족인 크워이나마는 오사폴라 마을에 거주하는데, 타발루 하위 씨족에게 남편들과 아내들을 공급하기에 가장 적합한 하위 씨족이다. 보통 그러한 결혼에서 태어난 아들들은 중심지에서 특별한 자리를 차지하고 있으며, 여러 가지 중요한 직책들 가운데서도 경작지 주술사의 직책을 종종 수행하곤 한다. 예컨대 바기도우의 전임자는 자기 아버지인 요와나였는데, 그는 타발루 하위 씨족인 족장 푸라야시와 크워이나마 하위 씨족 여자인 비세우의 아들이었고, 그러므로 후자의 하위 씨족에게 속했다. 요와나는 타발루 하위 씨족 여자인 카두불라미와 결혼했으며, 따라서 그의 아들들은 족장직의 계승자들이 되었다. 요와나는 경작지 주술을 바기도우에게 가르쳤고, 바기도우는 자기 외삼촌의 동의를 받아서 오마라카나에서 경작지 주술을 수행하고 있었다.

바기도우는 뛰어난 능력과 지성을 겸비한 남자였다(〈사진 28〉 참조). 트로브리안드에서 상류층 사람들이 대부분 그러하듯이, 그는 대단한 인품과 함께 매우 훌륭하지만 내향적인 태도를 가지고 있었다. 그는 담배로 매수되기보다는 본인 스스로의 판단에 따라 움직이는 사람이었다. 일단 그가 관심을 가지면 백인 남자조차도 일종의 친구가 될 수 있었다. 그는 정보 제공자로서 매우 느긋했고 유능했는데, 그것은 그의 개인적 불운에 기인했다. 내가 그를 만났을 때, 그의 폐병은 분명히 많이 진행된 상태였다. 그래서 그는 대체로 자신의 집 안이나 집 주위에 머물러야 했으며, 기꺼이 대화를 나누려고 했다. 그는 토착 전승의 보고(寶庫)였고, 지성적이었으며,

〈사진 28〉 자신의 창고 앞에 있는 바기도우
그는 "뛰어난 능력과 지성을 겸비한 남자였다." (2장 1절)

총명했고, 기억력이 탁월했다. 따라서 그는 내가 주술에 대한 정보를 얻는 주요 원천 가운데 하나였다. 게다가 그는 병들었지만 여전히 모든 경작 활동과 경작지 주술을 몸소 계속했고, 대부분의 주요 예식들을 직접 수행했다(〈사진 29〉).

우리는 모든 경작지 의례에서 이 두 사람의 주연들[5] 외에도 바기도우의 중요한 조수들과 친숙해지게 될 것이다. 그의 남동생인 토웨세이와 미타카타[6]

:

[5] 〔역주〕족장인 토울루와와 경작지 주술사인 바기도우를 가리킨다.
[6] 〔역주〕그는 나중에 토울루와를 계승해서 족장이 되었으며, 1950년대에 사망할 때까지 족장직에 있었다.

는 이미 대부분의 주술 문구들을 배웠으며, 바기도우의 복사(服事)[7]처럼 행동하고 있었다. 최고 족장의 아들이며 크워이나마 씨족인 요부크와우는 경작지 주술사의 개인적인 친구였으며, 그에게서 주문과 의례의 세부사항들을 배웠다.

이처럼 눈에 띄는 인물들 외에도, 그 공동체는 보통 서열이 높은 마을이 그렇듯이 몇 가지 계층들로 구성되었다(제1부 9절 참조). 마을 사람들은 첫째로 신분이 높은 주민들, 족장의 모계 친척들과, 둘째로 소유권이 박탈된 원래 소유자들의 부류에 속하는 하위 씨족들—현재 크와이브와가의 일부를 통치하는 높은 신분의 부라야마 하위 씨족(루크와시시가 씨족)과, 말라시 씨족의 평민들인 칼루바우 하위 씨족—과, 마지막으로 **빌로무그와**, 즉 주민이 아니라 족장의 수하 혹은 종복으로서 마을에서 살아가는 신분이 낮은 사람들로 구분된다. 후자 가운데 서너 명은 경작 능력에 의해 따로 구별되었다. 그들은 **토크와이바굴라**, 완벽한 경작자들이라고 불렸다.

나는 오마라카나의 경작지 주술과 경작지 작업을 주로 연구대상으로 삼았는데, 바기도우가 배려해준 덕분에 그렇게 할 수 있었다. 그는 내가 경작지에서 이루어지는 모든 의식에 참석하도록 허락해주었을 뿐 아니라, 보통 의식이 수행되기 며칠 전에 미리 알려주었고, 자신이 준비한 것들 대부분에 대해 이론적 근거를 설명해주었으며, 나를 자기 집에 초대해서 자신이 실제로 엄숙하게 의식을 수행하면서 주문을 읊는 모습을 볼 수 있게 해주었고, 특별한 끈기와 능력으로 그 주문들을 구술해주었으며, 내가 그것

7) [역주] 원래는 가톨릭 교회에서 신부의 미사 집전을 돕는 사람을 가리키는 용어이다. 이 책에서는 주술사를 도와서 주술 예식의 집전을 보조하는 조수를 가리키는 용어로 사용된다.

들을 번역하는 일을 도와주었기 때문이다. 그것은 결코 그에게도 내게도 쉬운 일이 아니었다. 덕분에 우리는 각각의 예식을 모두 세부적으로 파악할 수 있고, 모든 주문을 알 수 있으며, 트로브리안드에서 가장 지성적인 인물들 가운데 한 사람의 설명을 통해 도움을 받을 수 있다.

2. 트로브리안드 농경의 표준

오마라카나의 경작지 주술과 작업은 트로브리안드의 모든 체계 가운데 가장 정교하고 아마도 가장 유명하며, 다른 공동체에게 하나의 모범이자 본보기가 된다. 그러므로 다음의 설명은 일반적인 경작의 실제 사례로 여겨질 수 있다. 다양한 체계들은 마을마다 약간씩 다르지만, 9장과 10장, 그리고 기록 5에서 7까지에서 이루어지는 비교 조사를 통해서 마을마다 나타나는 근소한 차이들을 파악할 수 있을 것이다. 이제 다루게 될 세부사항들은 단지 학설에 얽매이거나 자료를 수집하기만 해서는 얻을 수 없는 것들이다. 오로지 작업하는 토착민들을 따라다니면서 그들의 관점에서 그들이 행하는 모든 것을 고려할 때에만, 즉 그들이 정말로 중요하게 여기는 모든 일을 실행하는 과정을 세심하게 따라갈 때에만 토착민의 행동을 토착적인 의미에 진정으로 접목시킬 수 있으며, 토착민들에게 경작지가 어떤 가치를 지니고 있는지를 이해할 수 있다.

해마다 열리는 밀라말라 잔치는 트로브리안드의 신년 의식이다. 이 잔치는 분명히 그들의 경작 작업과 결합되어 있으며 밀라말라 달에 개최되는데, 키리위나에서는 대략 8월에 개최된다(시간 계산표, 〈그림3〉). 밀라말라 잔치 이전에 수확이 마무리될 뿐 아니라 새로운 경작지 작업도 시작되며, 이후에 화전과 정리, 그리고 **카이마타**[8]에서의 파종이 진행된다. 보통 주요 경작지보다 한두 달 전에 이른 경작지 혹은 예비 경작지에서 작업이 시작된다. 내가 1915년에 오마라카나에서 머물렀을 때, 6월경 주요 경작지에서는 수확이 여전히 진행되고 있었지만, 이른 경작지 쪽에서는 덤불치기가 이미 끝났다.

이른 경작지들은 울타리로 분리되며, 일반적으로 취락에 인접한 밭에 조성된다. 사실 이른 경작지들은 종종 마을의 작은 숲에 둘러싸인 평지에 자리 잡고 있으며 〈사진 30〉에서 그 모습을 볼 수 있다. 그 사진 속에는 야자나무가 몇 그루 서 있는데, 소구획이 점점 넓어지면서 마을의 작은 숲을 잠식한 것이라고 추측할 수 있다. 남자들은 저마다 이른 경작지에서 소구획 한두 곳만을 경작하는 반면, 늦은 경작지, 곧 주요 경작지(**카이마타**)에서는 셋에서 여섯 곳의 소구획들을 경작한다. 두 종류의 경작지들에서는 사실상 같은 농작물이 경작되지만, 주요 경작지에서는 좀 더 집중적으로 타이투가 경작되는 반면, 이른 경작지에서는 훨씬 더 많은 종류가 경작된다. 농작물의 종류는 경작지들이 어떤 계절에 주로 일구어지는지에 따라 달라진다. 이른 경작지에서 수행되는 주술은 주요 경작지에서 행해지는 주술과 동일하지만, 완전한 전체 예식은 주요 경작지에서만 수행된다. 대략 이야기하면, 당신이 이 장과 다음 장들(2장에서 7장까지 총괄적으로)에서 읽게 될 내용의 대부분은 **카이무그와**와 **카이마타**, 곧 이른 경작지와 주요 경작지 모두와 관련된다. 만약 내가 한 유형의 경작지에 대해 서술하다가 잠시 멈추고 다른 유형의 경작지에서 이에 필적하는 것을 찾아내는 등, 여기서 저기로 끊임없이 도약하면서 설명을 이중으로 되풀이하고 이야기의 흐

∙∙

8) 〔역주〕주요 경작지.

름을 끊어버린다면, 당신은 너무 혼란스러울 뿐 아니라 지루해질 것이다.[9]

3. 카야쿠-회의에서 족장과 주술사

야코키 달의 어느 때에 바기도우는 화창한 날씨가 하루나 이틀 동안 이어지기를 기다린다. 경험이 풍부하고 훌륭한 기상학자인 그는 토울루와 족장과 함께 예식적인 협의를 위한 날을 정한다. 어느 화창한 저녁에 그는 자기 오두막 앞의 화톳불 주위에 서서, 카야쿠(경작지 회의)가 내일 개최될 것이라고 마을에 알리면서 짧게 열변을 토한다.

"좋다! 내일은 토울루와가 카야쿠를 개최할 것이니라. 경작을 시작할 시간이 왔도다. 작년에 농작물은 훌륭했고, 우리는 브와이마(얌 창고들)를 채웠으며, 카울로(채소 음식)를 먹었고, 성대한 사갈리(예식적 분배)를 수행했노라. 우리는 풍성한 식량을 모든 마을에게 주었노라. 올해에 우리는 더욱 훌륭하게 경작지를 일굴 것이니라. 브와이마(얌 창고들)는 채워져야 한다. 내일 그대들은 모두 참석해야 한다. 우리는 바쿠(중앙 공터)에 앉아서 이야기를 나눌 것이니라. 우리는 어떤 크와빌라(토지의 구획)를 경작할 것인지 알게 될 것이니라. 또 모든 발레코(소구획들)를 헤아리고, 누가 어떤 발레코를 일구고 누가 또 다른 발레코를 일굴 것인지를 계산할 것이니라. 좋다. 내일 나의 집으로 오라. 내일 우리는 빈랑나무 열매를 씹을 것이고, 녹색 코코넛을 마실 것이며, 사탕수수를 빨 것이고, 이야기를 나눌 것이니라."

∴

9) 시간 계산표를 훑어보면 경작지들에서의 계절적 차이를 알 수 있을 것이다.

우리는 우리의 경작지들을 헤아릴 것이니라.ʺ[10]

카야쿠[11]는 토착민들이 모여 앉아서 일을 논의하거나 혹은 단지 사교적으로 이야기하는 사회적 모임, 대화, 회의들을 가리키는 말이다. 그렇지만 토착민이 **오 카야쿠** 기간("앉아서 회의하는 시간")을 언급할 때처럼 한 절기를 정의하는 **카야쿠**는 새로운 경작이 시작되기 전에 경작과 관련된 일들을 논의하는 마을 회의를 가리킨다. 그것은 11번째 달에 개최되며(시간 계산표를 보라.), 항상 **토워시**(경작지 주술사)의 집 앞에서 개최된다. 오마라카나에서 남자들은 우선 족장의 커다란 개인 집(리시가) 앞에 모인다. 그리고 나서 그들은 족장과 함께 몇 발짝 떨어진 바기도우의 집으로 걸어가고, 거기서 반원형으로 땅에 웅크리고 앉아서 족장과 경작지 주술사가 절차를 시작하기를 기다린다. 바기도우의 아내인 다기리부아는 녹색 코코넛을, 때로는 심지어 요리된 얌 약간을 접시에 담아서 차례로 돌리며, 족장은 빈랑나무 열매 다발을 분배한다. 그리고 나서 토울루와는 여느 때처럼 딱딱한 태도로, 그들이 경작지에 관한 모든 것을 결정하기 위해 모였다고 이야기한다.

"작년에 우리는 이부타쿠와 로밀라와일라를 경작했노라. 이 년 전에 우리는 두구바유시를 경작했고, 이것은 우리의 가장 큰 **크와빌라**(토지 구획)였노라. 우리는 오랫동안 사카푸와 오브와비우에서 경작지를 일구지 않았지

∴

10) 이것과 다음에 인용된 연설문은 토착어 원문을 기록한 후 의역한 것이 아니다. 나는 현지조사의 초기 단계 동안에는 연설을 토착어로 빠르게 받아 적을 수 없었다. 인용된 연설문은 사실 나의 가장 초창기 정보 제공자인 구미가와야가 피진어로 내게 전해준 것이다. 항상 그러했듯이, 나는 "번역할 수 없는"(4부 2장 참조) 토착용어들을 토착어로 기록했다. 나는 다음 장들 전반에 걸쳐서 토착어 기록을 의역한 모든 원문에 번호를 매겨서 제5부를 참조할 수 있게 했다. 거기서 행간번역과 해설을 찾아볼 수 있을 것이다.

11) 이 용어 및 관련된 낱말들, 그리고 **카야쿠**에 관련된 몇몇 토착어 원문들의 언어학적 분석은 제5부에서 찾아볼 수 있을 것이다(5장 17~24절).

만, 이곳들은 너무 멀도다. 올해에는 우리가 투불로마, 카바카일리게, 그리고 오바보두를 경작하면 어떻겠는가?"[12]

이에 대해서 바기도우는 다음과 같이 대답했는데, 사실 그는 그 문제를 미리 족장과 함께 결정했었다. 바기도우가 그해에 몸이 아팠기 때문에 아주 근처의 토지가 그에게 배정되었다.

"좋소. 오 족장이시여, 나는 투불로마, 카바카일리게와 오바보두를 경작하고 싶습니다. 그곳에는 오딜라(덤불)가 잘 자랐습니다. 올해는 비가 많이 내려서 이 땅을 비옥하게 할 것입니다. 그 땅은 모두 **갈랄루와**(검고 무거운, 그러나 마른 흙)이며 **부투마**(가벼운, 붉은 흙)입니다. 그곳에서 우리의 경작지를 일굽시다."

모두에게 모두가 아는 내용을 이야기하며, 모두가 거기에 동의해야 하는 그러한 연설들은 트로브리안드의 공적인 생활의 특색을 이룬다.[13]

부지 선택이 이루어진 뒤에는, '경작지 소구획들의 집계'라고 불리는 것이 시작된다. 토지 보유에 대해 연구할 때(11장과 12장) 우리는 각각의 밭 혹은 경작지 구획(크와빌라)이 더 작은 소구획들, 발레코로 세분되는 것을 보게 될 것이다. 이것들은 어떤 의미에서는 개인적으로 소유되는데, 각각의 밭이 저마다 이름을 가지고 있는 것처럼, 전부는 아니지만 대부분의 소구획들도 이름을 가지고 있다. 족장이나 경작지 주술사가 **발레코**(소구획들)의 집계, 혹은 오히려 열거(칼라와)를 진행한다. 만약 소구획들의 이름이 기억나지 않더라도 집계는 이루어질 수 있다. 경작지의 전형적인 배치는

∵∵

12) 밭의 이름들은 기록 8을 참고하라. **카야쿠** 절차들의 법적인 성격은 11장과 12장, 그리고 기록 8에 나타난 토지 보유권에 대한 자료들을 참고하면 좀 더 잘 이해할 수 있을 것이다.
13) 또한 바쿠타와 테야바에서의 **카야쿠**에 대한 설명을 참조하라. 기록 6과 7, 특히 후자를 참조. 또한 부록 2의 4절, 주 6 참조.

앞의 표(⟨그림 4⟩)를 통해 알 수 있다.

물론 모름지기 모든 도표가 그러하듯이, 이 표는 더욱 복잡한 현실을 도식적으로 배치한 것에 불과하다는 점을 염두에 두어야 한다. 형태와 면적을 대략 어림잡아서 그린 오마라카나의 경작지 지도에서 알 수 있듯이(⟨그림 13⟩), 여러 큰 밭들은 확실한 직사각형이지만(예를 들어, 밭 8~12), 큰 밭 1과 더 작은 밭 2, 3, 4, 5 등은 부분적으로 둥글거나 부분적으로 사다리꼴이다. 그러나 예외 없이 중요한 방위 지점들—두 개의 울타리 계단과 네 곳의 모퉁이들, 그리고 중간의 측면들—을 찾아볼 수 있다(또한 이 절에서 아래를 보라).

또한 그 지도는 두구바유시, 오피크와쿨라 그리고 와리부와 같은 큰 밭들을 가로지르는 길 하나를 보여준다. 카바카일리게와 오바보다, 혹은 이부타쿠 그리고 사카푸와 같은 인접한 다른 밭들도 그 길의 어느 한쪽에 대칭적으로 자리 잡고 있으며, 보통 그 밭들의 경계는 길을 가로질러서 만난다. 밭 9와 8, 혹은 9와 10, 혹은 3과 2, 혹은 3과 4가 같은 해에 경작될 때, 그 길이 자연스럽게 그곳들을 가로지르도록 하기 위해서다. 그 길이 경작지와 만나는 지점에서 울타리 계단이 만들어진다. 이곳은 **칼라피실라 오 발루**(⟨그림 4⟩ 참조)라고 불린다. 바로 이 자리에는 언제나 네 곳이나 여섯 곳의 표준 소구획들, 곧 레이워타가 위치한다. 족장이나 경작지 주술사는 누가 오른쪽의 주요 표준 소구획을 개간하러 가겠느냐고 묻는다. "접니다." 이 선택된 장소를 경작할 영예를 부여받은 남자가 대답한다.[14] 그리고 나서 족장은 레이워타에 속하는 나머지 소구획들을 예식적으로 분배한다. 각 소구획마다 고유한 이름이 있다.[15]

⁘

14) 또한 부록 2, 4절의 주 3 참조.

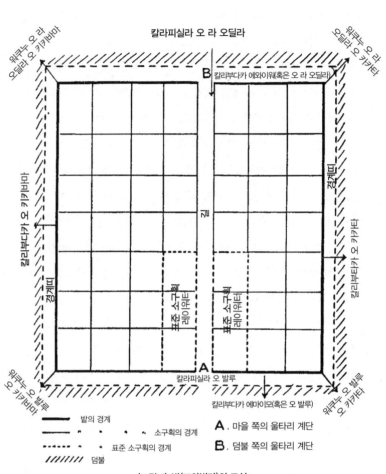

칼라피실라 오 라 오딜라

워쿠누 오 라
오딜라 오 키키바마

워쿠누 오 라
오딜라 오 키키타

B 칼리부다카 에와이워(혹은 오 라 오딜라)

칼리부다카 오 키키바마

경계띠

길

경계띠

칼리부타카 어 라 키키타

표준 소구획
레이아우테

표준 소구획
레이아우테

A

칼라피실라 오 발루

워쿠누 오 발루
오 키키바마

칼리부다카 에마이모(혹은 오 발루)

워쿠누 오 키키타
오 발루

———— 밭의 경계

— · — · — · — 소구획의 경계

····· · ···· · 표준 소구획의 경계

/////// 덤불

A. 마을 쪽의 울타리 계단

B. 덤불 쪽의 울타리 계단

〈그림 4〉 밭(크와빌라)의 도식

  각각의 표준 소구획이 보통 신분이 높은 남자나 유지에게 배정된 뒤에, 족장은 계속해서 나머지 소구획들을 같은 방식으로 분배한다.

∵

15) 이 이름들과 그것들의 언어학적 분석이 제5부 6장 29절에서 제시된다.

이미 말했듯이(1장 3절), 남자들은 저마다 소구획 여러 곳을 일구는데, 소구획의 숫자는 각자의 지위와 각자가 완수해야 할 의무, 그리고 힘과 근면성에 따라 결정된다. 일반적으로 한 사람이 경작하는 소구획의 수는 셋에서 여섯 사이다. 매우 유능한 경작자는 소구획 열 곳까지 경작할 수 있겠지만, 정말로 그렇게 많은 소구획들이 필요한 것은 아니다. 따라서 오마라카나의 미타유워는 보통 여덟 곳의 **발레코**를 일궜다. 그는 특별히 강하고 지성적인 남자였으며, 지치지 않고 오랜 시간 동안 일할 수 있었다(나는 그를 종종 짐꾼으로 부렸다). 또한 그가 나의 정보 제공자였기 때문에 알 수 있었지만, 그는 힘겨운 정신적 긴장이 오랫동안 이어지더라도 견뎌낼 수 있었다. 칼룸와이워라고 불리는 남자는 또 다른 **토크와이바굴라**였으며, 미타유워의 경쟁자였다. 그리고 내가 만나보지 못했지만 카와탈루는 해마다 아내의 도움을 받아서 열두 곳의 **발레코**를 일굴 수 있었다는 이야기를 들었다. 사람들은 그가 가장 위대한 경작자라고 말하곤 했다(또한 부록 2, 4절, 주 7 참조). 그러나 엄밀히 말해서 한 남자가 자신의 가구를 부양하기 위해서는 소구획 한 곳을 혹은 되도록이면 두 곳을 경작하면 된다. 또한 그는 **우리구부** 의무, 즉 매부(妹夫)의 얌 창고를 채워야 한다는 의무를 만족시키기 위해 적어도 소구획 한 곳을 경작해야 한다. 자신이 소비하기 위해 경작하는 소구획들은 **구바카예키**라고 불리며, 매부를 위한 소구획들은 **우리구부**라고 불린다. 남자는 보통 그러한 **발레코**를 모두 가지고 있다.

족장이나 경작지 주술사는 일정한 지형학적 도식에 따라서 소구획들을 차례차례 열거한다. 많은 소구획들에는 저마다 고유한 이름이 있다. 이름 없는 소구획들은 경작지 내에서의 위치에 따라 정의될 것이다. 경작지의 모든 면은 마을이나 덤불과 관련해서, 그리고 그곳을 지나가는 길에 의해서, 뿐만 아니라 오른쪽에 위치하느냐 왼쪽에 위치하느냐에 따라서 각각 묘사될 수 있다. 그러므로 경작지 측면(칼리부다카)을 따라 모퉁이(워쿠누)를 향해서 가고, 다시 측면을 따라서 (칼리부다카) 다음 모퉁이를 향해서 간다는 식으로 매우 분명한 조직 체계가 마련된다. 토착민들은 당신이 마을에서 나와서 마주치게 되는 경작지의 가장자리에 대해서, "이쪽 경작지 측면", 칼리부다카 에마이모라고 하거나, 혹은 단순히 "마을의 경작지 측면", 칼리부다카 오 발루라고 이야기할 것이다. 그리고 "오른쪽으로 마을 측면의 모퉁이", 워쿠누 오 발루 오 카카타가 나타날 것이며, 그러고 나서 오른쪽 경작지 측면, 칼리부다카 오 카카타가 나타날 것이다. 그러고 나서 "저쪽 모퉁이 혹은 귀퉁이", 워쿠누 에와이워가 나타나는데, 그것은 또한 "오른쪽의 덤불 귀퉁이", 워쿠누 오 라 오딜라 오 카카타라고 불린다. 저쪽의 경작지 측면, 칼리부다카 에와이워, 혹은 칼리부다카 오 라 오딜라, "덤불 경작지 측면"으로 불리는 것을 따라가면, "덤불의 울타리 계단", 칼라피실라 오 라 오딜라가 나온다. 다음에 왼쪽으로 덤불의 모퉁이, 워쿠누 오 라 오딜라 오 키키바마가 오고, 왼쪽 경작지 측면, 칼리부다카 오 키키바마, 그리고 마지막으로 "왼쪽으로 마을 측면의 모퉁이", 워쿠누 오 발루 오 키키바마가 온다(〈그림 4〉 참조).

따라서 토착민들은 경작지 부지를 분명하게 구획하고 분할한다. 그들은 거의 모든 소구획의 위치를 측면, 모퉁이, 울타리 계단, 그리고 중앙의 길과 관련지어서 정의할 수 있다. 게다가 그들은 그들의 밭을 매우 잘 알고 있으며, 각각의 밭을 몇 년마다 경작한다. 그들은 카야쿠에서 이루어지는 "마을에서의 집계"를 통해서, 일반적으로 모든 소구획을 확실하게, 실수 없이 장래의 경작자에게 분배할 수 있다.[16]

∴

16) 또한 이러한 세부사항들을 법적, 경제적 측면에서 더욱 명백하게 해줄 11장(특히 4절)과 12장을 참조.

그렇지만 이러한 방위 측정 체계는 형태가 너무 불규칙한 밭에는 적용될 수 없다. 우리가 알고 있듯이 오마라카나에는 그러한 종류의 밭이 없다. 그렇지만 남쪽 마을들, 특히 비옥한 토지가 여기저기에 작게 흩어져 있는 산호 능선이나 맹그로브 습지 근처의 마을에는 그러한 불규칙한 모양의 밭들이 매우 많다. 이러한 밭들에 대해서는 개별적으로 이름 붙여진 몇몇 소구획들과 지형학적 특이점들을 방위 측정의 지표로 삼는다. 나는 시나케타에서 열린 **카야쿠**에 직접 참석해서 내용을 기록하였는데, 그곳의 사례는 흥미롭다(〈원문 28c〉, 제5부 5장 21절). 회의를 주도한 사람은 마을을 구성하는 작은 촌락들의 족장이자 주술사인 토우다와였다.

(1) **족장** : "누가 울타리 계단에 있는 소구획을 일구겠느냐?"

　　그의 아들 : "저요."

　　족장 : "그리고 그다음 것은?"

　　어떤 평민 : "저요."

　　서너 개의 소구획들이 순차적으로 열거된 뒤에, 족장은 계속했다.

(2) **족장** : "좋다. 이제 맹그로브 습지로 넘어가자. 누가 하겠는가?"

　　어떤 평민들 : "제가……."(습지에 인접한 소구획들을 잇따라 요구하면서)

(3) **족장** : "우리는 이미 경작지 모퉁이에 이르렀다. 누가 경작지 모퉁이 주변에서 소구획을 일구겠는가?"

　　어떤 평민 : "저요."

(4) **족장** : "누가 경작지 측면의 소구획들을 물려받겠는가?"

　　어떤 평민들 : "제가……."

(5) **족장** : "그리고 브와델라에서 돌아 나오는 모퉁이는?"

　　어떤 평민 : "저요."

〈사진 29〉 첫 번째 화전에서의 바기도우
그는 "대부분의 주요 예식들을 몸소 수행했다." (2장 1절)

　(6) 족장 : "누가 오가야수라는 이름의 소구획을 경작할 것인가?"

　　어떤 평민 : "저요."

　마지막 질문은 "가야수 식물이 자라는 곳"인 오가야수, "산호 노두(露頭)가 있는 곳"인 오카이부아, "부사 나무가 자라는 곳"인 와부사, "맹그로브 나무가 서 있는 곳"인 옴와이도구 등, 개별적인 이름을 가지고 있는 수많은 소구획들과 관련해서 되풀이되었다.

　그후 나는 걸어 다니면서 그 밭을 둘러보았다. 그 밭은 폭이 좁고 불규칙한 모양을 하고 있었지만 한두 개의 모퉁이들이 잘 표시되어 있었고, 그 모퉁이들 가운데 하나는 이웃 마을인 브와델라로 향하는 길 끝에 자리 잡고 있었다.[17]

∙∙

17) 다른 카야쿠 원문들을 찾아보려면, 기록 7을 보라.

그러나 머지않아 시작될 주술 예식을 위해 경작지들을 준비하는 일과, 소구획이 제대로 할당되고 모든 사람을 만족시켰는지 밭에 가서 확인하는 일이 아직 남아 있다. 이러한 목적을 위해서 남자들은 그날이나 다음날에 선택된 밭으로 간다. 그리고 머지않아 경작지가 될 땅을 한 바퀴 빙 둘러서 좁은 띠 모양의 길을 내는데, 이것은 뚜렷한 경계를 표시한다.

새로운 경작지 주위로 경계띠가 형성된 뒤에는, 모든 소구획으로 자유롭게 접근할 수 있도록, 에워싸인 부지 안쪽을 향해 내부의 길들이 뚫린다. 이것은 각 남자가 자신이 경작하게 될 발레코를 최종적으로 승인한다는 것을 표시하며, 토착민들을 이를 다음과 같이 부른다. 타칼라와 발레코 오 부야구, 타칼라와 모키타, "우리는 경작지 부지의 소구획들을 헤아린다. 우리는 정말로 그것들을 헤아린다." 따라서 이처럼 가로지르는 길을 닦는 관통의 과정, 수니니는 이중의 목적을 가지고 있다. 우선 그것은 경작지 회의 동안 결정된 배치를 확정한다. 동시에, 각각의 소구획에 들어갈 수 있도록 길을 닦아서 그곳에서 주술이 수행될 수 있게 한다.

토지 보유권을 분석할 때 살펴보겠지만, 토지를 두고 다툴 만한 여지는 많지 않다. 왜냐하면 각 사람은 그가 원하는 만큼, 혹은 할 수 있는 만큼 경작할 여유가 충분하기 때문이다. 그렇지만 선호하는 자리가 있게 마련이다. 경작지를 둘러싼 다툼은 결코 드문 일이 아니며, 그 흔적을 트로브리안드의 민간전승에서 찾아볼 수 있다(다음의 5절을 보라). 그러한 다툼이 마을의 경작지 회의 동안 족장과 주술사 앞에서 벌어지는 일은 결코 없다. 사실 경작지에 대한 다툼은 지금 묘사한 단계에서는 거의 일어나지 않으며, 타카이와, 덤불치기를 할 때 나타난다. 그때 그들은 누가 이러저러한 소구획을 덤불치기 할 것인가에 대해서 때때로 다툰다.

〈사진 30〉이른 경작지의 부지
"이른 경작지들은 일반적으로 취락에 인접한 밭에 조성된다." (2장 2절. 남겨져 있는 줄기들과 경계 장대들에 주목하라. 3장 3절)

〈사진 31〉예식 활동들의 중심
"그곳에서 울타리를 넘어 경작지로 들어갈 수 있는 울타리 계단이 만들어질 것이며, 전체 경작 주기 동안 대부분의 주술 활동이 그곳을 중심으로 이루어질 것이다." (2장 4절)

〈사진 32〉 식물이 무성한 구역
"수많은 덩굴식물의 잎도 뜯어서 혼합하는데, 그것들의 무성한 잎이 타이투의 무성한 잎을 닮았으며,
엄청난 높이까지 울창하게 자라기 때문에 (경작지 주술에서) 사용된다." (2장 6절)

4. 성대한 시작 의식 : 땅 두드리기

이제 이러한 법적, 예식적 준비단계들을 지나서 경작 주기를 여는 주술
의식인 요워타를 살펴볼 차례이다. 지금까지는 족장인 토울루와가 다른 누
구보다도 두드러졌지만, 이제 그는 물러난다. 토울루와가 경작지 주술사
의 임무를 위임해준 모계 조카인 바기도우가 모든 일에서 앞장서게 된다.
이제부터는 바기도우가 마을에서 연설을 할 것이다. 날짜를 정하고 대부
분의 의례 행위들을 수행하는 일도 바기도우의 몫이 될 것이다.

첫 번째 예식은 조상의 영들에게 음식을 공양하는 일과 몇 가지 주문들,
그리고 경작지에서 이루어지는 매우 복잡한 의식으로 구성된다. 첫 번째
예식의 목적은 단지 경작지에서의 첫 번째 작업인 덤불치기를 개시하는 데

그치지 않는다. 첫 번째 예식은 영들에게 제물을 바치고 땅을 두드리며 또 땅을 문지르는 행위를 통해서 그 계절의 작업 전체를 개시한다. 이 마지막 두 의식들, 특히 **카일레파**라는 주술용 지팡이로 땅을 두드리는 것은 경작지 주술 전체를 대표하는 행위이다. 그러한 행동이야말로 경작지 주술사의 기능을 나타내는 행위로 여겨진다. 따라서 토착민들은 "아무개가 우리의 **토워시**, 우리의 경작지 주술사이다", "아무개가 우리 경작지에 주문을 건다"고 말하는 대신, "그가 우리의 땅을 두드린다", 이워예 다 **프와이프와야**, 혹은 "그가 우리의 경작지를 두드린다", 이워예 다 **부야구**라고 일반적으로 이야기한다.

카야쿠(경작지 회의)가 끝나고 나서 주술 예식들이 시작되기 며칠 전의 어느 저녁식사 시간에, 바기도우는 해가 떨어지자마자 마을 사람들에게 말한다.

"여보게, 우리는 곧 땅을 두드릴 것이네. 내일 그대들은 카바타리아(혹은 어떤 다른 연안 마을)로 가도록 하게. 그대들은 물고기를 준비해야 할 것이네. 모레 우리의 동반자들이 고기잡이를 나갈 것이고, 그대들은 우리의 영들에게 바칠 공물을 가져와야 할 것이네. 나는 가서 허브를 채집하겠네. 그다음날, 우리는 땅을 두드릴 것이네. 우리는 우리의 농작물이 높이 자라고 땅속에서 부풀 수 있도록, 경작을 개시할 것이네."[18]

바기도우는 진짜 예식이 시작되는 날보다 적어도 이삼 일 전에 이러한 장광설을 늘어놓아야 한다. 왜냐하면 와시, 곧 채소 식량과 물고기의 교환을 위해 연안 마을과의 협정이 이루어져야 하기 때문이다(제1부 10절 참조).

예식 전날 아침에 마을은 일찍부터 떠들썩하다. 하루 동안의 원정을 위

••

18) p. 228의 각주 참조.

해 두 무리가 출발한다. 마을의 젊은 남자들 대부분은 각자 바구니를 준비해서 거기에 얌을 채우고, 자신들의 팔찌에 향기로운 허브를 찔러넣고, 몸에 기름을 붓고 채색을 한다. 그들은 사전에 교환 날짜를 협의했던 연안 마을을 향해서 곧 출발한다. 동시에 연안 마을 사람들은 물고기를 잡으러 일찍부터 항해를 떠난다.

그러는 동안 바기도우는 아마도 그의 두 형제들과 그들의 친구 한두 사람과 함께 반대 방향으로 떠난다. 그들은 다음날의 주술에 필요한 허브들과 복잡한 혼합물의 또 다른 재료들을 채집하러 동쪽 해안으로, 인접한 산호 능선 라이보아그로 간다. 그들 역시 바구니를 가져가야 하는데, 왜냐하면 필요한 열세 가지 재료에는 큰 잎 다발, 덤불암탉의 둥지에서 가져온 흙덩어리들, 말벌 둥지의 덩어리, 그리고 폭이 넓고 나지막한 산호석에서 긁어낸 부스러기들이 포함되기 때문이다. 보통 **토워시**와 친구들이 가장 먼저 마을로 돌아온다. 마을에서 그들은 **토워시**의 집 앞에 앉아서 별다른 예식 없이 혼합물을 준비하기 시작한다. 나는 바기도우의 집 안이나 집 앞에서 수차례 이러한 절차에 참석했고, 심지어 일손을 거들어주기도 했다. 먼저 깔개 두 장을 펼쳐놓는다. 원재료들을 깔개 한 장 위에 놓아두었다가, 준비가 다 되면 다른 깔개로 옮긴다. 모든 잎은 작은 조각으로 찢어놓아야 한다. 흙, 가루를 낸 흰 암석, 그리고 부숴놓은 말벌 둥지를 섞어서 미리 잘라놓은 잎들 위에 뿌리는데, 그 모양은 마치 오일이나 식초를 뿌리기 전에 후추를 약간 뿌린 샐러드처럼 보인다.

보통 주술사가 자기 일을 막 마무리할 무렵, 마을의 서쪽 교외에서 날카로운 **틸라이키키**, 곧 간헐적인 고함소리가 들려온다. 공물을 가진 남자들이 헐떡거리고 소리 지르며 서로 경주하면서 뛰어 들어와서는 주술사의 발 앞에 끈으로 꿴 물고기들을 던져놓으면서, **캄 울라울라 다 토워시**, "당신의 공물입니다. 오 경작지 주술사여"라고 말한다. 보통 그들은 다음과 같은 말을 덧붙인다. "우리의 경작지를 비옥하게 만들어주십시오", 혹은 "그것을 영들에게 바치십시오. 그들이 우리 마을을 번창하게 해주도록."

곧바로 여자들이 주술사의 집 주위에 모이고, 주술사는 마을 사람들 모두가 축제의 저녁식사를 할 수 있도록 즉시 물고기를 분배한다. 매우 고단한 낮 시간을 보낸 남자들은 휴식을 취한다. 그들은 돌아오는 길에 달려와야 했고, 보통 그들 대부분은 지피타라고 불리는 모형 활과 화살 때문에 다리에 상처가 나서 피를 흘렸기 때문에 매우 지쳐 있다. 그 의례에서는 속도가 중요하다. 도착했을 때 물고기가 너무 상해 있으면 안 되기 때문에 빠른 속도가 중요하다. 그럼에도 불구하고, 그러한 예식을 치르는 저녁이면 마을에서는 썩어가는 물고기의 악취가 진동하기 때문에 백인은 그곳에 머무르기가 괴롭다고 느낀다. 그러나 조상의 영들은 그 냄새를 매우 좋아하며, 그들의 살아 있는 후손도 마찬가지다.

주술사가 자기 몫의 물고기를 먹고 남자들이 휴식을 취하고 식사를 한 뒤, 전체 체계 가운데 첫 번째 주술 행위가 진행된다. 남자들은 모두 자기 도끼를 주술사에게 가져오고, 주술사는 화덕 반대쪽의 침상 위에 펼쳐진 깔개에 그것들을 놓아둔다(제1부 8절 참조). 각각의 도끼에는 대략 6x4인치의 마른 바나나 잎 한 장이 묶여 있다. 잎의 넓은 부분은 칼날에 납작하게 붙어 있지만, 다른 부분은 고정되지 않고 늘어져 있다. 주술사는 주문을 읊고 나서, 고정되지 않고 늘어진 잎 부분을 접어서 포갤 것이다. 그러나 먼저 주술용 혼합물을 잎과 도끼날 사이에 조금 끼워넣어야 하며, 그후에도 혼합물과 칼날을 감싸지 않고 놓아두어야 한다. 토워시의 목소리와 거기에 실려 있는 주술적인 효능이 칼날과 허브 속으로 침투할 수 있어야 하기 때문이다. 도끼들을 깔개 위에 놓은 뒤에, 주술사는 요리된 물고기 약간을 자기 집 화덕의 바닥에 깔린 세 개의 돌 가운데 하나 위에 내려놓으면서 다음과 같이 말한다.

〈문구 1〉

"여기, 이것이 우리의 공물입니다, 오 노인들이여, 우리 조상의 영들이시여! 나는 당신들을 위해 이것을 내려놓으니, 보십시오!"

"여기, 이것이 우리 공동의 공물입니다, 오 요와나, 나의 아버지, 보십시오!"

"내일, 우리는 우리의 경작지에 들어갈 것입니다, 유념하십시오! 오 비키타, 오 이야바타, 우리의 신화[19]와 주술의 원천이시여, 해충들, 곤충들, 유충들을 쫓아내십시오."

"나는 너희들을 위해 카울로코키의 바닷길을 열겠다, 오 해충들이여."

"너희들의 해협 키야우! 물에 빠져라, 썩 꺼져라!"

이러한 행위와 그동안 읊어지는 간곡한 권유의 말은 "영들의 공물 조각내기"라고 묘사된다. 여기서 "조각낸다"는 말은 작은 물고기 조각을 찢어서 그것들을 화로의 돌 위에 올려놓는 행위를 가리킨다. 이러한 진언(眞言)은 느리고, 엄숙하며, 설득력 있는 목소리로 말해진다. 토착민들은 이것을

..

---

19) "신화"라는 단어는 여기서 토착민의 단어인 리보그워의 의미에서, 곧 "성스러운 전승", "주술 의례와 사회 질서의 헌장"이라는 의미에서 사용된다. 또한 나의 책, *Myth in Primitive Psychology*와 비교하라. 이러한 주문들을 번역할 때 극복해야 했던 어려움 및 내가 번역한 방법의 정당성에 대해서는 제6부를 보라. 주문들에 대한 더 충분한 해설—그것들의 사회학적 그리고 신조적 배경, 암송 태도 등—과 언어학적 분석을 위해서는, 제7부에서 각각의 토착어 원문에 뒤따르는 해설들을 보라. 거기서 문구들은 본문에서와 동일한 순서, 동일한 숫자로 제시된다.

요파(주문)로 여기지 않는다. 또한 위의 말은 주술 문구들이 일반적으로 그러하듯이 단조롭게 읊조려지지 않는다. 토착민들은 마치 한 사람이 다른 사람에게 이야기하듯이 **토워시**가 조상의 영들에게 직접 말하고 있다고 생각한다.[20]

영들의 축복을 간구하고 나서 영들이 어렴풋하고 신비한 방식으로 임재한 것이 확인되면, 이제 주술사는 계속해서 도끼들에게 마법을 건다. 그는 도끼들 위에 두 번째 깔개를 올려두는데, 그의 말을 실어 나르는 숨이 두 장의 깔개들 사이로 스며들어갈 수 있도록 충분한 틈을 남겨둔다. 그러고 나서 그는 주문의 특징인 분명하고 곡조가 있는 단조로운 목소리로, 아마도 오마라카나 경작지 주술의 전체 체계에서 가장 중요한 문구인 바투비 주문을 읊조린다.

〈문구 2〉

1. "길을 보여주소서, 길을 보여주소서,

길을 보여주소서, 길을 보여주소서,

길을 보여주소서, 땅을 향하는, 땅속 깊은 곳을 향하는,

길을 보여주소서, 길을 보여주소서,

길을 보여주소서, 길을 보여주소서,

길을 보여주소서, 견고하게, 견고한 정박지를 향하는 길을 보여주소서."

"오 폴루라는 이름의 조상들이여, 콜레코······ 타키킬라······ 물라브워이타······ 크와유딜라······ 카투프왈라······ 부그와브와가······ 푸라야시······

∵

20) 또한 부록 2, 4절의 주 8 참조.

누마칼라라는 이름의 조상들이여, 그리고 당신, 새로운 영, 나의 할아버지 음와케누와, 그리고 당신, 나의 아버지 요와나."

"내 경작지의 배가 부풀어 오르네,
내 경작지의 배가 올라오네,
내 경작지의 배가 가라앉네,
내 경작지의 배가 덤불암탉 둥지만큼 크게 자라네,
내 경작지의 배가 개미탑처럼 자라네,
내 경작지의 배가 올라오고 그리고 굽어지네,
내 경작지의 배가 단단한 야자나무처럼 올라오네,
내 경작지의 배가 가라앉네,
내 경작지의 배가 솟아오르네,
내 경작지의 배가 아이처럼 솟아오르네.
나는 쓸어버리네."

2. "나는 쓴다, 나는 쓴다, 나는 쓸어버린다. 유충들을 나는 쓴다, 나는 쓸어버린다. 마름병을 나는 쓴다, 나는 쓸어버린다. 곤충들을 나는 쓴다, 나는 쓸어버린다. 날카로운 이를 가진 벌레를 나는 쓴다, 나는 쓸어버린다. 구멍을 뚫는 벌레를 나는 쓴다, 나는 쓸어버린다. 땅 밑의 타로를 해치는 벌레를 나는 쓴다, 나는 쓸어버린다. 흔적을 남기는 마름병을 나는 쓴다, 나는 쓸어버린다. 타로 잎의 흰 마름병을 나는 쓴다, 나는 쓸어버린다. 빛나는 마름병을 나는 쓴다, 나는 쓸어버린다."

"나는 분다, 나는 분다, 나는 불어버린다. 유충들을 나는 분다, 나는 불어버린다. 마름병을 나는 분다, 나는 불어버린다. 곤충들을 나는 분다, 나는 불어버린다. 날카로운 이를 가진 벌레를 나는 분다, 나는 불어버린다. 구멍을 뚫는 벌레를 나는 분다, 나는 불어버린다. 땅 밑의 타로를 해치는 벌레를 나는 분다, 나는 불어버린다. 흔적을 남기는 마름병을 나는 분다, 나는 불어버린다. 타로 잎의 흰 마름병을 나는 분다, 나는 불어버린다. 빛나는 마름병을 나는 분다, 나는 불어버린다."

"나는 너희를 몰아낸다, 나는 너희를 몰아내버린다, 떠나라! 유충들을 나는 몰아낸다, 나는 몰아내버린다, 떠나라! 마름병을 나는 몰아낸다, 나는 몰아내버린다, 떠나라! 곤충들을 나는 몰아낸다, 나는 몰아내버린다, 떠나라! 날카로운 이를 가진 벌레를 나는 몰아낸다, 나는 몰아내버린다, 떠나라! 구멍을 뚫는 벌레를 나는 몰아낸다, 나는 몰아내버린다, 떠나라! 땅 밑의 타로를 해치는 벌레를 나는 몰아낸다, 나는 몰아내버린다, 떠나라! 흔적을 남기는 마름병을 나는 몰아낸다, 나는 몰아내버린다, 떠나라! 타로 잎의 흰 마름병을 나는 몰아낸다, 나는 몰아내버린다, 떠나라! 빛나는 마름병을 나는 몰아낸다, 나는 몰아내버린다, 떠나라!"

"나는 너희를 내보낸다, 나는 너희를 내보내버린다, 떠나라! 유충들을 나는 내보낸다, 나는 내보내버린다, 떠나라! 마름병을 나는 내보낸다, 나는 내보내버린다, 떠나라! 곤충들을 나는 내보낸다, 나는 내보내버린다, 떠나라! 날카로운 이를 가진 벌레를 나는 내보낸다, 나는 내보내버린다, 떠나라! 구멍을 뚫는 벌레를 나는 내보낸다, 나는 내보내버린다, 떠나라! 땅 밑의 타로를 해치는 벌레를 나는 내보낸다, 나는 내보내버린다, 떠나라! 흔적을 남기는 마름병을 나는 내보낸다, 나는 내보내버린다, 떠나라! 타로 잎의 흰 마름병을 나는 내보낸다, 나는 내보내버린다, 떠나라! 빛나는 마름병을 나는 내보낸다, 나는 내보내버린다, 떠나라!"

"나는 너희를 쫓아낸다, 나는 너희를 쫓아내버린다, 떠나라! 유충들을 나는 쫓아낸다, 나는 쫓아내버린다, 떠나라! 마름병을 나는 쫓아낸다, 나는 쫓아내버린다, 떠나라! 곤충들을 나는 쫓아낸다, 나는 쫓아내버린다, 떠나라! 날카로운 이를 가진 벌레를 나는 쫓아낸다, 나는 쫓아내버린다, 떠나라! 구멍을 뚫는 벌레를 나는 쫓아낸다, 나는 쫓아내버린다, 떠나라! 땅 밑의 타로를 해치는 벌레를 나는 쫓아낸다, 나는 쫓아내버린다, 떠나라! 흔적을 남기는 마름병을 나는 쫓아낸다, 나는 쫓아내버린다, 떠나라! 타로 잎의 흰 마름병을 나는 쫓아낸다, 나는 쫓아내버린다, 떠나라! 빛나는 마름병을 나는 쫓아낸다, 나는 쫓아내버린다, 떠나라!

3. "나는 너희를 위해 카딜라보마의 바닷길을 열었다, 오 경작지의 마름병이여."

"라바이는 너희의 마을이다, 이툴로마는 너희의 산호석이다. 데우 잎을 타고 항해하라, 이것이 너희의 배다. 코코넛 잎맥으로 노를 저어라."

"나는 너희를 치워버릴 것이다, 떠나라! 거품을 내며 흘러가라, 떠나라! 회오리바람처럼 사라져라, 떠나라! 없어져라, 떠나라! 너희는 나의 누이다, 내게서 멀리 떨어져라! 나를 부끄럽게 여기고 내게서 떨어져라! 사라져라, 가라앉아버려라! 구부러져서 가라앉아버려라."

"길을 보여주소서, 길을 보여주소서.
길을 보여주소서, 땅을 향하는, 땅속 깊은 곳을 향하는.
길을 보여주소서, 길을 보여주소서.
길을 보여주소서, 견고하게, 견고한 정박지를 향하는 길을 보여주소서."

"오 폴루라는 이름의 조상들이여, 콜레코…… 타키킬라…… 물라브워이타…… 크와유딜라…… 카투프왈라…… 부그와브와가…… 푸라야시……
누마칼라라는 이름의 조상들이여, 그리고 당신, 새로운 영, 나의 할아버지
음와케누와, 그리고 당신, 나의 아버지 요와나."

"내 경작지의 배가 부풀어 오르네,

　내 경작지의 배가 올라오네,

　내 경작지의 배가 가라앉네,

　내 경작지의 배가 덤불암탉 둥지만큼 크게 자라네,

　내 경작지의 배가 개미탑처럼 자라네,

　내 경작지의 배가 올라오고 그리고 굽어지네,

　내 경작지의 배가 단단한 야자나무처럼 올라오네,

　내 경작지의 배가 가라앉네,

　내 경작지의 배가 솟아오르네,

　내 경작지의 배가 아이처럼 솟아오르네.

　나는 쓴다, 나는 쓴다, 나는 쓸어버린다!"

모든 조상의 영이 듣고 있는 가운데, 주술사는 도끼 위에 성스러운 긴
주문을 읊조린다. 나는 여기서 그 주문을 완전히 인용했지만, 반복되는 모
든 구절을 그대로 옮겨놓지는 않았다. 왜냐하면, 주술사는 특히 주문의 중
간 부분에서 "나는 불어버린다, 나는 몰아내버린다, 나는 쓸어버린다"라는
액막이 문구를―또 하나의 해충, 또 하나의 마름병을 추가해서, 항상 같
은 순서로는 아니고 어느 정도는 되는 대로―자꾸만 되풀이할 것이기 때
문이다. 중요한 때일수록 반복은 더 길어진다. 앞으로 살펴보겠지만, 경작
지 주술이 진행되는 동안 방금 인용한 주문이 수차례 암송될 것이다. 내

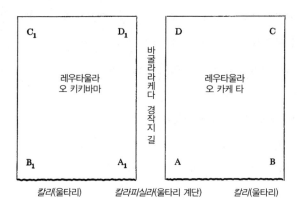

모든 모퉁이는 누눌라라고 불린다.
A A1 = 누쿠발루 – "마을 모퉁이들"
B, B1; C, C1; D, D1 = 누쿨라오딜라 – "덤불 모퉁이들"
〈그림 5〉 두 개의 주요 표준 소구획(레이워타)

가 바기도우의 오두막에서 그 주문을 들었을 때, 첫 번째로 영들에게 간곡하게 권유하는 데서부터 의례의 마지막 절차인 도끼날을 주술적 효력으로 단단히 감싸는 데까지 모든 과정이 족히 45분은 걸렸다.

이 의례가 이루어지는 동안에는 어떤 특별한 터부도 찾아볼 수 없다. 내가 의례에 참석하고 싶다고 부탁했을 때 그 요청은 쉽게 허락되었다. 일반적으로는 아주 그럴듯한 이유 없이는 누구도 집 안으로, 특히 족장이나 경작지 주술사의 집 안으로 들어가지 않는 것이 예의바른 행동으로 여겨진다. 그렇기 때문에 직접 주문을 들을 수 있는 청중은 매우 소수이다. 그러나 물고기와 타로 푸딩으로 차려진 축제의 식사를 끝내고 밖에 앉아 있는 나머지 마을 사람들은 주문이 읊어지고 있다는 것을 알아차린다. 사실, 이주문은 주술을 수행할 때 흔히 그렇듯 크고 단조로운 목소리로 읊어지기 때문에, 바로 인접한 이웃과 오두막 근처를 지나가는 모든 사람은 그 소리

를 듣게 된다.[21]

주문이 끝나면 주술사는 맨 위의 깔개를 치운 뒤, 늘어진 잎을 곧바로 각각의 도끼날에 붙들어맨다. 이것은 주술의 효력을 도끼날 주위에 가두는 것을 의미한다. 그리고 나서 주술의 효력이 더욱 안전하게 도끼날에 머무르도록 도끼들 위에 깔개를 조심스럽게 다시 덮어서, 다음날 아침까지 침상이나 선반 위에 그대로 놓아둔다.

다음날에는 아침 일찍부터 마을 남자들이 모두 주술사의 오두막 앞에 다시 모인다. 축제의 흥분과 해야 할 일들의 준비 때문에 잠 못 이루던 주술사는 아주 일찍부터 일어나 있다. 그런데 그는 아직 음식을 입에 대지도 못했으니, 이날 그는 모든 주술 절차가 끝날 때까지 금식해야 하기 때문이다. 남자들은 저마다 자신의 도끼를 받아서 트로브리안드식으로 어깨에 걸친다. 그리고 나서 모인 사람들은 모두 족장과 주술사가 이끄는 대로 경작지를 향해서 일렬종대로 천천히, 엄숙하게 행진한다. 그들은 어느 정도 축제의 차림새를 하고 있다. 즉 히비스커스 꽃 한두 송이를 머리에 꽂고, 판다누스 꽃잎이나 녹색의 향기로운 허브를 팔찌에 끼웠다. 또한 얼굴 반쪽에 검은 칠을 하거나 으깬 빈랑나무 열매와 석회를 혼합한 심홍색 물감으로 몇 개의 선을 그려넣었다. 그들은 모두 샘으로 가서 깨끗이 씻고 코코넛 크림을 바른다. 그들은 길을 따라가다가 특정한 지점에 다다르는데, 바로 그곳에서 울타리를 넘어 경작지로 들어갈 수 있는 울타리 계단이 만들어질 것이며, 전체 경작 주기 동안 대부분의 주술 활동이 그곳을 중심

∙∙

21) p. 242의 주를 보라. 이 중요한 주문의 사회적, 의례적, 그리고 신조적 맥락은 제7부(⟨주술 문구 2⟩, A B, 그리고 D)에서 충분히 다루어질 것이다. 또한 이 주문의 구조와 암송 양식도 충분히 다루어질 것인데(C와 E) 그것은 충분히 발달한 트로브리안드의 주술 문구에서 전형적으로 나타나는 구조와 양식이다.

으로 이루어질 것이다(〈사진 31〉을 보라). 물론 아직까지는 울타리 계단도 경작지도 만들어지지 않았으며, 다만 경계띠만이 이곳에 길을 내고 있다. 이제 주술사가 자신의 카일레파를 들고 앞으로 나온다. 오마라카나의 카일레파는 어떠한 특별한 장식도 없는 짧은 막대기이지만, 경작지 주술사의 직책에 따라 세습되기 때문에 성스러운 것이다. 바기도우는 이 막대기를 왼손에, 자신의 도끼를 오른손에 쥐고서, 마을에서 가장 가까우면서 마을의 울타리 계단(칼라피실라 오 발루, 〈그림 5〉를 보라)에 인접한 주요 경작지 소구획의 모퉁이로 걸어간다. 거기서 그는 작은 묘목 한 그루를 세게 한 번 내리쳐서 잘라낸다. 그리고 나서 잘라낸 묘목을 오른손에 들고 그것 위에, 혹은 말하자면 그것 속으로 카이가가라고 불리는 다음의 주문을 읊조린다.

〈문구 3〉

1. "이것은 우리의 나쁜 나무입니다, 오 조상의 영들이시여!"

"오 싸우는 덤불돼지여, 오 라이보아그의 큰 돌에서 온 덤불돼지여, 오 경작지 말뚝의 덤불돼지여, 오 나쁜 냄새에 이끌리는 덤불돼지여, 오 얼굴이 좁은 덤불돼지여, 오 생김새가 흉측한 덤불돼지여, 오 흉포한 덤불돼지여."

"너희의 귀 속에 너희의 돛이 있노라, 오 덤불돼지여, 너희의 꼬리 속에 방향을 잡는 노가 있노라."

2. "나는 너희를 뒤에서 찬다, 나는 너희를 재빨리 해치운다. 가버려라. 울라월라로 가라. 너희가 나왔던 곳으로 돌아가라. 그것은 너희 눈을 태우고, 그것은 너희 위장을 뒤집는다."

주술사는 "나쁜 나무", 곧 주문에 걸린 묘목을 제멋대로 자란 정글인 요

세워를 향해서 경계띠 너머로 던진다. 그 나무는 모든 사악한 영향력을, 무엇보다도 덤불돼지를 상징한다. 내가 들은 바에 따르면, 그 나무는 주술적 메시지를 덤불돼지들에게 전해준다(3장 2절 참조).

그러고 나서 바기도우는 첫 번째 묘목 곁에 있던 묘목을 잘라서 땅속으로 밀어넣고, **카요워타**라고 불리는 그 묘목 옆에 쪼그려 앉거나 주저앉는다. 이러한 거동은 의례적이고 신화적인 의미를 지닌다. 전승에 따르면, 오마라카나에서 사용되는 카일루에빌라 경작지 주술은 이야바타와 비키타라는 두 여자들이 처음 시작했다(⟨주술 문구 1⟩ 참조). 지금 바기도우가 여자들처럼 땅에 앉아 쉬는 것은 그들을 기리는 행동이다. 왜냐하면 어떤 남자도 궁둥이를 땅에 붙이고 앉지 않으며, 오히려 땅을 건드리지 않고서 웅크리고 앉아야 하기 때문이다.

주술사는 막대기를 쥐고 자기 몸 전체를 좌우로 흔들면서 또 다른 짧은 주문인 카요워타의 주문을 읊는다.

⟨문구 4⟩

"나는 내 경작지를 개간하네. 마법에 걸린 내 도끼로, 나는 내 경작지의 배가 꽃피게 하네. 내 경작지가 올라오네, 그것은 그쪽에서 일어서네. 그것이 올라오네, 그것은 이쪽에서 일어서네."

토워시는 앉은 채로 한 손 가득 잡초를 뜯어내서, 몸을 흔들고 땅을 문지르면서 요워타 주문을 읊는다.

⟨문구 5⟩

"주저앉아서 예마의 금지된 작은 숲 속의 모든 가장자리를 축복하는 사람은 누구인가?"

"바로 나, 야야브와가 가가브와와 함께 그 일을 하고 있노라. 우리는 주
저앉아서 모든 가장자리를 축복하노라. 우리는 코코넛 크림을 바르고 있노
라. 우리는 예마의 금지된 작은 숲에서 타이투 덩굴이 빨리, 똑바로 자라나
도록 하고 있노라."

"내 경작지의 배가 부풀어 오르네,

내 경작지의 배가 올라오네,

내 경작지의 배가 가라앉네,

내 경작지의 배가 덤불암탉 둥지만큼 크게 자라네,

내 경작지의 배가 개미탑처럼 자라네,

내 경작지의 배가 올라오고 그리고 굽어지네,

내 경작지의 배가 단단한 야자나무처럼 올라오네,

내 경작지의 배가 가라앉네,

내 경작지의 배가 솟아오르네,

내 경작지의 배가 아이처럼 솟아오르네."

탈랄라, 곧 "우리가 꽃 피게 하네."라고 묘사되는 이 의식은 땅을 비옥하
게 만들고 경작지가 농작물로 넘쳐나게끔 하기 위한 것이다. 바기도우는,
"내가 땅을 의례적으로 문지르고 나면, 그것은 **둠야**[22]처럼 부드럽고 비옥
하게 된다."고 내게 설명해주었다(〈원문 41〉, 제5부 8장 9절). 카이가 주문
은 부정적인 주문이었지만, 이 주문은 전체 농경 주기 동안 농작물의 성장
을 촉진하는 긍정적인 주문이다. 좀 더 구체적으로 살펴보면, **요워타** 묘목

∵

22) 〔역주〕습지.

252

을 심는 것은 농작물이 싹트고 자라나도록 만드는 효과를 가지고 있으며, 땅을 문지르는 것은 땅을 부드럽고 비옥하게 만든다.

그 예식은 아직 완전히 끝나지 않았다. 바기도우는 일어서서 자신의 주술용 지팡이로 땅을 두드리면서 **카일레파** 주문을 외운다.

〈문구 6〉

"나는 그대를 두드린다, 오 땅이여, 그대를 열고 농작물이 대지에서 자라나게 하라. 흔들어라, 오 땅이여, 솟아올라라, 오 땅이여, 아이처럼 솟아올라라, 오 땅이여."

남자들은 **칼라피실라**[23] 자리의 작은 빈터에, 길에, 그리고 경계띠에 촘촘히 무리지어 서서 조용히 예식을 바라보고 있다. 주술사가 자기 몫의 퍼포먼스를 끝내고 나면, 이제 그들은 수동적으로 머물러 있지 않는다. 그들은 틸라이키키라는 길게 끄는 소리를 외치면서, 저마다 오른손에 자신의 치료된[24] 도끼를 움켜쥐고 자신의 경작지 소구획으로 달려간다. 거기서 그 예식은 소규모로 되풀이된다. 주술사는 그들과 함께 가지 않으며, 그의 복사들, 남동생들과 조수들이 남자들을 따라간다. 남자들은 저마다 자신의 발레코에서 나뭇가지 두 개를 잘라낸다. 그는 나뭇가지 하나를 자신의 발레코 안에서부터 개간되지 않은 덤불을 향해 던져야 한다. 혹은, 만약 그의 **발레코** 주변에 개간되지 않은 덤불이 없을 경우에는, 나뭇가지 하나를 경

∴

---

23) 〔역주〕 울타리 계단.
24) 〔역주〕 본서에서 말리노프스키는 주술사가 어떤 물건에 주문을 걸고 난 후에는 그 물건이 치료되었다고 표현한다.

계띠로 가져가서 건너편으로 던져야 한다. 그는 남아 있는 **카요워타**를 땅에 심는다. 그러고 나서 그는 나중에 **캄코콜라**가 세워지게 될 발레코의 자리에서 덤불을 약간 잘라내야 한다. 그후 복사들 가운데 한 사람이 각각의 소구획에서 땅에서 뽑아낸 잡초들을 흙에 문지르면서 단지 **요워타** 문구만을 암송한다.

이 복합적인 예식을 통해 덤불치기가 개시된다. 이제 남자들은 활기차게 덤불치기 작업에 착수한다. 덤불치기 작업의 일부는 공동으로 이뤄지며, 일부는 개별적으로 각 남자가 자신의 소구획에서 행하게 된다(4장 5절 참조).

5. 덤불치기 작업

덤불치기는 레이워타에서 가장 먼저 시작된다. 종종 그렇듯이 족장이 덤불치기를 하거나 족장을 위해 덤불치기가 이루어질 때마다 공동 노동이 소집된다. 덤불치기 작업은 작은 나무들을 잘라내고, 큰 잡초들을 뿌리 뽑고, 나중에 덩굴 버팀대로 사용할 만한 큰 나무들과 묘목들을 손질하는 일로 구성된다. 토착민들은 나중에 경계를 표시하는 막대기(**툴라**)와 울타리 말뚝으로 사용하기 위해서 제법 많은 수의 곧고 훌륭한 줄기들을 따로 놓아둔다(3장 3절을 보라). 덤불은 삼사 년만 자라도 울창해진다. 유럽인들이 트로브리안드에 등장하기 전에 토착민들이 돌로 된 도구들을 사용해야 했던 때에는 덤불치기를 하기 위해 상당히 많은 기술이 요구되었을 것이다. 그러므로 공동 노동은 대대적으로 환영받는다. 공동 노동은 유쾌한 동시에 경쟁심을 유발하기 때문에 작업의 지루함을 덜어준다. 공동 노동에 참여하는 남자들은 우선 마을에 모이는데, 그곳에서 녹색의 코코넛이나 빈랑나무 열매, 요리된 얌을 비롯한 약간의 다과를 대접받는다. 그들은 다과의 일부는 그 자리에서 먹어버리고, 일부는 경작지에서 먹는다(4장 5절 참조). 그들은 작업을 동시에 시작하는데, 일렬로 서서 덤불을 쳐내면서 앞으로 나아간다. 때때로 그들은 **타우쿠와쿨라**를 외치고 나서 새롭게 기운을 차려서 일을 다시 시작한다.

작업이 더디다고 느껴지거나 날이 너무 더울 때, 혹은 덤불이 보통 때보다 더 **빽빽**해서 다루기 어려울 때, 남자들 가운데 한 사람, 일반적으로 유지 한 사람이 우리 **야칼라 토와마타**, "내가 오늘 타로 케이크를 한턱 내지."라고 외친다. 물론 그것은 어떤 다른 음식, 때로는 심지어 돼지 한 마리일 수도 있다. 그러면 작업은 즉시 중단되고, 남자들은 일제히 "**오 야칼라, 오 야칼라, 오 야칼라, 오, 오, 오……**."라고 대답한다. 그리고 모든 사람은 마을로 돌아가서 타로 케이크, 혹은 코코넛을 먹거나 둥글게 웅크리고 앉아서 빈랑나무 열매를 씹으면서 이야기를 나눈다.

따라서 족장의 소구획에서 이루어지는 공동 작업은 유쾌한 기분풀이가 된다. 보통의 소구획에서는 각 남자가 아마도 자기 아들이나 조카와 함께 자신의 덤불을 쳐낸다. 만약 두 사람이 동일한 소구획에서 덤불치기를 하고 싶어 하거나, 혹은 비록 일반적으로 경계선이 매우 뚜렷하지만 그들이 경계선에 동의할 수 없다면, 여기서 심한 다툼이 일어날 수도 있다. 또는 자신이 **카야쿠**에서 하급의 소구획을 선택했던 것을 후회하는 사람이 있을 수도 있다. 그러면 그는 자신이 다른 소구획을 선택했던 것처럼 꾸미고, 자신이 지금 몹시 탐내는 소구획을 덤불치기하기 시작할 것이다.

원인이 무엇이든 간에 다툼은 종종 일어난다. 내가 트로브리안드에서 머무르는 동안에도, 덤불치기를 두고 벌어진 논쟁을 시발점으로 **야칼라**,

곧 토착민의 소송이 장기간에 걸쳐서 이루어졌다는 말을 들었다. 최근에는 그러한 소송이 백인 주재 지사에게 드물지 않게 회부된다. 오랫동안 트로브리안드에서 주재 부지사로 재임했지만 불행히도 내가 도착한 직후에 제1차세계대전에 참전하기 위해 그 지구를 떠났던 벨라미 박사[25]는 이러한 종류의 소송에 대해서 판결 내리기를 항상 거부했는데, 나는 그를 이해할 수 있다. 그렇지만 행정적인 실무 경험이 전혀 없었던 그의 후임자는 유럽인들에게는 자연스럽지만 모계 공동체에는 치명적인 방법을 택했다. 그는 옛날에는 누구의 아버지가 문제의 그 소구획을 덤불치기 했는지 묻곤 했다. 모계 공동체에서 그것은 초점을 벗어난 질문이었고, 보통 그는 아무런 대답도 듣지 못했다. 왜냐하면 양쪽 소송 관계자들의 아버지들은 아마도 모두 다른 공동체들에 속했기 때문이었다(12장 참조).

토착민의 민간전승에는 경작지 다툼이 몇 차례 언급된다. 어떤 실뜨기 모양은 두 남자가 덤불치기를 하면서 서로 다투는 모습을 보여주며, 한두 개의 설화에서 동일한 주제가 나타난다.

나는 쿠다유리 신화에 대한 토착민의 해설에서, 소구획의 덤불치기를 두고 시작된 다툼이 결국 형인 모카투보다에 대한 살인으로 끝났다는 이야기를 들었다. 나의 정보 제공자가 설명한 바에 따르면(〈원문 97〉, 제5부 12

··

25) 〔역주〕 Raynor Bellamy. 케임브리지 대학과 에든버러 대학에서 의학을 공부했다. 1905년에 트로브리안드의 주재 부지사가 되었으며, 이후 트로브리안드인들의 복지와 건강을 위해 다각도의 정책을 펼쳤다. 특히 토착민 사회에서 전염병과 성병의 비율을 낮추기 위해 정기적인 의료 순회를 했고, 토착민들의 인구 통계를 조사하였다. 한때 말리노프스키는 벨라미에게 트로브리안드인들의 '사회학'에 관한 책을 공동으로 저술하자고 충동적으로 제안하기도 했다. 그렇지만 말리노프스키는 벨라미가 1912년에 족장 토울루와를 감옥에 가두었던 사건에서 예시되듯이, 백인의 시각에서 토착민들의 사회와 문화를 바라보면서 거기에 개입하고 결과적으로 토착적인 제도를 파괴시키게 되는 행위에 대해서는 비판적인 입장을 견지했다.

장 42절), "(1) 사람들이 와서 모카투보다에게 말했습니다. '당신의 남동생이 경작지 소구획을 개간하고 있소.' (2) '설마. 내가 가서 보겠소.' 그는 갔습니다. (3) '너는 무엇을 하고 있느냐?' 그의 남동생이 대답했습니다. '됐어. 들어오지 마. 내가 내 경작지 소구획을 덤불치기하게 해줘.' (4) '안 돼. 너는 아직 어리다. 나는 너의 손윗사람이고 이곳은 내 경작지 소구획이다.' (5) 그들은 다투었습니다. 곧 동생이 몹시 화를 냈습니다. 그는 형을 쳐서 죽였습니다."[26]

정말로 훌륭한 경작자는 작업에서 절대로 뒤처지지 않는다. 시작 예식이 끝나고 나서 며칠 후, 그들의 소구획들에서는 덤불치기가 마무리되었고 잘려진 덤불은 화전 준비를 위해 태양 아래서 말라가고 있다. 어떤 이들은 일을 좀 더디게 한다. 그렇지만 중요한 것은 모든 소구획에서 덤불을 조금씩이라도 잘라내서 모두가 예식적 화전에 참여할 수 있게끔 준비하는 것이다. 대부분의 소구획들에서 덤불치기가 끝나면, 경작지 작업은 항상 오랫동안 중단된다. 덤불이 잘 타오르려면 그전에 잘 말라야 하기 때문이다. 그리고 이러한 휴식 기간 동안 이전의 수확과 관련된 축제, **밀라말라**가 시작된다.

이제 나는 어떻게 해서 작업이 경작 주기 내내 비슷한 수준으로 이루어질 수 있는지에 대해서 몇 마디 하려고 한다. 각각의 시작 예식이 끝나자

••

26) 쿠다유리 신화를 위해서는, *Argonauts of the Western Pacific*, pp. 311~316 참조. 나는 그 이야기에서 모카투보다가 마을에 앉아 있을 때 동생이 그를 죽였다고 들었다. 그러나 동생이 그를 죽인 진짜 이유를 묻자, 여기에 제시된 설명을 들을 수 있었다. 또 다른 장소에서 나는 그가 비 주술을 써서 자신의 경작지 위에만 작은 구름을 만들어서 비가 내리게 하고 땅을 비옥하게 했던 반면, 그의 동생과 모계 조카들의 소구획들을 포함해서 주변의 소구획들을 바싹 마르게 만들었기 때문에 실제로 살해되었다는 말을 들었다.

마자, 표준 소구획들과 정말로 훌륭한 경작자의 소구획에서는 곧바로 실질적인 경작 작업이 시작된다. 표준 소구획들은 각 단계마다 작업이 완벽하게 마무리되어야 한다. 그곳에서는 다음 차례의 의식이 뒤이은 경작 단계를 개시하기 전에 덤불치기와 정리, 예비 농작물의 파종 등 해당 단계의 작업이 말끔하게 끝나야 한다. 다른 소구획들의 경우에는, 각각의 소구획마다 시작 예식에 상응하는 작업이 조금이라도 행해져야 하지만, 그러한 작업이 반드시 끝마쳐져야 하는 것은 아니다. 따라서 소구획(발레코) 한두 곳에서 아직 덤불치기가 끝나지 않았는데도 주술사가 그다음 의식들을 경작지에서 수행하는 경우도 있다. 나의 정보 제공자들 가운데 한 사람은 뒤로 처지는 게으른 남자들에 대해서 다음과 같이 말했다(원문 28a, 제5부 5장 18절). "그들은 시간 계산을 따라잡지 못할 것이오! 여기 이 남자, (소구획을 제때에 준비한 훌륭한 경작자를 가리키면서) 그는 훌륭하게 앞장설 것이오. 그는 자기 소구획에서 파종을 끝냈을 테고, 시간 계산에 맞춰서 나란히 갈 것이오. 그의 농작물은 이미 싹트고 있을 것이오." "시간 계산을 따라잡는다."는 구절은 제시간에 잘 맞춰간다는 개념과 상응한다.

6. 주술의 재료에 대한 여담

이제 경작자들처럼 잠시 쉬면서 여담을 나누어보자. 경작지 작업과 관련되어 있지만 사건들의 전후관계에 혼란을 일으키지 않으려고 아직 설명하지 않고 남겨둔 사항들이 있다.

우선 주술용 혼합물의 몇 가지 성분들을 열거할 필요가 있다. 그것은 지루한 작업이며, 주술의 따분하고 사이비과학적인 측면을 보여준다. 그렇지만 그러한 작업은 주술적 믿음의 구조를 이해하는 데 중요한 단서가 된다.

특정 재료들을 사용하는 이유와 원인에 대해서 여기서 제시된 설명은 경작지 주술사와 그의 복사들, 그리고 한두 사람의 다른 토착민들이 내게 이야기했던 내용을 다시 옮겨놓은 것이다. 그것들의 용도와 의미는 비밀이 아니다. 주문 역시 비밀이 아니다. 주문들은 집 안에서 충분히 큰 목소리로 읊어지며, 경작지에서는 확실히 매우 큰 목소리로 읊어진다. 모든 사람이 주문들을 들어왔으며, 따라서 대부분의 토착민들은 주문들을 암기하고 있다. 그러나 경작지 주술사나 그의 인가된 복사들을 제외하고는 아무도 감히 주문을 읊으려 하지 않는다. 심지어 권한이 없는 토착민들은 누구도 나와 함께 그것들을 검토조차 하려고 하지 않았으며, 내가 번역하는 것을 도와주려고도 하지 않았다.

바기도우는 자신의 재료들을 열거할 때면, 언제나 매우 평범한 재료인 요유, 곧 코코넛 잎들을 가장 먼저 언급한다. 나는 바기도우로부터 수차례 재료 목록을 입수했는데, 왜냐하면 어떤 토착민의 기억이 정확한지 아닌지는 결코 완전히 확신할 수 있는 문제가 아니기 때문이다. 그러나 그때마다, 1915년뿐 아니라 1918년에도, 매번 코코넛 잎이 가장 먼저 열거되었다. 코코넛 잎은 어두운 녹색인데, 타이투 잎도 튼튼하고 건강하다면 그런 색깔을 띠어야 한다.

두 번째 재료인 빈랑나무의 잎도 똑같은 이유로 사용된다. 그다음의 세 가지 성분들은 목록에서 특히 눈에 잘 띄는데, 모두 크기와 모양 때문에 사용된다. 게우는 덤불암탉이 알을 품기 위해서 만든 거대한 흙무더기들을 가리키는 토착어 이름이다. 그 흙무더기에서 큰 흙덩어리 하나를 떼어내어 바타가, 곧 타원형 바구니에 담아서 마을로 운반한다. 그리고 나서 그것을 손가락으로 부순다. 게우는 타이투가 흙무더기처럼 크게 부풀어 오르도록 하기 위해서 사용된다. 동일한 이유 때문에, 라이보아그에서 발견되는 산호 노두나 큰 산호석에서 홍합껍질(카이보마투)로 호분(胡粉)을 약간 긁어낸다. 이것들을 가리키는 이름인 카이부아는 부피가 크고 둥근 모양을 가리키는데, 무르익은 타이투의 모양이 바로 그러하다. 토착민들의 설명에 따르면, 그것들은 또한 "좋은 타이투가 그래야 하듯이 땅속으로 깊게 자란다." 카브와부는 말벌류가 땅 위에 만드는 둥글고 큰 둥지다. 타이투는 이러한 둥지처럼 크게 부풀어 올라야 한다.

수많은 덩굴식물들의 잎도 뜯어서 혼합하는데, 그 무성한 잎이 타이투의 무성한 잎을 닮았고, 그 식물들이 엄청난 높이까지 울창하게 자라기 때문에 사용된다(〈사진 32〉). 타이투의 잎이 풍성하면 덩이줄기도 훌륭하기 마련이다. 나는 이러한 덩굴식물들을 가리키는 토착어 이름들을 알고 있지만, 식물학적으로 그것들이 무엇인지 확인할 수는 없었다. 그것들은 요울라울라(흰 꽃이 피는 덩굴식물)와 요크와오마, 이피크와나, 그리고 요쿠누크와나다이다. 이 마지막 둘은 아마도 야생 얌의 종류일 것이다.

우브와라는 덤불에서 자라는 작은 식물인데, 토착민들의 말에 따르면, 보기 좋고 길이가 긴 흰색 덩이줄기를 가지고 있다. 경작지의 타이투도 마찬가지로 아름다운 흰색 덩이줄기를 만들어내기를 소망하면서, 우브와라 잎사귀도 나머지 것들과 함께 혼합된다. 특별히 향기로운 판다누스 종류인 카이브위브위의 하얀 꽃잎들도 사용되는데, 부분적으로는 좋은 향기 때문이고―"타이투는 우리가 땅에서 뽑아낸 뒤에 카이브위브위처럼 좋은 냄새를 풍겨야 합니다."―부분적으로는 타이투 덩이줄기의 다발들이 판다누스의 기근(氣根)[27]처럼 두껍고 크고 길어야 하기 때문이다. 꽃향기가 근사

27) 〔역주〕땅속에 있지 않고 공기 중으로 노출되어서 기능을 수행하는 뿌리.

한 쿠빌라라는 식물은 좋은 냄새로 타이투에게 영향을 주기 위해서 사용된다. 굉장히 크고 둥근 과일이 열리는 사소카 나무와 트로브리안드에서 가장 큰 종류의 바나나인 와카야의 잎들은 모두 타이투의 크기에 영향을 주기 위해서 재료로 사용된다. 와카야의 몸통은 지면 가까이에서 거대하게 부풀어 있다. 와카야 잎들은 나머지 것들과 함께 혼합되지 않으며, 나중에 도끼날을 감싸서 혼합물을 에워싸는 용도로 사용된다.

그들은 이 모든 재료를 가져와서 준비하는 과정에서 세심한 주의를 기울인다. 뿐만 아니라 그러한 재료들의 사용을 정당화하는 신조도 명확하게 잘 수립되어 있다. 또한 그들은 그러한 재료들을 사용할 때 합리적인 관심을 기울이는데, 이러한 점들은 트로브리안드 주술의 독특한 특징을 이룬다.

7. 주술사의 터부

바기도우가 지켜야 하는 터부들도 비슷한 유형의 신조를 바탕으로 한다. 이미 언급했듯이, 예식이 이루어지는 날이면 그는 예식이 끝날 때까지 완전히 금식해야 하며, 예식이 끝난 후에야 배불리 먹을 수 있다. 그는 또한 특정한 음식을 항구적으로 끊어야 한다. 그것들 가운데 일부는 그가 주술에서 사용하는 물질과 관련된다. 따라서 바기도우는 평범한 덤불암탉(크와로토)의 고기나 그 알을 절대로 건드리지 않을 것이다. 그는 물루비다, 곧 작은 종류의 덤불암탉도 먹지 않을 것이다. 그는 와카야 바나나를 먹어서는 안 되며, 우브와라 덩이줄기를 먹어서도 안 된다. 그러나 코코넛이나 빈랑나무 열매는 먹어도 된다. 만약 그가 주술과 관련된 음식물 터부들 가운데 하나라도 깨뜨린다면, 타이투는 제대로 자라지 못할 것이다. 그의 주술은 "둔감하게" 될 것이다.

시나, 곧 검은 깃털을 가진 새는 먹으면 안 된다. 그 새를 먹으면 비가 겁에 질릴 것이고, 바기도우의 주술은 비를 내리게 할 수 없을 것이다. 비가 오게 만드는 것이 주술의 직접적인 목적은 아니지만, 비는 중요한 예식이 있을 때마다 카리얄라(주술적 전조)처럼 반드시 따라다닌다. 오징어, 크위타를 먹어도 경작지에 몹시 해로우며, 마찬가지로 바람직하지 않은 효과를 가져오게 될 것이다. 검은 액체를 바다로 내뿜는 이 동물은 신화적으로 비구름과 관련된다. 바기도우가 내게 설명한 것처럼, 이러한 터부의 이유(우울라)는 그 동물들의 색깔이 검기 때문이다. 만약 그가 오징어의 살을 먹는다면, 비구름(브와브와우, 문자적으로는 검은 것들)이 주술을 따르지 않을 것이고, 어떠한 카리얄라도 없을 것이며, 경작지의 농작물은 시들어 죽게 될 것이다.

다른 수많은 물고기들도 주술사에게 허락되지 않는데, 어떤 물고기들은 어두운 색이나 검은색을 띠고 있기 때문에 금지되고, 어떤 물고기들은 암초의 산호 노두에서 살고 있기 때문에 금지된다. 나는 왜 후자의 것들이 금지되는지 그 이유를 확인할 수 없었다. 금지된 물고기들의 토착어 이름은 다음과 같다. 야브와우, 밀라브와카, 마밀라, 세켈라, 시가우, 마와, 바이바이, 마돌루, 룸그와.

이미 언급했듯이, 바기도우는 솎아내기, 곧 바시 기간 동안 땅에서 뽑아낸 새로운 타이투를 먹어서는 안 된다. 이것들은 수확기에 제대로 뽑아낸 타이투바우와 구별해서 브와나와라고 불린다. 수확기에 대해 논의할 때 이러한 터부를 다시 다룰 것이다.

8. 시작 의식의 변주

기술적인 세부사항을 한 가지 더 언급할 필요가 있다. 앞에서 시작 예식을 서술할 때에는(앞의 4절을 보라), 내가 1918년에 오마라카나에서 목격했던 단순화된 의식을 개략적으로 설명했다. 그러나 당시 바기도우는 병들어 있었기 때문에 언제나 단순화된 요워타를 수행했지만, 보통 다른 마을들에서는 더욱 복잡한 형태의 의식이 수행되었다. 단순화된 의식은 **부라케마**라고 불리며, 좀 더 복잡하고 상세한 의식은 **불루카일레파**라고 불린다.

복잡한 의식은 4일 동안 계속되는데, 간략한 개요는 다음과 같다. 조상의 영들에게 공물을 바친 다음날, 경작지 주술사는 홀로 경작지에 간다. 그는 한 손 가득 잡초를 들고 각각의 소구획을 문지르면서 **요워타** 주문을 외운다. 이러한 예식은 **바포풀라 디가다**라고 불린다. 다음날 **토워시**는 아마도 한두 사람의 복사들을 데리고 주요 **레이워타**[28]로 간다. 그는 치료되지 않은 보통의 도끼를 가지고 주술적 모퉁이(오 **누눌라**)에서 나무 몇 그루를 넘어뜨린다. 셋째 날에 복사들은 다른 레이워타의 소구획들에서 동일한 일을 하며, 반면 **토워시**는 주술용 혼합물을 수집해서 그것을 마을로 가져간다. 저녁에 주술사는 위에서 묘사한 대로 도끼들을 치료한다. 그리고 넷째 날에 마을 남자들은 모두 주술사, 족장과 함께 경작지로 간다. 경작지에서는 바로 위에서 묘사한 것과 동일한 예식이 수행된다. **카이가**가, 곧 나쁜 나뭇가지를 잘라내고 던져버린다. **카요워타**를 잘라서 땅속으로 집어넣고, 흔들고, 주문을 건다. 유일한 차이는 이미 첫날에 행해졌던 땅 문지르기가 되풀이되지 않는다는 점이다. 그 대신 **카일레파**로 땅을 두드리고 일상적인

:.

28) 〔역주〕 표준 소구획.

주문을 읊조린다. 주술사는 경작지들을 순회하며, 각각의 **발레코**를 두드리고 각각의 발레코에 대해서 주문을 읊는다.

나는 어떤 경우에 단순한 의식이 행해지며 어떤 경우에 좀 더 복잡한 의식이 수행되는지를 정확히 확인할 수 없었다. 내가 판단할 수 있는 한, 단순한 의식은 주술사의 컨디션이 그다지 좋지 않을 때, 혹은 경작지에 대해서 특별히 근심할 만한 일이 없을 때, 즉 성공적인 경작의 계절들이 계속된 후에 이루어진다.

내가 현지조사에서 다소 늦게 입수했던 다음의 원문에는 주술의 두 형식인 **부라케마**와 **카일레파** 사이의 구별이 나타난다. 나는 오브웨리아에서 경작지 주술사인 모둘라부로부터 그 원문을 입수했는데, 그 원문은 내가 거기서 목격했던 경작지 회의 및 시작 의식들과 관련되어 있다(〈원문 28d〉, 제5부 4장 23절). "(1) 우리는 회의에 모입니다. 그녀(주술사의 부인)는 얌을 구워서 가져오고, 우리는 앉아서 회의하는 동안 그것을 먹습니다. (2) 우리는 울타리(에 뒤이어 경작지 소구획들)를 일일이 열거하고, 균형을 잘 맞출 때까지 회의를 계속합니다. 그러고 나서 회의를 중단합니다. (3) 우리는 (다음날) 회의를 다시 시작합니다. 그리고 끝마칠 때까지 경작지 안쪽(의 소구획들)을 집계합니다. (4) 우리는 (영들에게) 공물을 바칩니다. (그러고 나서) 경작지 주술사는 '고사리가 쏟아져 나오게 만들기'라고 불리는 의식을 수행합니다. (5) 그는 **부라케마** 의식—또한 '경작지를 번창하게 만들기'라고 불립니다—을 수행할 수도 있습니다. 그는 주술사의 지팡이를 들고 한 바퀴 걸어서 둘러볼 수도 있습니다. 두 의식들은 모두 **요워타**(경작지 시작 주술)입니다. (6) **부라케마** 의식을 하기를 원하든 혹은 (경작지 부지를) 두드리기를 원하든, 그것은 경작지 주술사의 의향에 달려 있습니다."

이것과 기록 6에서 볼 수 있는 바쿠타의 경작지 주술을 비교해보면, 절차상의 차이가 매우 뚜렷하게 드러난다. 회의 기간이 둘로 나누어진 것은 단지 우연히 일어난 일이었을 것이다. 첫째 날의 절차들이 너무 길어져서 **카야쿠**가 해산되었다.

구절(4)와 구절(5)를 비교해보면, 국부적인 의식인 **바포풀라 디가다가**가 **울라울라**(영들에 대한 공물)를 바치는 날과 동일한 날짜에 수행될 수 있음을 알 수 있다. (5)와 (6)에서는 두 의식들 가운데 어떤 의식을 수행할 것인지는 전적으로 주술사의 개인적인 의향에 달려 있다는 진술을 보게 된다.

이로써 오마라카나 경작지 주술의 시작과 관련해서 세부적인 문제들에 대한 여담을 마친다. 이제 다음 단계들에 대한 설명으로 되돌아가자.

제3장
오마라카나의 경작지 : 토양의 준비와 파종

첫 번째 시작 예식이 끝난 후 일주일에서 열흘 정도가 지난 뒤에 경작지 부지인 **부야구**를 가로질러서 걸어가보자. 그러면 거의 모든 소구획이 잘려 나간 잡초들, 나뭇가지들, 그리고 묘목들로 뒤덮여 있는 것을 볼 수 있을 것이다. 다만 아직 손대지 않은 소구획에서는 뒤얽힌 푸른 잎들이 견고한 벽처럼 서 있는 광경도 드문드문 볼 수 있다. **밀라말라** 달에는 영들을 마을로 맞이해서 대접한 뒤에 가뭄을 막기 위해 다시 내보낸다. **밀라말라** 달의 하반기 혹은 **야코시** 달의 초순에 영들을 내보내는 요바가 끝나면, 경작지들은 화전할 준비를 갖추게 된다. 경작지의 화전(**가부**)은 이중의 기능을 한다. 우선 산더미같이 쌓여 있는 시들고 마른 잎들을 가장 잘 제거할 수 있는 방법이 화전이다. 둘째로, 화전 후에 남은 재는 비가 내리면 땅속에 스며들어서 훌륭한 거름이 된다. 나의 가장 훌륭한 정보 제공자들 가운데 한 사람인 모타고이가 설명해주었듯이(⟨원문 29⟩, 제5부 6장 14절), "만약 우리가 땅 위의 잎들을 태우지 않는다면, 땅은 비옥하지 않고 메마르게 될 것"이다. 나는 토착민들에게서 재가 땅을 비옥하게 만든다는 말을 그다지 자주 들어보지는 못했다. 그러나 모타고이 외에도 바기도우를 포함한 한두 명의 사람들은 재가 식물의 성장에 도움이 된다고 기꺼이 인정했다.

그러나 화전만으로는 곧바로 파종해도 좋을 만큼 깨끗하고 말끔하게 밭을 정리할 수 없다. 어떤 잡초들은 쉽게 불타지 않는다. 또한 불길에서 살아남는 것은 작은 새싹들밖에 없겠지만, 어떤 잡초들은 화전 이후에 곧 다시 싹이 틀 것이다. 따라서 화전이 끝나면 곧바로 **코움왈라**, 혹은 잡동사니 치우기가 뒤따르며, 보통 **코움왈라** 직후에 타로, 사탕수수, 완두콩, 호박, 큰 얌, 바나나 등 여러 농작물의 파종이 이어진다. 주요 농작물인 작은 얌(타이투)의 파종은 다소 특별한 지위를 차지한다.

1. 두 번째 웅대한 시작 행위 : 경작지의 화전 의례

우리는 이제 곧 일련의 복잡한 경작 활동들을 살펴보게 될 터인데, 그것은 4종의 주술 예식에 의해 개시된다. 여기서 실제적인 활동과 주술적인 활동은 다른 어떤 단계에서보다 더욱 밀접하게 서로 관련되고 뒤얽힌다.

대규모의 화전은 그것 자체가 주술 행위로서, 예식의 첫째 날에 주술사와 조수들에 의해 수행된다. 둘째 날에 주술사는 남아 있는 작은 잡초들과 쌓아놓은 잡동사니를 불태우는 두 번째 화전을 의례적으로 시작한다. 셋째 날과 넷째 날에 주술사는 타로와 얌을 각각 주술적으로 파종하는 예식들을 수행한다. 따라서 네 가지 주술적 시작 의식들은 경작자들이 지금 착수하는 복합적인 활동들과 여러 가지 면에서 서로 관련된다.

일반적으로 한 해의 이즈음에는 맑은 날씨가 이어질 것이다. 남동 무역풍이 부는 건조한 계절의 한복판에 있기 때문이다. 기상학적 분별력이 뛰어난 바기도우는 며칠 동안 화창한 날씨가 계속되리라고 기대해도 좋을

〈사진 33〉 화전 의례 이후, 경작지의 모습
이 사진은 덤불치기와 화전 이후에도 얌 버팀대로 쓰려고 남겨둔 막대기들과 작은 나무들로 어수선한 경작지의 모습을 잘 보여준다. 또한 큰 나무(뒷부분 중앙)가 군데군데 서 있는 주변의 정글을 볼 수 있다. 일부 소구획들은 아직 덤불치기가 되지 않았다. (3장 1절)

만한 날을 정한다. 반드시 날씨가 화창해야 하는 것은 아니지만, 맑은 날씨가 더 바람직하다. 그리고 어느 날 저녁, 그는 마을 사람들에게 알린다.

"내일 나는 우리의 밭에 카보마(경작지 터부)를 내릴 것이네. 그대들은 마을에 남아 있게나. 나는 남동생들과 함께 가서 대규모 화전(바카바일라우)을 할 것이네. 어떠한 경작지 작업도 하지 말게. 그저 남아서 쉬도록 하게.[1] 나는 갈 것이네, 나는 경작지를 태울 것이네."[2]

다음날 아침에 바기도우는 자기 집 초가지붕 아래의 선반에서 주술용 횃불, **카이카폴라**를 몇 개 꺼낼 것이다. 이것들은 지난 수확기 이래 몇 달 동안 깔개에 싸인 채 그곳에 놓여 있었다. 그때 그는 지금의 용무를 위해서 그 횃불을 준비하면서, 우리가 이미 알고 있는 주문, 곧 **바투비, 바투비,** "길을 보여주소서, 길을 보여주소서"라는 말로 시작하는 긴 주문을 걸었

∵

1) 또한 부록 2, 4절, 주 9를 보라.
2) p. 228의 각주 참조.

다. 그는 깔개와 그 속에 있는 횃불을 가지고 자신의 복사들 몇 명과 함께 경작지에 간다.

1915년 9월 11일에 내가 바기도우와 함께 바카바일라우 예식에 갔을 때 족장도 우리와 동행했는데, 내가 추측하기로는 경작지 때문에라기보다는 오히려 내 시중을 들어주기 위해서 그랬던 것 같다. 족장의 아내들 가운데 가장 나이가 많은 보쿠요바와, 바기도우의 친동생인 토웨세이와 미타카타를 포함해서 약 여섯 명의 남자들도 왔다. 다른 경우에, 나는 경작지 주술사가 이런 종류의 한두 가지 예식을 수행하기 위해서 두세 명의 남자 조수들과 동행하는 것을 본 적이 있다. 내가 처음으로 참석한 바카바일라우에서는 족장인 토울루와가 횃불 하나를 들었고, 그의 가장 나이 많은 아내가 또 다른 횃불을 들었으며, 족장의 첫 번째 모계 조카인 몰루바베바와 바기도우도 각각 횃불을 하나씩 들었다. 경작지에서 그들은 바람이 불어오는 쪽에 서서 횃불을 잘려진 덤불에 동시에 갖다 댔다(〈사진 34〉, 〈사진 29〉를 보라). 덤불은 말라 있었고 쉽사리 불타올랐다. 불이 사그라진 뒤에, 토웨세이와 미타카타는 각각 횃불을 하나씩 들고 경계띠 주위로 가서 잘려나간 덤불 군데군데에, 적어도 경작지 소구획마다 한 번씩은 불을 붙였다. 오마라카나의 주술이 위대하고 의례가 장엄함에도 불구하고, 오마라카나의 경작지에서는 평범한 성냥갑에 든 성냥으로 횃불이 점화되었다. 그러나 일부 다른 마을들에서는 경작지에서 마찰열을 이용해서 불을 피우거나, 마을에 있는 주술사의 화덕에서부터 불쏘시개에 불을 붙여와야 한다.

마을로 되돌아오면, 결코 그다지 예식적이거나 종교적이지 않고 오히려 다소 축제적이라고 할 수 있는 분위기가 마을에 감도는 것을 관찰할 수 있다. 대다수의 사람들이 마을에 남아 있었는데, 대체로 그저 앉아서 잡담을 나누고 있었다. 그러한 예식들에 참여하는 데에는 어떠한 터부도 없다. 이

〈사진 34〉 경작지의 화전

"그들(주술사의 조수들, 이 사진에서는 보쿠요바와 몰루바베바)은 경작지에서 바람이 불어오는 쪽에 서서 횃불을 잘려진 덤불에 동시에 갖다 댔다." (3장 1절) 보쿠요바가 태양빛을 막으려고 풀잎 치마를 둘둘 말아서 쓴 것에 주목하라. 그녀의 머리카락은 장례식을 위해 면도되어 있었다.

〈사진 35〉 두 번째 화전

"미타카타는 다른 발레코에서 그 예식을 수행했다." (3장 1절)

미 살펴보았듯이 심지어 여자들도 참석해서 주술용 횃불을 다룰 수 있다. 그러나 당연한 말이지만, 갈 수 있는 권한을 특별히 부여받은 사람들만이 그 예식에 참석할 것이다.

이 예식은 특별히 화려하지는 않지만, 매우 성스럽고 중요한, 게다가 반드시 필요한 예식으로 여겨진다. 예전에, 아마도 내가 그 군도에 도착하기 대략 10년 전에, 주술적 화전의 필요성을 알지 못하던 어떤 주재 지사가 덤불치기가 마무리된 메마른 경작지를 지나간 적이 있었다. 그는 문득 그곳에 불을 붙이고 싶어졌다. 나중에 그가 내게 말해주었듯이, 그해에는 날이 무척 건조했는데, 무성하게 쌓여 있는 덤불을 보고 있자니 엄청나게 큰 모닥불을 피우고 싶다는 생각이 그를 사로잡은 것이다. 그는 경작지에 불을 붙였고, 곧 타오르는 불길이 높이 치솟았다. 머지않아 그는 반쯤은 낙담하고 반쯤은 분노한 토착민 군중에게 둘러싸였다. 토착민들은 그때 처음으로 그들의 주술적인 경작 이론을 그에게 설명해주었고, 다시는 이러한 종류의 일을 하지 말아달라고 탄원했으며, 경작지가 병들 것이라고 예언했다. 과연 그해에는 가뭄이 들었고—그래서 모닥불이 아름다웠다—예언이 실현되었다. 그때 그 백인이 저질렀던 일로 인해서 토착민들의 믿음은 더욱 강화되었다. 비록 이 일은 내가 트로브리안드에 도착하기 여러 해 전에 전혀 다른 지구에서 일어났지만, 오마라카나의 토착민들은 그들이 믿는 신조가 진실하며 유럽인이 그들의 관습에 개입했을 때 위험한 결과가 생긴다는 증거로 이 사례를 인용하곤 했다.

집으로 돌아온 뒤, 바기도우는 조수들과 함께 앉아서 그날의 첫 번째 식사를 한다. 곧이어 그는 다음 순서인 **기부비야카**라고 불리는 두 번째 화전을 준비한다. 그 단어는 "큰 화전"을 의미하지만, 실제로 그것은 세부적으로 실행되는 화전이다. 그는 두 종류의 잎들을 찾으러 밖으로 나간다. 아카시아 잎(바요울로)을 찾으러 해안으로, 그리고 나중에 랄랑 풀잎(기프와레이)을 찾으러 습지대인 둠야로 간다. 이전에 발아한 코코넛 싹을 조금 잘라 놓았던 것이 이제 잘 말랐는데, 그것은 쉽게 타오르는 횃불의 재료로 사용된다.

다음날 아침 주술사는 깔개 위에 아카시아 잎, 랄랑 풀잎, 그리고 횃불을 나란히 놓아두고 그 위에 또 다른 깔개를 덮는다. 각 횃불의 끝부분마다 말린 바나나잎 한 장씩을 랄랑 풀잎으로 둥글게 묶어놓는데, 주문을 읊기 전까지는 펄럭거리는 부분을 접어서 고정시키지 않고 그대로 둔다. 그 절차는 도끼들에 주문을 거는 것과 비슷하다(2장 4절 참조). 바나나 잎은 주문의 주술적 효력을 붙잡아서 가두는 기능을 한다. 횃불과 아카시아 잎 위에는 또다시 바투비 주문이 암송된다(이 책의 〈주술 문구 2〉).

이 주문을 읊은 뒤 주술사와 그의 복사들은 곧바로 기부비야카 의식을 실행하기 위해서 경작지로 간다. 내가 그 의식을 목격하고 사진을 찍었을 때, 바기도우는 레이워타에서만 그 의식을 직접 수행했다. 그의 남동생 미타카타는 몰루바베바(한 사람의 타발루), 굼구야우, 그리고 카우투타우와 함께 다른 모든 소구획에서 이중의 예식을 의례적으로 수행했다.

그들은 아카시아 잎들을 운반했는데, 그것들은 랄랑 풀잎을 사용해서 소구획들과 같은 수의 다발들로 묶어서 큰 깔개에 싸여 있었다. 그들은 우선 레이워타로 갔다. 거기서 조수들은 일종의 예비적인 코움왈라를 재빨리 수행했는데, 곧 막대기들과 잡초들과 나뭇가지들을 모아서 바기도우 앞에 쌓아놓았다. 바기도우는 깔개에서 아카시아 잎 한 묶음을 꺼내서 그 더미 속에 집어넣었다. 레이워타에서 의식이 끝난 뒤에, 미타카타는 다른 발레코에서 그 예식을 수행했다(〈사진 35〉, 〈사진 33〉 참조). 그 더미들은 룸룸이라고 불리는데, 내가 알기로, 그 단어는 바로 이러한 주술적인 무더기를 가

리킬 때에만 사용된다.[3]

바기도우는 마을로 돌아온 뒤에도 아직 앉아서 아침식사를 할 수 없다. 그는 해야 할 일이 있어서 한 번 더 경작지에 가야 한다. 그는 레이워타로 되돌아가는데, 이번에는 조수 한두 명이 치료된 횃불들이 가득 들어 있는 깔개를 운반한다. 어떠한 예비적인 주문도 없이, 그는 성냥으로 횃불에 불을 붙이고 **룸룸**에 불을 놓는다. 마찬가지로 미타카타는 다른 소구획들에서 그 예식을 수행한다. 오후에 마을로 되돌아가면 그는 금식을 깰 수 있다. 이것으로 둘째 날의 예식이 마무리된다. 다음날 예식이 계속될 것이다.

셋째 날의 의식은 **펠라카우크와**(글자 그대로 "개똥")라는 이상한 이름으로 일컬어지는데, 타로를 파종하는 의식이다. 바기도우는 조수들과 함께 레이워타에 간다. 조수들은 타로의 싹으로 만든 큰 다발들을 나른다. 타로의 싹이란 뿌리의 윗부분에 붙어 있는 타로 잎을 가리키는데, 먹을 수 있는 구근 부분은 이미 잘려나갔다. 이 채소의 파종은 타로의 싹을 흙속에 집어넣는 방식으로 진행된다(10장 2절 참조). 그는 가장 크고 가장 잘 자랄 것 같은 타로의 싹을 골라서 그것을 오른손에 들고, 잘린 면을 자기 얼굴에 가까이 대고서 다음의 주문을 읊는다.

〈문구 7〉

"이것은 우리의 개똥입니다, 오 조상의 영들이시여!"

"오 싸우는 덤불돼지여, 오 **라이보아그**의 큰 돌에서 온 덤불돼지여, 오 경작지 말뚝의 덤불돼지여, 오 나쁜 냄새에 이끌리는 덤불돼지여, 오 얼굴이 좁은 덤불돼지여, 오 생김새가 흉측한 덤불돼지여, 오 흉포한 덤불돼지여."

∴

3) 언어학적 분석으로 이 단어를 조명하기 위해서는 제5부 7장 26절과 비교해보라.

"너희의 귀 속에 너희의 돛이 있노라. 오 덤불돼지여, 너희의 꼬리 속에 방향을 잡는 노가 있노라."

"나는 너희를 뒤에서 찬다. 나는 너희를 재빨리 해치운다. 가버려라. 울라월라로 가라. 너희가 나왔던 곳으로 돌아가라. 그것은 너희 눈을 태우고, 그것은 너희 위장을 뒤집는다."

이것을 나쁜 나뭇가지의 주문(〈주술 문구 3〉)과 비교해보면, 두 개의 주문들이 첫 번째 줄만 제외하고는 동일하다는 사실을 알 수 있다. 오마라카나의 주술 전통에 따라서, 이 주문은 타로의 잘려나간 단면에 대고 부드럽고 설득력 있는 목소리로 이야기되며, 단조로운 말투로 읊어지지 않는다.

이 의례에서 사용된 타로는 "마을 쪽의 울타리 계단"에 인접한 레이워타의 모퉁이에서 파종된다. 그 모퉁이는 앞으로 경작지들의 주요 "주술적 모퉁이"로 부각될 것이다(〈사진 23〉과 〈사진 31〉).

이제 주술사의 남동생들이 다른 모든 경작지 소구획으로 가서 그 예식을 되풀이한다.

넷째 날에는 전날에 첫 번째 타로가 파종되었던 바로 그 지점에서 이중의 의식이 수행된다. 이 의식들 가운데 첫 번째 의식인 칼리마마타에서 크와나다라는 특별한 얌의 종자 덩이줄기가 파종된다. 바기도우는 또다시 주술적 모퉁이에 웅크리고 앉는다. 그는 크와나다 덩이줄기를 오른손에 들고 입 가까이로 가져가서, 거기다 대고 다음의 주문을 암송한다.

〈문구 8〉

"확 타올라라, 마을을 향해 불타올라라!
빨리 퍼져라, 덤불을 향해 빨리 움직여라!"

이러한 짧은 주문은 부드럽게 설득하는 목소리가 아니라, 마치 단호한 질서를 부여하듯이, 혹은 아마도 어떤 결정적인 행위를 선동하듯이 큰 소리로 말해진다. 그 주문은 분명히 채소들에게 경작지의 양쪽 면에서 자라고 퍼져나가도록 권고하는 말이다.

경작지 주술사는 이 말을 하자마자 조수에게서 타로의 싹을 넘겨받아서 그 위에 주문을 거는데, 이번에는 일상적으로 주술 문구를 읊을 때처럼 단조로운 목소리로 읊는다.

〈문구 9〉

"거기서 부풀어라, 오 타로여, 거기서 부풀어라, 오 타로여. 여기서 부풀어라, 오 타로여, 여기서 부풀어라, 오 타로여, 오 단단한 타로여. 움직이지 않는 타로가 빠르게 자란다."

주문에서 사용된 단어들을 보면, 타로가 크고 튼튼하게 자라도록 하기 위하여 의식이 수행된다는 것을 알 수 있다.

주문이 끝난 뒤에 바기도우는 다음 의식을 수행한다. 그는 길이가 대략 이십에서 사십 인치 정도 되는 작은 잔가지들을 몇 개 모아서 모형 오두막을 만든다. 우선 그는 나뭇가지 네 개를 골라서 갈라진 쪽이 위로 오도록 수직으로 심고, 갈라진 부분에 나뭇가지 네 개를 수평으로 놓는다. 그리고 맨 위의 직사각형을 가로질러서 수많은 나뭇가지들을 수평으로 놓음으로써 불완전한 작은 지붕을 만든다. 그리고 나서 그는 끝이 갈라진 나뭇가지들을 몇 개 심고 그것들 위에 나뭇가지들을 수평으로 올려놓아서 만든 모형 울타리로 모형 오두막을 둘러싼다.

전체 구조물은 시 브왈라 발로마, 곧 영들의 집이라고 불린다. 바기도우는 내게 그 구조물의 의미를 설명하지 못했다. 그렇지만 그는 영들이 실제로는 그 구조물과 전혀 관계가 없다는 점을 매우 분명하게 밝혔다. 왜냐하면, 그가 내게 말했듯이, **밀라말라** 축제는 끝났고 영들은 영의 땅, 투마로 되돌아갔기 때문이다.[4] 그러나 토착민들은 그 작은 건축물이 어떤 식으로든 미래의 울타리를 튼튼하게 해준다고 생각한다. 두 번째 타로의 파종과 영들의 집 건축으로 이루어진 전체 예식은 **비시콜라**라고 불린다.

이러한 네 가지 의식들, 즉 둘째 날의 의식, 셋째 날의 의식, 넷째 날의 두 의식들은 모든 경작지 소구획에서 각각 수행되어야 한다. 내가 오마라카나에서 그 의식들을 지켜보았을 무렵, 우두머리 주술사인 바기도우는 몸이 많이 아팠고 지쳐 있었다. 따라서 그는 소구획 한두 곳에서만 그 의식들을 수행했다. 나는 **기부비야카**가 실제로 여섯 곳의 **레이워타** 모두에서 행해졌지만, 파종 의식들은 단지 소구획 한 곳에서만 이루어졌다고 생각한다. 남은 소구획들은 그의 남동생들이 처리했다. 그러나 다른 마을들에서는 경작지 주술사가 각각의 **발레코**에서 몸소 의식들을 집행할 것인데, 모든 일은 그다지 오래 걸리지 않을 것이다. 왜냐하면 그 주문들은 매우 짧고 의식들은 단순하기 때문이다.

넷째 날이 지나면 작업에 대한 터부가 풀리고, 남자들은 저마다 가족과 함께 자기 소구획으로 가서 정리(**코움왈라**)와 파종(**소푸**)을 계속한다.

●●

4) 부록 2, 4절, 주 8 참조.

2. 이 주술에 대한 토착민의 견해와 이론적 해석에 대한 여담

그러면 여기서 한숨 돌리자. 민족지학자조차도 진행되는 예식을 지켜보고 재빨리 기록한 후에는 주술사와 그의 복사들, 그리고 아마도 두세 명의 가장 영리한 정보 제공자들을 자신의 천막으로 불러서 자기가 보고 들었던 일들을 검토하고 토착민들의 설명을 들어야 한다. 그러니 우리도 마찬가지로 바기도우의 오두막 앞에 앉아서, 그가 자기 주술의 몇몇 세부사항들에 대해서 말해주는 이야기를 듣는 시간을 가져보자.

바기도우는 우리가 그 의식들을 관찰하고 주문들을 번역하면서 끌어냈음직한 일반적인 결론, 즉 복합적인 가부 예식이 화전과 정리와 파종을 개시하는 시작 주술이라는 점을 주저하지 않고 사실로 확인해줄 것이다. 그는 주술사가 덤불치기 된 경작지들에 불을 놓기 전에는 누구도 감히 화전을 시작해서는 안 된다고 말할 것이다. 그리고 비교적 중요하지 않은 농작물의 파종을 시작하기 위해서는 세 가지 파종 의식들이 필요하지만, 오마라카나에서 가장 중요한 타이투의 파종은 다음 차례의 큰 의례인 **캄코콜라** 이전에 시작되어서는 안 된다고 말할 것이다.

또한 바기도우는 횃불 주술에 대해서 좀 더 상세한 정보를 말해줄 수 있을 것이다. 그는 어린 소년을 코코야자 꼭대기로 올려 보내서 코코넛 싹, **카이카폴라**를 따오게 할 것이다. 그것은 매우 쉽게 마르고 불에도 잘 타서 횃불 만들기에 적합한 재료이다. 첫 번째 대규모 화전에서 사용되는 횃불들은, 우리가 기억하는 대로, 사용되기 바로 직전이 아니라 이전의 수확기에 미리 마련된 것이다. 바기도우는 그때도 어린 코코넛 잎들과 랄랑 풀잎들을 사용했다. 그는 타이투 잎이 코코야자처럼 매끄러운 표면과 어두운 진녹색을 띠게 하기 위해서 코코넛 잎을 사용한다고 설명해줄 것이다. 랄랑 풀잎을 선택한 까닭은 그 끝이 날카롭기 때문이다. 좋은 타이투 역시 덩이줄기에 날카로운 가시를 가지고 있다. 가시가 날카로울수록 더 좋은 덩이줄기이다.

첫 번째 화전에서 사용되는 **바카바일라우** 횃불들은 그것들이 사용되기 서너 달 전인 수확기에 미리 주문에 걸려야 하는데, 우리는 그 까닭을 바기도우에게 물어볼 수 있을 것이다. 그러면 그는 어떠한 권위 있는 대답을 하기보다는 자유롭게 추측을 펼칠 것이다. "수확기에는 타이투가 많이 있소. 나는 나의 **빌라말리아** 주술을 건다오. 타이투는 튼튼하고 훌륭하오. 나는 **카이카폴라**에 마법을 건다오. 다음번 경작지의 농작물은 튼튼하고 풍성할 것이오."[5] 그 설명을 들으면, 수확기에는 마을에 식량이 풍족하기 때문에 지난해의 풍족함을 다음 해로 넘겨주려고 미리 횃불을 준비한다는 느낌을 받게 된다. 그러나 이러한 해석에는 민족지학자의 추측이 지나치게 많이 실려 있다.

그렇지만 한 가지 사실은 더할 나위 없이 분명하다. 주로 주문 속에 담겨 있는 주술의 힘은 영향을 받는 물질에게 바로 전달되어야 하는데, 만약 그 물질을 즉시 사용하지 않을 것이라면 그것을 깔개로 덮고 묶어서 주술의 힘을 가둬두어야 한다는 점이다. 지금까지 서술한 모든 의식을 통해서 알 수 있듯이, 주술사는 주문을 거는 대상 쪽으로 입을 가까이 대고 주문을 읊는다. 주문을 외울 때 가능하면 일종의 저장소—예를 들면, 깔개 위에 또 다른 깔개를 덮음으로써 만들어지는 틈, 그리고 묶지 않고 늘어뜨린 잎—같은 것을 만들어서 주술사의 숨이 그리로 통하게 하고, 또한 그것이 흩어지는 것을 방지한다(또한 7장 6절 참조).

∴

5) p. 226의 각주 참조.

두 개의 주문들(〈주술 문구 3〉과 〈주술 문구 7〉)은 첫째 줄을 제외하고는 동일했으며, 여기에는 한 가지 공통점이 있었다. 곧 둘 다 의례 행위 속에서 어떤 대상을 헐뜯고 비방한다는 점이다. "나쁜 나뭇가지"의 주문과 "개똥"의 주문을 보라. 이처럼 비방의 형태를 띤 주술에는 경작지와 타로를 나쁜 이름으로 부름으로써 오히려 그것들을 보호하려는 의도가 담겨 있는 것은 아닐까? 나는 그 점에 대해서 토착적인 근거를 가지고 대답할 수 없다. 그러나 그러한 전통적인 태도가 주문들 속에 깃들어 있다는 설명은 매우 그럴듯하게 느껴진다.[6]

트로브리안드 섬의 또 다른 지역에서 이에 상응하는 의식을 살펴보면, 경멸적인 두 행동들에 대한 위의 설명이 옳다는 것을 확인할 수 있다. 그 내용을 이 자리에 적어두는 것이 가장 적당할 듯하다. 펠라카우크와 의식은 트로브리안드의 모든 지구에서 수행된다. 트로브리안드 섬의 남쪽 절반에서 그 의식은 타로 경작지의 주요 주술 의식이며, 타로 경작지를 덤불돼지로부터 보호하려는 직접적인 목적을 가지고 있다. 나는 남쪽의 주요 마을인 시나케타에서 이 주술에 대한 설명을 입수했는데, 매우 흥미롭게도 그곳에서는 펠라카우크와가 타로의 싹이 아니라 돌에 대해서 수행되고 있었다. 분명히 이 돌은 덤불돼지들을 언급하고 그것들을 몰아내는 주술 문구를 통해 주술에 걸린다. 그리고 나서 그 돌은 울타리 너머 요세워(잘려나가지 않은 덤불) 속으로 던져진다. 이때 그 돌은 "개똥"이라고 불리며, 이른바 덤불돼지들이 경작지에 정나미가 떨어지도록 하기 위해서 덤불돼지들에게

⁚

6) 이것은 나의 친구인 오브렙스키(Obrebski) 박사가 내게 제시한 견해이다. 그는 슬라브의 주술적 주문들에 대한 광범위한 지식을 가지고서, 그러한 표현들은 우리 자신의, 즉 폴란드와 슬라브의 주술에서 나타나는 특징이며, 본문에서 트로브리안드 주문에 돌려졌던 그러한 기능은 그곳에서도 마찬가지라고 내게 말했다.

던져지는 것이다. 또한 나는 시나케타에서 가장 훌륭한 정보 제공자인 모타고이로부터 다음의 진술을 입수했다(〈원문 78〉, 제5부 11장 2절).

(1) "그놈들이 그 돌을 보면, (그놈들은) 테필라, 돼지들의 집이라고 불리는 곳으로 달아납니다. (2) 주술사들은 경작지에 (이 주문으로) 주술을 걸 때 덤불돼지들에게 떠나라고 명령하며, 이놈들은 테필라로 갑니다. (3) 덤불돼지들의 집 가운데 하나는 테필라이며, 또 다른 집은 기리브와(트로브리안드의 본섬과 두 번째로 큰 섬인 바쿠타를 분리시키는 해협, 그리고 그 해협에 위치한 마을)의 이쪽 편에 있는 장소인 루쿠브와쿠입니다. (4) 주술사들이 돼지들을 쫓아내면 그놈들은 루쿠브와쿠로 갑니다. (5) 그 대신, 네 개의 귀와 두 개의 꼬리를 가지고 있는 돼지인 울타리 말뚝의 돼지들이 올 것입니다. 그들은 돼지들에게 나가라고 명령하고, 다른 돼지들은 모두 루쿠브와쿠로 갑니다. 다른 한편 이놈(울타리 말뚝의 돼지)들은 울타리를 계속 지켜볼 것인데, 왜냐하면 그놈들은 말뚝의 돼지들이기 때문입니다. (7) **토워시**는 그놈(말뚝의 돼지)들이 자기들의 돼지들이기 때문에 이러한 주술을 알고 있습니다. (8) 그놈들(돼지들)은 그놈들의 마을에서 정말로 살고 있으며, 그 점은 아주 오래전부터 노인들이 기억하고 있는 그대로입니다."[7]

불행히도 나는 이러한 진술을 너무나 늦게 입수했기에 제대로 확인해 볼 수 없었다.[8] 나는 떠나기 바로 몇 주 전에야 위의 진술을 들었다. 당시 나는 내 주위에서 실제로 벌어지는 일들과 관련된 또 다른 연구 주제에 몰두해 있었기에, 섬의 북부에서는 울타리 말뚝의 덤불돼지에 대한 믿음이 어떠한지를 조사할 수 없었다. 그러나 나는 망설이지 않고서 이것이 남부

∴

7) 이 원문에 대한 언어학적 해설에는 민족지적으로도 흥미로운 부가적 정보가 담겨 있을 것이다.
8) 부록 2, 4절의 주 10을 보라.

의 일반적인 믿음이라고 생각한다. 왜냐하면 모타고이의 진술은 보통 스무 명의 다른 정보 제공자들의 진술만큼 가치가 있었기 때문이다. 그 진술에서 불루크와 가도이, 곧 네 개의 귀와 두 개의 꼬리를 가진 "울타리 말뚝의 돼지"와 덤불돼지들의 집 두 곳에 대한 언급은 흥미롭다. 라이보아그의 가장 울창하고 접근이 어려운 곳 어딘가에 덤불돼지들이 주술로 인해 쫓겨 가는 집이 있으며, 만약 그놈들을 요술로 불러낸다면 그곳에서부터 덤불돼지들이 나타난다는 믿음이 널리 퍼져 있다. 테필라는 북쪽의 어떤 장소일 것이다. 왜냐하면 이 이름은 북쪽 지구 도처에 알려져 있기 때문이다. 모타고이에 따르면, 비록 사람들이 루쿠브와쿠에 가더라도 덤불돼지들을 결코 볼 수 없지만, 그곳은 자기 자신과 다른 많은 사람들이 지나쳤던 실제의 장소이다. 섬이 곤봉 모양으로 길게 뻗어 있는 라이보아그의 남서쪽 끝부분에 그 장소가 분명히 존재한다. 그 주위는 경작이 불가능한 황량한 바위로 온통 뒤덮여 있으며, 사람들도 거의 접근하지 않는다. 가장 중요한 흑주술은 명백히 덤불돼지들을 유인하는 흑주술이다. 그리고 그때 나는 모타고이로부터 또다시 다음의 진술을 얻었다(〈원문 79〉, 제5부 11장 4절).

(1) "사람들은 다투기도 합니다. '나중에 나는 네 경작지에 나쁜 마법[9]을 걸 테다.' (2) 그(위협한 남자)는 그때 돌 하나에 나쁜 마법을 걸어서 울타리 너머로 던질 것입니다. 돼지들이 루쿠브와쿠에서 엄청난 수로 몰려올 것입니다. 돼지들은 주요 식량을 동날 때까지 먹어치울 것입니다. 경작지에 나쁜 마법을 건 결과는 그러할 것입니다. (3) 만약 아무도 경작지에 나쁜 마법을 걸지 않으면, 덤불돼지들은 오지 않을 것입니다."

∴

9) [역주] 주술사가 경작지의 풍요를 위해 거는 주술, 혹은 마법(magic, charm 등으로 표기됨)과 구별하기 위해서, 원문의 'bewitch'를 '나쁜 마법을 걸다'로 번역하였다.

경작지 흑주술에 대하여 내가 입수한 진술의 첫 부분으로 되돌아가보자. 여기서 묘사된 의식은, 매우 특징적이게도, 마찬가지로 돌을 던지는 것으로 구성된다. 다만, 내가 들은 설명에 따르면, 그 돌은 이번에는 경작지 안에서부터 밖으로 던져지는 것이 아니라, 오히려 밖에서 경작지 안으로 던져진다. 모타고이는 그 주문의 문구를 알지 못했고, 주문의 내용을 희미하게라도 기억하지 못했다. 만약 돼지들을 쫓아버리고 싶다면 돌을 경작지에서 덤불 속으로 던져야 하며, 반면 돼지들을 유인하고 싶다면 그 돌을 덤불에서부터 경작지 안으로 던져야 한다는 사실에서, 우리는 사악한 주문이 긍정적인 주술과 정반대의 어떤 것이며, 그 돌은 특별히 매혹적인 타로를 주술적으로 상징한다고 추측할 수 있다.

토착민들은 해충과 역병이 퍼져서 사람들을 괴롭히게 되는 원인이 오로지 요술 때문이라고 굳게 믿고 있다. 마찬가지로, 그들은 요술이, 그리고 요술만이 인간의 건강과 안녕을 위협하는 궁극적인 원인이며, 바로 그것이 인간 생활에 재난을 일으킨다고 굳게 믿는다. 악어가 나타나는 것도, 나무가 쓰러지는 것도, 물에 빠져 죽는 것도 결코 저절로 일어나는 일이 아니며, 그것들은 항상 흑주술 때문에 야기된다.

우리는 여기서 경작지의 안전 및 깨끗함과 연관된 다양한 믿음들, "미신들" 그리고 관념들을 논의하고 있기에, 두 가지 중요한 터부들을 언급해야 한다. 첫 번째 것은 경작지 안에서나 근처에서 성교를 금지하는 것이다. 만약 위에서 인용된 〈원문 79〉를 제5부(11장 5절)에 있는 원문과 비교한다면, 그 내용이 다음과 같이 이어지는 것을 알 수 있을 것이다. "사람들은 때때로 묻습니다. '왜 돼지들이 날마다 이 경작지로 오는 것일까?' 그리고 대답은 다음과 같을 것입니다. '그들은 경작지 근처에서 성교한다.'" 다른 곳에서 이야기했듯이(*Sexual Life of Savages*, pp. 231, 383, 415 참조), 경작지에서 혹은 경작지 작업을 할 때 성행위는 금지되어야 한다. 울타리 안에서 성행위를 하면 절대로 안 된다. 경작지 안에서 혹은 근처에서 성교하는 것을 가리키는 일상적인 토착어구는 이시카이세 토케다, "그들은 경작지에 인접한 덤불 띠 위에 앉는다."는 것이다. 좀 더 구체적인 "경계 막대기 위에 앉는다"는 구절은 토착민이 이러한 터부를 다음과 같이 설명할 때 사용된다 (〈원문 34〉, 제5부 6장 47절). "경계 막대기 위에 앉는 것은 터부입니다. 만약 어떤 남자가 그렇게 한다면, 그는 상피병(象皮病)[10]을 얻을 것입니다. 마찬가지로 여자들도 (음순에) 상피병을 얻을 것입니다." 남자들이 잡초를 뽑고 땅을 정리할 동안 여자들에게 접근하는 것을 금지하는 특별한 터부도 있다.

두 번째 터부는 인간의 배설물과 관련된다. 경작지에 인간의 배설물이 있으면 안 된다. 경작지에서는 어떠한 배설이나 배뇨도 금지되어 있는데, 그렇지 않으면 땅은 오염되고 농작물은 마름병에 걸릴 것이다. 또한 토착민들은 사람들이 사는 주거지 근처에서 배변하는 것을 매우 질색한다.[11]

이제 오마라카나의 주술 체계로 되돌아가보자. 타로를 위한 주술은 그토록 많은데, 주요 농작물인 타이투를 위한 주술은 왜 그렇게 빈약한 것일까? 주술의 특정 구절들은 어떠한 의미를 지니고 있을까? 왜 어떤 주문은 노래처럼 읊어지고 또 다른 것은 이야기하듯 말해지는 것일까? 내가 키리위나에서 그 예식을 목격했을 때 수많은 질문이 떠올랐던 것처럼, 독자들의 마음속에서도 수많은 질문들이 생겨났을 것이다. 그러나 영원히 변치 않는 대답으로 토쿠나보그워 아이구리라는 말을 들을 수 있을 뿐이다. 즉

••

10) (역주) 밴크로프트 사상충(絲狀蟲)이 혈액에 기생함으로써 생기는 병으로, 결합조직이 증식되어 피부가 점차 단단해지고 두꺼워진다.
11) 제5부 6장 15절과 29절 참조. 또한 *Sexual Life of Savages*, p. 383과 p. 415 참조.

"그것은 옛날부터 정해져서 내려오는 것입니다", "그것은 전통입니다, 그 것은 관습입니다, 우리는 그것을 이해하지 못합니다", "우리는 그것에 대해 어떠한 우울라(이유, 문자적으로는 토대)도 없습니다"[12]

3. 마지막 정리 작업, 코움왈라

이제 여담을 마치고 다시 이야기의 맥을 따라잡아야 한다. 복합적인 화전(가부) 예식은 새로운 작업 단계를, 곧 토착민들이 포괄적인 용어인 **코움왈라**, "땅의 잡동사니를 깨끗하게 치우기"라고 부르는 단계를 개시하였다. 이 단계에는 불에 타고 부분적으로 숯이 된 식물들을 태우는 부가적인 화전과, 예비적인 파종, 그리고 어느 정도까지는 울타리 만들기도 포함된다. 이 마지막 작업은 즉시 착수되어야 하는데, 왜냐하면 일부 농작물은 땅에 파종되자마자 덤불돼지들과 왈라비들로부터 보호되어야 하기 때문이다.

정리 작업을 하기 전에 찍은 〈사진 43〉을 땅이 깨끗하게 정리된 후에 찍은 〈사진 26〉 및 〈사진 38〉과 비교해서 살펴보면, 두 가지 주술적 화전이 끝난 뒤에도 땅에는 여전히 잎들과 잔가지들과 막대기들이 흩어져 있는 것을 볼 수 있다. 이 모든 것을 깨끗이 치워야 하며, 가장 위험한 오래된 덤불 뿌리를 캐내거나 잡아 뽑아야 한다. 오래된 덤불이 다시 싹트게 될 위험은 별도로 하더라도 **코움왈라**(정리)는 필요하다. 왜냐하면 잡동사니들이 아직도 땅에 덮여 있다면, 정말로 비옥하고 경작에 적합한 땅뙈기를 발견하기가 어려울 것이기 때문이다.

∴

12) 또한 부록 2, 4절의 주 11을 보라.

사실 토착민들은, 특히 표준 소구획인 **레이워타**에서는, 너무 지나치다고 할 만큼 말끔하게 땅을 정리한다. 〈사진 26, 36, 38〉에서 토착민들이 말쑥하게 치우고 산뜻하게 쓸어서 단장해놓은 장식적으로 세분된 소구획들을 훑어본다면, 이러한 작업에서 미학적인 동기가 중요한 역할을 한다는 점은 의심할 여지가 없다. 때때로 뿌리를 파고 잘라내기 위해서 땅 파는 막대기와 도끼가 사용되지만, 이 단계의 작업에서는 인간의 손이 주요 도구이다. 〈사진 36〉에서 그 사례를 볼 수 있는데, 거기서 가족들은 모두 그들의 경작지 소구획에서 부스러기를 줍고 있다.

토착민들은 잔가지들과 잎들과 뿌리들, 그리고 막대기들을 모두 더미로 쌓아올려서 불태운다. 바람이 없는 날이면 경작자들은 종종 해질녘까지 더미를 쌓아올리다가 모든 더미에 동시에 불을 붙일 것이다. 보통 아직도 녹색이고 다소 축축한 그 잡동사니들은 밤늦게까지 연기를 내면서 탄다. 그 무렵 경작지들을 가로질러 걸어가노라면, 마치 작은 불꽃들이 멀리까지 규칙적으로 흩어져서 타오르고 있는, 엄청나게 큰 버려진 야영지를 지나가는 것 같은 느낌이 든다.

해마다 **코움왈라** 기간이면 토착민들은 비옥한 흙 사이에 비집고 들어와 있는 작은 돌들을 밭에서 치운다. 그들은 이 돌들을 길게 쌓아서 돌무더기를 만드는데, 그 돌무더기는 두 **발레코**(경작지 소구획) 사이의 경계를 표시하며 **카쿨룸왈라**라고 불린다(〈사진 25〉의 전경과, 〈사진 40〉과 〈사진 44〉의 왼쪽 아래에서부터 오른쪽 위까지를 참조).[13] 땅에 돌이 매우 많은 지구에서는 밭 도처에 **투와**라고 불리는 큰 돌무더기들이 만들어진다. 키리위나에서는 그러한 돌무더기들이 거의 존재하지 않거나(〈사진 20, 23, 26〉) 혹은 크기

∴

13) 두 개의 경작지 경계들이 만나는 모퉁이는 〈사진 48〉에서 뚜렷하게 볼 수 있다.

도 작고 서로 멀리 떨어져서 흩어져 있다(〈사진 33, 43〉). 그러나 서쪽 지구인 쿠보마, 쿨루마타에서, 그리고 남쪽 지구에서는 큰 원뿔형의 작은 산처럼 솟아 있는 **투와**가 서로 너무나 가깝게 서 있어서, 경작할 수 있는 비옥한 땅은 단지 돌 언덕들 사이의 골짜기로만 이어진다(〈사진 37〉을 보라).

정리 단계에서 트로브리안드 경작지의 고유한 특징인 특별한 배열이 만들어진다. 토착민들은 땅 위에 곧은 막대기들을 수평으로 올려놓는 방식으로 경작지를 작은 사각형들로 세분한다. 〈사진 26, 36, 38〉을 통해서 이 사각형들의 크기를 측정할 수 있다. 〈사진 26〉과 〈사진 38〉의 사각형들은 특히 작다. 왜냐하면 그것들은 마을 근처의 매우 비옥한 **카이무그**와 소구획에 만들어졌기 때문이다. 기억하겠지만, 토착민들은 덤불치기를 할 때 곧고 훌륭한 줄기들을 발견하면 **가부**(주술적 화전)에서 태우지 않고 따로 놓아둔다. 이 막대기들은 이제 **툴라**를 만들기 위해 사용된다. 그 용어는 작은 사각형들의 경계들을 가리키는 이름이다. 사각형 자체는 **구브와탈라**라고 불린다. 덤불치기에서 남겨둔 막대기들로 충분하지 않을 때에는, 물론 덤불에서 새로운 막대기를 가져오면 된다. 이제 보게 되겠지만, 작은 사각형들의 경계를 이루는 **툴라**의 망상 조직은 각 경작지 소구획의 모퉁이와 경계 위에 세워져 있는 높은 장대들의 체계와 연관된다.

항상 그렇듯, 표준 소구획에서는 경계 장대들(**툴라**)과 사각형들(**구브와탈라**)도 특별한 관심을 기울여서 세심하게 만들어진다. 가장 훌륭하고 곧은 막대기들이 선택되고, 사각형은 조심스럽게 배치되며, 특별히 작고 산뜻하게 만들어진다. 잘 정리된 **발레코**, 즉 돌이나 잡동사니가 전혀 눈에 띄지 않는 검은 흙 위에 **툴라**가 우아하게 놓여 있는 **발레코**는 토착민들에게 굉장히 기분 좋은 광경이다. 그러한 **발레코**의 소유자는 자기 밭을 즐겨 과시하며, 자기 노동의 결과물에 대해 마땅한 자부심을 가진다.

〈사진 36〉 자기 경작지를 치우는 가족 집단
"이 단계의 작업에서는 인간의 손이 주요 도구이다." (3장 3절)

　　툴라가 경작지 소구획을 더욱 우아하게 만든다는 점은 확실하다. 그렇
지만 **툴라**가 경작의 경제적 혹은 기술적 측면에 어떻게 영향을 미치는지는
첫눈에 알기 어렵다. 그러나 그것들이 간접적으로 그러한 기능을 한다는
사실은 분명하다. 우선, 어떤 남자가 이른 경작지들 가운데 한 소구획에서
작업하는 경우를 상상해보자. 그는 종종 서로 다른 용도로 사용하기 위해
소구획을 세분해야 한다. 그는 농작물의 일부를 자신을 위해 남겨두어야
할 것이며, 일부는 누이에게, 일부는 어머니에게 증여해야 할 것이다. **구브
와탈라**는 이러한 목적을 위해서 편리하게 활용될 수 있다. 내가 처음 오마
라카나를 방문했을 때, 최고 족장인 토울루와는 **발레코**(경작지 소구획) 여러
곳을 경작하였지만 자기 아내들의 수만큼 많지는 않았다. 그는 아내들에
게 공평하게 생산물을 나누기 위해서, 각각의 아내에게 같은 수의 **구브와
탈라**를 배당했다.

　　소구획을 여러 개의 사각형들로 분할하는 것은 파종할 때 중요한 역할

을 한다. 경작자가 좀 더 쉽게 자신의 구역을 계산하고 시간을 측정할 수 있도록 해주기 때문이다. 파종 작업을 하는 경작자를 지켜본다면, 그가 일을 시작하기 전에 먼저 각각의 사각형마다 종자 얌 여러 움큼씩을 배분해 놓는 모습을 볼 수 있다. 토착민은 이야기할 것이다. "만약 **툴라**가 없다면 어떻게 우리가 제대로 파종할 수 있겠습니까?" "**툴라**가 없는 경작지에서는 작업이 잘 안 됩니다. **구브와탈라**로 나누어진 경작지들에서는 작업이 잘 됩니다."[14] 혹은 (〈원문 33〉, 제5부 6장 45절) "우리는 경작지 작업을 빠르게 진행하기 위해서 경계 막대기들을 놓습니다. 우리는 경작지 사각형 한 곳에서 일이 끝날 때까지 파종합니다. 그리고 또 다른 경작지 사각형에서 일합니다. 우리는 파종합니다, 우리는 파종합니다, 그러면 벌써 일이 끝납니다." 나중에 흔히 여자들이 공동으로 작업하는 잡초 뽑기에서도, 그러한 분할은 경제적 능률을 높여줄 뿐 아니라 심리적 영향력을 발휘한다. 여자들은 저마다 이웃의 사각형보다 그녀의 사각형이 더 깨끗하게 정리된 것을 자랑스러워할 것이다. "**툴라**가 거기 있을 때, 작업은 빨리 진행됩니다, 작업을 하는 것이 유쾌하지요. **툴라**가 없을 때, 혹은 **툴라**가 구부러져서 놓여 있을 때, 작업은 느리게 진행되며, 우리는 일하고 싶은 마음이 사라집니다."

따라서 토착민들은 소구획을 작은 사각형들로 세분함으로써 자신의 일을 쉽게 배분할 수 있게 된다. 또한 그는 자신의 작업을 이미 한 일과 앞으로 해야 할 일로 체계적으로 나누고 측정할 수 있게 된다. 무한정으로 오래 노동하는 것이 아니라, 오히려 시작할 때부터 끝을 알 수 있는 일련의 정해진 작업들을 수행할 수 있게 되는 것이다.[15]

∴

14) p. 228의 각주 참조.
15) 또한 부록 2, 4절의 주 12 참조.

〈사진 37〉 남쪽의 돌이 많은 경작지

"남쪽 지구에서는 큰 원뿔형의 작은 산처럼 솟아 있는 투와가가 서로 너무나 가깝게 서 있어서, 경작할 수 있는 비옥한 땅은 단지 돌 언덕들 사이의 골짜기로만 이어진다." (3장 3절)

〈사진 38〉 사각형들로 세분된 소구획

이곳의 사각형들은 "특히 작다. 왜냐하면 그것들은 마을 근처의 매우 비옥한 카이무그와 소구획에 만들어졌기 때문이다." (3장 3절)

툴라가 준비되자마자 예비적인 파종이 이루어진다. 각각의 사각형(**구브와탈라**)마다 바나나 묘목 한두 그루와 타로 싹 한 쌍, 사탕수수 막대 두세 그루, 그리고 큰 얌인 **쿠비**의 덩이줄기들 약간씩이 파종된다. 〈사진 25〉와 〈사진 38〉에서 그처럼 구색을 갖춘 어린 식물들을 볼 수 있다. 이때 소구획을 사각형들로 분할하는 것은 작업의 질서를 세우고 농작물을 안전하게 제대로 분배하는 데 분명히 도움이 된다. 이미 알고 있듯이, 나중에 **카이마타**에서 경작할 때에는 그처럼 뒤섞인 농작물이 그다지 중요하게 여겨지지 않는다. 그렇지만 이른 경작지들(**카이무그와**)에서는 그것들이 상당히 높은 비율을 차지하고 있다.[16]

경작지의 소유자는 아내와 아이들의 도움을 받아서 이 모든 작업을 완수한다. 만약 그가 결혼하지 않았다면, 어머니나 다른 친척 여성들의 도움을 받아서 작업을 한다(〈사진 24, 36, 37〉을 보라). **코움왈라**에서는 결코 공동 작업이 이루어지지 않는다. 족장은 몇 사람의 친족 남자들과 부양가족들에게 자신의 소구획에서 경계 장대를 놓고 예비적인 파종을 해달라고 요청할 수 있다. 〈사진 25〉와 〈사진 38〉에서 보이는 남자들이 그 사례이다. 그러나 사회학적으로 말하면, 이것은 공동 작업이라고 말할 수 없다. 나는 4장(5절)에서 몇 가지 공동 노동의 유형을 다루면서 **카부투**라고 불리는 공동 노동을 다룰 것이지만, 이것은 **카부투** 유형의 공동 노동에도 속하지 않는다. 그것은 오히려 평민과 족장 사이의 관계에서 흔히 일어나는 소규모 부역의 한 사례이다.

보통 그날은 일가족이 경작지로 가서 그곳에서 야영한다. 그들은 불을 피우고 땅 위에 깔개를 펼친다. 큰 아이들이 작업을 돕는 동안 작은 아이들은 야영지 주위에서 논다. 땅에서 잡동사니를 치우는 것은 특히 주로 여

∴

16) 또한 부록 2, 4절의 주 13 참조.

자들의 작업이며, 반면 남자들은 **툴라**를 배열하고 예비적인 파종을 한다. 그러나 성별에 따라 엄격하게 노동이 나누어지는 것은 아니다.

농작물을 땅에 심자마자 울타리(**칼리**)를 세워야 한다. 덤불치기에서 남겨둔 혹은 덤불에서 가져온 막대기들(**가도이**)을 2열로 약 5센티미터에서 7센티미터의 간격을 두고 수직으로 세운다. 막대기들 사이의 공간은 수평의 막대기들로 채워진다. 토착민들은 수직의 막대기들을 식물의 질긴 껍질을 이용해서 중간 정도의 높이에서 서로 묶는다. 그러고 나서 더 많은 수평 막대기들을 올려놓고, 수직 막대기들을 꼭대기에서 다시 묶는다. 일반적으로 울타리의 높이는 대략 1미터에서 1.2미터이다. 경작지 통로가 형성되는 곳에서는, 〈사진 31〉과 〈사진 39〉에서 볼 수 있듯이, 울타리 계단(**피실라** 혹은 **칼라피실라 칼리**)이 만들어진다. 〈사진 22〉에서 울타리의 구조를 볼 수 있는데, 울타리 계단은 왼쪽에서 찾아볼 수 있다. 공동의 울타리를 만들 때 모든 사람은 자기 몫의 일을 분담해야 한다. 즉 저마다 자기 발레코(경작지 소구획)의 바깥 경계를 따라서 울타리를 만들어야 한다. 왜냐하면 하나의 울타리로 인접한 경작지들을 둘러싸서 모든 농작물을 덤불돼지와 왈라비로부터 보호해야 하기 때문이다. 나는 그와 같은 경작지 단위를 〈그림 4〉에서 도표로 나타냈다. 〈사진 20〉을 보면 그것이 일반적으로 어떤 느낌을 주는지를 알 수 있을 것이다. 그 사진의 배경에서 덤불과 경작지를 분리해주는 울타리를 찾아볼 수 있다.

4. 주술적 벽의 모퉁잇돌

토착민들은 경작지를 정리해서 그물 같은 사각형들로 뒤덮은 뒤 부분적으로 파종을 진행했다. 이제 또 다른 예식이 시작된다. 이번에 거행될 예식은 주요 경작지 예식들 서너 개 가운데 하나로 꼽힌다. 그 예식은 자체의 터부 기간을 가지고 있으며, 이삼 일 동안 지속되는 일련의 의식들로 구성된다. 경작자들은 물론이고 심지어 주술사까지도 그 예식을 위해서 엄청난 양의 작업을 몸소 수행해야 한다. 그 예식을 거치면서 경작지의 모습은 아주 많이 변하게 된다. 모든 경작지 소구획에서는 모퉁이 네 곳마다 **캄코콜라**라는 구조물이 각각 세워질 텐데, 토착민들에게 이 구조물은 특별한 미적 가치가 있다. 키리위나 사람들은 **캄코콜라**를 보면서 기뻐하는데, 아마 근대 입체파 화가들도 이 구조물을 본다면 즐거워할 것이다. 독자들은 〈사진 23, 40, 41〉을 통해서 이 구조물의 특징을 파악할 수 있을 것이다. 이 모퉁이 구조물은 각각의 소구획을 작은 사각형들로 분할하는 교차된 장대들인 **툴라**의 체계와 연관되며, 나아가 소구획의 경계를 세우는 또 다른 유형의 기하학적 건축물과도 연관되는데, 그것에 대해서는 나중에 살펴보도록 하자. 각 경작지 소구획에서 가장 훌륭한 **캄코콜라**(주술적 프리즘)[17]는 우리가 이미 경작지의 "주술적 모퉁이"라고 알고 있는 곳에 세워진다. 주술사는 이전에 예식들을 수행할 때 그 모퉁이에 타로를 심었고, 나중에는 **크와나다** 얌을 심었다. 그는 그곳에 영들의 작은 집을 세웠다. 한마디로, 그는 대규모의 주술적 화전과 관련된 일련의 의식들을 그곳에서 수행했다. 그는 장차 수확 예식들을 진행할 때에도 적어도 한 번 이상 그곳으로 되돌아가야 할 것이다.

••

17) 〔역주〕 '프리즘'은 원래 빛을 분산시키거나 굴절시키기 위해 유리나 수정으로 만든 기둥 모양의 광학 장치를 뜻하며 일반적으로 삼각기둥 모양이다. 이 책에서 말리노프스키는 **캄코콜라**의 모양이 어느 쪽에서 보더라도 삼각형을 띠고 있다는 점에 착안하여 **캄코콜라**를 '주술적 프리즘'이라고 부르고 있다.

지금 서술하는 예식은 앞서 두 가지 주술 행위들처럼 무언가를 뚜렷하게 개시하지는 않을 것이다. 물론 주술적 프리즘을 세우는 일은 튼튼한 얌 버팀대인 **카바탐**을 세우는 일과 관련되는데, 머지않아 버팀대 둘레로 타이투 덩굴이 감아 올라가게 될 것이다. 그것은 또한, 비록 그다지 분명한 방식으로는 아니지만, 타이투의 파종과도 관련된다. 알다시피, 이미 각각의 소구획에서는 보조적인 농작물의 파종이 이루어졌다. 그러나 마을마다 서로 지역적인 차이가 있고 경작의 진행도 한결같지 않다. 그래서 나는 **캄코콜라**(주술적 프리즘) 예식이 수행되기 전에 주요 농작물인 타이투를 일부라도 파종하는 것이 허락되는지 아닌지를 개인적인 관찰을 통해서는 결코 확인할 수 없었다.[18] 오마라카나의 바기도우는 모든 경작지 소구획의, 혹은 적어도 표준 소구획 레이워타의 모퉁이 네 곳에 각각 주술적 프리즘이 세워지기 전에는 진짜 **소푸** 혹은 **소푸 말라가**, 즉 타이투나 주요 농작물의 파종이 시작될 수 없다고 되풀이해서 내게 확인해주었다. 그렇지만 나는 다른 마을들에서 **캄코콜라** 예식 이전에 타이투가 파종되는 광경을 직접 목격했다.

어쨌든 두 가지는 명백하다. 우선 **캄코콜라** 예식은 타이투의 파종과 관련된 파종 의식이다. 그렇지만 과연 **캄코콜라** 예식이, 오마라카나의 주술 체계에서 아마도 그러한 것처럼, 언제나 시작 의식인지 아닌지는 잘 모르겠다. 만약 아니라면, 그것은 이미 끝나가는 파종을 소위 축성(祝聖)하는 의식이다. 나의 토착민 정보 제공자들은 **캄코콜라** 예식이 파종과 연관된다고 단호하게 강조했다. 왜냐하면, 그들의 말에 따르면, 그 예식이 수행되지 않는 곳에서는 파종이 성공적으로 이루어질 수 없기 때문이다. 그렇지

∵

18) 또한 부록 2, 4절의 주 14를 보라.

만 주문이나 의례, 그리고 **캄코콜라**의 구조를 살펴볼 때, **캄코콜라**는 얌 장 대들과 훨씬 더 직접적으로 관련된다.

둘째로, 비록 용어상으로는 타이투의 파종이나 다른 농작물의 파종이나 매한가지로 소푸라고 불리지만, 토착민들은 타이투의 파종을 완전히 별개의 활동으로 여긴다. 토착민들이 경작의 한 단계를 정의하기 위해 소푸라는 단어를 사용할 때, 그 단어가 뜻하는 것은 결코 처음의 예비적인 파종이 아니다. 그 단어는 항상 주요 파종만을 가리킨다. **캄코콜라** 직전에 행해지든 혹은 이후에 행해지든 간에, 주요 파종에서는 작업 방식이 달라진다. 예비적인 파종은 오로지 개인적인 노동(혹은 족장의 부역)을 통해서만 진행되며, 가족은 저마다 자기 소구획에서 작업한다. 반면 타이투의 파종에서는 공동 노동이 일상적으로 이루어진다. 타이투를 공동으로 파종하는 동안, 그리고 가끔 개인 노동이 이루어질 때, 다른 경작지 작업에서는 금지되어 있는 전통적인 고함과 노래, 경쟁적 내기, 그리고 한두 개의 사소한 터부들과 같은 일정한 관습들을 관찰할 수 있다.

표준 소구획들을 비롯해서 다른 수많은 소구획들이 제대로 정리되고 나면, 바기도우는 주술의 다음 단계로 나아갈 때가 되었다고 판단한다. 어느 날 저녁 그는 마을 사람들에게 말할 것이다.

"이제 **코움왈라**(정리)가 끝났고 울타리도 만들어졌도다. 그런데 한두 군데에서는 여전히 덤불돼지들이 뛰어 들어올 수 있구나. 세투크와, 자네는 자네의 울타리를 더 높게 만들고 구미가와야, 자네는 자네 몫의 일을 끝내도록 하라. 우리는 덤불돼지나 왈라비가 우리의 사탕수수를 먹거나 타로 싹을 잘라내기를 바라지 않는다네. 이제 타이투를 파종할 때가 왔고, 우리는 **소푸**(파종)를 해야 하노라. 우리의 타이투는 높이 자랄 것이고, 높이 올라갈 것이니라. 우리에게는 큰 버팀대들, **카바탐**이 필요하도다. 그대들, 나

〈사진 39〉 경작지의 울타리 계단
이 사진에서 울타리 계단뿐 아니라 울타리의 구조, 높이, 그리고 울타리와 통로 및 경작지와의 관계를 볼 수 있다. (3장 3절)

〈사진 40〉 캄코콜라
토쿨루바키키가 이웃 마을에서 주술 의식이 어떻게 수행될 것인지를 예상하고 시연해 보이고 있다. (3장 3절, 또한 9장 2절 참조)

의 친구들은 **카바탐**과 **캄코콜라**를 만들 만한 **라푸**(줄기들)를 가져오게나. 내일 나는 **카일루발로바**(터부-막대기)를 땅속에 찔러넣겠네. 나는 **발레코**(소구획)마다 막대기를 찔러 넣겠네. 그대의 경작지들은 터부가 될 것이다(**카보마**). 그대들은 어떠한 작업도 하지 말게나. 그대 남자들이여, 그대들은 모두 **라이보아그**로, **모몰라**(해안)로 가서 길고 곧은 막대기들을 가져오라. 그래서 우리의 경작지들을 아름답게 꾸미고 우리의 타이투가 크고 튼튼하게 자라도록 하라."[19]

오마라카나의 경작지 주술사는 이러한 장광설을 통해서 몇몇 남자들의 게으름과 태만함을 꾸짖고, 경작지들이 현재 어떤 단계에 있는지를 지적하며, 모두가 일을 잘 하도록 권면하면서, 새로운 일련의 의식들, 곧 **캄코콜라** 의식들을 시작하려는 자신의 의도를 알린다.

다음날 바기도우는 첫 번째 순회를 시작한다. 그는 각각의 **발레코**마다 길이가 1미터 반을 넘지 않는 가느다란 막대기를 꽂는다. 이 막대기는 **카일루발로바**라고 불린다. 경작지에 꽂힌 막대기는 이제부터 그곳에 터부가 걸렸으며, 토착민 모두는 단 하나의 임무, 곧 튼튼한 장대인 **라푸**를 가져오는 일에 전력을 다해야 한다는 의미를 표시한다. **카일루발로바**를 꽂을 때에는 어떠한 주문도 읊지 않고 어떠한 의식도 수행하지 않는다. 그 막대기에는 어떠한 주술적 효력도 담겨 있지 않다. 그것은 단지 경작지에 터부가 걸려 있음을 알려주는 기호일 뿐이다.

모든 **발레코**에 **카일루발로바**가 꽂힌다. 표준 소구획 혹은 과시용 소구획인 **레이워타**에서는 특별히 세심하게 **카일루발로바**를 꽂는데, 보통 그것에 막대기 두 개를 비스듬히 기대어서 모형 **캄코콜라**를 만든다. 〈사진 23〉과

∙∙

19) p. 228의 각주 참조.

〈사진 41〉에서 그 모습을 잘 볼 수 있다. 토착민들은 때때로 그것을 **시 캄코콜라 발로마**, "영들의 캄코콜라"라고 부른다. 다른 소구획들에서는 비스듬히 교차시킨 막대기들 없이, 좀 더 짧은 막대기 하나만 세운다. 바기도우의 예비 순회에 동행했을 때, 나는 모든 소구획에 빠짐없이 막대기가 세워진 것을 보았다. 우리는 우선 정리와 파종이 모두 마무리된 **레이워타**로 갔다. 그곳에서는 이미 뿌리를 내리고 자라는 타로와 사탕수수, 바나나의 녹색 잎들 사이로 깨끗한 적갈색 흙을 볼 수 있었다. 싱싱한 녹색 잎과 갈색 흙은 반짝이는 울타리와 대비되어서 멋진 광경을 만들었다. 새 나무로 만든 울타리는 마치 황금 막대기로 만든 것처럼 반짝거렸다. 그러고 나서 우리는 다른 소구획들로 갔는데, 일부 소구획에서는 이미 정리가 끝나고 경작지가 사각형들로 세분되었지만, 다른 곳들에서는 **코움왈라**가 반쯤 진행되고 있었다. 또 다른 곳은 토착민들이 **카포푸**라고 부르는 쳐내지 않은 덤불로 가득 차 있었다. 그러나 이러한 소구획들조차 주술적 모퉁이에서는 덤불치기가 적어도 약간이라도 진행되었다. 바기도우는 이전의 모든 예식이 수행된 장소인 주술적 모퉁이의 정점에 가느다란 막대기를 꽂을 것이다.[20]

마을로 돌아온 뒤에, 바기도우는 모든 소구획에 터부가 걸렸으며 지금은 **라푸**를 모으기 시작할 때라고 간략하게 알린다. 남자들은 보통 네댓 명씩 무리지어서 각 방향으로 속속 떠난다. 그들을 따라가보자. 게으르거나 약하거나 중요하지 않은 사람들은 그저 모퉁이를 돌아서 개간되지 않은 가장 가까운 덤불로 가서, 단단한 묘목들 가운데 될 수 있는 대로 가장 좋은 것들을 고르고, 그것들을 잘라서 마을로 가지고 온다. 그러나 대부분의

∴

20) 또한 부록 2, 4절의 주 15를 보라.

남자들은, 특히 레이워타의 소유자들과 자기 경작지에 자부심을 가지고 있는 진짜 **토크와이바굴라**들은 훨씬 더 많은 노력을 기울여야 하는 어려운 과업을 수행한다. 그들은 평원을 가로질러 산호 능선을 타고 올라가서, 적당한 나무들을 찾아서 정글을 돌아다닌다. 개인적인 경험을 통해 알고 있지만, 적당한 나무를 찾기 위해서는 어느 정도 시간이 걸린다. 라이보아그는 키가 큰 정글과 거대한 반얀 나무들[21], 경질(硬質) 수목, 야생 망고, 말레이사과, 그리고 판다누스로 뒤덮여 있으며, 종종 덩굴식물이 그 나무들을 감싸 올라가고 있다. 그러나 곧고, 가볍고, 쉽게 자를 수 있는 나무들은 그다지 많지 않다.

적당한 나무를 발견하면, 그것을 베고 다듬어서 마을까지 옮겨야 한다. 보통의 **라푸**는 대략 3미터에서 5미터이지만, 나는 길이가 6미터에 이르거나 혹은 심지어 좀 더 긴 것들도 본 적이 있다. 가장 어려운 일은 그 나무들을 가지고 돌아오는 것이다. 남자들이 지나치게 큰 **라푸**의 무게에 짓눌려서 헐떡거리며 잠시 쉬다가 다시 걸음을 옮기는 모습을 보면—때로는 잠시 마을로 돌아가서 식사를 하고 오거나 밤을 보내기 위해서 그것을 덤불 속에 숨겨야 할 때도 있다—트로브리안드의 토착민들이 미학적인 요소와 주술, 그리고 경쟁적인 명성에 얼마나 엄청난 가치를 부여하는지를 실감하게 된다. 이 모든 일은 사흘에서 닷새 정도 걸린다. 주술적 프리즘(**캄코콜라**)과 얌 장대들(**카바탐**)과 측면의 삼각형들(**카리비시**)로 경작지들을 장식할 만큼 충분한 수의 **라푸**(곧은 장대들)를 마련하면, 진정한 예식이 시작된다.

어느 날 저녁 바기도우는 마을 사람들에게 다시 장황하게 연설한다. 그는 마을 사람들에게 장대들이 충분히 마련되었다고 이야기한다. 또한 튼

..

---

21) [역주] 뽕나무과의 상록 교목. 높이 30미터까지 자라며, 벵골 보리수라고도 불린다.

튼하고 좋은 **라푸**가 좋은 경작지를 만든다는 점을 상기시키면서 교훈적인 말을 늘어놓는다. 그리고 그는 이튿날 주술이 시작될 것이며 모든 작업에 대한 터부가 여전히 준수되어야 한다는 점을 상기시킨다. 오마라카나에서 그 예식들은 대부분의 공동체들에서처럼 정확히 사흘이 걸린다.

첫째 날은 준비와 예비 주술에 바쳐진다. 최초의 경작지 의식에 선행했던 주술이 거의 되풀이된다. 바기도우는 또다시 아침에 열세 가지의 주술용 재료들을 모으러 간다. 그리고 그 재료들을 찢고 가루로 만들어서 오마라카나 경작지 주술의 표준적인 혼합물을 만든다. 그는 2장(4절)에서 서술된 방식으로, 도끼날 두세 개의 날카로운 가장자리를 소량의 혼합물로 감싼다. 이것들을 나머지 혼합물과 함께 두 장의 깔개들 사이에 끼워넣는다. **토워시**는 첫 번째 시작 예식에서 사용한 것과 같은 문구(**바투비** 주문, 〈주술 문구 2〉)로, 자신의 오두막에서 이것들에게 주문을 읊는다.

다음날에는 주술적 프리즘, 곧 **캄코콜라**를 예식적으로 세운다. 일반적으로 **캄코콜라**를 세울 때에는 축제 분위기가 수반되지 않으며, 몇몇 사람들만이 거기에 참석한다. 사실 우연히 그 예식을 목격하게 된 사람은, 한두 가지 세부사항들을 제외하고는, 거기서 순전히 기술적인 활동 이상의 무슨 일인가가 벌어지고 있다는 사실을 쉽사리 알아챌 수 없을 것이다.

나는 오마라카나와 다른 몇몇 마을들에서 **캄코콜라**가 세워지는 광경을 목격했는데, 그 절차들은 거의 동일했다. 내가 처음 오마라카나에서 **캄코콜라**가 세워지는 모습을 보았을 때, 최고 주술사인 바기도우는 평소처럼 기력이 없고 지쳤을 뿐 아니라 다음날을 위해 힘을 비축해야 했기에 거기에 올 수 없었다. 따라서 그의 형제들인 토웨세이와 미타카타가 세 명의 다른 남자들과 함께 그 의식을 수행했다. 기술적인 절차들을 살펴볼 때, 우리는 주술적 환경과 구조적 측면, 그리고 이러한 행위의 사회학이라고 할 만한 것을 염두에 두어야 한다.

　무겁고 성가신 구조물을 세우는 일, 그리고 그것과 관련된 모든 작업은 최고 주술사 자신이 손수 하거나 그가 직접 위임한 사람들, 이 경우에는 그의 형제들이자 복사들인 토웨세이와 미타카타가 해야 한다. 이 두 사람은 깊이가 75센티미터에서 1미터에 이르는 구멍을 깊숙이 파야 했다. 그들은 땅 파는 막대기를 사용했으며, 손으로 흙을 퍼냈다. 그러고 나서 전날 저녁에 마법을 걸어놓은 주술용 혼합물로 수직의 **라푸**—그 장대는 세워지자마자 이름이 **캄코콜라**로 바뀐다—를 문질렀다. 그들은 장대를 문지르는 동안 어떠한 주문도 읊지 않았다. 그러고 나서 그들은 혼합물의 일부를 구멍 속에 넣은 뒤에 그 장대를 들어올렸다가 쿵 하고 구멍 속에 꽂았으며, 마지막으로 흙을 주위에 채워넣고 밟았다. 그리고 보통 더 가볍지만 더 짧지는 않은 두 개의 **라푸**를, 한쪽 끝은 수직으로 세워진 **라푸**의 갈라진 가지에 기대고 다른 끝은 땅에 기대는 방식으로 서로 직각으로 엇갈리게 놓았다. 〈사진 40〉 및 다른 사진들에서 그러한 특징적인 모양을 볼 수 있다. 어느 방향에서 **캄코콜라**를 보더라도, 항상 한두 개의 삼각형을 발견하게 된다. 그 구조물의 전체 윤곽은 주요 장대의 끝부분이 맨 위로 치솟아 있는 프리즘의 형태이다. **캄코콜라**라는 단어는 넓은 의미에서는 전체 구조물을 가리키지만, 좀 더 특별하게는 수직의 장대를 가리키는 이름이다. 반면 경사진 막대기들은 **카이바바**라고 불린다.

　이것이 예식의 전부였지만, 그들은 모든 **발레코**에 가서 주술적 모퉁이에 **캄코콜라**를 하나씩 세워야 했다. 따라서 순전히 육체적인 노동만 관련해서 보더라도, 주술사의 직무가 결코 명목상의 직책이 아니라는 것을 알 수 있다. 각각의 **발레코**에서 또 다른 세 개의 프리즘은 밭의 소유자가 세운다. **카리비시**, 혹은 **발레코**의 측면을 따라 이어지는 장식적인 삼각형들도 그가

〈사진 41〉 큰 모형 캄코콜라
여기 보이는 구조물은 카이마타 소구획에 만들어진 것이며, 배경에서 마을 숲을 볼 수 있다. 큰 구조물의 발치에는 모형 "영들의" 캄코콜라가 있다. (3장 4절)

〈사진 42〉 카리비시
이 구조물은 "수직의 장대와 그것에 기대어 있는 하나, 둘, 혹은 세 개의 경사진 막대기로 이루어진다." (3장 4절)

만든다.

카리비시는 수직의 장대와 그것에 기대어 있는 하나, 둘, 혹은 세 개의 경사진 막대기, 카이바바로 이루어진다(〈사진 42〉, 그리고 〈사진 103~108〉 참조). 이 구조물은 주술에서 어떠한 역할도 하지 않는다. 그렇지만 카리비시는 미학적인 효과를 내면서 얌 버팀대의 구실을 한다. 〈사진 42〉에서 카리비시의 카이바바가 땅에 닿는 지점이 **툴라**[22]와 만나는 것을 볼 수 있다. 또한 **캄코콜라**의 카이바바는 종종 그 발레코의 경계 **툴라** 가운데 하나와 연결된다. 그리고 그 **툴라**는 이웃하는 카리비시의 카이바바와도 차례로 연결된다. 발레코를 가로지르는 **툴라**의 끝부분은 카리비시로 올라가는 카이바바 가운데 하나와 만나게 된다. 따라서 **툴라**, 카리비시, 그리고 **캄코콜라**의 모든 체계는 서로 연결되어 있다. 그것들은 **발레코**를 작은 부분들로 나누고, 흠잡을 데 없는 주술적인 구조물로 둘러싼다. 이 체계에서 수직으로 세워진 장대들은 모두 덩굴의 버팀대 역할을 한다. **캄코콜라**의 수직 기둥조차 비시콜라 예식에서 의례적으로 파종된 덩이줄기의 버팀대 역할을 한다.

따라서 경작지는 단번에 세 번째 차원, 곧 수직적인 차원을 갖게 되었다. 며칠 전까지만 해도 소구획들은 평면적이고 벌거벗은 땅뙈기로 느껴졌는데, 이제 그것들은 튼튼하고 고상한, 그리고 빛나는 틀 구조—토착민들은 거의 언제나 **라푸**의 나무껍질을 벗겨낸다—로 둘러싸여 있다. 이러한 광경은 토착민들에게 대단한 심미적 호소력을 가지고 있다. 그 점은 토착민들이 작업에 바치는 열정에서나, 이미 이룩한 위업에 대한 그들의 자부심에서, 그리고 **토워시**의 설명에서 드러난다. 나조차, 토착민들 스스로가 느끼고 있는 것과 마찬가지로, 그들이 경작지를 주술적 벽으로 보강했으

••

22) 〔역주〕 경계를 표시하는 막대기.

며, **캄코콜라**가 그 벽의 모퉁잇돌이라는 느낌이 들었다. 나의 어법이나 심지어 "감정이입"은 순전히 주관적인 것일 수 있다. 그렇지만 경작의 심미적인 측면에 대한 토착민들의 태도에는 실제적인 면과 신비적인 면이 흥미롭게 혼합되어 있다. 토착민들은 길고 튼튼한 수직의 막대기들이 가치가 있다는 것을 경험적으로 알고 있다. 그러나 타이투 덩굴이 더 높이, 더 울창하게 자랄수록 땅속의 덩이줄기도 더 풍성하게 성장한다는 사실을 경험하면서, 그들에게는 높이와 튼튼함 자체에 대한 심미적인 애정이 싹트게 되었다. 그러한 애정은 장대들을 신중하게 선택하는 일에서 표현된다. 결국 이러한 심미적인 인식은 경작지의 수직적인 체계, 특히 **캄코콜라**의 높이와 튼튼함이 어린 식물들의 성장을 북돋우게 된다는 신비적인 느낌으로 녹아들게 된다고 나는 확신한다.

이러한 다소 이론적인 여담에서 빠져나와서, 마지막 날, 즉 셋째 날에 이루어지는 **캄코콜라**의 마지막 주술 행위로 되돌아가보자. 이날 바기도우는 몸이 아팠지만 그의 복사들인 토웨세이와 미타카타, 그리고 몇 명의 다른 남자들을 데리고 몸소 경작지로 갔다. 그들은 바기도우를 위해 마법에 걸린 도끼들과 함께 그들이 아침 일찍 수집해서 바구니 여러 개에 가득 채워놓은 주술적 허브들을 운반했다. 이번에 혼합물은 두 가지 식물의 잎으로 구성된다. **야유**(카수아리나)[23)]는 풍성한 잎과 짙은 녹색의 빛깔을 타이투에게 전해주기 위해서 선택된다. **요울룸왈라**, 곧 큰 덩이줄기를 가지고 있는 덤불 식물은 타이투가 비슷한 크기의 식용 뿌리를 만들어내도록 하기 위해서 사용된다.

∵

---

23) 〔역주〕 높이가 20미터 이상 자라고 쇠뜨기 같은 가지와 비늘 같은 잎을 가진 나무. 호주소나무라고도 불린다.

레이워타에 도착하면, 바기도우는 **캄코콜라** 가까이에 웅크리고 앉아야
한다. 그는 땅 위에 잎 다발을 내려놓고서 그것들에게 마법을 건다. 그때
그는 **캄코콜라**를 마주하고 바깥쪽 덤불을 등지고 있다. 그는 자신의 숨이
경작지 소구획에 거침없이 퍼져나갈 수 있도록 큰 목소리로 주문을 읊는
다. 그가 이틀 전에 자신의 집에서 주문을 읊었을 때에는 치료될 물질들에
주술의 효력을 집중시켰고, 두 장의 깔개 사이에 그 힘을 가두었다. 그러
나 이번에 그는 자신의 목소리와 그 속에 담긴 주술적 효력이 밭 위에 넘
쳐흐르고 땅을 관통하도록 한다. 이것은 밭에서 단조로운 말투로 읊어지
는 모든 주문의 특징이다. 예컨대 우리가 이미 살펴본 **가부** 의례의 주문도
그러했고, 앞으로 만나게 될 성장 주술에서도 그러한 특징을 발견할 수 있
을 것이다. 다음은 **야유**와 **요울룸왈라**의 혼합물을 사용할 때, 바기도우가
"덮는 잎들"에게 단조로운 말투로 읊는 주문이다.

〈문구 10〉

1. "닻을 내리네, 내 경작지가 닻을 내리네,
   깊이 뿌리를 내리네, 내 경작지에 깊이 뿌리를 내리네,
   투다바의 이름으로 닻을 내리네,
   말리타의 이름으로 깊이 뿌리를 내리네,
   투다바는 올라갈 것이로다, 그는 높은 단 위에 앉을 것이로다,
   나는 무엇을 두드릴 것인가?
   나는 단단하게 잡아맨 내 타이투의 밑동을 두드릴 것이네.
   그것은 닻을 내릴 것이네."

2. "그것은 닻을 내릴 것이네, 그것은 닻을 내릴 것이네!

내 땅은 닻을 내리네,

내 **캄코콜라**, 주술적 프리즘은 닻을 내릴 것이네,

내 **카바탐**, 튼튼한 얌 장대는 닻을 내릴 것이네,

내 **카이살루**, 갈라진 장대는 닻을 내릴 것이네,

내 **캄투야**, 덤불치기에서 살아남은 줄기는 닻을 내릴 것이네,

내 **카이부디**, 큰 얌 장대에 기대어 있는 막대기는 닻을 내릴 것이네,

내 **카이누타탈라**, 마법에 걸리지 않은 **캄코콜라**는 닻을 내릴 것이네,

내 **툴라**, 분할 막대기는 닻을 내릴 것이네,

내 **예예이**, 작고 가느다란 버팀대는 닻을 내릴 것이네,

내 **투쿨룸왈라**, 경계선은 닻을 내릴 것이네,

내 **카리비시**, 경계 삼각형은 닻을 내릴 것이네,

내 **탐크왈루마**, 가벼운 얌 장대는 닻을 내릴 것이네,

내 **카일루발로바**, 터부를 거는 막대기는 닻을 내릴 것이네,

내 **카이발릴루와**, 큰 얌 장대는 닻을 내릴 것이네."

3. "그것은 닻을 내렸구나, 내 경작지는 닻을 내렸구나,

움직이지 않는 바위 같구나, 내 경작지는.

기반과 같구나, 내 경작지는.

깊이 뿌리내린 돌과 같구나, 내 경작지는.

내 경작지는 닻을 내렸구나, 영원히 닻을 내렸구나.

투두두두…….

내 경작지의 주술적인 전조가 북동쪽에서 우르르 울리는구나."

주문의 끝에서 언급된 주술적인 전조(**카리얄라**)는 토착민들이 주술의 부

산물이라고 믿는 자연현상 혹은 이변을 가리킨다. 보통 그것은 천둥과 번개이며, 때로는 광포한 바람이나 가벼운 지진이다. 일반적으로 말해서, 의식들이 행해질 때 주술의 유형에 따라 서로 다른 **카리얄라**가 나타난다. 예를 들면, 천둥과 번개는 경작지 주술의 모든 의식에 수반해서 나타난다. 경작지 주술은 무역풍에서 계절풍으로 계절이 변화할 때 시작되며, 그 예식들의 대부분이 천둥과 번개가 매일 나타나는 계절풍 계절의 초기에 진행된다는 점을 고려하면, 그 기적은 설명하기가 어렵지 않다. 이따금씩 주술적 전조가 없는 경우에, 토착민들은 당시 주술이 제대로 수행되지 않았기 때문이라고 이야기하면서 그 이유를 해명한다. 나는 천둥과 번개가 너무 멀리에서만 나타났거나, 모두가 잠든 한밤중에 나타났다는 이야기를 한두 번 들은 적이 있다.

바기도우는 "덮는 잎들"(카바파투)에게 이러한 주문을 읊은 뒤에, 그것들을 **캄코콜라**의 장대 바로 밑의 땅속으로 집어넣는다. 그리고 그는 일어나서, 전날 저녁에 **바투비** 주문으로 마법을 걸어놓은 도끼를 어깨에서 내리고, 다음과 같이 말하면서 도끼로 그 장대를 두드린다.

〈문구 11〉

"우리들의 **캄코콜라**, 우리들의 것, 경작지 주술사의 것. 그것은 강하고 단단하네. 우리들의 카이바바, 우리들의 것, 족장의 것……."

모든 소구획에서 이 의식이 수행되어야 하지만, 특히 네 곳에서 여섯 곳의 표준 소구획, 레이워타에서는 주술사가 몸소 그 의식을 수행해야 한다. 경작지의 가장 중요한 주술 행위들 가운데 하나이며, 확실히 가장 불가사의하고 모호한 예식인 **캄코콜라** 예식은 이것으로 마무리된다. 이전에 언급했던 것처럼, 이 의식의 주술적 기능은 덩굴 버팀대 세우기를 개시하는 것이라는 해석이 가장 그럴듯하게 여겨진다. 캄코콜라 자체도 그러한 버팀대일 뿐 아니라 그것은 **툴라**와 **카리비시** 체계와도 연관되는데, 후자는 타이투가 감고 올라가는 장대의 역할을 한다. 비록 정글을 쳐낸 후에도 몇몇 나무줄기들이 남아서 수직으로 서 있지만, 사실상 **캄코콜라**는 경작지에 최초로 세워지는 큰 수직 장대이다. 또한 **캄코콜라**를 끝으로 경작지에서 소위 외관을 꾸미는 작업은 마무리된다. **캄코콜라**는 주술적 모퉁이에 마지막으로 가하는 장식적인 손길이며, 그것을 통해서 **툴라** 체계는 예술적으로 완성된다(〈사진 105와 108〉 참조).

다른 한편, **캄코콜라** 이후에야 공동 파종이 이루어진다. 이미 언급했듯이, 일부 마을들에서 적어도 타이투는 **캄코콜라** 이전에 파종되지 않을 것이다. 나는 유능한 정보 제공자들에게서 그렇게 들었다. 또한 나는 내 필드노트에서 다음의 진술을 발견했다.

"큰 **캄코콜라**는 타이투가 높게 자라고 튼튼해지도록 만들 것입니다. **캄코콜라**가 없으면 우리는 타이투를 파종할 수 없습니다."[24]

그리고 **캄코콜라**가 좋지 않으면 모든 경작지가 잘못될 것이라는 이야기도 들었다. 여러 정보 제공자들은 **캄코콜라**가 덤불돼지들을 겁에 질리게 하고, 울타리를 튼튼하게 만든다고 내게 분명히 말했다. "경작지에 **캄코콜라**를 세우지 않는다면 덤불돼지들이 와서 모든 농작물을 파괴할 것입니다."[25]

캄코콜라 예식 직후에 **바칼로바**라고 불리는 작은 의식이 수행된다. 나

..

24) p. 228의 각주 참조.
25) p. 228의 각주 참조.

는 그 의식이 **캄코콜라** 두드리기가 끝나고 나서 하루나 이틀 뒤에 수행된다고 생각하지만, 그 의식을 한 번도 목격하지 못했기에 확신할 수는 없다. 그 의식에서는 **라이보아그**에서 자라는 식물인 **코틸라** 약간을 덤불암탉의 둥지인 **게우**에서 가져온 흙과 혼합한 뒤에 그 혼합물을 주술적 모퉁이에 작은 더미로 쌓아올리고 거기서 불태운다. 혼합물에는 다음의 주문이 읊어진다.

〈문구 12〉
"오 **나부그**와 **타이투**여,
오 **나코야 타이투**여,
오 **테요우** 식물이여,
내 경작지의 배에서 끓어올라라,
내 경작지의 모퉁이에서 계속 끓어올라라."

이 의식은 **레리아**(해충)가 경작지를 덮치는 것을 막기 위해서 특별히 만들어졌다. 그것은 액막이인 동시에 훈증소독 행위이다.

캄코콜라 예식은 경작지를 일구는 과정에서 대부분의 예비 활동이 끝나는 전환점을 나타낸다. 울타리는 완성되었고, 땅 위에는 막대기들의 망상 구조가 그려졌으며, 예비 파종이 끝났다. 진짜 파종이 개시되었고 빠르게 마무리될 것이다. 그리고 이와 함께 경작지에서 농작물의 성장이 시작될 것이다. 따라서 **캄코콜라**는 모든 예비 활동을 완성하고 경작지에서 실제적인 성장과 발전을 선도하는 예식으로 여겨질 수 있을 것이다.

5. 타이투의 파종

토착민들이 소푸라고 부르는 전체 활동은 식물 한 포기마다 단지 몇 분밖에 안 걸리지만, 복합적인 경작 과정으로 이루어져 있다. 토착민들은 단번에 흙덩어리를 부수고, 땅을 흩뜨리고, 종자 타이투를 심고 그것을 덮은 뒤, 그 위에 흙으로 작은 둔덕을 만든다. 트로브리안드에서 경작은 엄청나게 발달했고, 농경의 작업이 상대적으로 효율적으로 이루어지며, 경작을 위해 엄청난 양의 시간과 노동이 바쳐짐에도 불구하고, 이러한 핵심적인 경작 행위는 주목할 만하게 단순하다.

사용되는 도구들은 극도로 원시적이다. 그것들은 이미 열거되었다(1장 4절). 곧 땅 파는 막대기(다이마), 도끼(케마), 까뀌(리고구), 그리고 손이다.

막대기는 그것을 사용하는 사람에 따라 크기가 다양하다. 건장한 남자는 대략 길이가 1.6미터에서 2미터에 이르는 무겁고 단단한 장대를 사용할 것이다. 여자는 보통 1.5미터보다 길지 않은 가느다란 다이마에 만족할 것이다. 아이는 짧은 막대기를 사용할 것이다. 다이마는 항상 끝이 뾰족한데, 뾰족한 끝이 부러지면 손쉽게 다시 날카롭게 만든다.

도끼(케마)를 살펴보자. 오늘날에는 토착민들이 평범한 교역용 양날도끼를 사용하곤 한다. 그렇지만 옛날에는 가벼운 케마를, 곧 내려치는 면에만 날이 있는 도끼를 사용했다. 케마는 땅속에서 발견되는 뿌리들을 자르는 데 사용된다. 날이 자루와 직각을 이루는 까뀌, 곧 리고구는 땅 파는 막대기인 다이마를 날카롭게 만드는 데 사용된다. 토착민들이 근대의 강철 도구들을 손에 넣을 수 있게 되면서, 때때로 도끼와 까뀌는 모두 교역용 큰 칼로 대체되는데, 〈사진 43〉의 전경에서 그것이 땅 위에 놓여 있는 광경을 볼 수 있다. 땅 파는 막대기를 날카롭게 하기 위해서 까뀌 대신 교역용 도끼를 사용할 수도 있는데, 그것은 옛날의 돌도끼 날로는 할 수 없는 일이었다. 따라서 오늘날 경작자의 장비는 변화하고 있으며, 다소 단순화되는 경향이 있다.

나는 2~3년 동안 날마다 사람들이 경작지에 파종하러 가는 모습을 지켜보았으며, 종종 그들이 가지고 가는 도구를 조사해보았다. 그들은 항상 자르는 도구 한두 개를 가지고 갔지만, 결코 다이마는 마을에서부터 경작지로 들고 가지 않았다. 밭에서 찾을 수 있는 곧고 튼튼한, 그리고 가벼운 막대기라면 무엇이라도 다이마가 될 수 있으며, 토착민들은 그것을 사용한 뒤에 경작지에 그냥 내버려둔다. 왜냐하면 그것을 잃어버리거나 도둑맞더라도 또 다른 막대기를 손쉽게 만들 수 있기 때문이다. 따라서 다이마는 이처럼 열정적이고 매우 효율적인 경작자들에게 주요 농경 도구이지만, 영구적인 소유물의 지위에는 오르지 못했다. 어디서나 막대기를 주울 수 있기 때문에 다음날까지 가지고 있을 만한 가치가 없다.[26]

경작자가 파종을 진행할 때, 그는 우선 적당한 땅뙈기를 찾아야 한다. 앞에서 언급한 대로, 산호층 위에 덮여 있는 흙의 두께는 다양하기 때문에, 어느 정도 비옥한 땅뙈기들은 각각의 소구획에 흩어져 있다. 적당한 땅을 찾으면, 토착민은 양손으로 자신의 다이마를 들고 몸을 세워서, 깊이가 30센티미터, 반경이 25~30센티미터에 이를 때까지 땅을 몇 번 세게 쳐서 흙덩어리를 부순다(〈사진 43〉을 보라). 만약 그곳에 제법 큰 돌이 있으면, 다이마가 돌에 부딪친다. 그러면 다이마를 지레로 사용해서 그 돌을 제거하고, **투와가**(돌무더기) 위에 돌을 올려놓거나 **투쿨룸왈라**(경계) 위로 던진다.

∵

26) 오래된 돌 도구의 효용에 대해 이루어진 조사들을 통해서, 나는 강철 도끼나 까뀌가 알려지기 전에도 다이마가 지금처럼 단명한 소유물이었다는 점을 완전히 확신한다.

그러고 나서 그 남자는 웅크리고 앉아서 오른손으로 다이마의 뾰족한 끝 언저리를 잡고 흙덩어리를 부숴서 성긴 흙으로 만든다(〈사진 44〉를 보라). 그때 왼손으로 흙속을 더듬는데, 다이마의 뾰족한 끝으로 흙 사이를 움직이면서 덩어리들을 부수는 동시에 손으로는 작은 돌들, 뿌리들, 그리고 부서지지 않은 흙덩어리를 골라내는 것이다. 이것은 아마도 모든 경작 작업 가운데 가장 어려운 일인데, 토착민들이 파종할 구멍을 파는 동시에 완벽하게 치우면서 보여주는 민첩함은 경탄할 정도이다. 탁월한 경작자의 손은 재빨리 돌과 뿌리 조각들을 던져내는가 하면 부서지지 않은 흙덩어리들을 다이마를 향해 밀어내는데, 마치 순식간에 달래는 듯한 움직임으로 성긴 흙을 관통하는 것처럼 보인다. 작업이 깊게 진행됨에 따라 구멍 주위로 흙이 내던져진다.

나는 타이투의 파종을 수차례 시도해보았다. 나는 신중한 설명과 실제적인 논증을 갖춘 파종 "이론"을 가지고 있었다. 그러나 나는 다이마의 움직임과 내 손가락들이 조화를 이루기가 매우 어렵다는 사실을 깨달았고, 다이마의 날카로운 끝으로 내 손을 찍을까 봐 항상 두려웠다. 따라서 토착민들의 속도는 충분히 나의 감탄을 자아낼 만했다.

이 단계에서 또 다른 어려움은 작은 뿌리들을 제거하는 일이다. 엉킨 뿌리들을 풀어낸 뒤에 도끼로 잘라야 한다. 돌에 걸려서 날을 상하게 하지 않으면서 반쯤은 땅속에 있는 뿌리들을 잘라내는 일은, 특히 웅크리고 앉은 자세로 그 일을 해야 한다면, 쉬운 일이 아니다.

땅이 준비된 후에, 타이투를 통째로 구멍 속에 수평으로 놓는다. 타이투를 매우 깊이 심지는 않으며, 따라서 타이투 밑에는 성긴 흙이 많이 있다. 종자 타이투는 작지만 건강한 덩이줄기들이다. 그것은 야고구라고 불리며, 비록 영예의 자리에 오르지는 않지만, 수확할 때, 그리고 저장고에서 특별하게 다루어진다. 이전 장에서 언급했듯이, 야고구가 잘 자라게 하는 사적인 주술이 있는데, 보통 파종 직전에 밭에서 주문이 읊어진다.

남자들은 파종할 때 여자들보다 훨씬 더 많은 몫의 작업을 하며, 만약 공동 노동으로 파종하게 되면—그리고 공동 노동은 경작의 이 단계에서 매우 자주 활용된다—남자들만이 그 일에 종사할 것이다(4장 5절을 보라). 공동 파종은 경쟁이 벌어질 경우에 활기를 띠게 되는데, 토착민들은 이러한 공동 작업을 상당히 좋아한다. 또한 파종 단계에서는 고유한 선율이 있는 외침을 들을 수 있다. 그것들 가운데 가장 전형적인 것은 "카브와쿠" 외침이며, 개인적으로나 공동으로 파종이 진행될 때마다 그러한 외침을 들을 수 있다. 반면 좀 더 정교한 민요들은 파종이 공동으로 수행될 때에만 불린다. 우리는 이미 타카이와(덤불치기) 동안에 외쳐지는 소리를 언급했다. 파종의 외침은 여러 가지인데, 머지않아 수확기에는 또 다른 외침들을 만나게 될 것이다. 토착민들은 노래라고 말할 수 있는 것—춤과 노래를 분간하지 않고 가리키는 용어인 워시로 일컬어지는 춤 노래들—과, 총칭하는 이름이 따로 없는, 선율이 있는 다른 모든 외침 사이를 구별한다. 파종의 선율들은 단순히 타도도우시 타이투(우리는 타이투에서 소리쳐 부른다)라고 묘사된다.

가장 중요한 것은 카브와쿠 외침이다.

"카브와쿠 이–이–이–이–이–이!
울라이 타이투 와코야
와와와와와……."

카브와쿠는 매우 아름다운 선율로 우는 새의 이름이다. 이 문구의 첫째

줄에서 토착민들은 높은 음의 가성으로 모음 이(E)를 노래하다가 내려오면서 새소리를 똑같이 흉내 낸다. "카브와쿠 이……"의 외침은 파종이 진행되는 동안 멀리까지 크게 울려퍼진다. 일부 토착민들은 경이로울 정도로 이 새를 똑같이 흉내 낼 수 있어서, 나는 종종 내가 듣고 있는 소리가 예술인지 자연인지 궁금할 정도였다. 그 문구의 나머지인 "울라이 타이투 와코야"는 "그대, 타이투는 (당트르카스토 섬들의) 산 속에서 싹트네."라는 뜻이다. 코야의 특정한 지역들은 얌으로 유명하다(1장 7절, 뒤집힌 카누에 대한 신화를 보라). 그러나 트로브리안드인이 코야의 농작물에 대해 이야기할 때에는 보통 코야타부, 즉 퍼거슨 섬의 높고 가파른 산을 염두에 두고 있는데, 그곳의 비탈은 물이 풍부해서 정말로 매우 비옥하다.

토착민들은 이 문구가 전혀 메그와(주술)와 무관하다고 단언한다. 그러나 그것은 분명히 주술적인 "외양"을 띠고 있다. 이 외침을 단지 파종 때에만 외칠 수 있는 것은 아니다. 카브와쿠 외침은 어느 정도까지는 파종된 덩이줄기들이 잘 자라도록 하기 위해서도 반드시 필요하다고 여겨진다. 그 외침은 "타이투가 잘 자라게 합니다." 또한 이러한 외침들은 파종이 시작되기 전에는 금지되어 있으며, 다른 어떤 활동이 이루어지는 동안에도 외쳐지지 않는다.

파종이 공동으로 진행될 때면, 남자들은 작업이 끝난 뒤에 교대로 화답하는 노래를 한다. 한 남자가 무슨 말을 하면 다른 사람들이 합창으로 대답한다. 그렇게 하는 까닭은, 그들이 말하는 대로, "마을에 있는 다른 사람들이 작업이 끝난 것을 알도록" 하기 위해서이다. 원문은 다음과 같다.

독창	합창
"칼루페고바야!"	"요호호호호."

"타푸로푸로, 타바야바요,

타베사베이소, 야, 베이소, 야."　　"요호호호호."

"누왐, 포로부요, 부요, 야."　　"요호호호호."

"타이투 가예워."　　　　　　"요호호호호."

나는 이 말들을 번역할 수 없었는데, "판다누스 꽃잎(처럼 흰) 타이투"를 의미하는 타이투 가예워를 제외하고는 다른 어떤 지역의, 아마도 당트르카스토 제도에 있는 한 지방의 언어처럼 들린다.

제대로 불렀을 때 각 단어의 마지막 모음들은 길게 끄는 오(O) 소리로 바뀌고, 화답하는 합창은 마치 말들이 내는 울음소리처럼 들린다.

또 다른 문구는 다음과 같다.

독창 : "탐탈라 크와나다 사푸시 오투와가. 타푸로푸로, 타바야바요, 타베사베소, 베소, 야."

합창 : "요호호호호."

이 문구에서 첫 번째 부분은 다음을 뜻한다. "크와나다(얌의 종류) 한 개가 투와가(돌무더기)에 파종되었네." 나머지는 위의 문구와 동일하다.

또 다른 문구는 다소 외설적이다.

독창 : "크와이와우 키바리리 보기나이."

합창 : "요호호호호."

독창 : "미타가 크와이보그와 불루볼렐라 윔 보미가와가 오워쿨루."

합창 : "요호호호호."

이것을 의역하면 다음과 같다. "보기나이(어떤 여자의 이름. 그녀에 대해서는 아무것도 알려진 게 없다.)는 최근 처녀성을 빼앗겼네." 그리고 나서 다음 연은 다음과 같이 받아 넘긴다. "그러나 보미가와가(마찬가지로 모호한 여성 인물), 너의 음문은 저기 울타리 모퉁이에서 오랫동안 제법 크게 벌어져 있었네." 이 주문의 모호한 암시들은 파종과 연관된다. 파종 지점에서 깊게 흙을 부술수록, 그리고 더 철저히 작업이 이루어질수록 타이투는 더 잘 자랄 것이다. 그러므로 성행위와 유사하다. 이러한 해석은 토착민 정보 제공자들이 내게 이야기해준 것이다. 따라서 비록 토착민들은 이 노래들(비나비나)을 메그와—엄격한 의미에서의 주술—로 여기지 않지만, 그 문구들은 그들이 밭에 유익하다고 생각하는 것과 연관이 있다.

보통 레이워타에서는 파종이 공동으로 진행되기 때문에 일이 빠르게 끝나지만, 모든 소구획이 준비되기까지는 상당한 시간이 걸린다. 이 작업은 야바타쿨루 달과 톨리야바타 달에 이루어진다(시간 계산표, 〈그림 3〉 참조). 가부[27)는 보통 밀라말라가 끝나가는 무렵에 행해진다. 그리고 나서 대략 한 달 동안 코움왈라(정리와 예비 파종)가 이어지며, 그후 야바타쿨루 달이 시작될 때 캄코콜라 예식에 의해 주요 파종이 개시된다.

··

27) 〔역주〕 화전(火田).

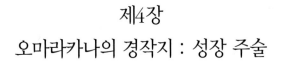

제4장

오마라카나의 경작지 : 성장 주술

바야흐로 경작 작업은 전혀 새로운 국면에 접어들었고, 경작지 주술의 새로운 주기가 시작되었다.

경작자는 이제 자기 힘으로 할 수 있는 일은 거의 다 했다. 덤불을 잘라냈고, 땅에서 잡초와 잡동사니를 제거했다. 땅을 재로 덮고, 갈아엎었으며, 흙을 성기게 만들었다. 농작물을 파종했다. 경작지의 표면을 기하학적 모양의 상부구조와 네 개의 모퉁이 프리즘으로 장식했다. 경작지 둘레에 울타리를 쳐서 독립적인 단위로 만들었다. 물론 울타리 안에서도 제시간에 작업이 진행된다고 확신할 수 있는 곳은 오로지 레이워타, 곧 표준 소구획들뿐이다. 다른 많은 경작지들은 작업에 뒤처졌고, 일부 경작지들은 심하게 뒤처졌다. 그러나 수차례 언급했던 주술적 관례에 따라서, 이것은 의례와 예식의 진행을 방해하지 않는다.

1. 경작지 작업의 전환점

이제 남아 있는 일은 대부분 자연이 도맡아서 해야 한다. 농작물은 싹터야 하고, 성장해야 하며, 새로운 뿌리와 덩이줄기들을 내야하고, 잎이 무성해져야 하며, 마침내 잘 영글어야 한다. 이러한 자연적인 성장 과정에서 토착민들의 관심은 타이투 식물에 집중된다. 사실 앞으로 한두 개의 문구들에서 타로와 쿠비(큰 얌들)에 대한 언급을 발견할 수 있겠지만, 타이투야말로 주술적 노력이 기울여지는 주요 대상이 될 것이다. 타이투는 토착민들의 주요 농작물이다. 타이투는 가장 많은 관심을 필요로 하며, 마름병과 다른 해로운 작용에 가장 영향 받기 쉬운 작물이다. 토착민들은 곧 타이투를 대상으로 성장 주술을 수행하게 될 것이다. 타이투의 무성한 잎은 토착민들의 마음을 기쁨으로 충만하게 한다. 그들은 잎이 무성해질수록 덩이줄기들도 더 튼실하다고 말한다. 타이투 덩굴의 잎무더기는 어두운 녹색이어야 한다. 타이투의 잎은 울창하게 자라나야 하며, 어떠한 마름병도 없어야 한다. 이 무성한 잎들을 남자들이 만든 버팀대에 뻗어 오르게 하는 것은 아직 남아 있는 실제적 작업 가운데 아마도 가장 어려운 일이다.

토착민들은, 우리가 알고 있듯이, 캄투야라는 이름의 수많은 버팀대들을 가지고 있는데, 그것들은 덤불치기가 끝난 뒤에도 뿌리내린 채 남아 있는 줄기들이다(〈사진 20, 23, 25, 26〉 참조). 새로운 얌들이 올라오면, 그들은 카이굼이라고 불리는 가느다란 막대기들을 땅에 고정시킨다. 혹은 이것들이 너무 가느다란 예예이일 때, 그 둘레에 새로운 어린 가지들을 꼬아서 합칠 것이다. 만약 근처에 덤불치기 뒤에도 남아 있는 적당한 크기의 나무가 있다면, 그들은 카이부디라는 이름의 작은 막대기를 거기에 기대서, 덩굴이 큰 나무로 감아 올라가기 전에 우선 거기로 뻗어나갈 수 있도록 예비적인 버팀대로 삼는다. 그렇지만 덩굴이 자라났는데도 타이투의 수많은 가지들이 타고 올라갈 수 있는 큰 나무, **카이살루**가 없다면, 덩굴은 진짜 **카바탐**으로 뻗어 올라야 한다. 가장 큰 **카바탐**은 **카이발릴루**와라고 불린다. 나는 필드노트에서 다음과 같은 토착민의 진술들을 찾았는데, 그것들은 버팀대의 주요 범주들이 어떠한 기능을 하는지를 알려준다(〈원문 31과 32〉, 제5부 6장 42와 44절). "**캄투야** 버팀대들은 덤불치기 때부터 이미 거기에 있습니다. 우리가 타이투를 심은 뒤에 타이투는 이것들을 타고 올라갑니다. **캄투야**가 없는 곳에서 타이투를 파종할 때, 우리는 **카이굼**이라는 이름의 작은 나무를 잘라서 그 둘레에 타이투를 감습니다. 나중에 우리는 **카바탐**이라고 불리는 긴 나무를 자릅니다. 그리고 그것을 세워놓고 그 둘레에 타이투를 감습니다." "덩굴은 처음에는 작은 막대기, **카이굼**을 타고 올라갑니다. 그러고 나서 우리가 진짜 얌 장대, **카바탐**을 세우면, 타이투는 얌 장대로 뛰어오릅니다." 뻗어 오르게 하는 실제 작업은, 모든 덩굴을 잘 지켜보다가 그것이 충분히 길게 자라면 장대 둘레에 덩굴손을 감아 붙이고, 그것을 적당한 자리에서 나무껍질로 묶는 일들로 이루어진다(〈사진 45〉).

나는 여기서 세부적으로 용어들을 제시했고 작업 과정을 상세히 묘사했다. 이는, 한편으로 이 단계에서 경작지 작업의 전문용어를 살펴봄으로써, 토착민들의 어휘가 발달함에 따라 그들의 관심이 어떻게 전개되는지를 보여주기 위해서이고, 다른 한편으로는 아직 남겨져 있는 해야 할 작업을 알려주기 위해서이다.[1]

남자들은 경작지를 해충으로부터 보호하고, 울타리를 보수하며, 딸랑

⁖

---

1) 제5부 2장 5절 참조. 그곳에서 토착민의 관심과 용어의 구별 정도의 상호관계가 좀 더 예시된다.

이와 허수아비를 세우고, 벌레와 다른 곤충들을 잡아야 한다. 내가 조사할 수 있었던 한에는, 날개 달린 해충을 막기 위한 어떠한 화학적 싸움도, 심지어는 연기 내기(smoking)조차 알려져 있지 않다. 남자들에게는 또 한 가지의 작업이 남아 있다. 뿌리에서 덩이줄기들이 터져 나오면—그러한 과정은 푸리라는 말로 묘사되는데, 그 단어는 수많은 것들이 생겨나고, 분출하며, 무더기를 이루는 것을 의미한다—진짜 수확이 이루어지기 얼마 전에, 더 좋은 덩이줄기들이 발육할 수 있도록 뿌리를 솎아내고 여분의 덩이줄기들을 제거해야 한다.

그러는 동안, 여자들은 덜 힘들지만 끊임없이 이어지는 작업인 잡초 뽑기를 한다. 잡초 뽑기는 농작물들이 싹트기 시작할 무렵에 가장 중요한 작업이지만, 타이투 덩굴이 무성한 잎들을 내고 나서도 훨씬 이후까지 계속되어야 한다.

농작물이 여물고 나면 수확기가 온다. 여러 종류의 농작물을 연속적으로 수확해야 하기 때문에, 즉 가장 먼저 타로, 그다음에는 쿠비(큰 얌들), 가장 나중에 타이투와 작은 주요 얌들을 수확해야 하기 때문에, 수확은 번거로운 작업이다. 각각의 수확은 특별한 이름을 가지고 있으며, 각각의 수확은 저마다 특정한 예식 및 관습적인 취급법을 따른다.

따라서 타이투의 파종과 함께 정말로 힘든 작업이 끝난 뒤에도 경작자들이 여전히 바쁘게 일하는 모습을 볼 수 있다. 그러나 그들은 예전처럼 작업에 열중하지 않는다. 장기간 해외 원정을 떠나는 지구에서는, 남자들 대부분이 경작지를 돌볼 동료 몇 사람만 남겨두고서 한 번에 몇 주씩 나가 있을 수도 있다. 다른 마을들에서는 이 무렵 장기간의 고기잡이 원정을 떠나거나 축제와 경쟁적 스포츠를 즐긴다(시간 계산표, 〈그림 3〉 참조).

그런데 인간의 노력 가운데 아직 한 부분을 더 언급해야 한다. 바로 주술이다. 주술사는 열심히 일해야 한다. 예식이 연속적으로 빠르게 이어지는 동안, 주술사는 경작지에서 농경의 각 시기를 미리 내다보고 식물의 발육에 중요한 여러 단계를 활성화하면서, 경작지 주술의 특별한 분야에 해당하는 성장 주술로 자연의 작용을 도와야 한다. 그는 "싹을 깨운다." 그는 "어린 가지가 땅 위로 올라오게 한다." 그는 타이투의 "머리장식을 던진다." 그는 타이투의 "가지들을 많이 만든다." 그는 타이투의 "덮개들을 단는다." 그러고 나서 다시 뿌리로 내려가서, 그는 "수많은 덩어리들을 일시에 쏟아낸다." 그는 "타이투 덩이줄기들을 흙속으로 밀어낸다."[2] 따라서 주술사는 식물의 잘 알려진 생장 과정을 밀접히 따라가면서 그 과정을 자극하고, 땅의 자연적 힘에 주술의 이로운 힘을 보태어준다.

주술사는 이처럼 성장을 돕는 의식들 뿐 아니라 여러 가지 시작 의식들도 수행하는데, 그것들은 앞에서 살펴보았던 의식들과 좀 더 성격이 비슷하다. 예컨대 잡초 뽑기를 개시하는 시작 예식이 있으며, 덜 여문 덩이줄기의 솎아내기를 시작하는 예식도 있다. 작은 버팀대에서 큰 카바탐(얌 장대들)으로 바뀌는 것을 표시하는 시작 예식이 적어도 하나 있으며, 마지막으로 여러 가지 수확과 결합된 시작 의식들이 있다.

2. 성장 주술—어린 가지들과 잎들의 자극

이제 우리는 땅 밑에서 벌어지고 있는 일에 관심을 집중할 것이다. 땅속에서 타이투의 덩이줄기는 다시 살아나서 새로운 주기를 시작하고 있다.

∴

2) 기록 6, 바쿠타의 성장 주술 참조.

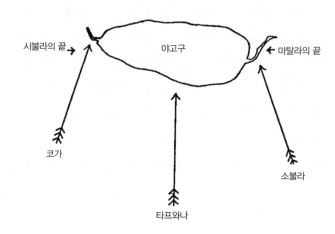

지표면

시불라의 끝 →

야고구

← 마탈라의 끝

코가

타프와나

소불라

〈그림 6〉 타이투의 성장 : 오래된 덩이줄기의 싹트기

토착민의 눈을 통해 그 진행 과정을 지켜보도록 하자. 왜냐하면, 한편으로는 내가 객관적 사실을 설명할 만큼 트로브리안드의 농작물에 관한 식물학에 충분히 정통하지 않기 때문이고, 다른 한편으로는 우리에게 정말로 문제가 되는 것은 토착민의 관점이기 때문이다.[3] 그러므로 나는 여기서 내 정보 제공자들의 진술과 그들의 안내로 이루어진 관찰들, 그리고 주술 원문에 관한 여러 가지 분석적 토론의 결과를 요약해서 제시할 것이다.[4]

도표(〈그림 6〉)은 파종된 종자 얌, 야고구에 어떤 일이 일어나는지를 토착민들의 설명에 따라 그린 그림이다. 그들은 파종할 때 언제나 종자 얌을

••

3) 또한 부록 2, 4절의 주 16을 보라.
4) 또한 제5부 3장 2~8절 참조. 종종 나타나는 소유접미사 −la에서 l은 n과 서로 교환할 수 있다는 점에 부디 주의하라. 따라서 mata-la = mata-na. l은 북쪽에서 우세하며, n은 남쪽에서 우세하다.

땅속에 수평으로 놓는다. 토착민들은 무디고 둥글게 생긴 쪽의 끝을 마탈라(눈), 얌의 몸통 부분을 타프왈라(몸통)[5]라고 부른다. 새로운 식물이 싹트기 시작하는 곳은 마탈라의 끝부분이다. 싹(소불라)은 땅밑에서부터 조금씩 올라오다가 땅 위로 등장하고(이사카푸), 그러고 나서 버팀대 둘레를 감고 자라나서 주요 줄기(탐나)로 성장하며, 옆으로 다양한 어린 가지들(요실라, 카리 살랄라 그리고 야윌라)이 퍼져나간다. 땅속의 줄기—아직 덩굴손일 때 토착민들은 그것을 소불라라고 부르며, 이후 그것이 어리고 유연할 때 실리실라타라고 부른다—는 이제 튼튼한 주요 뿌리, 게데나로 자랐다. 게데나에서 다시 실리실라타라고 불리는 새로운 뿌리가 나오며, 이것들 위에 어린 덩이줄기들(브와나와)이 생겨난다(〈그림 7〉을 보라).

트로브리안드인들은 경작지에서 자연의 힘으로 이 모든 과정이 진행되듯이 덤불 속에서도 야생 식물에게 똑같은 과정이 진행되고 있다는 점을 완벽히 잘 알고 있다. 그러나 경작지에서는, 주술사가 이러한 과정에서 일정한 역할을 담당해야 한다.[6] 다음은 바기도우의 남동생인 토웨세이가 내게 해준 이야기이다(〈원문 98〉, 제5부 12장 44절).

"(1) 우리는 타이투를 파종합니다. 그것은 이미 (땅속에) 누워 있습니다. (2) 나중에 타이투는 위에서 들려오는 주문을 듣습니다. 그것은 벌써 싹이 틉니다. (3) 우리는 경작지로 갑니다. 우리는 걸어서 둘러보고, 주문을 읊습니다. 모든 경작지(에 우리는 주술을 수행합니다). (4) 어느 날 (앞으로도) 단지 경작지 주술사만이 홀로 가서 마법을 겁니다. (5) 그는 (그러고 나서) 남아서

••

5) 〔역주〕 밀라노프스키는 얌의 몸통 부분을 가리키는 말로 '타프와나'를 사용하는데, 이 책 전체에서 세 곳에서는 예외적으로 '타프왈라'라는 단어를 사용한다.
6) 또한 부록 2, 4절의 주 17을 보라.

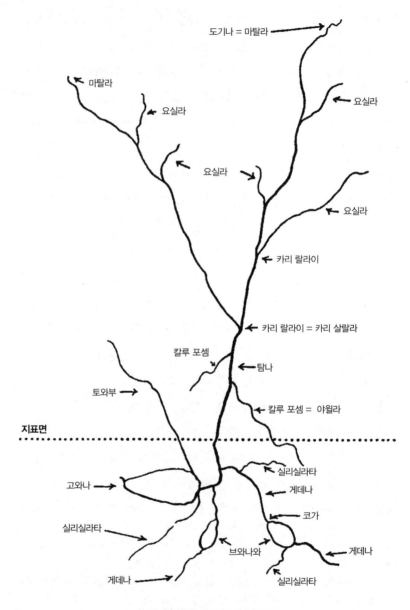

도기나 = 마탈라

마탈라

요실라

요실라

요실라

요실라

카리 랄라이

카리 랄라이 = 카리 살랄라

칼루 포셈

탐나

토와부

칼루 포셈 = 야윌라

지표면

실리실라타

고와나

게데나

코가

실리실라타

브와나와

게데나

게데나

실리실라타

〈그림 7〉 타이투의 성장 : 새로운 덩굴

휴식을 취합니다. 셋째 날에 그는 가서 주문을 읊을 것입니다. 그는 땅속에서 싹이 나오도록 할 것입니다. (6) 그는 걸어서 둘러보고 주문을 읊습니다."

이 진술은 토착민들이 성장 주술을 바라보는 시각을 간결하게 나타낸다. 첫 번째 주문은 '싹을 깨우기'(바구리 소불라), 혹은 '싹의 헤치고 나아감'(타비시 소불라)이란 이름으로 불리는데, 그 주문과 용어들의 주술적 기능은 주술의 목적과 완전히 조화된다. 이 주문의 첫머리에서는 "헤치고 나가라"(타비시)가 계속해서 반복된다. 주문의 주요 부분(타프왈라)에서는 주술적인 후렴구 혹은 핵심어인 다데다 타비시마가 나타난다. 나는 다데다를 본 적이 있지만, 불행히도 식물학에서 어떤 종류에 해당하는지 확인할 수는 없었다. 그것은 잎이 풍성하며 울창하게 성장하고, 어린 가지에서 바로 싹이 나는 매우 튼튼한 덩굴식물이다. 또한 그 식물은 아무리 많이 잘려나가더라도 다시 자라날 것이다. 어떤 토착민이 내게 묘사했던 대로, "다데다는 몹시 울창하게 자라는 식물(카이수수시네)입니다. 우리가 그것을 잘라도 곧 싹이 틉니다. 우리는 그것을 잘라내지만, 또다시 싹이 틉니다."[7] 대단히 흥미롭게도, 주술사는 주문의 주요 부분에서 병들거나 여러 가지 다른 이유로 느리게 싹이 트는 약한 종류의 타이투만을 자극한다. 정보 제공자들 가운데 한 사람이 내게 말했던 대로, "나쁜 타이투가 주술을 듣습니다. 좋은 타이투도 그것을 듣습니다. 좋은 타이투는 나쁜 타이투가 주술 덕분에 성장할 것을 알고, 자기도 부끄럽지 않도록 더욱 빨리 자랍니다."[8] 따라서 트로브리안드에서 경쟁의 원칙은 인간의 활동에서 뿐 아니라 땅속 농작물

••

7) 이것은 토착어 원문의 의역인데, 원문은 〈주술 문구 13〉(제7부)에 대한 해설 D에서 찾아볼 수 있다. 거기에는 축어적인 번역도 제시되어 있다.
8) p. 228 각주 참조.

의 성장에서도 중요한 역할을 한다.

이것은 바구리 소불라, 싹을 깨우는 주술이며, 바비시 혹은 타비시 소불라, 싹이 헤치고 나가게 하는 주술이다.

〈문구 13〉

1. "헤치고 나가라, 헤치고 나가라, 헤치고 나가라, 헤치고 나가라.
헤치고 나가라 새롭게, 헤치고 나가라, 헤치고 나가라.
헤치고 나가라 오래된 것에서, 헤치고 나가라, 헤치고 나가라.
헤치고 나가라 저녁에, 헤치고 나가라, 헤치고 나가라.
헤치고 나가라 한낮에, 헤치고 나가라, 헤치고 나가라.
헤치고 나가라 새벽에, 헤치고 나가라, 헤치고 나가라.
헤치고 나가라 아침에, 헤치고 나가라, 헤치고 나가라.
오 다데다 나무여, 다시 또다시 싹트네."

2. "오 다데다 나무여, 다시 또다시 싹트네.
오 오래된 껍질, 헤치고 나가라, 오 다데다 나무여, 다시 또다시 싹트네.
오 느리게 싹트는 **임크위탈라** 타이투여, 헤치고 나가라, 오 다데다 나무여, 다시 또다시 싹트네.
오 느리게 싹트는 **카투미오길라** 타이투여, 헤치고 나가라, 오 다데다 나무여, 다시 또다시 싹트네.
오 썩은 반점이 있는 **타보울라** 타이투여, 헤치고 나가라, 오 다데다 나무여, 다시 또다시 싹트네.
오 썩은 타이투여, 헤치고 나가라, 오 다데다 나무여, 다시 또다시 싹트네.

〈사진 43〉 공동 파종

"토착민은 양손으로 자신의 다이마를 들고 몸을 세워서, 땅을 몇 번 세게 쳐서 흙덩어리를 부순다."
(3장 5절) 전경의 오른쪽에서 교역용 칼을 볼 수 있다. 여기서 여러 가지 자세와 활동들을 관찰할 수
있으며, 파종하는 구멍의 크기와 깊이를 측정할 수 있다.

　　오 마름병에 걸린 타이투여, 헤치고 나가라, 오 다데다 나무여, 다시 또다
시 싹트네.
　　오 둔하게 성장하는 **티림왐와우** 타이투여, 헤치고 나가라, 오 다데다 나
무여, 다시 또다시 싹트네.
　　3. "그대의 어린 가지들은 재빠른 새, **카파피타**의 눈처럼 재빠르네.
　　그대의 어린 가지들은 재빠른 검은 개미, **카바바시아**처럼 재빠르네.
　　그대의 어린 가지들은 재빠른 **기나우시**처럼 재빠르네.
　　솟아 올라라, 솟아 올라라, 솟아 올라라, 오 타이투여."

　　주술사는 경작지들을 가로질러서 천천히 걸어가면서, 하나하나의 발레
코를 향해서 이 주문을 읊는다. 그는 뚜렷하게 울려 퍼지는 강한 목소리로

〈사진 44〉 경작하고 있는 남자
"그때 왼손으로 흙속을 더듬는데, 다이마의 뾰족한 끝으로 흙 사이를 움직이면서 덩어리들을 부순다."
(3장 5절)

모든 경작지를 휩쓸면서 주문의 효력을 경작지의 흙속에 침투시킨다.

　주술사가 이 주문과 다음 주문을 읊는 동안, 경작자들은 작은 버팀대들을 준비한다. 덤불치기가 끝난 뒤에도 뿌리를 내리고 남아 있는 줄기들(캄투야)에 작은 버팀대들을 덧대어서, 흙 밖으로 나온 새싹이 각각의 버팀대에 기댈 수 있도록 해주어야 한다. 그렇지만 무엇보다도 어린 싹이 땅 위로 올라오도록 도와주어야 한다. 어린 싹이 올라오도록 돕는 주문은 카투사카푸 혹은 바사카푸 소불라인데, 이것은 글자 그대로 '싹이 나오게 하다.'를 의미하며, 사카푸는 "나타나다", "나오다"라는 말로 거의 정확히 번역된다. 이 주문은 이전의 주문과 완벽한 대칭을 이루는데, "헤치고 나가라"는 말을 "나오라" 혹은 "나타나라"는 말이 대신한다는 점을 제외하고는 이전의 주문과 단어마다 거의 동일하다. 여기서도 동일한 식물인 다데다가 공감적인 상징으로 등장한다. 따라서 이 주문은 다음과 같이 의역될 수 있다.

〈문구 14〉

1. "나오라, 나오라, 나오라, 나오라.

나오라, 나오라 새롭게, 나오라, 나오라.

나오라, 오래된 것에서, 나오라, 나오라.

나오라, 저녁에, 나오라, 나오라.

나오라, 한낮에, 나오라, 나오라.

나오라, 새벽에, 나오라, 나오라.

나오라, 아침에, 나오라, 나오라.

오 다데다 나무여, 나오네, 헤치고 나오네."

2. "오 다데다 나무여, 나오네, 헤치고 나오네.

오 오래된 껍질, 나오라, 오 다데다 나무여, 나오네, 헤치고 나오네.

오 느리게 싹트는 **임크위탈라** 타이투여, 나오라, 오 다데다 나무여, 나오네, 헤치고 나오네.

오 느리게 싹트는 **카투미오길라** 타이투여, 나오라, 오 다데다 나무여, 나오네, 헤치고 나오네.

오 썩은 반점이 있는 **타보울라** 타이투여, 나오라, 오 다데다 나무여, 나오네, 헤치고 나오네.

오 썩은 타이투여, 나오라, 오 다데다 나무여, 나오네, 헤치고 나오네.

오 마름병에 걸린 타이투여, 나오라, 오 다데다 나무여, 나오네, 헤치고 나오네.

오 둔하게 성장하는 **티림왐와우** 타이투여, 나오라, 오 다데다 나무여, 나오네, 헤치고 나오네.

3. "그대의 어린 가지들은 재빠른 새, **카파피타**의 눈처럼 재빠르네.

그대의 어린 가지들은 재빠른 검은 개미, **카바바시아** 처럼 재빠르네.

그대의 어린 가지들은 재빠른 것, **기나우시** 처럼 재빠르네.

솟아 올라라, 솟아 올라라, 솟아 올라라, 오 타이투여."

이 주문 역시 오직 "입으로 하는 주술", **메그와 왈라 오 와돌라**(단지 입으로 하는 주술)이다. 여기에는 어떠한 의식도 수반되지 않는다. 주문이 끝난 뒤에 어린 싹이 땅속에서 나오기 시작해서 가느다란 버팀대들, **예예이, 캄투야**, 그리고 **카이투소불라** 둘레를 감는다. 농작물은 이 단계에서 가장 잡초의 피해를 입기 쉽기 때문에, 여자들은 원기왕성하게 일을 해야 한다. 그들은 잡초를 그저 간단히 손으로 뜯어내기도 하고, 잡초가 너무 무성하게 자랐을 때에는 땅 파는 작은 막대기로 뿌리를 뽑는다. 이 무렵에는 규칙적으로 내리는 비와 매우 무더운 열기 덕분에 모든 식물은 그 비옥한 토양에서 믿을 수 없을 만큼 빠른 속도로 자라며, 따라서 잡초 뽑기 작업은 쉽지 않다. 여자들은 종종 공동으로 잡초 뽑기를 하는데, 보통 경쟁적으로 서로 도전하고, 함께 먹고, 특히 함께 뒷담화를 나눈다. 여자들은 공동으로 잡초 뽑기를 하는 동안 특별한 권리를 향유한다. 남자들은 잡초 뽑기를 하는 여자들의 무리 근처에 다가가서는 안 된다. 섬의 남쪽에 있는 몇몇 마을들의 경우, 여자들은 **야우사** 관습에 따라 시야에 들어오는 어떤 남자라도 붙잡아서 거칠게 다룰 수 있다. 만약 남자가 자신의 공동체 출신이라면 여자들은 단지 말로만 모욕을 줄 것이다. 만약 남자가 이방인이라면 실제로 성적으로 학대할 수도 있다.[9]

••

9) *The Sexual Life of Savages*, 9장 8절 참조.

〈사진 45〉 덩굴 가꾸기
이것은 "모든 덩굴을 잘 지켜보다가 그것이 충분히 길게 자라면 장대 둘레에 덩굴손을 감아 붙이고, 그것을 적당한 자리에서 나무껍질로 묶는 일들로 이루어진다." (4장 1절)

총각이 자기 자신의 경작지를 일구는 경우에는 남자가 잡초 뽑기를 할 수도 있다. 남성이 직접 프와코바를 한다고 해서 수치스러운 일은 아니다. 그렇지만 그 일을 할 만한 여자가 있는 경우에는 그녀가 잡초 뽑기를 한다.

매우 단순한 주술 의식인 카리야옐리 사피에 따라 잡초 뽑기(프와코바), 혹은 깨끗하게 쓸기(사피)라고도 불리는 것이 시작된다. 그 의식은 잡초 뽑는 행위를 관습적으로 흉내내는 것으로 이루어진다. 주술사는 상징적인 다이마로 땅을 긁고 아마도 잡초 몇 포기를 뿌리째 뽑으면서, 다음의 주문을 경작지 전체에 널리 퍼질 만큼 큰 소리로 읊는다.

〈문구 15〉
"나는 쓴다, 나는 쓸어버린다.

나는 쓴다, 나는 쓸어버린다."

"그대의 싹을 잘라라, 오 타로 뿌리여. 그대의 잎을 찢어라, 오 타로여.
그대의 줄기가 꺾여버린다."

"오 칼라카이구야 종류의 타로여, 오 피처럼 붉은 타로여, 오 칼리파다카
종류의 타로여, 오 남타마타 종류의 타로여."

앞에서 살펴본 오마라카나의 경작지 주술에서는 타로가 일부 시작 의
식에서 매우 두드러진 역할을 했는데, 매우 인상적이게도 여기서도 타로
가 다시 부각된다. 나는 정보 제공자들로부터 이에 관한 어떠한 설명도 들
을 수 없었다. 아마도 타로가 잡초의 영향을 더욱 직접적으로 받기 때문
에, 혹은 이 주문이 현재 키리위나의 경작에서보다 타로가 훨씬 더 중요하
게 여겨지는 다른 어떤 주술 체계에서 유래했기 때문일 것이다. 나는 이러
한 물음에 대답할 만큼 충분한 자료를 가지고 있지 않다.

잡초 뽑기의 예식은 짧은 주문과 단순한 의식으로 이루어지며, 모든 경
작지 소구획에서 수행된다. 예식이 끝나면, 경작지 어디에서나 잡초 뽑기
를 할 수 있다.

이제 성장 주술의 주기로 되돌아가보자. 지금까지는 성장 주술 가운데
두 가지 예식들을 살펴보았다. 세 번째 예식은 좀 더 정교한데, 소규모의
예비 의식이 포함되어 있으며 터부가 수반된다. 주요 의식에서는 주문이
사용된다. 이 주문은 뿌리와 무관하고 오히려 잎과 관련된 주문이며, 카이
다발라, 혹은 우두머리 막대기라고 불린다. "그것은 많은, 수많은 잎들을
만들어냅니다."라고 토착민들이 말하는 그대로다. 또한 그 주문은 시리브

〈사진 46〉 타이투 덩굴
"솟아 올라라, 오 내 타이투의 머리여, 머리를 들어라, 오 내 타이투의 머리여. 잎들의 무더기 위에 무더기를 만들어라, 오 내 타이투의 머리여." (4장 2절)

워브와우라고 불리는데, 첫 문장에서 호칭되는 대나무에서 따온 이름이다. 비록 그 주문은 타이투 경작지에서 읊어지지만, 원문에서 가장 눈에 띄는 역할을 하는 것은 쿠비, 곧 큰 얌이다. 큰 얌의 잎은 아주 풍성하기 때문에, 이 주문은 얌 농사가 잘 되게 하려는 직접적인 청원이라기보다는 일종의 공감 주술로 여겨질 수 있을 것이다. 그러나 이것은 단지 추측에 지나지 않는다. 내 생각에는, 쿠비 주문이 일정한 역사적 과정을 거쳐서 타이투 경작지의 주술로 유입되었다는 설명이 그럴듯하게 여겨진다. 토착민들은 이 의식이 타이투와 쿠비 모두를 위한 것이라고 단호하게 이야기한다.

덩굴이 자라서 잎이 나올 무렵이면, 주술사는 경작지를 순회하면서 각각의 소구획마다 캄코콜라나 카바탐 둘레에 랄랑 풀잎(기프와레이)을 조금씩 감아놓는다. 다음날 아침, 그는 경작지로 가서 다시 각각의 소구획에서 주문을 읊는다. 그후 곧바로 우두머리 막대기, 카이다발라—보통 캄코콜라나 그 근처에 있는 수직 장대 두 개 사이에 수평으로 놓이는 작은 막대기—를 올려놓는다. 이것은 이제 남자들이 큰 버팀대, 카이발릴루와를 세워야 한다고 알려주는 신호이다. 남자들은 자라나는 덩굴을 위해서 작은 막대기들(카이투소불라) 곁에 카이발릴루와를 세워야 한다. 그러므로 비록 이 주술은 성장 주술이며 주로 잎들이 풍성하게 자라게 하는 것을 목적으로 하고 있지만, 여기에는 작업을 개시하는 성격도 들어 있다. 카이다발라 주문은 다음과 같다.

〈문구 16〉

1. "오 잎이 많이 달린 대나무여, 오 대나무여,

오 잎이 많이 달린 맹그로브여, 오 맹그로브여,

오 작은 언덕의 타이투여, 오 흙무더기의 타이투여.

그대의 줄기를 올려라, 오 타이투여. 줄기가 치솟아 오르게 하라, 가로질러 눕게 하라."

2. "얌이 올라오네, 얌이 올라오네, 얌이 올라오네.

얌이 올라와서 덤불암탉의 둥지처럼 부풀어 오르네.

얌이 올라와서 탈 듯이 진흙 화덕처럼 부풀어 오르네.

얌이 올라와서 뿌리 뽑힌 나무 주위의 흙무더기처럼 부풀어 오르네.

얌이 개미탑처럼 되네.

얌이 동굴처럼 되네.

얌이 둥근 산호석처럼 되네.

그대는 녹색 앵무새가 나는 것처럼 성장하네,

그대의 뿌리는 쥐가 갉아내는 것처럼 구멍을 뚫고 나가네,

그대는 도둑이 다다르는 것처럼 다다르네."

3. "이것들은 내 얌이니 내 친족들이 먹어치울 것이다. 내 어머니는 과식으로 죽게 될 것이다. 나 자신도 너무 많이 먹어서 죽게 될 것이다. 얌을 운반하는 남자는 자기 어머니의 분노에 대고 맹세하네."

"그는 불평하네. '얌의 무게가 내 머리를 내리누른다, 얌이 내 어깨를 짓누른다.' 그는 신음하네. '야카카카카······.'"

주문의 표현을 보면 그것이 일반적인 풍요의 주술임을 알 수 있다. 확실히 이 주문은 부분적으로는 성장을 직접 자극하며, 부분적으로는 장래의 수확을 낙관적으로 예측한다.

다음의 주문도 위의 주문과 똑같은 목적을 가지고 있다. 그 주문은 "풍성한 잎들을 더욱 많이 생산해야" 한다. "그것은 땅속에서 싹(실리실라타)을 많이 만든다." "가지 한 개가 자랐던 곳에서 지금은 여러 개의 가지들이 나온다. 뿌리 한 개가 있었던 곳에서 많은 뿌리들이 나온다."(〈사진 45〉를 보라) 이 주문은 큰 버팀대들이 세워지고 난 뒤에, 아마도 이전의 퍼포먼스가 끝나고 나서 일주일에서 열흘 정도 지난 후에 암송된다. 이 주문과 결합된 의식은 없다. 그것은 단지 각각의 소구획에서 단조로운 목소리로 읊어진다.

다음은 **카일라발라 다바나 타이투**—타이투의 무더기(머리) 만들기—주문이다.

〈문구 17〉

1. "노래기여 여기에 지금, 노래기여 여기에 항상!

카불루크와이와야 곳의 노래기여, 내달려라, 내달려라, 카불루크와이와야를 향해 내달려라, 멀리 둘라타까지 내달려라. 둘라타의 노래기여, 내달려라, 내달려라, 둘라타를 향해 내달려라, 내달려라, 그리고 다시 카불루크와이와야를 향해 내달려라. 노래기여 내달려라."

2. "노래기가 내달리네, 내달리네.

그대의 머리는, 오 타이투여, 노래기가 내달리는 것처럼 내달리네.

그대의 잎은, 오 타이투여, 노래기가 내달리는 것처럼 내달리네.

그대의 갈라진 부분은, 오 타이투여, 노래기가 내달리는 것처럼 내달리네.

그대의 두 번째 줄기들은, 오 타이투여, 노래기가 내달리는 것처럼 내달리네.

그대의 어린 싹들은, 오 타이투여, 노래기가 내달리는 것처럼 내달리네.

그대의 땅속 뿌리들은, 오 타이투여, 노래기가 내달리는 것처럼 내달리네.

그대의 기근(氣根)은, 오 타이투여, 노래기가 내달리는 것처럼 내달리네."

3. "솟아 올라라, 오 내 타이투의 머리여,

머리를 들어라, 오 내 타이투의 머리여.

잎들의 무더기 위에 무더기를 만들어라, 오 내 타이투의 머리여.

모두 쌓여라, 오 내 타이투의 머리여.

모여들어라, 오 내 타이투의 머리여.

그대 자신을 **요쿨루크왈라** 덩굴처럼 두껍게 만들어라, 오 내 타이투의 머리여."

이 명료하고 아름다운 주문은 노래기를 중심어로 삼고 있는데, 그 까닭은 노래기가 재빠르게 움직이기 때문이다. 노래기는 호우(豪雨)의 전조(前兆)이기 때문에, 비와 구름과 관련된 관념들의 주술적, 신화적 순환과도 연관된다. 그러므로 노래기는 또한 풍요의 상징이다.

주문의 중간 부분에서, 이 주술의 직접적인 목적—땅 위에서 그리고 땅속에서 타이투 식물이 성장하는 것—이 분명히 표현된다. 마지막 부분에서는 가지들이 강조된다.

다음의 주문은 이전 주문과 밀접하게 결합되어 있으면서도 성장의 진행을 한 단계 더 재촉한다. 이미 잎들이 풍성하게 생겨났고, 가지들이 많이 나왔다. 이제는 덩굴 무더기가 하나의 버팀대에서 다른 버팀대로 뛰어 올라서 넘쳐나고 널리 퍼져서, 마침내 경작지 위에 덮개를 형성해야 할 시간이다. 이러한 목적을 위해서 **사이보다**(덮기) 주문이 읊어진다. "타이투는 덮네, 그것은 하나의 가지, 또 다른 가지, 세 번째 가지를 만드네. 그것은 아래로 늘어지고, 경작지는 어두워지네."(〈사진 46〉을 보라) 여기서도 그 주문은 단지 "입으로 하는 주술"(**오 와돌라**)이며, 어떠한 의식이나 조작도 수반되지 않는다.

카사이보다—덮기, 타이투 덮기 주문은 다음과 같다.

〈문구 18〉

1. "거미여, 여기에 지금! 거미여 여기에 항상!

"오 카불루크와이와야의 거미여, 카불루크와이와야를 뒤덮어라, 루에빌라의 성스러운 작은 숲을 뒤덮어라, 루에빌라의 성스러운 작은 숲을 뒤덮어라, 카불루크와이와야를 뒤덮어라. 거미여, 뒤덮어라."

2. "거미는 뒤덮네, 거미는 뒤덮네.

거미는 타이투를 뒤덮네.

그대의 열린 공간, 그대의 가지들 사이의 열린 공간을, 오 타이투여, 거미는 뒤덮네.

그대의 흙, 오 타이투여, 그대의 덩굴들 사이의 흙을, 거미는 뒤덮네.

그대의 마른 가지들, 오 타이투여, 덤불치기에서 남겨진 나무의 마른 가지들을, 거미는 뒤덮네.

그대의 **캄코콜라**, 오 타이투여, 그대의 주술적 프리즘을, 거미는 뒤덮네.

그대의 **카바탐**, 오 타이투여, 그대의 튼튼한 얌 장대를, 거미는 뒤덮네.

그대의 **카이살루**, 오 타이투여, 그대의 갈라진 얌 장대를, 거미는 뒤덮네.

그대의 **캄투야**, 오 타이투여, 덤불치기에서 살아남은 그대의 줄기를, 거미는 뒤덮네.

그대의 **카이부디**, 오 타이투여, 큰 얌 장대에 기대어 있는 그대의 뻗어오르게 하는 막대기를, 거미는 뒤덮네.

그대의 **카이누타탈라**, 오 타이투여, 그대의 마법에 걸리지 않은 프리즘들을, 거미는 뒤덮네.

그대의 **툴라**, 오 타이투여, 그대의 분할 막대기를, 거미는 뒤덮네.

그대의 **예예이**, 오 타이투여, 그대의 작고 가느다란 버팀대를, 거미는 뒤덮네.

그대의 **투쿨룸왈라**, 오 타이투여, 그대의 경계선을, 거미는 뒤덮네.

그대의 **카리비시**, 오 타이투여, 그대의 경계 삼각형을, 거미는 뒤덮네.

그대의 **탐크왈루마**, 오 타이투여, 그대의 가벼운 얌 장대를, 거미는 뒤덮
네.

그대의 **카일루발로바**, 오 타이투여, 그대의 터부를 거는 막대기를, 거미
는 뒤덮네.

그대의 **카이발릴루와**, 오 타이투여, 그대의 큰 얌 장대를, 거미는 뒤덮네."

3. "솟아 올라라, 오 내 타이투의 머리여.

머리를 들어라, 오 내 타이투의 머리여.

잎들의 무더기 위에 무더기를 만들어라, 오 내 타이투의 머리여.

함께 쌓아 올려라, 오 내 타이투의 머리여.

요쿨루크왈라 덩굴처럼 자신을 두껍게 만들어라, 오 내 타이투의 머리여."

보다시피, 이 주문은 이전 주문과 대칭을 이룬다. 토착민들은 이 주문에
대해 설명하면서, 거미가 거미집을 만들듯이 타이투 식물도 많은 가지들
을 만들어야 한다고 말했다. 타이투는 공간을 덮고 녹색의 지붕을 만들어
야 한다. 그것은 덩굴줄기들 사이의 공간을 채워야 한다. 그것은 살아 있
는 식물을 지탱해주는 모든 죽은 나무[10]를 덮어야 한다.

우리는 이제 성장 주술에 속하는 처음 다섯 가지의 의식들을—물론 이
주기에서 잡초 뽑기의 시작 의식은 포함하지 않고서—살펴보았다. 이러한
처음 다섯 가지의 성장 의식들은 **메그와 게구다**, 여물지 않은 농작물의 주
술이라고 불린다. 다음에 이어지는 성장 주술 주기는, 비록 농작물이 정말
로 수확해도 좋을 만큼 다 여물지 않았는데도—아직 덩이줄기가 제대로

∴

10) 〔역주〕 버팀대들을 가리킨다.

형성되지도 않았다—메그와 마투워, 곧 여문 농작물의 주술이라고 불린다. 그것은 여물고 있는 농작물의 주술이라고 묘사되는 것이 좀 더 정확할 것이다. 그 주술의 목적은 덩이줄기의 성장과 형성을 자극하는 것이다.

3. 성장 주술—뿌리와 덩이줄기의 자극

앞의 두 절들에서 묘사했던 사건들을 토착민의 달력 속에 배치해보자. 우리는 토착민 달력을 살펴보다가 **캄코콜라** 예식에서 멈췄었다. 우리는 **캄코콜라** 예식을 **야바타쿨루** 달이 시작할 즈음에 배치했는데, 예식 직후에 시작된 파종은 표준 소구획의 경우 약 일주일 안에 마무리된다. 따라서 **톨리야바타** 달과 **야바탐** 달에는 농작물이 싹트고 있고 타이투 덩굴이 감아 오르기 시작한다. "여물지 않은 농작물의 성장 주술"(메그와 게구다)은 **야바탐** 달의 어느 때, 대략 우리의 12월에 상응하는 어느 때에 이루어진다. 이 기간이 시작할 무렵에, 잡초 뽑기의 시작 예식이 있다. 그리고 잡초 뽑기는 이 시기에 가장 중요하게 부각되지만, 거의 수확기까지도 불규칙적으로 이어진다.

이제 대략 1월과 2월에 해당하는 **겔리빌라비** 달과 **불루마두쿠** 달에 이르렀다. 시간 계산표(〈그림 3〉)를 살펴보면, 이수나풀로가 전자에, "여문 농작물"의 성장 주술이 후자에 해당하는 것을 알 수 있다. 이미 말했듯이, 뒤따르는 세 개의 의식들은 뿌리와 덩이줄기에 대한 것이다. 그 가운데 첫 번째 의식은 밭에 읊어지는 주문, 바푸리로 구성된다. 바는 사역접두사이며, 동사인 푸리는 덩어리로 쏟아져 나오는 것을 의미한다. 토착민들이 설명하듯이, 바푸리 주문은 "브와나와(어린 덩이줄기들)가 덩어리로 쏟아져 나오게 한다." 여기서도 그 의식은 경작지 소구획에 주술 문구를 읊는 것으로 구성된다. 문구는 다음과 같다.

〈문구 19〉

1. "카누 한 척에 가득한 만큼,

또 다른 카누에 가득한 만큼,

세 번째 카누에 가득한 만큼,

네 번째 (열 번째까지. 때때로 주술사는 쉰 번째까지 계속하는데, 열 번째까지는 상세히 열거하고, 이후에는 스무 번째, 서른 번째, 마흔 번째, 쉰 번째로 열거한다)."

"쏟아져 나와라, 오 타이투여, 낮에도.

쏟아져 나와라, 오 타이투여, 밤에도,

쏟아져 나와라, 쏟아져 나와라, 네가 원하는 만큼 쏟아져 나올 때까지."

"그대는 되돌아오라, 오 타이투여, 오 우리에게 되돌아오라.

그대는 서둘러오라, 오 타이투여, 오 우리에게 서둘러오라.

그대는 수많은 다발들을 빠르게 쏟아내라, 오 쏟아내라.

자꾸자꾸 쏟아져 나오는 타이투,

자꾸자꾸 쏟아져 나오는 타이투."

2. "오 **나코야** 타이투여, 자꾸자꾸 쏟아져 나오네.

오 **사카야** 타이투여, 자꾸자꾸 쏟아져 나오네.

오 **나부그와** 타이투여, 자꾸자꾸 쏟아져 나오네.

오 **크워이마** 타이투여, 자꾸자꾸 쏟아져 나오네."

3. "나의 할아버지, 토쿠와부가 그대를 껴안을 것이네, 오 타이투여,
그는 십자로에서 그대와 함께 춤을 출 것이네."

여기서 열거되는 타이투의 품종인 **나코야**, **사카야** 등은 모두 훌륭하고 맛이 좋지만 매우 발육이 어려운 덩이줄기들이다. 나의 정보 제공자들은, 왜 경작지 주술사가 성장하기 어려운 종류들만 언급하는지 묻자 다음과 같이 대답했다.

"나중에 **루필라쿰**(가장 훌륭하고 가장 쉽게 자라는 타이투)은 경작지 주술사가 야생의 (정말로 길들여지지 않은, 따라서 성장이 어려운) 타이투 종류들에게 호소하는 것을 듣습니다. 나중에 **루필라쿰**은 앞으로 돌진합니다. 그리고 그것들은 다른 종류들보다 앞서 나갑니다." 이러한 대답은 위의 2절에서 제시된 대답과 유사하다.

주문의 마지막 절에서 언급되는 이름인 토쿠와부는 바기도우의 조상들 가운데 한 사람이거나, 아마도 바기도우의 주술 선임자일 것이다. 그의 영은 브와나와를 껴안을 것이다. 즉 풍성한 새 농작물을 기뻐할 것이고, 십자로에서 춤출 것이다.

다음에 오는 의식은 방금 서술된 주문을 강화한 데 지나지 않으며, **발레코**(경작지 소구획)를 향해서 한 번 더 직접 읊어지는 단순한 주문이다. 그것은 **캄마랄라**라고 불리는데, 되가져오기, 다시 데려오기를 의미한다. 주술 문구의 원문에서도 이 단어가 등장하지만, 과연 그 단어에 농작물이 되돌아온다거나 오래된 타이투에서 새 타이투가 부활한다는 믿음이 담겨 있는지의 여부는 확인할 수 없었다. 다음이 그 주문이다.

〈문구 20〉

"타이투여 돌아오라, 오 확실히 돌아오라.

오 나코야 종류의 타이투여, 돌아오라, 확실히 돌아오라.

오 나부그와 종류의 타이투여, 돌아오라, 확실히 돌아오라.

오 사카야 종류의 타이투여, 돌아오라, 확실히 돌아오라.

오 노노마 종류의 타이투여, 돌아오라, 확실히 돌아오라.

오 크워이마 종류의 타이투여, 돌아오라, 확실히 돌아오라."

이 주문은, 토착민들이 설명하듯이, 덩이줄기들이 새롭게 쏟아져 나오게 한다. 새로운 뿌리를 겨냥하는 성장 주술의 세 번째이자 마지막 주문은 **카사일롤라**(닻 내리기 주문), 혹은 **탈롤라 실리실라타**(뿌리의 닻 내리기)라고 불린다.

〈문구 21〉

1. "덤불암탉이여, 지금 여기에! 덤불암탉이여, 항상 여기에!

북동쪽에서 온 덤불암탉이여, 북동쪽에 닻을 내려라.

남서쪽에서 거기에 닻을 내려라.

남서쪽에서 온 덤불암탉이여, 남서쪽에 닻을 내려라, 북동쪽에서 거기에 닻을 내려라.

덤불암탉이 닻을 내리네!"

2. "덤불암탉이 닻을 내리네!

나의 타이투여, 덤불암탉이 닻을 내리네.

그대의 싹, 오 타이투여, 덤불암탉이 닻을 내리네.

그대의 새로운 연한 뿌리, 오 타이투여, 덤불암탉이 닻을 내리네.

그대의 주요 뿌리, 오 타이투여, 덤불암탉이 닻을 내리네.

그대의 뿌리, 오 타이투여, 덤불암탉이 닻을 내리네.

그대의 검은 마름병, 오 타이투여, 덤불암탉이 닻을 내리네.

그대의 상처 난 곳, 오 타이투여, 덤불암탉이 닻을 내리네."

3. "타이투는 닻을 내렸네, 그것은 닻을 내렸네, 그것은 영원히 닻을 내렸네."

이 문구를 마지막으로 덩이줄기의 발육을 유도하는 주문들뿐 아니라 모든 성장 주술 주문이 마무리된다. 즉 식물의 성장과 발육 촉진을 직접적인 목적으로 하는 모든 주문이 끝난다.

이 마지막 문구와 밀접하게 관련되어 있으며 시작 기능을 지닌 또 다른 의식이 있다. 자연과 주술의 공동 작용을 통해서 새로운 덩이줄기들이 풍성한 다발로 쏟아져 나왔기 때문에, 경작지에서는 또 다른 작업이 필요해졌다. 땅속에서 무슨 일이 일어나는지에 다시 한 번 관심을 돌려보자. 〈그림 6〉과 〈그림 7〉에서 우리는 종자 덩이줄기가 흙속에 수평으로 누워 있는 것을 볼 수 있다. 이후 덩이줄기는 싹을 냈고, 땅 위와 땅 아래에서 성장해 왔다. 땅 위로는 덩굴이 자라났으며, 동시에 땅 아래에서는 수많은 새로운 싹이 나왔고 거기서 새로운 덩이줄기들(브와나와)이 형성되었다. 오래된 종자 덩이줄기는 이제 시들고 썩었다. 오래된 종자와 함께 일부 새로운 덩이줄기들(브와나와)을 뽑아야 한다. 송이들이 너무 빽빽하면 어떠한 덩이줄기도 제대로 자랄 수 없다. 모든 토착민이 내게 확인해주었듯이, 솎아내기(바시)는 반드시 필요한 절차이다(제5부 3장 2~8절 참조). 불완전한 덩이줄기,

마름병이 있거나 병든 기미가 있는 덩이줄기, 한 곳에 너무 빽빽하게 자라난 덩이줄기들, 혹은 너무 작아서 잘 성장할 것 같지 않은 덩이줄기는 모두 제거된다. 나쁜 타이투는 "검은" 것(브와브와우)으로 묘사된다. 좋은 타이투는 "흰" 것(푸프와카우)으로 불린다. 그 작업은 거의 언제나 남자들이 도맡아 한다. 땅 파는 막대기(다이마)로 타이투 덩굴의 뿌리에서 흙을 부숴서 긁어내고, 뿌리를 검사해서 나쁜 덩이줄기는 시든 종자 덩이줄기와 함께 도끼로 잘라낸다. 불완전한 새로운 덩이줄기가 완전히 상하지 않았다면, 그것을 마을로 가져가서 먹는다. 토착민들 가운데 한 사람이 내게 말했듯이(〈원문 30〉, 제5부 6장 22절), "우리는 뿌리가 드러날 때까지 땅을 파냅니다. 그러고 나서 그것을 들어서 뽑아냅니다. 우리는 덜 여문 덩이줄기들을 먹습니다. 우리는 그것들을 마을로 가져가서 먹습니다. 훌륭한 타이투는 잘 여물도록 남겨둡니다." 경작지 주술사는 이렇게 솎아낸 덩이줄기들을 먹으면 안 된다. 솎아낸 덩이줄기들은 정말로 수확된 것으로 여겨지지 않으며, 그것들에 관해서는 어떠한 첫 열매의 예식도 수행되지 않는다. 그것들은 결코 예식적인 개방형 얌 창고(브와이마)에 저장되지 않는다. 토착민들은 그것들을 파내자마자 먹어버린다.

한편, 바시(덩이줄기 솎아내기)를 개시하는 몸라라는 이름의 예식이 있다. 이 예식에서 또다시 바투비 주문(〈주술 문구 2〉)이 읊어진다. 우리가 기억하듯이, 이 주문은 땅을 두드리는 첫 번째 시작 의식과 화전에서, 그리고 캄코콜라 예식에서 중요한 역할을 했으며 이미 여러 번 사용되었던 주문이다. 주술사는 도끼와 땅 파는 막대기 위에 그 주문을 읊어야 하고, 항상 바투비 문구와 함께 사용되는 표준 혼합물을 그것들에 동여매야 한다. 따라서 바기도우나 그의 복사들은 어느 날 아침 또다시 재료를 수집하러 떠난다. 그날 오후에 바기도우는 두 장의 깔개 사이에 놓여 있는 혼합물에 주

<사진 47> 농작물이 무르익은 경작지의 모퉁이

"거미는 타이투를 뒤덮네. 그대의 열린 공간, 그대의 가지들 사이의 열린 공간을, 오 타이투여, 거미는 뒤덮네. 그대의 흙, 오 타이투여, 그대의 덩굴들 사이의 흙을, 거미는 뒤덮네. 그대의 마른 가지들, 오 타이투여, 덤불치기에서 남겨진 나무들의 마른 가지들을, 거미는 뒤덮네." (4장 2절)

문을 걸고, 마을 남자들이 가지고 온 도끼와 땅 파는 막대기의 날에 그것을 붙인다. 다음날 아침에 남자들은 모두 주술사의 집 앞에 모여서, 저마다 자신의 땅 파는 막대기와 도끼를 받아들고 경작지로 간다. 주술사는 치료된 도끼로 자기 경작지의 **캄코콜라**를 두드리고, 치료된 다이마로 어떤 덩굴 밑의 흙을 파헤친 후 상징적인 바시를 수행한다. 그러고 나서 남자들도 저마다 자기 경작지에서 동일한 일을 한다. 진짜 작업은 다음날 시작된다.

이 예식을 끝으로 수확기 전에 수행되는 주요 경작지 의식들이 정말로 마무리된다. 수확은 복합적이고 다면적인 사건이기 때문에 특별한 장에서 따로 다루는 편이 나을 것이다. 그러나 수확으로 넘어가기 전에, 특정한 단계들에서 주요 공공 예식과는 독립적으로 수행되는 사적인 경작지 주술에 대해서 몇 마디 이야기할 필요가 있다.

4. 사적인 경작지 주술

트로브리안드에서는 여러 경작 단계마다 **토워시**가 공동체 전체를 이롭게 하고 작업을 통합하기 위하여 수행하는 공식적인 주술 외에도, 사적인 경작지 주술이 존재한다. 특정한 주술 문구들이 개인적으로 소유되는데, 토착민이 자신의 경작지 소구획에서 직접 그 문구들을 사용하는 경우도 있고, 전문가들이 수수료를 받고서 주문을 읊어주기도 한다. 이로 인해 풍요에 대한 기대는 차별적으로 형성된다. 한 마을의 공식적인 경작지 주술사가 어떤 경작지 소유자한테서 수수료를 받고서, 그 사람의 경작지에는 모든 경작지에 베푸는 주술의 혜택에 더해서 좀 더 특별한 혜택을 기꺼이 얹어주는 일종의 장사치가 되는 일이 종종 일어난다. 주술사는 그 소유자의 주술 문구를 읊어주거나, 주술사 자신이 가지고 있던 사적인 주술을 수행하거나, 혹은 공적인 의식을 그 경작지를 위해 사적으로 수행하는 방법을 쓴다. 트로브리안드에서 이러한 사적인 주술이 두드러지게 눈에 띄지는 않는다.[11] 아마도 그 까닭은, 경작이 너무나 엄청나게 중요한 활동이며 강렬한 선망과 질투의 대상이기 때문에, 누구라도 자기가 사적인 주술 덕분에 평균치를 훨씬 뛰어넘는 탁월한 경작지를 가질 수 있다고 주장한다면 위험에 빠질 수 있기 때문이다. 덧붙이자면, 족장 혹은 우두머리야말로 항상 자신의 경작지가 가장 훌륭하다고 주장할 수 있어야 한다. 그는 가장 훌륭한 땅을 선택함으로써 그렇게 하며, 혹은 그렇게 할 수 있다. 그런데 보통 그는 자기가 가장 훌륭한 사적인 주술도 가지고 있다고 주장한다. 다른 사람들은 그가 자신보다 더 나은 주술을 가지고 있다는 주장 혹은 허풍

⋮

11) 또한 부록 2, 4절의 주 19를 보라.

〈사진 48〉과시용 수확물의 일부

농경의 목적인 수확은 트로브리안드에서 눈에 띄게 중요한 일이다. "트로브리안드인들은 자신이 키운 덩이줄기들을 다루고, 세고, 그것들을 눈에 잘 띄는 멋진 모양의 더미들로 조심스럽게, 정교하게 배열하기를 좋아한다." (5장 도입부)

에 맞서지 않으려고 주의할 것이다.

또한 대체로 토착민들은 할 수 있는 모든 일을 공적인 주술이 다 해주기 때문에 사적인 주술을 수행하는 것은 올바르지 않다고 느끼는 듯하다. 단지 몇 명의 개인들만이 자기가 강력한 사적인 주술을 가지고 있으며, 자기 경작지가 우수한 까닭은 자신의 주술 문구가 이웃의 문구보다 우월한 데 기인한다고 자신 있게 내게 자랑했다. 1915년에 토울루와의 총애하는 아들이며 반항적이고 독립심이 강한, 그리고 파렴치한 남와나 구야우[12]는 내

..

12) 〔역주〕남와나 구야우는 오마라카나의 족장 토울루와가 총애하는 아들이었다. 그는 토울루와의 조카인 미카타카와 반목하다가 마침내 미타카타를 투옥시키는 데 성공했다. 그렇지만 오히려 미타카타의 친족들의 미움을 사서 결국 마을에서 추방당했다.

게 그의 사적인 주술이 사촌인 바기도우의 공적인 주술보다 더 효험이 있다고 분명히 말했다. 특히 그는 자신이 **비시콜라**라는 주술로 자신의 큰 얌들(쿠비)을 치료했다고 내게 말해주었다(3장 1절, 그리고 9장 2절 참조). 또한 그는 자신의 케마, 다이마, 그리고 야고구에 마법을 걸었다. 마지막 의식을 그는 아유비 카카발라, "나는 나의 작은 얌들에게 숨을 불어 넣는다."라고 묘사했다. 카카발라는 야고구(종자 얌들)와 동의어이다.

나는 바기도우로부터 몇 가지 주술 문구들을 입수했는데, 사적인 주술에 관한 대부분의 정보는 그를 통해 얻은 것들이다. 사적인 주술 문구들은 결코 공식적인 종류의 주술 문구들처럼 완전하지 않다. 사적인 주술은 종자 얌들, **툴라**(소구획을 작은 사각형들로 나누는 교차 막대기들), 땅 파는 막대기(다이마), 그리고 도끼(케마)를 대상으로 수행된다. 나는 사적인 예식이 수행되는 광경을 단 한 번 목격했다. 그때 나는 쿠로카이와의 경작지 주술사인 나시보와이와 함께 걷고 있었다. 그는 나중에 좀 더 자주 등장하게 될 것이다. 그는 어떤 공식적인 예식을 수행하고 있었는데, 내 생각에는 **캄코콜라** 의식들 가운데 하나였던 것 같다. 그가 한 소구획에서 또 다른 소구획으로 가고 있을 때, 한 남자가 그에게 종자 얌(야고구) 한 바구니를 가져왔다. 나시보와이는 근처의 미모사 나무에서 나뭇가지 몇 개를 꺾어서 그 가지들로 종자 얌을 치면서 주문을 읊었다. 나는 그 말들을 기록할 수 없었다. 그러나 바기도우는 자신의 레퍼토리 가운데서 그에 상응하는 주문을 내게 알려주었다. 다음이 그 문구이다.

〈문구 22〉

"투다바, 오 투다바여.

말리타, 오 말리타여.

태양이 무유와 위로 떠오르네."

"나는 앉는다네, 나는 그대를 돌린다네.

나는 앉는다네, 나는 그대를 깨끗하게 쓸어낸다네.

나는 내 경작지의 타로를 부르고 있다네. 나는 내 경작지의 타이투를 부르고 있다네."

"오 물수리여 내 경작지 위를 맴돌아라."

이 주문은 한 바구니의 종자 얌(야고구)에 직접적으로 읊어진다고 한다.

사적인 파종 의식에 해당하는 또 다른 주문이 있는데, 그것은 **툴라**의 주술, 혹은 경계 막대기들의 주술이라고 불린다. 바기도우가 내게 말했듯이, 그 주술은 경작지에서 사각형 한 곳에 마련되어 있는 종자 얌들에게 수행된다.

〈문구 23〉

1. "오 땅을 헤치고 나오는 농작물이여, 헤치고 나오라!

오 땅에서 돌아오는 농작물이여, 돌아오라!

오 헤치고 나오는 종자 얌들이여,

오 돌아오는 타이투여!"

2. "타이투가 올라오네, 타이투가 땅속에서 빙글 도네, 타이투가 토양 속에서 부푸네.

그대의 줄기가 올라오네, 그대의 뿌리가 땅을 들어올리네.

그대의 어린 덩이줄기를 내 경작지의 배에서 들어올려라."

"내 경작지의 배가 쾅쾅 치는 판처럼 매끈해지네.
내 경작지의 배가 다듬는 판처럼 매끈해지네.
내 경작지의 배의 구멍들은 맹그로브의 몰러스크가 진흙속에 뚫는 구멍
들과 같네."

3. "나는 타이투를 싣고 마을에 갈 것이로다."

이것은 분명히 타이투의 성장을 자극하는 주문이다. 쾅쾅 치는 판은 축
제에서 특히 인기 있는 타로 푸딩인 **모나**를 만들 때, 타로를 쾅쾅 쳐서 가
루로 만들기 위해 사용하는 판이다. 다듬는 판은 토착민 여자들이 풀잎 치
마를 만들 때 사용하는 판이다. 몰러스크(**기누바바랴**)는 간조 때 맹그로브
습지의 진흙 속에 여러 개의 구멍을 만드는 바다조개류 가운데 하나이다.

바기도우는 파종 기간에, 그리고 나중에는 수확기 동안에 도끼에 특별
한 효능을 부여하는 사적인 주술에 관해서 다음과 같이 말했다. 곧, 만약
마을에서 누가 특별한 대가를 지불한다면, 공식적인 경작지 주술에서 그
토록 중요한 역할을 하는 자신의 **바투비** 주문을 그의 도끼에 대고 읊어주
고, 이 주술에서 항상 사용하는 것과 동일한 재료로 그의 도끼를 치료해주
겠다는 것이다.

바기도우가 소유한 또 다른 사적인 주술 문구는, 나중에 농작물을 솎
아내기할 때 필요한 땅 파는 막대기와 관계된다. 바기도우는 때때로 이
주술 문구를 파종할 때 사용하는 땅 파는 막대기에 읊을 수도 있다고 말
해주었다.

〈문구 24〉

1. "오 잡아 뽑힐 타이투여,

오 끌어 당겨질 타이투여,

흙무더기처럼, 사소카 열매처럼 부풀어 올랐네."

2. "고무나무의 몸통은 크지 않구나, 큰 것은 내 타이투의 몸통이로다.

성장한 맹그로브의 몸통은 크지 않구나, 큰 것은 내 타이투의 몸통이로다.

브와브와가 나무의 몸통은 크지 않구나, 큰 것은 내 타이투의 몸통이로다.

거대한 판다누스의 몸통은 크지 않구나, 큰 것은 내 타이투의 몸통이로다.

아카시아의 몸통은 크지 않구나, 큰 것은 내 타이투의 몸통이로다.

이것은 그대의 눈이 아니구나, 그대의 눈은 샛별이로다.

이것은 그대의 눈이 아니구나, 그대의 눈은 요울라울라 덩굴의 흰 꽃이로다.

그대의 줄기가 올라오네, 그대의 뿌리가 땅을 들어올리네.

그대의 어린 덩이줄기를 내 경작지의 배에서 들어올려라.

내 경작지의 배는 쾅쾅 치는 판처럼 매끈해지네.

내 경작지의 배는 다듬는 판처럼 매끈해지네.

내 경작지의 배의 구멍들은 맹그로브의 몰러스크가 진흙 속에 뚫는 구멍들과 같네."

3. "나는 타이투를 싣고 마을에 갈 것이로다."

여기서 나는 비유적 표현을 정확한 의미대로 "타이투의 덩이줄기"로 바꾸는 대신, '내 타이투의 몸통'이라는 문자적인 번역을 고수했다. 왜냐하면 부분적으로는 그것이 토착적인 표현에 더 가깝기 때문이고, 부분적으로는 트로브리안드 사람들에게 먹을 수 있는 뿌리야말로 주요 농작물의 중심부 혹은 몸통이라는 사실을 강조하기 위해서다.

다음의 짧은 문구는 경계 막대기에 대고 읊조려지는데, 그 막대기를 땅속에 문질러넣는 단순한 의식이 수반된다. 그 문구를 읊조릴 때 목소리의 방향이 **툴라**를 향하게 해서, 이러한 행동으로 인해 생겨난 흙무더기에 주술의 효력이 스며들게 해야 한다.

〈문구 24a〉

"그 길로 가거라, 그 길로 가거라. 이 길로 오너라, 이 길로 오너라.
나는 붙잡을 것이네, 나는 단단히 잡아둘 것이네.
그것은 파네, 내 경계 막대기의 흙무더기를.
그것은 파네, 내 타이투의 흙무더기를.
내 경작지의 배는 누울 것이네."

그런데 내가 보유한 자료 가운데 사적인 경작지 주술에 관한 정보의 질은 공식적인 체계에 관한 것과 같지 않다고 반복해서 이야기할 필요가 있다. 처음에 나는 경작지 주술의 공적인 체계를 연구하는 일에 너무나 몰두한 나머지, 사적인 주술의 존재 여부를 조사하지 못했다. 사적인 주술은 결코 눈에 잘 띄지 않기 때문에, 내가 나시보와이가 바구니에 담긴 종자 얌들을 두드리는 광경을 목격하고 사적인 주술에 접하게 된 것은 단지 우연일 뿐이다.

설화, **쿠크와네부**의 암송에서도 주술적인 영향력이 어렴풋이 나타난다. 12월에서 3월까지 북서쪽에서 계절풍이 불어오는 기간에 본격적으로 설화가 이야기된다. 시간 계산표에서 알 수 있듯이, 이 무렵이면 땅이 정리되었

〈사진 49〉 첫 열매의 전시 : 시작 의식 이후에 수확된 타로
투크와우크와 마을의 중앙 공터. 창고들이 거의 텅 빈 것을 볼 수 있다. 아직 살아 있는 돼지가 장대에 묶여서 창고의 토대 들보 아래에 매달려 있는 광경을 볼 수 있다. 전경(前景)에 첫 열매가 전시되어 있다. (5장 2절)

고, 농작물도 파종되었으며, 울타리도 만들어졌고, 주술적 벽도 세워졌다. 이제 풍요의 힘이 농작물을 성장시켜야 한다. 이 무렵 토착민들은 종종 나쁜 날씨 때문에 집 안에 있거나 집 근처에 머무른다. 그때 그들은 잘 알려진, 끝없이 긴, 주로 음란한 이야기들을 서로에게 들려주는데, 화자는 이야기를 끝낼 때 다음과 같은 표준화된 문구를 말해야 한다(〈원문 82〉, 제5부 11장 11절).

"카시예나 얌이 다발로 쏟아져 나오고 있구나. 지금은 농작물이 헤치고 나오는 계절, 그것들이 둥글게 자라는 계절이구나. 나는 타로 푸딩을 요리하고 있네. 아무개(그 자리에 있는 어떤 중요한 사람을 익살맞은 어조로 호명한다)가 그것을 먹을 것이네. 나는 빈랑나무 열매를 깨뜨릴 것이네. 아무개(여기서 또 다른 유지를 호명한다)가 그것을 먹을 것이네. 그대의 답례는, 아무개(그리고 다음에 암송할 남자를 호명한다.)"

이 민요는 일정한 리듬으로 읊조려진다. 그것은 **카툴로구사**라고 불리는데, 나는 다음과 같은 말을 들었다. "설화를 이야기하면, 새로운 농작물에게 주술적 영향력이 발휘된다. 그것은 카시예나 얌이 다발로 쏟아져 나오게 만든다. 이 얌이 다발로 쏟아져 나오는 것과 마찬가지로 주요 식량도 잘 여물게 된다."(〈원문 83〉, 제5부 11장 13절)

5. 공동 노동

이제 모든 독자는 농경이 조직화된 경제 활동이라는 점을 분명히 알 수 있을 것이다. 동일한 울타리 안에서 경작지를 일구는 사람들은 서로 독립적이지 않다. 그들은 족장의 주도권과 결정, 그리고 지배에 복종한다. 그들은 연속적인 주술 의식들이 부여하는 리듬에 따라야 한다. 그들은 동일한 주술사의 감독 아래 있다. 경작자들은 각자 매우 느슨하지만 그럼에도 불구하고 제한된 한계에 따라 때를 맞추어야 하고, 일정한 작업 표준을 유지해야 한다. 실제로 그들은 특히 울타리를 만들거나 잡초를 뽑을 때 서로의 철저함에 의존한다.

그러나 트로브리안드에는 또 다른 형태의 공동 노동이 존재하며, 나는 여기서 이 주제에 대해서 몇 마디 말을 덧붙이고 싶다. 우리가 이미 알고 있듯이(1장 8절), 족장은 자신의 드넓은 경작지 전체에 필요한 만큼의 남성 노동력을 혼자서는 제공할 수 없기 때문에, 공동 노동을 절대적으로 필요로 한다. 또한 마을 사람들이 춤이나 축제의 계절을 연장하기로 결정해서 경작이 더 늦게 시작된 경우에는 초기 단계의 작업을 좀 더 열심히 노력

〈사진 50〉 첫 열매의 전시 : 시작 의식 이후에 수확된 얌들
테야바 마을의 중앙 공터. 전경에 쿠비가 전시되어 있다. 소년이 들고 있는 땅 파는 막대기에 주목하라. (5장 2절)

해서 빨리 해치워야 하는데, 이때도 공동 노동이 선호된다. 덤불치기나 파종을 할 때 과연 공동 작업이 기술적으로 어떤 이점을 가지고 있는지, 혹은 이러한 방법이 심리적인 이유에서 더욱 효과적인 것인지 나는 잘 모르겠다. 그러나 토착민들은 개별적으로 작업할 때보다 공동 작업을 할 때 예비 단계들을 훨씬 더 빨리 끝마칠 수 있다고 굳게 믿는다. 카누를 만들 때나 큰 창고를 건축할 때, 혹은 카누의 돛을 바느질할 때는 일정한 단계마다 공동 노동이 절대적으로 필요하다. 그렇지만 경작할 때 공동 노동이 그처럼 절대적으로 필요한 것은 결코 아니다.

그럼에도 불구하고, 공동 노동은 다른 어떤 활동을 할 때보다 경작할 때 더 많이 이루어진다. 토착민들은 공동 노동의 다섯 가지 유형들을 구분하는데, 각각은 명확한 이름으로 불리며 뚜렷한 사회학적 특성을 지니고 있다.[13]

사람들이 저마다 자신의 소구획에서 일하면서 경작지를 개인적으로 일굴 때, 토착민들은 **타빌레이**라는 말을 사용한다. 그 용어는 "개인의" 혹은 "공동이 아닌" 노동이라는 표현에 상응한다.

족장이나 우두머리가 공동으로 경작지를 일구기 위해서 마을의 구성원들을 소집하는 경우에, 이것은 **탐고굴라**라고 일컬어진다. 탐고굴라는 족장이 공동 노동에 적합한 일을 공동으로 작업하기 위하여 공동체 전체를 위해서 정하는 일반적 협정이다. 그러한 협정이 제안되면, 덤불치기를 해야할 무렵에 족장은 중앙 공터에서 축제의 식사를 하자고 모든 남자를 소집할 것이며(제1부 7절 참조), 그후 그들은 족장의 소구획에서 덤불치기를 시작할 것이다. 이 일이 끝나면, 그들은 각각의 소구획을 다 함께 차례로 덤불치기하고, 그날 덤불치기한 소구획의 소유자로부터 음식을 제공받을 것이다. 계속되는 매단계마다, 즉 울타리치기, 파종, 버팀대 세우기, 그리고 마침내 여자들이 행하는 잡초 뽑기에서도 동일한 방식으로 일이 진행된다. 이러한 활동들이 진행될 때마다 모두 함께 개별적인 경작자들 각자를 위해서 작업을 수행한다. 화전 이후의 정리나 덩이줄기의 솎아내기, 그리고 수확은 항상 개인적으로 실행된다. **탐고굴라** 기간 동안 수차례의 공동 잔치가 벌어지며, **탐고굴라**가 끝날 무렵에 다시 한 번 공동 잔치가 개최된다.

만약 마을 사람들 모두가 족장의 지도 아래 공동 작업을 하는 데 동의하는 대신, 오히려 제한된 수의 경작자들이 공동으로 작업하기로, 즉 각자의 경작지를 함께 경작하기로 협정을 맺는다면, 여기서 새로운 유형의 공동 노동과 새로운 명칭들을 만날 수 있다. 그러한 협정이(정리, 솎아내기, 그

..

13) 이것은 *Argonauts*, p. 160 이하에서 트로브리안드의 부족 경제를 다룰 때 공동 노동에 대해 설명했던 내용의 요지를 제시한 것이다.

리고 수확을 제외하고) 모든 주기에 걸쳐질 때, 그것은 **카리울라**라고 불린다. 단지 경작의 한 단계에서만 공동으로 작업한다면, 그것은 **타울라**라고 일컬어진다. 내가 아는 한에는, 그러한 경우들에서는 공동의 잔치가 거의, 아마도 전혀 없을 것이다. 그들은 서로 호혜적인 수고로 보답을 받을 것이다. 여러 마을이 경작지들을 공동 노동을 통해 함께 경작하기로 동의했을 때, 토착민들은 그것을 **루발라비사**라고 부른다. 이것의 원칙과 조직은 **탐고굴라**와 유사하다. **루발라비사**는 한 사람의 족장 혹은 우두머리의 지도를 받는다. 이러한 방식의 공동 노동은 무리지어 있는 마을들(12장 2절 참조)이나 매우 인접해 있는 마을들의 경우에만 해당된다. 그 협정은 이 마을들이 한 울타리 안에서 하나의 공동 경작지를 일군다는 것을 의미하지 않는다. 단지 모든 작업을 서로의 밭에서 번갈아가며 한다는 의미이다.

족장이나 우두머리, 혹은 부유하고 영향력 있는 남자가 자신을 위해서, 그리고 자신만을 위해서 작업하라고 요구하면서 식객(食客)들이나 인척(姻戚)들을 소집할 때, 이것은 **카부투**라고 일컬어진다. 이때 소집한 사람은 작업하는 사람들을 위해서 식량을 제공해야 한다(제1부 3절 참조). 경작의 한 단계에서 우두머리가 자기 마을 사람들에게 자신을 위해 덤불치기나 파종이나 울타리 세우기를 해달라고 청할 때 이러한 절차가 채택될 것이다. 혹은 그것은 전체 주기로 확장될 수도 있을 것이다. 덧붙이자면, **카부투**라는 표현은 경작에만 한정되지 않으며, 어떤 사람이 카누를 만들거나 창고 또는 자기 집을 세우는 등의 작업을 하면서 그를 도와줄 많은 남자들을 필요로 할 때마다 사용된다.

제5장
수확기

키리위나에서 수확기는 모든 경작 과정 중 가장 즐겁고 아름다운 단계이다. 실제로 뿌리를 파내는 일 자체만으로도 토착민들은 매료된다. 게다가 이러한 실제적인 활동과 관련된 수많은 관습들과 예식들이 줄줄이 이어지면서 마을에 활력을 불어넣는데, 그것들은 단지 땅에서 덩이줄기를 들어올리는 일보다 아마도 훨씬 더 많은 시간을 요구하며 더 많은 작업을 필요로 한다. 그럼에도 그러한 일들이 수확의 계절을 더욱 즐겁게 해준다. 그러한 관습들과 예식들 덕분에 그 계절은 즐거운 여흥과 같은 성격을 띠게 되고, 결과적으로 작업에도 상당히 기여한다. 무엇보다도 수확은 모든 농경 활동의 목적이다. 어디서나 그렇듯, 트로브리안드에서도 수확은 축제적인 분위기로 인해서 더욱 두드러지게 중요하며, 더 오랫동안 이어진다.

부가적인 활동으로는 타이투 다듬기, 경작지에서 타이투 전시하기, 타이투를 창고로 공개적으로 그리고 과시적으로 운반하기, 타이투를 창고에 의례적으로 쌓아올리기 등이 실행된다. 트로브리안드인은 자신이 키운 덩이줄기들을 다루고, 세고, 그것들을 눈에 잘 띄는 멋진 모양의 더미들로 조심스럽게, 정교하게 배열하기를 좋아한다(〈사진 48〉). 그는 다른 사람들이 자신의 수확물에 대해 감탄하고 그것을 다른 사람들의 수확물과 비교하는 것을 좋아한다. 한마디로, 그는 자기가 성취한 작업에서 장인의, 혹은 예술가의 기쁨을 느낀다.

수확의 일정한 단계들은 당연히 부족 활동 및 사회적인 행사들에 맞추어서 진행된다. 토착민들은 먼저 경작지에서 타이투를 더미로 쌓아서 전시한다. 그리고 나서 마을 사람들과 이웃 마을 사람들은 경작지를 걸어 다니면서 농작물을 보고 감탄한다. 나중에 경작자는 특정한 친척들, 보통은 자기 누이의 남편에게 제공하기 위해서 수확물 가운데 일부를 마을로 옮기는데, 때로는 경작지에서 상당히 먼 거리에 위치한 마을까지 운반하는 경우도 있다.

약 40여 명의 젊은 남녀들로 구성된 한 무리가 농작물을 운반하기 위해 소집된다. 모든 공물이 동시에 도착하게 함으로써 농작물의 양이 아주 많아 보이게 하고, 또한 선물하는 행위 자체가 잔치의 성격을 띠게 하는 일이 중요하기 때문이다. 때때로 운반자들은 얼굴에 색을 칠하거나 나뭇잎과 깃털과 꽃으로 스스로를 장식한다. 그들은 바구니에 쌓아 올린 타이투를 들고서 농작물의 소유자들 및 몇몇 남녀 노인들과 함께 마을로 간다. 수확의 계절에 경작지는 웃고 이야기하는 남녀들로 활기를 띤다. 이 무렵에는 어떤 방향을 쳐다보더라도 수확물을 운반하는 무리를 볼 수 있는데, 마을과 마을 사이에서 이동 중인 사람들도 있고, 짐 실은 바구니를 옆에 두고 길 가에 앉아 쉬면서 잡담을 나누거나 기운을 차리는 사람들도 있다. 혹은 특징적인 큰 소리로 무어라 외치면서 마을로 달려 들어가서 그들의 공물을 중앙 공터에 내려놓은 뒤에, 앉아서 그들의 주인들과 이야기를 나눈다. 이 무렵에 생동감이 넘치는 경작지와 마을, 길과 작은 숲은 축제의 광경을 보여준다.

1. 기근과 풍요

수확은 경작자의 노고에 대한 보답이다. 수확할 때 경작자의 마음은 땅속에서 살아 있는 보물을 계속해서 발견하는 기쁨으로 채워진다. "내 경작지의 배", **로포울라 울라 부야구**(〈주술 문구 2〉)—바기도우의 주문에서 주술에 걸린 땅을 지칭하는 말—는 마침내 자신의 열매를 그리고 인간의 노동의 열매를 쏟아내었다.

그러나 배고픈 해(**몰루**)냐 아니면 풍족한 해(**말리아**)냐에 따라서 절차들의 사회적 성격이나 농부들의 마음가짐은 매우 달라진다. 흉년에는 농작물을 거둬들이는 데 좀 더 예민한 관심을 기울이지만, 거기에 기쁨 따위는 없을 것이다. 가뭄이 들 때, 토착민들은 기근의 달들(**투부코나 몰루**)이 시작되는 토착력의 네 번째 달, **톨리야바타** 무렵에 고통을 느끼기 시작한다.[1] 그 무렵에는 여자들이 자기네 가구(家口)가 먹을 만한 것을 구하려고 나뭇잎이나 뿌리, 야생 열매들을 찾아서 작은 숲과 정글을 돌아다니는 광경을 볼 수 있을 것이다. 만약 가뭄이 들었지만 작은 숲과 정글에는 먹을 만한 과일들(**카바일우아**), 예컨대 망고, 말레이 사과, **메노니 열매, 그와딜라** 혹은 **쿰**(빵 열매)이 남아 있다면, 여자들은 그것들을 모을 것이다. 만약 없다면, 여자들은 천대받는 **노쿠** 나무의 열매를 모아야 할 것인데, 그것은 먹을 만한 음식은 아니지만 거의 부족한 적이 없다. 그렇지만 만약 가뭄이 이 년 동안 지속된다면, 그들은 진정한 굶주림이 무엇인지 느끼게 될 것이다.

· ·

1) 우리의 시간 계산표에서 "배고픈" 달들은 어림잡아 다섯 달이다. 물론 이것은 대강의 평균적인 산정 수치이며, 어떤 정해진 기간이라기보다는 오히려 일반적으로 굶주리게 되는 계절을 가리킨다.

〈사진 51〉 타이투를 의례적으로 수확하기 위해 주술사를 기다림
"어린 소년들은 수확될 식물이 자라고 있는 정확한 위치를 찾아내서 그곳을 주술사에게 보여주려고 앞서 달려가는 경우가 자주 있다." (5장 3절)

굶주림의 범위에 대해서 이해하려면 시간 계산표를 참고로 하면 좋을 것이다. 풍년이나 적어도 평년 뒤에는 흉년이 뒤따른다고 상상해보자. 예컨대 '1914'년과 '1915'년을 가정해보자. 비록 실제로 그 두 해 동안 수확은 보통이었지만 말이다. '1914'년에 토착민들은 평균적인 양을 수확했고, 창고들에는 한 해 내내 먹을 수 있을 만큼 충분한 양의 농작물이 채워졌다. 왜냐하면 싱싱한 타이투는 제대로 저장된다면 일 년 동안 보존될 수 있기 때문이다. 일 년이 지나면 일부 덩이줄기들은 상할 것이고, 여러 개 가운데 하나 정도만 먹을 수 있는 상태로 남아 있을 것이다. 그러나 한 해 이상 덩이줄기들을 저장하는 일은 거의 문제가 되지 않는다. 풍년이 들더라도 한 해 이상 저장할 만큼 많은 식량을 수확하지는 않기 때문이다.

그러면 '1914년 7월'(대략 우리 표의 열세 번째 달), 한창 건조한 계절에 정

〈사진 52〉 테야바에서 타이투 수확의 시작 의식
어떤 마을에서는 뽑아낸 첫 번째 덩이줄기를 캄코콜라 장대에 대고 의례적으로 쪼개야 한다." (5장 3
절) 필름의 결함으로 인해서, 주술사의 머리를 볼 수 없다.

상적으로 채워진 창고들에서부터 상상을 시작하자. 평년이라면 10월, 11
월, 12월에 비가 충분히 내리겠지만, 이때 가뭄이 들었다고 가정해보자.
야생 열매나 정글에서 얻을 수 있는 먹을거리가 부족해질 것이다. 시간 계
산표(7단, 8단, 그리고 9단)에서 볼 수 있듯이 적어도 여섯 번째 달, 겔리빌라
비에는 새로운 타로와 얌과 타이투가 여물기 시작해야 하는데, 이번에는
완전히 실패했다. 부득이하게 토착민들은 저장된 타이투를 먹고살아야만
한다. 저장된 타이투는 아무리 아껴 먹더라도 '1915년 7월'보다 더 오랫동
안 남아 있지는 않을 것이다. 어쨌든 토착민들은 그것을 먹으면서 연명할
수 있다. 이렇게 재구성한 조건들을 고려해보면, 일 년 동안 흉년이 들었
다고 해서 토착민들이 진정한 굶주림을 느끼게 되지는 않을 것이다. 그러
나 '1914년' 하반기에서 '1915년' 초까지 저장된 타이투 외에는 먹을 음식이

거의 아무것도 없었는데, '1915년' 7월 무렵 비축된 식량이 바닥났지만 새로 거둔 농작물도 필요한 양에 훨씬 못 미칠 경우에는, 풍요 대신 굶주림이 시작된다. 만약 가뭄이 심해서 경작지에서 실제로 아무것도 얻을 수 없다면, 곧 진정한 굶주림을 느끼게 될 것이다. 그러나 이러한 경우는 매우 드문데, 아마 지난해의 수확에서 비축한 식량이 조금은 남아 있을 것이기 때문이다. 그러나 농작물이 너무 부족해서 약 두세 달을 버틸 정도만 남아 있다면, 모든 일은 다음 몇 달에 달려 있다. 만약 9월, 10월, 11월 동안 비가 내린다면, 이른 경작지에서 새로운 얌을 얻을 수 있는 대략 네 번째나 다섯 번째 달까지는 과일나무의 열매를 먹으면서 버텨나갈 수 있을 것이다. 반대로, 만약 가뭄이 다시 시작된다면, 창고들은 텅 비고 과일나무에는 열매가 없으며 정글은 바싹 마르고 건조하며 습지들(둠야)은 '바위처럼 단단하고 금이 간 것처럼 갈라지고', 그 위의 랄랑 풀잎은 갈색으로 죽어가며, 심지어 노쿠 열매조차 부족해져서, 무시무시한 재난이 토착민들을 덮칠 것이다.

1918년까지 약 25년 동안에는 그와 같은 엄청난 몰루의 사례가 기록되지 않았다. 백인들이 처음에는 무역상과 고래잡이로, 다음에는 진주 상인과 농장 주인으로 트로브리안드에 등장한 이래, 그들이 공급한 쌀은 아마도 토착민들이 최악의 비극적인 굶주림에서 벗어날 수 있게 해주었을 것이다. 나아가 토착민들은 이제 그들의 농작물보다 더 단단하고 열매가 더 많이 생기는 고구마의 경작법을 배웠다.[2] 또한 토착민들은 이제 대부분의 토종 과일나무보다 가뭄을 훨씬 더 잘 견디는 듯한 파파야 열매, 곧 카리카

:•

2) 식물 지리학에 대한 나의 지식은 불완전하지만, 현지의 정보 제공자들은 백인이 오기 전까지 그 섬에서 고구마는 알려져 있지 않았다고 내게 수차례 확인해주었다(다음의 5절을 보라).

파파이아를 마을 주변에서 키우게 되었다. 따라서 오늘날 유럽인들이 트로브리안드를 점령하면서 실제로 토착민들에게 가져다준 또 다른 "축복"이 무엇이든 간에, 유럽인들이 오고 나서부터 토착민들은 정말로 나쁜 **몰루**를 피할 수 있게 되었다.

어쨌든 나는 정말로 나쁜 **몰루** 때에 무슨 일이 일어나는지를 설명하려고 한다. 기근은 자연히 중앙과 동쪽 지구의 농경 공동체들에게 가장 강한 타격을 줄 것이다. 이 공동체들은 경제적인 유익을 얻기 위해 초호에 접근할 수 없다. 평년이라면 그들은 표준화된 '교환'을 통해서 원하는 만큼의 물고기를 얻을 수 있을 것이다(**와시**와 **바바**, 제1부 10절 참조). 게다가 동쪽 해안에서는 무역풍이 부는 건조한 계절인 3월에서 10월까지 고기잡이를 할 수 없다. 왜냐하면 이 해안은 끊임없이 불어오는 강한 남동풍에 완전히 노출되어 있기 때문이다. 야생 열매나 작은 숲의 열매조차 부족한 이 건조한 계절에 토착민들은 가장 고통스러운 굶주림을 느끼게 될 것이다. 보통은 비옥하지만 지금은 바싹 마른 중앙 키리위나 평원의 소유자들은 너무 배가 고파서 초호에서 물고기를 훔쳐오려고 서쪽 해안으로 몰래 숨어들어갈 것이다. 그들은 정글의 가장 멀리 떨어진 작은 야영지에서 가능한 대로 잘 숨어 있다가, 밤에 은밀히 고기잡이를 하려고 살금살금 기어 나올 것이다. 기근이 든 해에 초호 마을 남자들은 자기들이 먹기에도 모자라는 물고기를 외부인들이 다 먹어치워버릴까 봐, 정글을 철저히 조사하면서 야영지를 수색할 것이다. 그리고 마침내 지치고 말라빠진 내륙 사람들을 발견하면, 그들을 습격해서 죽일 것이다. 남쪽 해안의 오부라쿠 근처에 있는 몇몇 동굴들, 그리고 북서쪽 해안의 다른 동굴들은 뼈로 가득 차 있다. 전설에 따르면, 이 뼈들은 그러한 대규모 학살의 잔존물이다. 실제로 나의 몇몇 정보 제공자들은 언제, 어떻게 그러한 학살이 일어났는지, 어떻게 틸라타울라(카브와쿠 주변의 지구)에서 온 수많은 남자들이 오부라쿠 북쪽에 있는 맹그로브 습지의 변두리에서 은신처를 찾으려고 했고, 어떻게 그들이 물고기를 잡으려고 했으며, 어떻게 오부라쿠와 크와불로 사이에 있는 습지의 길에서 싸움이 일어났는지, 그리고 어떻게 틸라타울라에서 온 남자들이 모두 죽임을 당했으며, 어떻게 그들의 시체가 먹혔고 그들의 뼈가 동굴에 던져졌는지에 대해서 자기 할아버지에게서 들은 이야기를 내게 들려주었다.

그러한 이야기에는 진실의 요소들이 약간은 들어 있을 것이다. 정말로 굶주리는 시기에 일종의 족내(族內) 식인풍습이 실천되었으리라는 생각은 허무맹랑하지 않다. 트로브리안드는 식인풍습이 있는 지역의 변방에 위치하는데, 트로브리안드인들은 정상적인 시기에는 식인풍습을 경멸하고 도덕적으로 비난한다. 그렇지만 굶주리는 시기에는 쉽게 얻을 수 있는 먹을거리로 배를 채우려는 유혹에 흔들렸을 수도 있을 것이다(전후 유럽에서 일부 사람들이 유혹을 받았듯이 말이다). 그러나 내가 조사했던 동굴 속의 뼈들은 확실히 그러한 족내 식인 잔치의 흔적이 아니었다. 그 뼈들은 몇 세대 전의 것이라고 볼 수 없었는데, 왜냐하면 그것들 대부분은 흙으로 덮여 있었고, 일부에서는 심지어 석순(石筍)이 자라고 있었기 때문이다. 그러한 피비린내 나는 싸움이 실제로 벌어졌던 것은 확실하다. 그렇지만 이것은 트로브리안드에서 일어나는 보통의 적대적인 싸움과는 달랐다. 왜냐하면 어떠한 피의 복수나 전쟁도 뒤따르지 않았을 것이기 때문이다.

다음은 내 친구 몰루바베바가 기억하고 있던 일을 그의 아들인 토쿨루바키키가 다시 전해준 이야기로서, 몰루가 어떤 것인지를 예시해준다(《원문 24》, 제5부 5장 6절).

"(1) 몰루바베바는 어린 시절에 기근을 목격했습니다. (2) 그때 사람들은 먼저 피부병에 걸렸습니다. (3) 어떤 사람들은 덤불 속에서 죽었습니다. 어떤 사람들은 습지에서 죽었습니다. 어떤 사람들은 **라이보아그**에서 죽었습니다. 어떤 사람들은 샘가에서 죽었습니다. (4) 그들은 손과 발을 적시려고 샘으로 갔습니다. 그리고 그때 그들은 죽었습니다. (5) 이 모든 일들은 굶주림 때문이었지요. 먹을 수 있는 음식이 전혀 없었습니다."

"(6) 나중에 기근이 끝났을 때, 그들은 마을에 뻗을 수 있도록 야생 생강에 마법을 걸었습니다. (7) 그러고 나서 그들은 비의 주술을 실행했고 비가 내렸습니다."

"(8) 그들은 팔뚝만 한 크기의 귀중품들을 종자 얌과 교환했을 것입니다. (9) 훌륭한 귀중품 하나에 종자 얌 열 바구니를, 작은 귀중품 하나에는 다섯 바구니를 교환했을 것입니다. (10) (그러한 종자 얌들을 가지고) 그들은 파종하고 파종했을 것입니다. 소구획 단 한 곳에서 스무 명의 남자들이, 저마다 사각형[3] 하나씩을 맡아서 파종했을 것입니다. (11) 그후 종자 얌들이 좀 더 많아졌을 때, 소구획 한 곳을 남자 둘이서 경작했을 것입니다. (12) 나중에 종자 얌이 다시 풍성해지면, 한 남자가 소구획 한 곳을 경작했을 것이며, 또 다른 남자는 또 다른 경작지를 경작했을 것입니다."

"(13) 서쪽 지구의 쿨루마타에서는 사람들이 사라지고 비명횡사했을 것입니다. 거기서 우리는 고기잡이를 하려고 카누를 바다에 띄울 수 없었습니다. (14) 카누가 출항했다면, 그들은 우리를 발견하고 곧바로 죽였을 것입니다. (15) 그들은 우리를 죽였을 것입니다. 우리의 친족들은 화내지 않

••

---

3) 〔역주〕 **툴라**에 의해 구분된 **구브와탈라**를 뜻한다. 앞에서 살펴보았듯이 트로브리안드인들은 장대를 이용해서 소구획을 작은 사각형들로 세분한다. 이 문장은 기근이 심할 때면 경작할 땅이 줄어들어서 한 남자가 경작할 수 있는 땅뙈기가 겨우 **구브와탈라** 한 곳에 불과하다는 것을 알려준다.

앉을 것입니다. 왜냐하면 기근의 시기였기 때문입니다. (16) 우리는 덤불 속에 숨어 있고, 카누를 발견하더라도 감히 나가서 물고기를 잡지 않습니다."

"(17) 이 모든 일의 원인은 가뭄의 해코지 주술 때문입니다. 족장들이 이미 그 지역에 해코지 주술을 걸었을 것입니다. 왜냐하면 우리가 요술로 그들의 친족을 살해했기 때문입니다. (18) 음와케누바가 죽었을 때, 푸라야시가 죽었을 때, 누마칼라는 그의 악한 주문을 걸었습니다. (19) 족장이 죽을 때마다, 그 지역은 해코지 주술에 걸릴 것입니다."

이 이야기는, 토착민의 이야기가 늘 그렇듯이, 생생하고 구체적인 표현 방식으로 극심한 기근을 묘사한다. 기근의 질병은 피부병에서부터 시작된다고 단언된다. 굶주린 사람들은 샘으로 몰려들어서 그곳에서 죽어갔다. **빌라말리아** 주술이 수행되고 야생 생강이 마을에 뿌려진다(7장 6절과 3절 참조). 귀중품의 크기가 묘사되는데, 이 경우에는 돌도끼 하나에 열 바구니의 종자 얌들이 교환되지만, 보통 때라면 그러한 돌도끼 하나에 백 바구니가 지불되어야 할 것이다. **발레코** 한 곳에서 작업하는 사람들의 수가 묘사된다. 피의 복수는 배제된다. 마지막으로, 기근은 항상 백성에 대한 족장의 불만이 표현된 것이라는 뿌리 깊은 믿음이 나타난다(1장 8절).

비슷한 옛이야기들은 내륙 마을 사람들이 어떻게 해안으로 이동해서 그곳의 **빽빽한** 덤불과 정글 속에서 야영했는지를 말해준다.[4] 침입자들은 맹그로브 습지를 샅샅이 뒤졌고, 밤에는 얕은 여울에서 조개를 잡으려고 은밀히 기어 나왔다. 그동안 그들은 줄곧 서로서로가, 그리고 그들이 초호에서 몰래 고기잡이하는 것을 막으려는 사람들에 대항해서 싸워야 했다. 나는 저녁에 화톳불 주위에서 그러한 이야기들을 여러 차례 들었지만, 모든

∙∙

4) 또한 부록 2, 4절의 주 20을 보라.

것을 그대로 기록하지는 않았다. 토착민들은 타이투의 양이 엄청나게 모자랐기 때문에 굶주림의 어려움을 겪었지만, 점차 그것만으로도 만족하게 되었다고 이야기하곤 했다. 그리고 나서, 위의 이야기에서 말해진 대로, 종자 얌이 얼마나 귀했는지 알려주기 위해서 그들이 종자 얌을 위해 지불해야 했던 대가를 언급하곤 했다. 정말로 기근이 심해지면 아마도 족장들은, 적어도 은밀하게, 그들의 터부를 저버리고 야생 돼지와 왈라비와 노쿠의 천대받는 열매를, 그리고 다른 혐오스러운 것들을 먹었을 것이다.

최고 족장의 고통은 다른 사람들처럼 심하지는 않았을 것이다. 보통 가뭄과 기근은 모두 최고 족장의 초자연적 권능이 드러난 것이며, 백성의 나쁜 행실 때문에 그러한 악의적인 행동이 격발된 것이라고 여겨졌다. 최고 족장이나 그의 친족들은 신분이 더 낮은 사람들만큼 고통 받지는 않았다. 왜냐하면 그들은 공물을 물고기로 달라고 주장해서 그것을 받았고, 찾을 수 있는 만큼의 채소를 제공받았을 것이기 때문이다. 그러나 많은 사람들이 죽었고 질병이 토착민들을 휩쓸었다. 지금도 트로브리안드인이 엄청난 몰루에 대해서 이야기할 때면, 그의 목소리와 안색에서 재난의 그림자를 느낄 수 있다.

보통의 몰루에서도 식량 부족은 매우 심각하다. 몰루는 토착민의 신체적인 건강에 직접적으로 타격을 입히기 전에 먼저 그의 자존심에 영향을 미치며, 그는 자신의 작업에 대해 실망하고 불만스러워하게 된다. 그러한 경우에 트로브리안드인들은 덜 여문 농작물을 먹고산다. 그들은 아주 일찍부터 솎아내기(바시)를 시작하고, "검은, 그리고 흰" 덩이줄기들을 모두 먹는다. 그러다 보니 설사병이 유행하게 되는데, 제대로 여물지 않은 얌은 소화시키기가 어렵기 때문이다. 그러한 해에 그들은 습지에 타로 경작지들을 더 크게 만들고, 라이보아그에 큰 얌들(쿠비)을 훨씬 더 많이 파종하며,

마을의 작은 숲과 정글을 체계적으로 개척한다. 그 모든 일은 훨씬 더 어려우며, 그들은 별로 좋아하지 않는 일까지 해야 한다. 어쨌든 그들은 농부들이지 야생 열매를 채집하는 사람들이 아니기 때문이다. 그러한 해에 경작지 주술사는 새로운 경작지 생산물에 대한 터부로 인해 다소 어려움을 겪는다. 그는 각각의 농작물이 제대로 여물고 예식적으로 수확될 때까지 기다려야 한다. 지금까지 몰루와 말리아에 관한 민족지 자료들을 살펴보았지만, 제5부(5장 3~5절)에서는 언어학적 분석을 통해서 그러한 용어들의 개념을 흥미롭게 조명하게 될 것이다.

2. 예비 경작

성대하게 예식적으로 이루어지는 타이투의 주요 수확은 타요유와라고 불리며, 다른 모든 형태의 농작물 수확과 구별된다. 바시라는 단어는, 4장(3절)에서 기억할 수 있듯이, 어떤 의미에서도 수확을 뜻하지 않는다. 단지 덩이줄기들 가운데 먹을 만한 것들과 그렇지 않은 것들을 솎아내는 일을 의미한다. 솎아낸 덩이줄기들은 결코 타이투라고 불리지 않으며 브와나와라는 용어로 묘사된다. 그것들은 불에 직접 구워서는 안 되며, 끓이거나 진흙 화덕 속에서 구워야 한다. 주술사는 솎아낸 덩이줄기를 먹지 않아야 하며, 굶주림의 고통을 겪지 않는 한, 신분이 높은 사람도 그것을 먹지 않을 것이다. 타로와 쿠비(큰 얌들)는 좀 더 일찍부터 저장되는데, 그전에 특별한 주술 예식이 거행된다. 그 예식에는 주술사의 터부와 이러한 터부를 의례적으로 해제하는 주문이 포함되어 있다.

이러한 이른 수확 활동과 주술은 모두 이수나풀로라고 불린다. 바기도우는 자신의 집에서 다음의 말로 진주 조가비에 마법을 건다.

〈문구 25〉

1. "보름달이여 여기에! 보름달이여 그때, 보름달이여 여기에 영원히.
북쪽에서 둥글게 하라, 남쪽에서 둥글게 하라.
남쪽에서 둥글게 하라, 북쪽에서 둥글게 하라.
타로를 둥글게 하라."

2. "타로를 둥글게 하라, 타로를 둥글게 하라…….
내 타로의 배여, 타로를 둥글게 하라, 타로를 둥글게 하라…….
내 타로 줄기의 밑동이여, 타로를 둥글게 하라, 타로를 둥글게 하라…….
내 타로의 싹이여, 타로를 둥글게 하라, 타로를 둥글게 하라…….
내 타로 덩이줄기의 기반이여, 타로를 둥글게 하라, 타로를 둥글게 하라…….
내 타로의 잎들이여, 타로를 둥글게 하라, 타로를 둥글게 하라."

3. "그들은 타로를 먹네.
그들은 타로를 토하네.
그들은 타로에 넌더리가 나네.
그들의 눈은 타로를 너무 많이 먹어서 화끈거리네.
그들의 마음이 타로에서 돌아서네.
경작지에서 썩고 있는 타로에서 **투바타우** 잡초가 자라네.
푸푸투마 잡초는 그 위에 열매를 맺네.
내 경작지의 배가 다듬는 판처럼 매끈해지네.

내 경작지의 배가 쾅쾅 치는 판처럼 매끈해지네.

내 경작지의 배의 구멍들은 맹그로브의 몰러스크가 진흙 속에 뚫는 구멍들과 같네."

"나는 타이투를 싣고 마을에 갈 것이로다."

주술사는 이러한 문구로 조가비에 마법을 걸고, 주술의 효력을 보존하려고 그것을 마른 바나나 잎으로 싼다. 다음날 아침 그는 경작지로 가서, 각각의 **발레코**에서 그 조가비로 타로의 싹들을 잘라낸다. 그는 주요 레이워타에서 잘라낸 타로의 싹들을 집으로 가져와서 자기 집의 서까래 가운데 한 곳에 놓는다. 이것은, 다른 때와 마찬가지로, 바기도우의 화덕 주위를 맴돈다고 여겨지는 조상의 영들에게 바치는 공물이다.[5] 또한 바기도우는 경작지에서 큰 얌(**쿠비**)을 한 개 뽑았는데, 나중에 그의 복사들 가운데 한 사람이 그것을 집으로 옮겨와서 선반 꼭대기에 올려놓는다. 이것 또한 조상의 영들을 기쁘게 한다.

다음날 각각의 **발레코**마다 **캄코콜라** 위에는 끝이 갈라진 작은 나뭇가지와 **사사리** 식물의 잎 약간이 놓이는데, 이것은 작업의 터부를 표시한다.

셋째 날, 남자들은 경작지에 가서 각자 자신의 소구획에서 타로를 조금 뽑아내고 얌을 몇 개 파낸다. 이와 같은 경작지의 첫 수확물은 마을로 운반되고, 일부는 **바쿠**, 곧 중앙 공터에서 전시된다(〈사진 49, 50〉). 첫 수확물의 또 다른 일부는 최근에 사망한 자들의 무덤 위에 그 친척들이 공물로

∵

5) 또한 부록 2, 4절의 주 8 참조.

놓아둔다.[6] 옛날에는 죽은 자들이 중앙 공터의 한쪽 끝에 묻혔고 반대쪽 끝에서는 예식과 분배가 이루어졌는데, 아무도 죽지 않은 경우에 그곳은 춤추는 장소로 이용되었다. 사별한 가족들이 타로와 쿠비를 중앙 공터의 한쪽 끝에다 놓고, 반면 최근에 사망한 가족이 없는 사람들은 그들의 타로와 쿠비를 다른 쪽 끝에 놓는 것은 일종의 합의된 행위였다. 정부가 시신을 마을 밖에 매장하도록 명령한 이래, 첫 수확물은 서로 다른 두 장소들에서, 즉 바쿠에서, 그리고 최근 상을 당한 사람들에 의해서 마을 밖에 위치한 무덤 위에서 전시되어야 한다. 그처럼 공공연하게 전시된 식량을 먹는 사람은 그 소유자가 아니다. 그 식량은 몇몇 친구들이나 친척들에게, 되도록이면 관례대로 수확물 공물을 받는 인척들에게 제공된다. 최근에 사망한 자의 친족은 그들의 공물을 항상 과부나 홀아비와, 그리고 무덤 파는 일과 매장과 장례 의식에 참여했던 고인의 인척들과 나눈다.[7] 그러한 경우에는 종종 돼지 한 마리를 잡아서 연회 식사를 위해서 분배한다. 그때 돼지는 바쿠에서 첫 수확물과 나란히 전시될 것이다(〈사진 49〉, 또한 제1부 7절 참조). 어떤 마을에서는 타로와 쿠비를 같은 날 뽑는다. 다른 마을들에서는 첫 수확물을 모으고, 전시하고, 공물로 바치는 일이 이틀 연속으로 이루어진다. 〈사진 49〉와 〈사진 50〉을 찍은 쿨루마타 지구의 사례가 그러했다.

첫 수확과 관련된 특별한 활동으로는 경작지 주술사의 터부를 해제하는 일이 있다. 바기도우의 인척들—그의 아내의 몇몇 모계 친족들, 보통은 그

..

6) 말할 필요도 없이, 타로와 쿠비가 잘 여물은 소구획에서만 수확이 가능하다. 때에 맞춰가는 것과 뒤처지는 것에 대해서 이야기했던 2장(5절) 참조.
7) 또한 부록 2, 4절, 주 21을 보라.

〈사진 53〉 타이투 덩이줄기 깎기
"실 같은 털은 홍합 조가비로 깎아내거나 잡아 뽑아야 한다." (5장 4절)

〈사진 54〉 매우 작은 수확물 정자
〈그림 8〉의 1번은 이 정자를 나타낸 것이다. (5장 4절)

녀의 남자 형제, 혹은 남자 형제들—은 바기도우에게 타로 식물 한 묶음과 얌 두세 개를 준다. 바기도우의 아내는 이것들 가운데 약간을 요리해서 집 안으로 가지고 간다. 바기도우는 조가비로 타로와 얌 조각을 잘라서 화덕의 돌 위에 공물로 올려놓는다. 그는 조상의 영들에게 다음의 짧은 진언(眞言)을 읊조린다.

〈문구 26〉

"지난해의 음식을 버립시다. 오 노인들이여, 그 대신 새로운 음식을 먹읍시다."

이것은 바캄 쿠비, 바캄 우리로 일컬어지며, 글자 그대로 "얌을 먹게 만들기, 타로를 먹게 만들기"를 의미한다. 이러한 행동을 통해서 타로와 얌 등의 '새로 거둔 수확물에 대한 터부'가 해제된다. 이제부터 주술사는 전년도에 수확했던 타로와 얌을 먹으면 안 된다. 알다시피, 기근이 들 경우에 공동체의 다른 구성원들은 이수나풀로 주술이 수행되기 전에도 설익은 얌이나 타로를 땅에서 뽑아 먹을 수 있지만 주술사는 터부를 지켜야 하기 때문에 어려움을 겪는다. 주술사는 농작물이 여물도록 기다렸다가 주술을 수행해야 하고, 그러고 나서도 예식적으로 터부를 해제할 때까지 기다려야 한다.

타로와 얌의 수확을 순전히 기술적인 측면에서 살펴보자. 타로를 수확하려면 그저 그것을 땅에서 뽑아서 뿌리의 흙을 흔들어 털어내고 그대로 집으로 운반하면 된다. 반면 큰 얌인 쿠비의 수확은 가장 정교한 형식으로 이루어지는데, 왜냐하면 커다란 뿌리가 그물눈처럼 많이 갈라져 있거나 너무 길어서(〈사진 19, 63~65, 68~71〉을 보라), 땅 파는 막대기를 사용해서 꽤 넓은 범위로 흙을 흩어놓아야 하기 때문이다. 쿠비를 수확하려면, 흙을 흩

〈사진 55〉 중간 크기의 수확물 정자

이 사진은 더미를 해체하고 목적지로 가져갈 타이투를 바구니 속에 담았을 때 찍은 것이다. 〈그림 8〉의 2번에는 여러 더미가 제거되기 전의 배치가 표시되어 있다. (5장 4절)

〈사진 56〉 큰 수확물 정자

이 정자와 더미의 완전한 모습은 권두 그림에서 찾아볼 수 있다. 여기서는 정자 건축의 세부사항들과 더미가 배열되는 방식을 볼 수 있다. 〈그림 8〉의 3번은 주요 더미들과 바깥쪽 더미들의 배치를 보여준다. (5장 4절)

어놓기 위한 땅 파는 막대기(다이마), 연한 뿌리와 어린 가지들을 잘라내기 위한 도끼(케마), 까뀌 혹은 교역용 칼, 그리고 덩이줄기에서 흙과 털을 긁어내기 위한 진주층 조가비(카예키) 등이 필요하다. 카예키는 타로의 싹을 잘라낼 때에도 사용되는데, 토착민들은 타로의 먹을 수 있는 뿌리에서 싹을 분리한 뒤에 나중에 파종하기 위하여 보관한다.

3. 주요 농작물의 수확 의례

되풀이해서 말하지만, 타이투를 거둬들이는 대규모 수확인 **타요유와**는 토착민들의 예식에서 뿐 아니라 그들의 심리에서도 뚜렷이 구별되는 활동이다. 타이투의 수확은 마지막으로 행해지는 일련의 주술 행위들에 의해 개시되는데, 그 주술은 실제로 두 가지 의식들로 구성된다. 타이투의 수확을 끝으로 경작지 작업의 주기도 마무리된다. 덩이줄기들이 수확해도 좋을 만큼 여물었을 때, 즉 덩굴이 점점 마르고 시들기 시작할 때, **토워시**는 **오크왈라**라는 이름의 예식을 수행한다. 이 예식을 기점으로 약 이틀에서 나흘에 걸쳐서 터부가 부과될 것이며, 짧은 터부 기간이 끝나면 **톰** 예식을 통해 실제적인 수확이 개시된다. 이러한 모든 예식의 주술적인 목적은 땅속의 덩이줄기와 관련된 것이다. 토착민들이 설명하듯이, "오크왈라는 타이투가 정말로, 진짜로 여물게 하려고 수행된다." "**톰**은 타이투의 표면이 어두워지게 하기 위해서, 타이투의 모든 면이 검어지게 하려고 수행된다."[8] 그러므로 이 예식들이 모두 성장 주술에 속한다는 점은, 좀 더 정

⁙

8) 원문 66과 68, 제5부 10장 4절과 6절 참조.

〈사진 57〉 큰 정자의 세부
여기서 정자의 내부와 바깥쪽 더미들을 매우 잘 볼 수 있다. 또한 중앙 더미에서 타이투의 배열을 볼 수 있다. (5장 4절)

확하게 말하면 덩이줄기들을 잘 여물게 하려는 성장 주술에 속한다는 점은 명백하다.

다른 한편, 그 예식들은 주요 농작물의 수확이 시작되었음을 알리는 신호일 뿐 아니라 수확을 위해 필수적인 조건이라는 점에서 시작 예식들이다. 나는 "성장 주술"이라는 개념이 토착민의 정의에 기초한 것이 아니라 나 자신이 만들어낸 민족지적 구별이며, 내가 그러한 구별을 하게 된 근거는 일련의 의식들과 다른 의식들 사이의 사회학적 구분에 기초한다는 사실을 한 번 더 분명히 밝히고 싶다. 새로운 유형의 인간 활동을 선도하는 시작 기능이 있는 의식들은 그것들이 무언가를 개시하는 역할을 하는 한, 경작지에서 인간의 작업을 조직하는 경제적인 혹은 사회학적인 연속물의 일부가 된다. 반면에 단지 자연의 과정에만 관련되고 주술사에 의해서만 수행되는 몇몇 의식들은 이처럼 조직화하는 기능을 전혀 나타내지 않으며,

〈사진 58〉 경작지로 수확하러 가는 무리
"그들은 모두 마을에서 함께 떠난다." 그리고 주인의 칼리모미오를 수리한다. 그 무리가 작년의 경작지를 가로지르는 모습을 볼 수 있다. 오른쪽의 남자는 어깨 위에 빈 바구니 두세 개를 나르고 있다. 다른 사람들은 손에 장대를 들고 바구니를 몸에 걸치고 있다. (5장 5절)

나는 이것들을 편리하게 분류하기 위해서 성장 주술이라고 정의해왔다.[9] 하지만 대부분의 의식들이 두 가지 측면들을 모두 보여준다는 사실은 매우 명확하다. 대부분의 의식들은, 주술의 목적으로 보나 토착민의 심리를 통해 보나, 농작물과 관련되며 그것의 성장을 촉진한다. 대부분의 의식들은, 사회학적 기능으로 볼 때, 그리고 인류학자가 볼 때, 인간의 활동을 조직하고 조정한다. 오크왈라와 툼은 두 가지 양상 모두를 매우 분명하게 보여준다.

오크왈라 의식은 단순하다. 토워시는 그의 복사들 및 아마도 마을의 몇몇 다른 남자들의 도움을 받아서, 마을마다 다른 종류의 잎들을 땅에 뿌린

∴

9) 또한 부록 1과 *Argonauts*, 17장 참조.

다. 살펴보았듯이(이 장의 1절을 보라) 오마라카나에서는 유난히 튼튼한 노쿠 식물의 잎이 사용된다. 레이워타(표준 소구획들)에서 주술사는 잎들을 특별히 잔뜩 뿌린다. 또한 레이워타에서 주술사는 캄코콜라(주술적 모퉁이에 있는 프리즘의 수직 막대기)와 카이바바(여기에 비스듬하게 기대어 있는 막대기들)의 나뭇가지 위에도 노쿠 잎들을 올려놓고, 그 잎들을 카바탐(덩굴 버팀대들)에도 묶어놓는다. 노쿠 잎의 강렬한 녹색은 노랗게 혹은 청동빛으로 물든 타이투 덩굴의 무성한 잎들과 대비되어서 장식적인 효과를 낸다. 비록 미리 노쿠 잎에 주술을 걸어놓지는 않았지만, 그것은 타이투 잎을 시들게 만든다고 여겨진다. 만약 타이투 뿌리가 제대로 여물었다면 수확기 무렵에는 마땅히 잎이 시들어야 한다. 또한 노쿠 잎은 경작지에 터부가 걸렸고 어떠한 작업도 행해져서는 안 된다는 것을 알려주는 신호이다. 그 모든 의식의 주요 목적은, 우리가 보았듯이, 덩이줄기들이 잘 여물도록 마지막 자극을 주는 것이다.

오마라카나에서 바기도우는 항상 자신의 복사들, 즉 자신의 남동생들과 그들의 친구들을 일찍부터 경작지로 보내서 그곳을 노쿠로 장식하게 했다. 그는 정오가 되기 직전에 자신의 카이투크와(그의 주술용 지팡이인 카일레파와 구별되는 장식용 지팡이)를 들고서 경작지로 간다. 그곳에서 그는 레이워타부터 시작해서 모든 발레코(소구획)에 오크왈라 주문으로 마법을 건다.

〈문구 27〉

1. "돌고래여 여기에 지금, 돌고래여 여기에 항상!
돌고래여 여기에 지금, 돌고래여 여기에 항상!
남동쪽의 돌고래여, 북서쪽의 돌고래여.
남동쪽에서 놀아라, 북서쪽에서 거기서 놀아라, 돌고래가 노는구나.

돌고래가 노는구나!"

2. "돌고래가 노는구나!

내 **카이살루**, 가지가 뻗은 나의 버팀대에서, 돌고래가 노는구나.

내 **카이부디**, 기대어 있는 나의 뻗어오르게 하는 막대기에서, 돌고래가 노는구나.

내 **캄투야**, 덤불치기에서 살아남은 나의 줄기에서, 돌고래가 노는구나.

내 **툴라**, 나의 분할 막대기에서, 돌고래가 노는구나.

내 **예예이**, 나의 작고 가느다란 버팀대에서, 돌고래가 노는구나.

내 **탐크왈루마**, 나의 가벼운 얌 장대에서, 돌고래가 노는구나.

내 **카바탐**, 나의 튼튼한 얌 장대에서, 돌고래가 노는구나.

내 **카이발릴루와**, 나의 큰 얌 장대에서, 돌고래가 노는구나.

내 **투쿨룸왈라**, 나의 경계선에서, 돌고래가 노는구나.

내 **카리비시**, 나의 경계 삼각형에서, 돌고래가 노는구나.

내 **캄코콜라**, 나의 주술적 프리즘에서, 돌고래가 노는구나.

내 **카이누타탈라**, 나의 마법에 걸리지 않은 프리즘에서, 돌고래가 노는구나."

3. "내 경작지의 배가 부풀어 오르네,

내 경작지의 배가 올라오네,

내 경작지의 배가 가라앉네,

내 경작지의 배가 덤불암탉 둥지만큼 크게 자라네,

내 경작지의 배가 개미탑처럼 자라네,

내 경작지의 배가 올라오고 그리고 굽어지네,

내 경작지의 배가 단단한 야자나무처럼 올라오네,

내 경작지의 배가 가라앉네,

내 경작지의 배가 솟아오르네,

내 경작지의 배가 아이처럼 솟아오르네."

이 원문을 번역할 때, 나는 될 수 있으면 트로브리안드 주문의 특징적인 운치를 살리고 싶었다. 그래서 가능한 한 읽기 쉬우면서도 토착민의 원문에 가깝게 번역하는 쪽을 선택했다. 그렇지만 만약 내가 굽이치는 돌고래의 움직임이 꼬불거리며 감기고 또 휘감기는 덩굴의 모습을 신비하게 연상시킨다는 점을 명백히 밝혔더라면, 아마 유럽의 독자들은 "돌고래가 노는구나."라는 핵심 구절의 반복되는 비유[10]의 의미를 좀 더 분명하게 이해할 수 있었을 것이다. 바기도우는 그 점을 분명하게 설명해주었고, 모든 토착민 청중도 그러한 의미를 확실히 이해하고 있다. 비유적인 의미를 명백히 드러내는 방식으로 이 주문을 다시 번역한다면, 다음과 같을 것이다. "가지가 뻗은 나의 버팀대에서, 타이투가 감아 오르는구나, 돌고래가 노는구나. 기대어 있는 나의 뻗어오르게 하는 막대기에서, 타이투가 감아 오르는구나, 돌고래가 노는구나." 등등.

토워시가 모든 소구획에서 주문을 읊고 나면 **오크왈라** 예식이 끝난다. 터부를 표시하는 잎들이 흩뿌려져 있는 경작지는 인간의 손이나 땅 파는 막대기의 방해를 받지 않은 채 고요한 상태로 남아 있다. 반면, 덩이줄기들

∙∙

10) 〔역주〕 말리노프스키는 여기서 '직유(simile)'라는 단어를 사용했지만, 해당 주술 문구에서는 like나 as 등이 사용되지 않은 채 비교의 뜻이 암시만 되어 있기에 직유라고 볼 수 없다. 따라서 '직유' 대신 '비유'라고 옮겼다.

은 주술의 영향으로 땅속에서 빠르게 성장한다. 며칠 뒤—얼마나 긴 시간이 될 것인지는 날씨와 주술사의 마음과 몸의 상태에 달려 있다.—다음 순서인 **툼** 예식이 거행된다. 바기도우는 자신의 오두막에서 오마라카나 경작지 주술의 표준 문구인 **바투비** 주문을 다시 한 번 까뀌(리고구)에 대고 읊조린다. 그는 **와카야**, 곧 몸통이 크고 높으며 밑동이 부풀어 오른 바나나 나무의 질긴 잎으로 **릴레이코야** 식물의 향기로운 잎 몇 장을 싸서 까뀌의 날 주위에 동여맨다. 릴레이코야 잎은 향기롭기 때문에 사용된다. "그것들은 타이투에서 달콤한 향기가 나게 해줄 것입니다." 여기서 와카야 잎은, 대부분의 예식에서 그러하듯이, 몸통의 크기와 모양 때문에 사용된다. 오늘날에는 강철 날을 가진 보통의 까뀌를 사용한다. 옛날에는 그 의식이 보통의 까뀌 손잡이에 끼워져 있는, 예식용 날이 아니라 경작에서 흔히 사용되는 돌로 만든 날(카시비)에 대해서 수행되었다.

바투비 주문의 암송은 **툼**, 곧 수확을 개시하는 예식의 주요 행위라는 점에서도 중요하지만, 새로운 경작지들의 첫 화전에서 사용될 코코넛 횃불들, **카이카폴라**가 이번에 까뀌와 함께 마법에 걸린다는 점에서 훨씬 더 주목할 만하다. 각각의 횃불은 3장(2절)에서 묘사된 방식으로 준비되었다. 횃불들은 주술의 효력이 보존되도록 여러 장의 깔개에 조심스럽게 싸여서 주술사의 집에 있는 선반 맨 위에 놓인다. 횃불들은 선반 위에 그대로 놓여 있다가, 넉 달 뒤에 **바카바일라우**, 곧 경작지들의 첫 번째 큰 화전이 이루어질 때 불이 붙여지게 된다. 이튿날 주술사는 전날 미리 마법을 걸어놓은 까뀌를 가지고 경작지의 주요 표준 소구획으로 간다. 이번에 그는 남자들, 여자들, 그리고 소년들로 구성된 소규모 군중과 함께 간다. 어린 소년들은 수확될 식물이 자라고 있는 정확한 위치를 찾아내서 그곳을 주술사와 복사들에게 보여주려고 앞서 달려가는 경우가 자주 있다(테야바에서 찍은 〈사진 51〉을 보라). 그러한 수고는 주술사에게 유용하다기보다는 소년들의 공명심을 만족시켜 준다. 왜냐하면 레이워타나 다른 소구획의 식물들은 **캄코콜라**를 배경으로 자라고 있어서 쉽게 찾을 수 있기 때문이다. 레이워타에 도착하면, 주술사는 **칼리마마타** 의식에서 예식적으로 파종되었던 **크와나**다 얌의 줄기를 잘라내고(3장 1절), 땅 파는 막대기를 가지고 흙덩어리를 파 엎어서 뿌리들을 꺼낸다. 그리고 나서 그는 평범한 타이투 식물의 줄기 하나를, 되도록 **캄코콜라** 주위를 감고 있는 것으로 골라서 잘라낸다. 줄기의 아랫부분은 땅 위로 떨어진다. 주술사는 그 위에 웅크리고 앉아서 잡초를 한 움큼 뽑는다. 그리고 땅 위에 떨어져 있는 줄기를 잡초로 덮고 돌 한 개로 그 무더기를 누른다. 전체 예식의 이름은 이러한 행동, 곧 **톰**(누르다, 압박하다)에서 나온 것이다.[11] 첫 번째 덩굴은 이런 식으로 예식적으로 수확되어야 하며, 이를 통해 주요 농작물의 수확인 **타요유와**가 개시된다. 어떤 마을에서는 뽑아낸 첫 번째 덩이줄기를 **캄코콜라** 장대에 대고 의례적으로 쪼개야 한다(기록 7 참조).

주술사는 타로와 **쿠비**를 수확할 때 그랬던 것처럼, 이번에도 예식을 통해 자신의 터부를 해제해야 한다. 주술사 아내의 모계 씨족 남자들 가운데 주술사와 같은 마을에 사는 몇 사람이 직접 수확한 덩이줄기를 주술사에게 가져온다. 주술사의 아내가 이것을 불에 굽는다. 그는 이것을 또다시 조상의 영들에게 바치면서 다음과 같이 말한다. "지난해의 음식을 버립시다. 오 노인들이여, 그 대신 새로운 음식을 먹읍시다." 그러고 나서 그는 새로운 타이투를 먹는다. 이러한 예식은 **바캄 타이투**라고 일컬어지는데, 글자 그대로 "타이투를 먹게 만들기"를 의미한다.

∴

11) 또한 부록 2, 4절의 주 22를 보라.

땅에서 뽑아낸 타이투는 타이투바우 혹은 칼라바우라고 불리며, 주술사
가 먹는 것은 칼라바우이다. 창고에 비축되는 타이투는 타이투왈라라고 불
린다.

아직 수확 주기가 끝난 것은 아니지만, 이제 우리는 마지막 전환점에 도
달했다. 우리는 우토카카나 달이나 아마도 일라이비실라 달의 어느 지점, 곧
대략 4월이나 5월에 와 있다.

4. 수확기의 작업과 오락

이제 작업이 시작된다. 작업은 항상 가족 단위로 진행된다. 어떤 때는
남편과 아내와 아이들이 먹을거리를 챙겨들고 경작지로 가서 하루 종일
그곳에서 지낼 것이다. 또 어떤 때는 그들은 마을로 돌아와서 점심을 먹고
짧게 낮잠을 잔 후에 오후에 다시 일하기 시작한다. 그들은 덩굴 줄기를
땅 바로 위쪽에서 잘라내야 하며, 뿌리를 뽑아서 깨끗이 다듬은 후 쌓아올
려야 한다. 보통 까뀌로 그 식물을 자르는데, 유연한 덩굴 줄기를 카바탐
장대에 기대어 놓고 까뀌로 쳐낸다. 오늘날에는 흔히 교역용 칼을 사용해
서 훨씬 더 쉽게 작업한다. 땅 파는 막대기로 흙을 흩뜨리고, 뿌리들을 뽑
아낸다. 덩이줄기에는 여전히 흙이 달라붙어 있어서, 잎으로 문질러서 깨
끗하게 해야 한다. 그들은 이 일을 좀 더 쉽게 하기 위해서, 보통 덩이줄기
를 태양 아래 몇 시간 동안 놓아둔다. 덩이줄기는 여전히 우누우누라고 불
리는 실 같은 털로 덮여 있는데, 그 단어는 남자들과 여자들의 체모를 가
리키는 이름이기도 하다. 우누우누는 홍합 조가비(카니쿠)로 깎아내거나 잡
아 뽑아야 한다(〈사진 53〉 참조. 여기서 중앙의 여자는 우누우누를 홍합 조가비

로 깎아내고 있으며, 오른쪽의 남자는 손가락으로 그것을 잡아 뽑고 있다. 그리고 왼쪽의 소녀는 교역용 칼을 사용해서 덩이줄기를 깨끗이 다듬고 있다). 깎아내기를 할 때는, 일반적으로 긁어내거나 깨끗이 다듬을 때처럼, 일하는 사람을 향해서가 아니라 일하는 사람의 바깥쪽을 향해서 손을 움직인다. 오른손의 엄지와 집게손가락 사이에 조가비를 쥔다. 다른 손가락들은 덩이줄기의 표면을 따라 앞으로 움직이고, 조가비는 따라가면서 털을 깎아낸다. 이러한 작업은 주로, 사실 내가 생각하기에는 오로지 미학적 가치를 지니는데, 실제로 대부분의 실용적인 활동보다 이 작업을 하는 데 더 많은 시간이 걸린다. 보통 뿌리를 파내는 것은 남자의 일이고, 덩이줄기들을 깨끗이 다듬고 그것들을 정자(칼리모미오)로 옮기는 것은 여자의 일이다. 그러나 노동의 구분은 결코 엄격하지 않다.

이 작업을 할 때 덩굴 뿌리 주변의 흙을 흩뜨리기 때문에 경작지는 자연히 파헤쳐지게 된다. 얌 장대들은 쓰러지거나 뽑혀서 땅 위로 던져지며, 이미 말라서 갈색이 된 잎 무더기들이 땅 위에 흩어져 있다. 이제 쓸모가 없어진 **캄코콜라**는 종종 해체된다. **캄코콜라와 카바탐**의 버려진 장대들을 가지고 이제 작은 정자가 세워진다(권두 그림과 〈사진 48, 54~56〉 참조). 토착민들은 단단한 장대 몇 개를 수직으로 세우고, 수직으로 세워진 나무의 갈라진 가지들에 수평봉을 여러 개 동여맨다. 그리고 가느다란 나뭇가지들로 만든 지붕을 꼭대기에 덮는다. 이러한 틀 구조 위에, 그리고 그 둘레에 타이투 덩굴의 화관을 붙들어맨다. 남자들이 저마다 세우는 이러한 정자들의 숫자는 그가 책임져야 하는 **우리구부** 선물의 수에 따라 달라진다(아래의 6장 참조). 모든 **구굴라**(우리구부 더미)에는 칼리모미오가 만들어진다.

토착민들은 수확이 끝난 경작지를 통과해서 걸어갈 때, 늘어진 덩굴 사이로 혹은 코코넛 잎들로 만들어진 녹색 지붕 아래에서 수확된 농작물을 살펴보고 감탄할 수 있다. 경작자와 같은 마을에 사는 사람들이나 이웃 공동체의 친지들은 그를 방문한 뒤, 앉아서 그의 작업을 지켜보면서 농작물에 대한 관심을 노골적으로 표현하고 감탄한다. 이것이 예의 바른 태도이다.

농작물은 밭에서 미리 분류된다. 전체 경작지에서 가장 훌륭한 소출은 **우리구부**를 위해 따로 놓아두는데, 그것은 나중에 또 다른 가구 혹은 가구들에게 예식적으로 선물될 것이다. **우리구부** 더미는 항상 정자 중앙에 원뿔형으로 세심하게 쌓아올려진다. 가장 훌륭한 덩이줄기들을 표면에 배치해서 모양을 좋게 만든다. 더미를 쌓을 때는 무너지지 않도록 주의를 기울인다. 더미가 매우 클 경우에는 **롤레워**라는 이름의 소형 울타리 같은 구조물로 아래쪽을 둘러쌀 필요가 있다.

훌륭하지만 작은 타이투는 다음 해에 종자로 사용될 것이다. 이것은 이미 알고 있듯이 **야고구**라는 특별한 이름을 가지고 있으며, 두 번째로 명예로운 자리를 차지한다. 토착민들은 보통 그것들을 한쪽 모퉁이에 사각형이나 삼각형의 더미로 쌓아놓는다. 또한 그들은 상했거나 좋지 않은 타이투를 예식적으로 저장하지 않고 먹어버리는데, 그것들을 **우나수**라고 부른다. 그것들은 보통 중앙의 더미 혹은 **우리구부** 더미 주위에 작은 무더기로 쌓여 있다(권두 그림과 〈사진 48〉 참조). 때때로 이것들 외에도 경작자 자신이 사용하려고, 혹은 수확기에 작은 선물로 제공하려고 따로 모아놓은 훌륭한 타이투 더미를 한두 개 볼 수 있다. 중앙의 더미 주변에 전시되는 모든 타이투(6장 참조)를 가리키는 말로는 **타이투쿨루**라는 포괄적인 용어가 있는데, 그 단어는 드물게 사용된다. 종자 얌과 열등한 얌과 **우리구부**로 분류되지 않는 훌륭한 농작물이 여기에 해당된다.

다양한 형태의 얌들을 일일이 열거하는 일을 마무리하자. 주요 농작물을 정자에서 옮겨낸 후에 경작지에서 발견되는 덩이줄기들은 **울룸달라**라고 불린다. 울룸달라의 일부는 그 계절에 너무 늦게 여문 훌륭한 덩이줄기들이고, 다른 것들은 열등한 덩이줄기들이거나 잊어버린 혹은 빠뜨린 덩이줄기들이다.

〈사진 54~57〉에 나타난 전형적인 정자 셋의 도표(〈그림 8〉)를 비교해보면, 칼리모미오의 타이투가 어떻게 처분되는지를 더욱 잘 알 수 있을 것이다. 〈사진 56〉과 〈사진 57〉은 동일한 칼리모미오의 두 가지 면을 보여준다. 첫 번째 도표는 매우 작은 칼리모미오를 나타내며, 평민 구미가와야의 경작지 소구획에서 찍은 〈사진 54〉에도 등장한다. 그것의 크기는 약 2×3미터인데, 그 정자의 농작물은 오마라카나의 위대한 족장, 토울루와의 몫으로 예정된 것이었다. 두 번째 도표는 〈사진 55〉에 등장하는 큰 정자를 보여준다. 그리고 세 번째 정자는 〈사진 56〉, 〈사진 57〉, 그리고 권두 그림에 나오는 정말로 큰 칼리모미오를 나타낸다.

정자에 타이투 더미들을 쌓는 일은 어느 정도 시간이 걸리는 작업이며, 경작지의 수확과 나란히 진행된다. 일단 농작물을 정자 안에 쌓아놓으면 며칠 동안, 심지어는 몇 주 동안 그곳에 보관하는데, 이 기간 동안 정자는 계속해서 사회생활의 중심지가 된다. 들었던 대로, 경작지를 방문하는 사람들은 관습에 따라 그곳의 소유자에게 아첨하도록 되어 있으며, 결코 그를 비판해서는 안 된다. 누군가 경작자의 게으름이나 무능력, 혹은 불운을 암시한다면, 이는 통용되는 예법을 매우 심각하게 위반하는 일이 될 것이다. 심지어 그는 비도덕적인 사람으로 여겨질 수도 있다. 만약 당신이 어떤 토착민에게, 한 남자가 빈약한 농작물 때문에 공개적으로 비판받거나 모욕을 당하거나 비웃음을 사게 될 경우 어떤 일이 일어나게 되는지 묻는다면, 당신이 듣게 될 대답은 정해져 있다. "그는 나무 위에 올라가서 로우(뛰어내리는 자살)를 감행할 것입니다." 그러한 대답을 글자 그대로 받아들

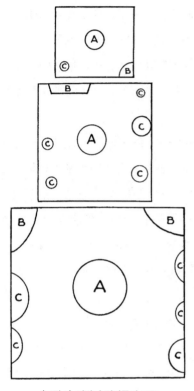

〈그림 8〉 경작지 정자들의 도표

여서는 안 된다. 그렇지만 그 대답은 토착민들이 경작지를 얼마나 진심으로 소중하게 여기는지를 보여준다.

동시에 수확기 동안 사람들 사이에서는 항상 질투와 시기, 미움의 감정이 암암리에 흐르며, 관련된 사람들의 등 뒤로 수많은 뒷소문과 비방이 진행된다. 그러한 심술궂은 비판에는 두 종류가 있다. 어떤 사람들은 그들이 게으르고 관심도 부족해서 결과적으로 경작을 제대로 하지 못했다는 이유로 비난받는다. 훌륭한 경작지는 자체로서 미덕일 뿐 아니라 인척들을 향한 임무이자 족장에 대한 의무이기 때문에, 그러한 비판에는 독기가 서려 있다. 사람들은 나쁜 경작자라는 평판을 얻은 사람을 공공연하게 경멸할 것이고, 공동체에서 그의 입지는 심각하게 손상될 것이다. 그러나 어떠한 심술궂은 말도 정말로 유능하고 근면한 경작자의 명성에는 영향을 미칠 수 없다.

두 번째로 경작지가 너무 훌륭해서 공격을 받는 사람도 있다. 그런 경우에는 그가 더 좋은 농산물을 차지하기 위해서 농작물 가운데 족장과 인척들에게 증여해야 할 정당한 몫을 주지 않았으며, 따라서 불성실하게 행동하고 허영과 탐욕에 빠졌다는 이유로 힐난 받을 수 있다. 이러한 비판에도 뼈가 있다. 죽음은 항상 요술 때문이라고 여겨지는데, 토착민들은 수많은 사람들이 그들의 훌륭한 경작지 때문에 죽었다고 믿는다. 와부, 곧 시신을 발굴할 때 시신에서 발견되는 자국들은 첫 번째 매장 직후에 생기는 것으로서 죽음의 원인을 드러내준다고 여겨진다. 그런데 토착민들은 사망의 원인이 경작에 대한 과도한 야망이나 성공 때문임을 보여주는 와부가 적지 않다고 믿는다. 죽은 사람에게 타로 모양의 종기가 있거나 혹은 그가 죽기 직전에 타로를 엄청나게 갈망했을 경우에는, 그의 타로 경작지가 지나치게 훌륭했거나 족장에게 타로 공물을 충분히 지불하지 않았음을 의미한다. 바나나, 코코넛, 사탕수수는 비슷하지만 약간씩 다른 징후들을 일으키는 반면, 빈랑나무 열매는 시신의 입을 붉게 착색시킨다. 입에 거품을 문 시신은 생전에 그 남자가 풍족하고 과시적인 식사에 너무 탐닉했거나 식량을 너무 자랑했음을 보여준다.

내가 도착하기 직전에 적어도 두 남자가 그렇게 "살해되었다." 그들 가운데 한 사람은 토울루와 족장의 모계 조카딸인 이보우나의 남편 요가루였다. 요가루는 아름답고 큰 경작지들을 가지고 있었는데, 게다가 족장과 그의 아내의 친척들은 요가루가 그들의 누이[12])의 남편이었으므로 타이투를 제공해주었다. 따라서 그는 식량을 너무 많이 비축했다. 그가 죽은 후, 비록 누구도 공개적으로는 말하려 하지 않았지만, 몇몇 사람들은 그가 토울루와의 지시에 따라 요술로 죽임을 당했다고 내게 은밀히 말해주었다. 또한 미타카타―오마라카나의 미타카타가 아니라 그의 친척이며 구밀라바바의 족장―의 누이와 결혼했으며 당시 백인 지사에게 소속된 토착민 경찰이었던 어떤 남자는 그가 풍족한 경작지 생산물로 인해 과도한 영향력을 지니게 되었기 때문에 "요술에 의해 살해되었다." 이러한 민감한 주제에 대해서 어떠한 토착민에게 질문하더라도 관련된 사람들의 이름을 들을 수 있다. 많은 사람들은 경작자로서 매우 유능했지만 경작의 의무를 충분히 성실하게 수행하지 않았기 때문에 죽음을 맞이했다. 우리는 **우리구부** 원칙을 살펴본 이후에 이것의 사회학적 기능을 좀 더 잘 이해할 수 있을 것이다.

토착민은 윗사람 앞에서 자신의 **우리구부** 선물을 언급할 때에는 반드시 스스로를 낮추어야 하는데, 그것은 다음의 사례에서 잘 예시되며, 또한 기록 4에도 적혀 있다. 나는 다른 많은 사람들 앞에서 요우라워투의 평민인 토바카키타에게 **우리구부**로 얼마나 많은 식량을 받았느냐고 물어보았다. 그는 대답했다(⟨원문 93⟩, 제5부 12장 34절). "아니요, 나는 얌 식량을 가지고 있지 않습니다. 누구도 나를 위해 경작지를 일구지 않습니다. 그들은 모두 토울루와를 위하여 식량을 생산하느라 바쁩니다." 여기서 '그들'은 물론 그의 아내의 모계 친척들을 가리킨다. 나는 그를 개인적으로 알고 있었

:

12) '누이'라는 용어는 여기서 확대된 혹은 "분류적" 의미에서―어머니 쪽의 친척 여자로―이해되어야 한다.

으며, 그는 내가 원하는 정보를 알려주고 싶어 했다. 그러나 그는 그렇게 하기 전에, 자신의 수확물 선물이 정말로 거의 없는 것이나 마찬가지라고 선언할 필요가 있음을 알았다. 평민이 족장 앞에서나 자기 마을에서, 혹은 자기보다 신분이 더 높은 사람들 앞에서 자랑하는 것은 위반 행위이다.

경작지에서 공개적인 다툼이 일어날 때, 토착민들은 **부리틸라울로**라고 불리는 적대적이고 경쟁적인 식량 교환에 의지할 수도 있을 것이다. 그런데 그것은 종종 심각한 결과를 낳았고, 옛날에는 심지어 전쟁까지 벌어졌다(다음의 6절을 보라).

5. 농작물 들여오기

대부분의 소구획에서 타이투를 수확해서 정자에 모아놓고 소유자들의 자존심을 만족시키기 위하여 계속 진열해놓은 다음에는, 농작물을 예정된 마을들로 옮기는 일이 시작된다. 이것은 또 다른 축제이다. 경작자는 그를 도와줄 의무가 있는 친척들과 자기 아내의 친척들을 소집한다(6장 2절 참조). 운반은 보통 젊은 사람들이 하지만, 많은 노인들도 절차를 감독하고 무리를 호위하면서 무리에 참여한다. 운반하는 사람들은 **바카풀라**(그의 요리된 음식 보수) 혹은 **바카프와시**(그들의 요리된 음식 보수)라고 불리는 약간의 보수를 받는다. 이것은 보통 물고기나 과일로 구성되는데, 그들이 출발하기 전에 마을에서 준비되어서 그들에게 지급된다. 또한 경작지에서 그들이 바구니를 채워넣는 동안, 빈랑나무 열매나 담배 혹은 사탕수수가 그들에게 분배된다. 그러한 새참은 **푸와야**라고 불린다. 규모가 매우 성대한 경우에는 돼지 한 마리를 잡는데, 이것 역시 **푸와야**라고 불린다. 보통 증여자의 무

〈사진 59〉 마을로 수확물을 운반하는 무리
"그들은 그 마을에 한꺼번에 무리지어 들어가야 하기 때문에 모두 함께 걸어간다." (5장 5절) 사람들 사이의 차이에 주목하라. 빈손인 사람들은 수령인의 무리이다. 왼쪽에서 두 번째에 있는 수령인의 대표는 기록한 나뭇잎을 왼손에 쥐고 있다.

리가 그들의 마을로 되돌아간 뒤에 돼지를 잡고 고기를 베어내어 요리해서 먹는다. 나는 다양한 경우에 실제로 얼마만큼의 보수를 받는지를 기록했고, 대략 열다섯 명의 남자들에게 한 번에 바나나 두 다발, 빈랑나무 열매 한 다발과 담배 다섯 개비 정도가 분배된다는 사실을 알았다. 어떤 경우에는 타로 푸딩을 만들어서 그들이 일하러 가기 전에 나누어주었다. 또 다른 경우에는 무리를 소집한 사람이 해안 마을에서 가져온 물고기를 조금 가지고 있었는데, 이것을 불에 구워서 스무 명의 무리에게 분배하였다. 다음 장에서는 **카야사**에서 그러한 한두 무리들을 살펴볼 것이다(6장 3절 참조).

때때로 운반하는 사람들은 스스로를 나뭇잎과 향기로운 허브로 장식하고 얼굴에 색을 칠한다. 그들은 마을에서 모두 함께 출발해서 경작지로 같이 간다. 그들은 소집자의 **칼리모미오** 가운데 하나에서 그와 합류해서 앉아서 이야기를 나누며 빈랑나무 열매를 씹는다. 종종 그 무리는 우선 경작

〈사진 60〉마을로 들어가는 운반자들의 큰 무리
"마을에 가까워질수록 운반자들은…… 메기고 받는 소리를 활기차게 외치면서 뛰어 들어간다." (5장 5절)

지에 흩어져서 다른 농작물을 한 번 더 평가하고 그것들에 대해서 논하면서 소집자의 칼리모미오를 칭찬할 것이다. 나는 예전에 릴루타 마을에서 그러한 무리와 동행했던 것을 기억한다. 우리가 경작지에 이르렀을 때, 토착민들은 큰 나무—내가 생각하기엔 말레이 사과나무—에서 열매를 따려고 잠시 멈추었다. 날씨가 무더웠기 때문에, 우리는 어떤 동굴, 곧 도코니칸[13]의 신화적 동굴에 들어가서 쉬면서 그 열매를 먹었다. 오마라카나에서 온 무리들은 종종 가던 길을 멈추고 샘에서 몸을 씻거나, *라이보아그*를 가로질러 가서 해수욕을 즐긴다. 이러한 일들은 모두 그날의 작업 도중에 이루어지는데, 타이투를 경작지에서 마을로 운반하는 것은 잔치처럼 흥겨운 일이기 때문이다.

∵

13) 〔역주〕 트로브리안드의 신화 속에서 투다바에게 살해당한 식인 괴물.

마침내 그들 모두가 칼리모미오에 모인다. 그곳의 소유자와 마을의 몇몇 노인들은 일찍부터 그곳에 와서 준비하면서 끈기 있게 그들을 기다리고 있었다. 나이 지긋한 남자가 경작지의 소유자가 아니라 농작물을 받는 사람을 대신해서 둥근 측량용 바구니(〈사진 18〉, 〈사진 39〉에서 볼 수 있는 바구니)를 들고서, 타이투를 먼저 여기에 담았다가 운반용 바구니에다가 비운다. 주요 더미에서 타이투를 꺼내서 표준 측량용 바구니에 채울 때마다, 큰 소철 잎에서 작은 잎을 하나씩 뜯어낸다(〈사진 65〉 참조). 열 번째 작은 잎마다 그 끝부분만 뜯어내기 때문에, 그 잎을 흘끗 보기만 해도 십진법으로 얼마나 많은 수와 단위들이 측량되었는지를 알 수 있다. 이러한 측량은 칼라와라고 불린다. 이후 토착민들은 그 잎 혹은 잎들을 모아들고 타이투를 수령하는 마을로 가져가서, 그곳에서 타이투 더미를 새로 쌓아놓은 뒤에 더미 앞에 그 잎들을 놓아둘 것이다. 타이투가 셈해지고 운반자들에게 분배된 뒤에, 무리 전체는 그 발레코의 소출을 받기로 되어 있는 사람의 마을로 간다. 그들은 그 마을에 한꺼번에 무리지어 들어가야 하기 때문에 모두 함께 걸어간다(〈사진 59〉). 보통 수확물을 수령하는 마을에서 온 몇몇 남자들이 무리에 들어와 있지만, 그들은 어떤 것도 운반해서는 안 된다.

마을에 가까워질수록 운반자들은 한 줄로, 혹은 수가 매우 많을 경우에는 종대로 걸어가면서 속도를 점점 빨리하다가, 나중에는 메기고 받는 소리를 활기차게 외치면서 마을로 뛰어 들어간다(〈사진 60〉). 한 남자가 어떤 말들을 외치고 나머지 사람들은 귀에 거슬리는 높은 소리로 "위!"라고 합창한다. 그 원문은 다음과 같다.

선창자 : 오시브와니-브와니요요!
　　　　　시다구-다구리나!

야키코이!

합창 : 위!

선창자: 야키코이! (4~6번 반복)

합창 : 위!

선창자 : 시얄로이! (위와 마찬가지로 반복)

합창 : 위!

선창자 : 이요노이! (반복)

합창 : 위!

선창자 : 사이셀로이! (반복)

합창 : 위!

선창자 : 봄고이! (반복)

합창 : 위!

선창자 : 요나코이! (반복)

합창 : 위!

선창자 : 워에카요이사 타이투!

합창 : 유후후후후……!

나는 이 원문에서 사용된 단어들이 어떤 의미인지 확인할 수 없었다. 합창으로 대답하는 소리인 위는 활기차게 폭발적으로 외쳐지며, 멀리서 들으면 거대한 채찍으로 철썩 때리는 소리처럼 들린다. 이러한 수확의 외침들은 **사윌리**라고 불린다. 그것은 멋지고 흥겹게 농작물을 들여와서, 가까이 오고 있는 수확의 무리에게 마을사람들의 이목을 집중시키려는 목적을 지니고 있다. 정말로 성대하게 벌어지는 수확물 경연을 축하할 때면, 그들은 **사윌리** 외침에 더해서 조가비 나팔을 불고 노래도 부르면서 마을로 천천히

들어올 것이다. 그렇지만 나는 1918년에 오마라카나에서 목격했던 예식적 수확의 실제 사례를 묘사하려고 한다(6장 3절 참조). 평범한 수확이었지만, 분주한 며칠 동안 마을에서는 엄청난 기대와 긴장이 느껴졌다. 아침 일찍 어떤 마을에 앉아 있던 나는 멀리서 희미하게 울려 퍼지는 **사월리**를 들을 수 있었다. 운반자들은 마을 가까이로 오면서 갑자기 또다시 메기고 받는 소리를 외치기 시작했는데, 이제 그 응답들은 운율에 맞춰 같은 간격으로 강하게 울려 퍼졌다. 마침내 **사월리**는 바로 가까이에서 활기차게 들렸고, 머지않아 헐떡거리는 운반자들은 그들의 검은 피부 아래로 홍조를 띠면서 마을로 달려 들어왔다.

운반자들은 그들의 바구니를 땅 위에 내려놓고 앉아서 잠시 쉰다(〈사진 61〉). 그러고 나서 무리의 남자들은 수령자의 얌 창고 앞에 타이투를 쌓기 시작했다. 그들은 정자에서 만들었던 것과 정확히 똑같은 크기와 모양으로 더미를 만든다. 〈사진 62~65〉에서 그러한 더미들의 구성을 뚜렷하게 볼 수 있다. 작은 더미는 땅 위에 단순하게 쌓아올려진다(〈사진 62〉). 좀 더 큰 더미들 주위에는 작고 둥근 구조물이 세워진다. 그러한 경우에는 "표면 덮기"가 용인되는데, 당신은 특히 〈사진 63〉과 〈사진 64〉에서 어떤 방식으로 큰 얌들이 바깥쪽에, 작은 것들이 가운데로 배치되는지를 볼 수 있다. 타이투가 엄청나게 많을 때에는 그것을 여러 번에 걸쳐서 나누어서 가져와야 한다. 토착민들은 마지막으로 가져오는 것을 **야야**이라고 부른다. 족장 혹은 우두머리의 **카야사**처럼 중요한 경우에는 더미를 완성할 때 작은 예식이 수반된다. 마지막 마무리—더미에 정자를 세우고, 특별히 좋은 얌 한두 개를 그 구조물에 붙인다—가 끝나면, 조가비 나팔을 분다. 증여자는 더미 앞에 웅크리고 앉아서 계산한 잎들을 제시한다. 그러고 나서 그는 수령자에게 다가가서 다음과 같은 말을 하면서 더미를 예식적으로 인계한다.

〈사진 61〉 쉬고 있는 수확자 무리
"운반자들은 (수령인의 마을에서) 그들의 바구니를 땅 위에 내려놓고 앉아서 잠시 쉰다." (5장 5절)

"그대의 더미요, 오 아무개여. 그것은 아무개의 우리구부 선물이오." 여기서 우리구부를 받은 사람의 아내 이름이 말해진다. 이것이 법적인 양도 절차이다. 보통의 경우에는 조가비 나팔을 불지 않으며 계산한 잎들을 전시하지 않는다. 더미가 완성되면 자동적으로 양도가 이루어진다.

평범한 수확기의 한창 바쁜 무렵에는, 한 무리가 작업을 채 끝내지 못했을 때 사윌리가 다시 멀리서 울려 퍼지고 또 다른 무리가—남자들은 운반용 장대(카테케와)를 어깨에 메고 여자들은 머리 위에 둥근 바구니(페타)를 지고서—서둘러 들어오기도 한다.

무리들이 서로를 뒤따르는 속도와 하루에 도착하는 무리의 수는 수확의 규모와 마을의 중요성에 따라 달라진다. 평민들이 사는 작은 마을에서는 중앙 공터에 모두 여섯 개에서 열 개가량의 더미들이 있을 것이고 운반 기간은 길어야 이틀을 넘지 않을 것인데, 평균적으로 다섯 무리들이 날마다

〈사진 62〉 새로운 소유자의 창고 앞에 작은 더미 만들기
더미의 구조를 볼 수 있다. 정면에서는 운반하는 장대들에 꿰어 있는 "남성용" 바구니들을 볼 수 있다.
(5장 5절)

들어올 것이다. 얄루무그와처럼 좀 더 큰 마을의 경우를 생각해보자. 그 마을은 몇 개의 작은 촌락들로 구성되어 있으며 일부는 **굼구야우**(낮은 신분의 족장)에 의해 관할되는데, 그곳에서는 평년에 대략 스무 개의 더미들이 날마다 들어올 것이다. 기록 1에서 볼 수 있듯이, 1915년의 수확기에는 촌락 한 곳에서만 서른두 개의 더미가 있었다. 나는 이러한 양을 들여오는데 얼마나 오랜 시간이 걸리는지를 정확히 말할 수 없지만, 열 무리들이 날마다 평균적으로 운반하는 양을 감안할 때 아마도 대략 사흘 정도가 걸릴 것이다. 다른 촌락들은 모두 합해서 대략 비슷한 양을 받았을 것이며, 전체적으로 볼 때 마을에는 대략 스무 무리들이 들어오고 있었을 것이다. 1918년 오마라카나에서 성대하게 벌어진 수확물 경연의 경우에(기록 2) 마을에는 일흔여섯 개의 더미들이 있었는데, 그것들 가운데 일부는 엄청나게 컸으며, 식량을 들여오는 일은 거의 열흘 동안 계속되었다. 그때 그처럼 거대한 더미들을 세우기 위해서 매우 오랜 시간이 걸렸다. 중앙 공터는 거대한 더미들로 가득 찼고 남자들과 여자들로 붐볐다. 농작물 더미는 항상 수령자의 얌 창고 바로 앞에 만들어진다.

토착민들은 각각의 더미를 세우자마자 곧바로 코코넛 잎들로 덮어서 태양에 노출되지 않게 한다. 만약 더미가 매우 크거나, 특별한 경우라서 얌 창고에 저장되기 전에 일정 시간 동안 전시되어야 한다면, 우리가 경작지에서 본 것과 비슷한 정자를 더미 위에 세운다(〈사진 64〉, 〈사진 65〉 참조).

작고 하찮은 마을의 경우에는 며칠이 지난 뒤에, 오마라카나처럼 중요한 중심지의 경우에는 한두 주가 지난 뒤에, 증여자들과 조수들은, 즉 실제로 처음에 농작물을 운반해왔던 대부분의 사람들은 농작물을 수령한 마을로 다시 찾아갈 것이다. 그들은 경작지의 정자에 우리구부 더미를 만들었고 그것을 해체해서 다시 마을에서 더미를 세웠던 손으로, 이제는 마지막 소유자의 브와이마(창고)에 얌들을 저장할 것이다. 7장에서 이러한 절차를 다시 살펴보도록 하자.

타이투의 수확은 경작 주기의 마지막 사건이라고 할 수 있다. 그렇지만 만약 우리가 이제는 해체되고, 흐트러지고, 어수선한 경작지로 되돌아가 본다면, 결코 경작지가 완전히 버려져서 무용지물이 된 것은 아니라는 사실을 알게 될 것이다. 우선 이미 말했던 대로, 울룸달라, 곧 남겨진 덩이줄기들의 "줍기"를 해야 한다. 이 작업은 때때로 가구 경제에 상당히 실제적으로 기여하지만, 제법 손이 많이 가는 일이다. 이것 외에도 나중에 수확되어야 할 매우 중요한 농작물이 적어도 하나 더 있다. 바로 고구마(심심와야)이다. 고구마들 가운데 일부는 이른 농작물과 함께 파종되었지만, 자라는 데 시간이 더 오래 걸리기 때문에 타이투보다 한두 달 뒤에야 익는다. 또한 나는 토착민들이 주요 수확기에 종자들을 조금 더 심는다고 믿는다.

고구마는 튼튼한 농작물이다. 그것은 잡초 때문에 쉽사리 성장이 저해되지 않는다. 따라서 토착민이 잡초 뽑기를 하지 않고 별달리 보살피지 않아도 고구마는 오래된 경작지에서 자랄 수 있다. 원래의 주요 농작물은 수확되었고, 주워낼 약간의 덩이줄기들이 남아 있으며, 고구마가 자라고 있는 경작지는 리가베라고 불린다(〈사진 58〉, 〈사진 59〉). 토착민들은 필요할 때마다 고구마를 캐려고 때때로 방문하는 것을 제외하고는 리가베에서 어떠한 작업도 하지 않는다. 잡초들이 곧 자라기 시작한다. 어떤 잡초들은 어린 나무로 자라나서 키 작은 정글을 이룰 것이다. 수확이 끝난 지 이삼 년 후에는 리가베와 오딜라를 구별하기가 매우 어려워진다.

나는 오늘날 고구마가 경제적인 관점에서 볼 때 매우 중요하다고 생각한다. 토착민들은 고구마가 새롭게 농경에 도입되었으며 유럽인들이 섬에 들여온 것이라고 말해주었다. 고구마는 토착 경제의 예식적 측면에서는 대단히 하찮은 역할을 한다. 고구마는 공개적인 분배에 결코 등장하지 않으

〈사진 63〉 큰 더미 만들기
첫 번째 층은 원형의 얼개 안에 놓이는데, 작은 덩이줄기들은 가운데에서, 큰 덩이줄기들은 바깥쪽에서 볼 수 있다. 일부 큰 덩이줄기들은 흰색 무늬가 칠해지거나 판다누스 잔가지로 장식된다. (5장 5절)

며, 어떠한 의례적 선물 교환에서도 증여되지 않는다. 마을에 식량이 풍족할 때면, 고구마는 주로 돼지 사료로 사용된다. 토착민들은 고구마를 좋아하지 않기 때문이다. 그렇지만 식량이 부족할 때, 그것은 중요한 예비 식량이 된다.

경작지의 토양이 촉촉하고 정말로 비옥할 경우에, 토착민들은 바나나나무 몇 그루를 이따금씩 리가베에 파종한다(10장 5절 참조). 이 경우에 토착민들은 바나나 송이가 열리기까지 이삼 년 동안 잡초를 제거해줄 것이다.

6. 부리틸라울로—경쟁적인 수확물 경연

식량을 전시하고 겉으로는 칭찬하거나 감탄을 표시하더라도, 이면에는 악의와 의심, 그리고 질투가 깔려 있을 수 있다. 이면의 어두운 감정에서 쓰디쓴 개인적인 원한이 생겨날 수도 있는데, 이 경우 트로브리안드인들은 보통 해코지 주술로 상대방을 살해하려고 시도하게 된다. 서로 다른 두 공동체에 속한 사람들 사이에서 이러한 일이 일어날 때, 다툼이 그들과 가까운 친척 및 마을사람에게까지 번질 수 있다. 그때 부리틸라울로라고 불리는 물자의 경연, 곧 각각 수확한 농작물의 비교가 이루어지게 된다.[14]

부리틸라울로는 트로브리안드인들 사이에서 선물이 지니는 이중적 성격을 가장 특징적으로 보여주는 사례들 가운데 하나이다. 한편으로 그것은 토착민들이 그러한 경우에 계산적으로 관대한척 하면서 주는 거창한 선물이다. 또한 선물을 받는 사람들은 언제든 여차하면 선물이 빈약하다고 불

∴

14) 또한 부록 2, 4절의 주 23을 보라.

〈사진 64〉매우 큰 더미 만들기
여러 더미가 이미 완성되었다. 왼쪽의 작은 더미는 코코넛 잎으로 덮여 있고, 오른쪽의 더미는 작은 정자 아래 있다. 모형 울타리 안에서 더미 만들기가 막 시작되었다. 전경의 큰 덩이줄기들은 무늬가 그려지고 판다누스 잔가지들로 장식되었다. 사진은 족장의 카야사에서 찍은 것이다. (6장 3절과 5장 5절)

평할 태세를 갖추고서, 방심하지 않고 인색하게 따져가면서 그것을 받는다. 따라서 비록 부리틸라울로가 선물로 표시되지만, 사실 그것은 대립하는 양쪽이 서로 자기들이 더 부유하고 더 우월하며 더 강력하다는 것을 보여주고 평가받기 위해서 경제적 자원을 앞다투어 내어놓는 것을 가리킨다. 왜냐하면 그 선물은 받는 즉시 똑같은 양과 질로 되돌려져야 하기 때문이다. 만약 보답이 너무 작으면, 불충분한 선물은 그것을 준 사람의 얼굴에 내던져질 것이다. 만약 답례가 너무 푸짐하면, 그것은 수령자들에 대한 모욕으로 여겨질 것이다.

부리틸라울로는 수확기에만, 그리고 식량에 대한 다툼과 연계해서만 일어난다. 만약 어떤 남자가 확립된 예절 규약과는 반대로 다른 남자의 수확물의 품질에 대해 비판한다면, 비판받은 남자는 당연히 욕설로 응대할 것이다. 만약 어떤 사람이 안 좋은 얌을 가지고 있다는 말을 들으면 거의 자

〈사진 65〉 장식된 큰 더미

이 사진은 조가비 나팔을 불고 기록한 잎들을 전시하는 예식적인 순간에 족장의 카야사에서 찍은 것이다. (6장 3절) 큰 덩이줄기들에 그려진 흰색 무늬들과 구조물에 걸려 있는 큰 얌은 특징적인 장식이다. (5장 5절)

동적으로 "안 좋은 얌을 가지고 있는 것은 바로 너다."라고 대답하는 것이 트로브리안드인의 특징이다. 그러한 논쟁이 결국 어디로 향하게 될 것인지는 매우 명백하다. 조만간 그들은 반드시 **갈라 캄**, "네 식량은 없다", "너는 어떤 식량도 가지고 있지 않다."는 말로 서로를 모욕하게 되고, 마침내 심각한 결말 없이는 지나칠 수 없게끔 서로를 비방하게 된다. 보통 다툼은 바로 그 자리에서 즉각적인 싸움이 되어버린다. 그렇지만 만약 그곳에 권위를 가진 사람들, 곧 우두머리나 신분이 높은 남자가 있다면 문제는 그렇게 심해지지 않을 수도 있다. 아마 그들이 개입할 것이며, 조만간 그 문제는 경쟁적인 식량 교환, **부리틸라울로**를 통해 해결하라고 판결될 것이다.

한 가지 사례로, 나는 1918년 6월에 벌어진 일을 인용할 수 있다. 카브와쿠 마을의 평민인 칼라비야 칼라시아는 와카이세의 평민인 음웨요유와

〈사진 66〉 건축되고 있는 리쿠
나무틀을 구성할 자재들이 도전받은 마을로 운반되고, 거기서 나무틀이 만들어진다. 왼쪽 중앙에서는
완성된 나무틀 속에 들어갈 얌들을 볼 수 있다. 어떤 남자들은 나무틀에서 작업하고 있고, 두 공동체
의 구성원들은 절차를 지켜보면서 둥글게 앉아 있다. (5장 6절)

경작지에서 다투었다. 서로 가까이에 위치한 두 마을은 카브와쿠의 족장
인 몰리아시가 통치하는 틸라타울라 지구에 속한다. 그 두 공동체 사이에
서는 결코 전쟁이 일어날 수 없었는데, 그들은 같은 족장에게 충성을 맹세
하기 때문이다. 그렇지만 다툼은 빈번하며, 작은 싸움들(풀루쿠발루)도 일
어난다. 그 두 남자는 늘 그렇듯이 자기 수확물의 양과 질을 놓고 서로 다
투었다. 카브와쿠 남자는 다투는 과정에서 음웨요유의 경작지 정자를 부
수었다. 그 자리에서 싸움이 일어났지만 중단되었다. 그렇지만 나중에 와
카이세의 우두머리는 카브와쿠의 족장에게 가서 경작지의 파괴에 대해서
항의했다. 카브와쿠의 족장인 몰리아시는 자기 백성들의 지지를 등에 업
고서, 와카이세 사람들은 버젓한 경작지도 없고 제대로 공물을 바칠 수도
없으니까 그들의 식량에 대해서 자랑해서는 안 된다는 취지로 이야기했다.

이러한 도전에 응해서, 와카이세의 우두머리는 자기 마을 사람들이 생산한 모든 얌을 카브와쿠 마을에 선물하겠다고 제안했다. 이것은 부리틸라울로를 알리는 말이었다. 그 제안은 카브와쿠의 족장인 몰리아시에 의해 받아들여졌으며, 곧 실행에 옮겨졌다.

부리틸라울로의 기본 원칙을 요약하면 다음과 같다. 와카이세처럼 다툼에서 패배했거나 손해를 입었거나 먼저 심하게 모욕당한 공동체 A가 도전한다. 그리고 나서 이 공동체는 가능한 대로 많은 얌을 모아야 한다. 왜냐하면 부리틸라울로는 결코 타이투가 아니라 항상 쿠비, 곧 큰 얌을 가지고 진행되기 때문이다. 공동체 A가 모을 수 있는 얌이 모두 쌓이면 그것이 공동체 B로 운반될 것이며, 그곳에서 전시되고 예식적으로 증여될 것이다. 그리고 나서 공동체 B는 답례 선물을 준비할 것이다. 만약 답례가 정확히 똑같은 얌으로 이루어진다면 모두가 행복한 결말에 이른다. 그렇지 않으면, 이미 말했던 대로 그 이상의 불화가 생겨날 것이다.

다음의 원문은 부리틸라울로가 진행되는 동안 내가 여러 정보 제공자와 대화한 내용에서 발췌하여 기록한 것으로서, 가로놓인 문제들 가운데 일부를 보여준다(〈원문 88〉, 제5부 12장 24절). "(1) 경작지에서 다툼이 일어납니다. 우리의 동료는 말합니다. '너, 네게 식량이 약간이라도 있느냐? 네게는 식량이 없어!' (2) 그는 말합니다. '지금 와라. 부리틸라울로(경쟁적 식량 전시)를 하자.' (3) (이야기는 여기서 당면한 구체적인 사건으로 넘어간다.) 카브와쿠의 남자들이 다음과 같이 말하면서 논쟁을 시작했습니다. '너희들에게는 식량이 없다.' (4) 와카이세 사람들은 말했습니다. '잠깐 기다려라. 우리가 전시할 얌을 가져오겠다. 아니면 너희가 먼저 가져오겠느냐?' (5) 그때 카브와쿠 사람들이 말했습니다. '좋다!' 와카이세 사람들은 즉시 얌을 가져왔습니다. (6) 어제 와카이세 사람들은 얌을 가져왔습니다. 오늘 카브와쿠 사

〈사진 67〉 〈사진 66〉에서 보이는 리쿠의 근접 촬영
남자들이 장대들을 서로 단단히 묶는 모습을 볼 수 있다. (5장 6절)

람들은 충분히 답례했고, 게다가 그들은 그보다 과도하게 많이 가져와서 와카이세 사람들에게 선물했습니다. (7) 옛날에는 답례가 과도하면 와카이세 사람들은 즉시 화를 냈을 것이고, 전쟁이 일어났을 것입니다."

이 원문에서는 두세 가지 흥미로운 점이 나타난다. 먼저 다툼을 일으킨 것은 카브와쿠 사람들이었고, 따라서 모욕을 당한 와카이세 사람들이 부리 틸라울로의 도전을 제기했다. 전쟁이 일어났을 것이라는 마지막 구절의 단언은, 아마도 옛날이라면 카브와쿠와 와카이세 사이에서 어떤 싸움이 일어났으리라는 점에서는 옳다. 그렇지만 그것은 진짜 전쟁이 아니고, 다만 **풀루쿠발루**, 즉 평상시에는 서로 우호적인 두 마을 사이에서 벌어지는, 피가 흐를 수도 있지만 대개 사망자는 발생하지 않는 충돌이다. 이 원문은 토착민이 자발적으로 제공하는 정보의 유형을 잘 보여준다. 만약 내가 그곳에 없었고 다툼과 교류의 세부사항들을 관찰하지 못했다면, 그리고 직접적인 질문으로 구체적인 사실들을 유도해내지 못했다면, 내가 이러한 관습의 진정한 내용을 파악하기까지 매우 오랜 시간이 걸렸을 것이다.

관찰된 사실들로 되돌아가서, 준비 과정에서부터 시작해보자. 브와이마(창고들)에서 큰 얌을 모두 꺼내야 하고 그것들을 마을에서 더미들로 쌓아서 전시해야 한다. 그때 크위바네나라고 불리는 긴 얌들을 막대기 두 개 사이에 끼우고 가느다란 판다누스 가지들과 약간의 흰 물감으로 장식한다. 토착민들이 카이다비라고 부르는 이러한 기묘한 장치가 나무틀의 꼭대기에 놓여 있는 모습을 〈사진 68, 69, 70〉에서, 그리고 흐릿하지만 〈사진 71〉에서 볼 수 있다. 〈사진 70〉에서는 경쟁하는 마을들에서 저마다 선택된 가장 큰 두 개의 얌을 볼 수 있다. 그리고 나서 사탕수수와 빈랑나무 열매를 가능한 한 많이 쌓아올린다. 큰 얌들 외에는 단지 이 두 가지 농작물만이 사용될 것이다. 오로지 마을 사람들이 생산한 얌들만 기부될 수 있다. 이처럼 농작물을 모을 때 외부 사람의 기부는 허락되지 않는다. 보통의 전시나 분배와는 달리, 도디게 브왈라, 곧 인척들의 도움은 이루어지지 않는다. 다른 한편, 남자들은 모두 자기가 소유한 얌을 몽땅 내놓아야 한다. 각 남자는 자신이 기부한 농작물을 주의 깊게 세고, 각각의 덩이줄기의 크기를 대략적으로 기록해놓는다. 긴 얌들은 동일한 길이의 막대기로 측정되며, 각 얌마다 막대기가 하나씩 사용된다. 둥근 얌들은 끈으로 측정되며, 매듭으로 그것들의 크기를 표시한다. 각각의 소유자는 이러한 얌들에 대한 개인적인 기록을 보관하는데, 답례 선물을 공동으로 계산할 때 돌려받을 자신의 몫을 많지도 않고 적지도 않게 주장하기 위해서다.

그리고 나서 토착민들은 그들이 쌓아놓은 얌을 담기 위해 필요한 용적을 대략 계산해야 한다. 그들은 덤불로 가서 단단한 장대 몇 개와 막대기 약간을 모아온다. 이것들을 가지고 그들은 대충 (리쿠라고 불리는) 나무틀

〈사진 68〉부리틸라울로 도전
여기서 채워진 리쿠를 볼 수 있는데, 가장 큰 얌들이 바깥쪽에 전시되어 있고 긴 얌들은 꼭대기에 놓인 막대기들 사이에 묶여 있으며, 바나나 다발들이 왼쪽에, 빈랑나무 열매 다발이 오른쪽에 있다. (5장 6절)

〈사진 69〉〈사진 68〉에 나타난 나무틀의 측면 모습. (5장 6절)

을 만들고, 용량을 판단하기 위해 거기에 얌을 채운다. 그러고 나서 그들은 나무틀을 다시 해체하고, 마을 A의 모든 사람은 얌과 나무틀의 구성물들을 도전받은 마을 B로 운반하는 작업을 시작한다. 마을 B에서 다시 나무틀을, 이번에는 좀 더 견고하게 만드는 동안, 얌은 바쿠[15]에 놓아둔다. 이번에 나무틀을 견고하게 만드는 까닭은 나중에 마을 B의 남자들이 그것을 통째로 마을 A로 운반해야 하기 때문이다.

나무틀이 완성되면, 남자들은 저마다 자신이 기부한 얌을 그 속에 넣는다. 꼭대기에는 막대기 두 개 사이에 묶어놓은 긴 덩이줄기들과, 사탕수수와 빈랑나무 열매 다발들을 올려놓는다. 〈사진 68〉과 〈사진 69〉에서 최종적으로 도전의 채비를 갖춘, 채워지고 장식된 리쿠를 볼 수 있다.[16] 토착민들이 들려준 말에 따르면, 때로는 여러 개의 프와타이, 곧 프리즘 모양의 용기를 만들어서 더 작은 쿠비를 채워넣고 꼭대기에 빈랑나무 열매와 사탕수수를 올려놓기도 한다. 생산물이 엄청나게 풍부할 때에는 수직의 구조물(랄로그와)이 세워지고, 얌과 바나나, 그리고 빈랑나무 열매로 장식된다.

그러고 나서 실제적인 일처리가 시작된다. 우선 나무틀을 정확하게 측정한다. 공동체 B는 반드시 공동체 A에게 똑같은 나무틀을 돌려보내야 하며, 얌을 똑같은 높이까지 채워야 한다. 어떠한 사기도 미연에 방지하고 측정 기준을 명확히 하기 위하여, 수많은 막대기들을 잘라서 리쿠의 길이, 너비, 그리고 높이를 기록한다. 그러고 나서 선물들 가운데 가장 중요한 긴 얌들의 크기와 품질을 측정한다. 이때쯤이면 공동체 B의 카이다비,

••

15) 〔역주〕 중앙 공터.
16) 이 사진들은 앞에서 이론적으로 설명할 때 공동체 B라고 표시한 마을에서 찍은 것이 아니다 (이 사진들은 불행히도 노출이 불충분했다). 이것들은 와카이세에서 전시된, 카브와쿠 남자들의 답례 선물을 나타낸다.

〈사진 70〉 가장 긴 얌들을 전시하면서 서로 경쟁하는 마을들
"몰리아시가 머리에 터번을 감고서 중간에 서 있는 모습을 볼 수 있다. 별보배고둥 조가비 띠로 장식한 쿨루브와가는 충실한 부하 두 사람이 지키고 있는, 대략 5피트 길이의 엄청나게 큰 얌의 바로 뒤에 있다." (5장 6절)

즉 막대기들 사이에 얌을 묶어놓은 것이 준비되었다. 그들은 공동체 A가 가져온 각각의 카이다비에 비교해서 그들이 준비한 카이다비를 점검하지만, 아직 선물로 증정하지는 않는다(〈사진 70〉을 보라). 그러고 나서 빈랑나무 열매가 몇 다발인지 조사하고 그것들의 크기를 대략 측정해서 기록한다. 이제 리쿠의 내용물이 분배된다. 공동체 B의 남자들은 답례 선물을 위해 저마다 자기 창고에서 꺼내왔던 얌과 똑같은 얌을 자신의 몫으로 받는다. 다음날 리쿠는 그것이 원래 만들어졌던 마을 A로 통째로 운반된다. 내가 목격한 바로는, 그것을 들어올리고 운반하기 위해서 약 스무 명의 남자들이 필요했다. 나머지 마을 사람들은 남자들, 여자들, 아이들이 모두 분주히 얌을 날랐다. 마을 A에 도착하면 전날의 절차들이 똑같이 반복되는데, 다만 지금은 공동체 B에서 공동체 A를 향해서 이동이 이루어진다.

그리고 이제 극적인 순간이 왔다. 공동체 B는 그들이 가진 자원을 모두 쥐어짜내서 나무틀에 얌을 가득 채웠을 뿐 아니라 여분의 얌까지 답례로 제공했다. 엄밀히 정해진 답례 분량은 **칼라멜루**라고 불리는데, 아마도 '그것의 등가물', '받은 선물의 등가물'로 번역될 수 있을 것이다. 만약 그들이 정해진 분량보다 더 많이 제공할 수 있다면, 그것들을 땅 위에 놓고 **칼라마타**, '그것의 눈(its eye)'이라고 선언할 것이다. 여기서 '눈'이라는 단어는 앞선, 능가하는, 넘어서는 어떤 것을 비유적으로 의미한다.

그러한 여분의 선물이 그다지 우호적인 마음으로 제공되지는 않았을 것이다. 공동체 B는 여분의 선물을 제공했다고 자랑할 것이다. 또한 그들은 그러한 선물에 대한 즉각적인 보답을 극성스럽게 요구할 것이다. 그러나 공동체 A는 이미 첫 번째 선물을 마련하기 위해서 가진 것들을 모두 털어놓았기 때문에 여분의 선물에 답례할 수가 없다. 그들은 공동체 B가 **칼라멜루**를 정직하게 가득 채워서 주지 않았기 때문에, 공동체 B가 여분이라고 가져온 것이 사실은 진짜 여분이 아니라고 주장할 것이다. 다시 다툼이 일어날 것이며 **부리틸라울로**에서 또 다른 싸움이 벌어질 것이다.

그렇지만 추정컨대 더 부유한 마을인 공동체 B가 더 강력할 것이기 때문에, 공동체 A는 모든 점에서 분명히 패배할 것이다. 그러나 서로에 대해 **부리틸라울로**를 행하는 두 공동체들이 근본적으로 적대적인 사이는 아니다. 따라서 싸움이 매우 심각한 결과에 이르지는 않을 것이다. 그렇지만 내가 들은 바로는, 옛날에는, 특히 평소에는 사이좋은 두 이웃 공동체들 사이에서가 아니라 정기적으로 전쟁을 되풀이하지는 않지만 이유가 있으면 서로 싸우는 두 공동체들 사이에서 **부리틸라울로**가 진행되었다면, 규제된 심각한 전투가 뒤따랐을 것이다.

어쨌든 나는 여기서 공동체 A에 해당하는 와카이세와 공동체 B에 해당

〈사진 71〉 와카이세에서 리쿠 채우기
"카브와쿠 남자들은 힘든 작업으로 숨이 차서, 마치 혼수상태에 빠진 것처럼 들뜬 상태로 나무틀과 얌을 옮기는 일에 열중하고 있었다." (5장 6절)

하는 카브와쿠 사이에서 실제로 일어났던 일을 통해서, 이러한 일반적인 설명의 한두 가지 요점들을 예시하고자 한다. 이 경우에는 와카이세 남자들이 분명히 더 약자들이었다. 그들은 모욕을 당했고, 그들에게 식량이 없다는 말을 들었다. 그들이 첫 번째 도전을 제기했다. 와카이세 남자들이 카브와쿠의 중앙 공터에 리쿠를 만들고 있는 광경을 〈사진 66〉과 〈사진 67〉에서 볼 수 있다. 그들은 감정이 격해졌다. 비록 몰리아시가 전체 지구의 족장으로 용인되고 있지만, 그럼에도 그와 와카이세의 우두머리인 쿨루브와가 사이에서, 그리고 그들의 백성들 사이에서는 여러 차례 다툼이 있었다. 그들 모두를 〈사진 70〉에서 볼 수 있다. 몰리아시가 머리에 터번을 감고서 중간에 서 있는 모습을 볼 수 있다. 별보배고둥 조가비 띠로 장식한 쿨루브와가는 충실한 부하 두 사람이 지키고 있는 대략 5피트 길이의 엄청나게 큰 얌의 바로 뒤에 있다.

두 우두머리들은 때때로 열띤 연설을 했는데, 표면적으로는 자기 백성들에게 이야기하는 것 같으면서도 실제로는 다른 편을 향해서 반대 의견을 말하고 있었다. 예를 들면, 몰리아시는 와카이세 남자들이 장대와 얌을 가지고 카브와쿠로 달려 들어와서 리쿠를 효과적으로 재빨리 세우고 있는 동안, 모든 일이 너무 느리게 진행되고 있다고 평했다. 또한 그가 제공받은 빈랑나무 열매와 관련해서, 와카이세 사람들에게는 빈랑나무 열매가 없기 때문에 다른 마을들에서 얻어 와야 했다면서 그들을 직접적으로 모욕했다(〈원문 89〉, 제5부 12장 26절).

"왜 너희는 빈랑나무 열매를 카이볼라에서, 크와이브와가에서 가져오느냐? 다른 마을에서, 크와이브와가에서, 그리고 카이볼라에서 가져온 이 빈랑나무 열매를 다시 가져가라. 나는 그것을 원하지 않는다. 와카이세에서 생산한 너희의 빈랑나무 열매를 우리에게 가져와라."

와카이세 사람들은 이러한 모욕에 곧바로 응답하지 않는다. 왜냐하면 트로브리안드인들은 항상 남의 마을에서는 자제하기 때문이다. 그러나 다음날 나는 와카이세에서 사람들이 카브와쿠의 남자들을 겨냥해서 모욕적인 말들을 엄청나게 많이 퍼부어대는 것을 들을 수 있었다.

왜냐하면 그들은 나무틀과 얌을 힘겹게 옮기느라 숨이 차서 실신할 것 같은 상태에서도 작업에 열중하고 있었지만, 그럼에도 너무 느리다는 야유를 들었고, 답례 선물이 얼핏 보기에 부족하다는 비난을 받았으며, 운반 과정에서 리쿠 모양이 일그러졌다고 모욕을 당했기 때문이다.

나는 그날 있었던 일에 대해서 나와 함께 그곳에 있었던 몇몇 오마라카나 남자들과 이야기를 나누었는데, 한 정보 제공자는 카브와쿠 남자들의 허풍을 흉내냈다(〈원문 90〉, 제5부 12장 28절).

"그들 가운데 몇몇은 말했소. '이 나무틀을 던져버리자. 새로운 나무틀을 가지고 가자. 와카이세 사람들을 앞지르자.'"

그러한 말들은 분명히 허풍이었다. 왜냐하면 부리틸라울로에서 더 큰 나무틀을 만드는 것은 매우 잘못된 일이기 때문이다. 실제로 이러한 일은 결코 일어나지 않는다. 더 많은 양을 선물할 때에는 반드시 나무틀 옆의 땅 위에 칼라마타를 내려놓는 방식을 따라야 한다.

이에 대해 와카이세 남자들은 리쿠가 처음부터 너무 작게 만들어졌으며, 그들은 사실 그들의 선물을 담을 수 있도록 훨씬 더 큰 나무틀을 만들고 싶다고 말하면서 응수했다.

긴 얌들을 비교하는 과정은 결코 〈사진 70〉이 암시하는 것처럼 평화롭고 유쾌하지 않았다. 사진이 그렇게 나온 까닭은 그 일을 수행하던 사람들이 카메라에 포즈를 취하기 위해 일을 잠시 중단했었기 때문이다. 전체적으로 분위기는 떠들썩했고, 여기저기서 말다툼과 위협이 난무했다.

그러나 심각한 일은 전혀 일어나지 않았으며, 카브와쿠 사람들은 그들의 답례 선물에 모욕적인 여분을 더하는 일을 자제했다. 트로브리안드인들은 싸움이 일어날 것을 염려하며, 막대기를 던지거나 창을 사용하고 싶어질 만한 상황을 피하려고 애쓴다. 나는 실제로 몰리아시가 칼라마타(여분의 선물)를 줘도 되는지 물어보려고 주재 부지사를 찾아가기까지 했다는 말을 들었다. 당시 그 관리는 토착민의 관습에 대해서 전혀 무지했으므로, 무슨 일을 초래하게 될지도 모르고서 허가를 내주었다. 그러나 정작 때가 되었을 때 몰리아시는 일어날 수 있는 결과들을 염려해서 자제했다.

나는 이 거래에서 사용된 리쿠를 측정해보았다. 그것은 길이가 4.6미터, 너비가 1.85미터, 높이가 1.7미터였다. 가장 긴 카이다비는 약 2.4미터였고, 덩이줄기 자체는 약 1.8미터로 측정되었다. 퍼포먼스가 끝나갈 무렵 모든 측정과 토론과 다툼이 마무리되었을 때, 다른 마을에서 온 구경꾼들을 위해서 소규모 식량분배가 이루어졌다. 사탕수수 하나와 약간의 빈랑나무 열매를 땅 위에 작은 더미들로 쌓아놓고 이웃 마을의 남자들에게 분배했다. 그러한 분배는 **코코우요**로 일컬어진다.

마을 안에서 얌이 재분배될 때조차 항상 일종의 불만이 제기되고 다툼이 일어나는데, 대체로 이것은 진짜 탐욕보다는 개인적인 공명심과 허영에서 생겨난다. 즉 저마다 자기가 받은 얌보다 더 많이 기부했다는 점을 증명하려 하기 때문에 그러한 불만과 다툼이 생겨난다.

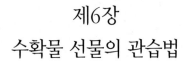

제6장
수확물 선물의 관습법

지금까지 우리는 군중이 모여서 그들의 노동의 열매들을 자기 마을이 아니라 전혀 다른 마을로 운반해서 거기서 전시하고, 그것들을 누군가에게서 또 다른 누군가에게로 제공하는 광경을 단순히 지켜보았다. 우리는 이러한 명백한 혼란 속에서도 어떤 체계가 있다고 막연히 예측해왔다. 즉 거기에는 증여자와 수령자가 있다. 그리고 한 집단과 다른 집단 사이에서 그러하듯이 도와주는 사람들과 운반자들, 측정하는 사람들과 찬탄하는 사람들 사이에는 일정한 사회학적 관계들이 수립될 것이다. 그러나 이러한 관계들은 무엇이고, 어떠한 힘들이 이 사람들을 움직이는 것일까? 무엇이 그들로 하여금 악착같이 일하게 만들고 일에서 만족을 느끼도록 자극하는 것일까? 무엇보다도, 한 남자가 자기 수확물에서 가장 훌륭한 부분을 다른 사람에게 제공하게 만드는 동기는 무엇일까? 이러한 질문들은 여전히 대답 없이 남아 있다. 사실 그 대답은 단순하지도, 명백하지도 않다. 전통적으로 내려온 관습의 배경에는 경제적, 법적, 사회학적 규칙들의 복합적인 체계가 자리하고 있는데, 그러한 체계는 복잡할 뿐더러 우회적이어서 얼핏 보면 거의 부당하게 느껴진다. 그러한 규칙들의 체계를 파악하기란 너무나 어렵기 때문에, 트로브리안드에서 오랫동안 거주한 대부분의 백인들조차, 비록 그들 가운데 일부는 토착민 여성과 결혼했고 트로브리안드의 수확 체계에서 이익을 얻기도 하지만, 그러한 체계를 이해할 수 없으며 더군다나 설명할 수도 없다. 그러므로 우리는 이 규칙들을 주의 깊게 그리고 세밀하게 파고들어야 한다. 또한 그것들이 인간 행위의 주요 동기인 배고픔, 사랑, 그리고 허영으로 환원될 수 있는지 살펴볼 필요가 있다.

1. 창고 채우기의 의무

경제적 측면은 정말로 놀랍고 역설적이다. 왜냐하면 노골적으로 말하면 다음과 같이 이야기할 수 있기 때문이다. 남자들은 저마다 다른 사람을 위해서 일하고, 그의 가구가 생계를 유지하기 위해 필요한 대부분의 몫을 다른 사람으로부터 받는다. 아마 가장(家長)—남편과 아버지, 우리가 당연히 가족을 부양하는 사람으로 간주할 만한 남자—이 전적으로 생계를 책임지는 가구는 존재하지 않으며, 오히려 거의 그 집에서 식사하지도 않고 보통 그곳에 손님으로 찾아오지도 않는 다른 누군가가 실질적으로 가구의 생계에 기여한다고 말하는 것이 더욱 정확할 것이다. 동시에, 그렇게 부양되는 가구는 마찬가지로 같은 마을에 살지도 않고 그 집을 거의 본 적도 없는 제3의 누군가에게 가장 좋은 덩이줄기 수확물을 제공하기 위해서 농사를 짓고 농작물에 정성을 쏟는다.

수확물의 증여자와 수령인 사이의 이러한 거래에서 나타나는 중요한 사회학적 원칙은 다음의 몇 마디로 표현될 수 있다. 나, 트로브리안드의 남성은 항상 내 누이의 가구를 위해서 일해야 하고, 그들에게 내가 수확한 가장 좋은 타이투를, 그해에 소비할 총량의 대략 50퍼센트에 달할 만큼 충분한 양으로 공급해야 한다.[1] 처남이 매부 몫으로 할당하는 수확물은 **우리구부**라고 불린다. 우리 눈에는 비합리적으로 비치지만, 그 규칙은 매우 단순하다. 그러나 실제로는 거기서 파생된 규정들과 삶의 현실이 뒤얽혀서 거의 무한히 복잡해진다.

나, 증여자에게는 한 사람의 누이와 여러 명의 남자 형제들이 있을 수 있다. 이 경우에 남동생들은 비록 내가 명목상의 증여자로 남는다고 해도 나를 도와주어야 한다. 혹은 내게는 몇몇은 누나이고 몇몇은 여동생으로 구성된 여러 명의 누이들이 있을 수 있다. 누나들은 결혼해서 자식을 두고 있을 것이다. 그러한 경우에는 나의 (모계) 조카들 몇몇이 나와 함께 일하면서 자기 어머니의 가구뿐 아니라 그녀의 결혼한 여동생들의 가구에도 농작물을 보낼 수 있도록 도와준다. 만약 내가 가족 가운데 가장 나이가 많고 여러 명의 여동생들이 있다면, 나는 내 여동생들 모두가 얼마간의 양식을 받을 수 있도록 매우 열심히 일해서 농작물을 분배해야 한다. 트로브리안드에서 여자 형자들에 대한 남자 형제들의 비율이 중요하다는 점은 명백하다. 남자 형제들이 더 많을수록 여동생들은 저마다 더 즐거워질 것이고, 여자 형제들이 더 많을수록 그들이 받을 몫은 더 작아질 것이다.

수령자는 자기가 받은 수확물 선물의 일부를 자신의 친족 및 가장 가까운 친척들에게 재분배해야 하기 때문에 그 체계는 더욱 복잡해진다. 따라서 타이투는 우선 **우리구부** 선물로 수령되어야 하고, 그리고 나서 그 가운데 대략 다섯에서 스무 바구니가 **코비시**[2]라는 이름으로 전달된다. 그뿐 아

••

1) 또한 부록 2, 4절의 주 24를 보라.
2) 이 단어는 자동적으로 혼란을 일으키는데, 왜냐하면 그것은 경제적으로는 **우리구부**와 비슷하고

〈사진 72〉 트로브리안드의 주요 창고
1918년에 재건된 후에 찍은 토울루와의 브와이마. 그것은 오마라카나의 중앙 공터 한가운데에 서 있다. 왼쪽 중앙에는 족장의 개인 집이 있다. 그 왼쪽으로는 두 그루의 야자나무로 반쯤 가려진 바기도우의 새집이 있다. 그가 아내와 함께 창고 앞에 서 있는 모습을 볼 수 있다. 초가지붕을 이기 위해 사용했던 비계 사다리가 여전히 본래의 자리에 있다. 영들을 위해 만든 높고 가느다란 단을 창고 왼쪽에서 볼 수 있다. 이 사진은 1918년 밀라말라 계절에 찍은 것이다. (7장 도입부)

니라, 증여자는 자신의 수확물 가운데 가장 좋은 일부, 곧 우리구부 몫을 자신의 누이나 또 다른 모계 친족 여자에게 선물한 뒤에도, **타이투페타**라고 불리는 수많은 작은 선물들을 분배해야 한다.

　게다가 **리쿨라 브와이마**, 곧 "얌 창고 풀어놓기"로 불리는 관습도 있다. 어떤 남자의 창고가 아내의 친족들 덕분에 가득 찼을 때, 그의 누이와 누이의 남편은 자기들과 자기들의 가구를 위해서 창고에 채워진 얌의 일부를 달라고 주장할 수도 있다. 이 경우에 누이의 남편은 그녀에게 "귀중품"

∴

거의 동일하지만 사회학적으로는 구별되는 선물을 나타내기 위해서도 사용되기 때문이다(다음을 보라).

〈사진 73〉 일시적인 홍수 때 오마라카나의 창고들
안쪽 고리에서 창고들이 다소 불규칙하게 늘어서 있는 부분. 오른쪽 정면에 있는 두 채의 과시용 창고
들은 신분이 높은 남자들의 소유이다. 배경에서 한두 채의 둘러막힌 브와이마를, 그리고 중앙의 배경
에서 두 채의 가옥들을 볼 수 있다. 작은 소년들은 장난감 카누를 가지고 놀고 있고, 토쿨루바키키가
그들과 함께 있다. (7장 도입부)

을, 이를테면 도끼 날 하나를 주면서 그녀에게 말할 것이다. "이 귀중품을
가지고 가서 당신 오빠의 얌 창고를 풀어놓으시오." 가득 채워진 얌 창고
의 소유자가 이것을 받게 되면, 자신의 칸막이방들, 카비시탈라 가운데 하
나를 열어서 내용물을 누이의 남편에게 주어야 한다. 나는 시나케타에 거
주하는 바쿠타 출신의 토착민에게서 이러한 관습과 관련해서 아래의 말
을 들었다. 그는 자신을 레오라는 교황의 이름으로 소개한 열성적인 신자
였는데, 토착민의 관습을 매우 잘―내가 염려하기로는 교회의 일보다 더
잘―알고 있었다(〈원문 92〉, 제5부 12장 32절).

"(1) 이미 나의 얌 창고는 인척들(내 아내의 친족들) 덕분에 넘치도록 채워졌습니다. (2) 나중에 누이가 와서 내 브와이마가 넘치도록 채워진 것을 볼 것입니다. (3) 그때 그녀는 자기 남편에게 가서 그것에 대해 이야기할 것이며, 그는 말할 것입니다. (4) '귀중품을 가져와서 당신 오빠의 얌 창고를 풀어놓으시오.' (5) 그녀는 귀중품을 가지고 와서 우리에게 줄 것입니다. 그때문에 우리는 얌 창고의 칸막이방 하나를 비울 것입니다. (6) 그녀가 우리에게 귀중품 두 개를 준다면, 우리는 두 번째 칸막이방을 비울 것입니다. (7) 우리는 이것을 '얌 창고 풀어놓기' 혹은 '줄 끊기'라고 부릅니다. 줄은 끊어질 것이고, 그들은 얌 창고를 풀어놓을 것입니다."

이것은 내가 입수한 최고의 정의문[3] 가운데 하나이며, 그러한 관습이 어떠한 상황에서 작용하게 되는지를 명백히 알려준다. 또한 여기서는 거래의 경제학이 나타난다. 각 귀중품마다 얌 창고의 칸막이방이 하나씩 비워질 것이다. 남편의 말은 반쯤 법적이고 반쯤 예식적인 표현인데, 아마도 그러한 경우에 항상 말해지는 구절일 것이다. '얌 창고 풀어놓기', '줄 끊기'와 같은 표현들은 비유적이다. 얌 창고의 구조에서는 어떠한 줄도 사용되지 않으며, 거기에는 어떠한 '매듭'도 없다(8장 참조). 그 말은 단지 창고를 개방하는 것을 의미한다.

수확기의 선물이 가구의 남성 우두머리에게 제공되는지, 아니면 보통 증여자의 누이이거나 모계 친족 여자인 그의 아내에게 제공되는지조차 단순명료하게 이야기하기가 쉽지 않다. 거기서부터 유럽인들의 혼란이 시작된다. 명목상으로나 법적인 원칙에 따르면, 선물은 남편에게 전달된다. 채워지게 될 얌 창고의 소유자는 남편이다. 선물은 남편의 마을 공동체로 운

∵

3) 내가 정의문(definition statements)이라는 말로 뜻하는 바는 제4부 4장에서 설명될 것이다.

반되며, 그가 선물 받은 농작물의 소유자가 된다. 수확물 선물에 가끔씩 답례하기 위해 요울로나 타콜라라고 불리는 귀중품 선물을 이따금씩 증여하는 사람도 남편이다. 그러나 실제로 우리구부는 아내의 가구에게 식량을 대기 위해서 형식적으로 남편에게 전달될 뿐이다. 그녀가 죽으면 우리구부 선물은 중단된다.[4] 해마다 선물이 증여되는 것은 그녀 때문이며, 그녀와 그녀 아이들의 생계를 돕기 위해서다.

유럽인의 시각에서는, 이러한 거래에서 아이의 역할, 혹은 좀 더 정확하게는 아들의 역할 역시 마찬가지로 당혹스럽다. 보통은 아들이 아버지의 얌 창고를 채우는 모습을 볼 수 있다. 그러나 아들이 성숙기에 도달하면, 부족 법에 따라 마을을 떠나 외삼촌과 함께 살아야 한다. 이후 그들은 자기 아버지의 창고를 직접 채우기보다는 외삼촌에게 타이투를 줄 것이며, 외삼촌은 그것을 자신의 생산물과 함께 누이의 남편에게 전달할 것이다. 명목상으로 아들은 외삼촌을 위해서 일한다. 유럽인 조사자에게 이것은 우회적이고 잘못된 일처리 방식으로 여겨질 것이다. 트로브리안드인이 볼 때, 그것은 사회적인 현실 속에서 일어나는 일을 정확히 묘사하고 있다.

결과적으로, 어떤 남자가 어느 날에는 자기 아버지를 위해서 일정한 경작지 소구획을 일군다고 말했는데, 다음날에는 외삼촌을 위해서 그곳을 일군다고 말하는 경우도 종종 있을 수 있다. 두 가지 진술은 모두 옳다. 그렇지만 그것들 각각은 거래의 한 가지 측면을 강조한 것이며, 당신이 실제적인 관계들을 명백히 알기까지는 다소 시간이 걸린다.

마치 지금껏 살펴본 것들만으로는 충분히 복잡하지 않다는 듯이, 또 다른 요소가 들어와서 용어들과 사실들을 더 혼란스럽게 만든다. 가난한 남

4) 부록 2, 4절의 주 25를 보라.

자가 받는 수확물 선물은 작고 단순한 반면, 족장이 받는 선물은 규모가 크고 선물의 출처도 사회학적, 경제적 측면에서 매우 복잡하다. 민족지학자는 용어상으로 쉽사리 혼란을 겪게 되는데, 우리구부라는 단어가 족장의 수확물 선물뿐 아니라 족장의 공물을 가리키기 위해서도 종종 사용되기 때문이다. 사실 족장이 받는 공물 가운데 전부는 아니라고 해도 대부분은 처남이 매부에게 명예롭게 기부한 것이다. 게다가 여자가 족장과 결혼했을 경우에, 그녀의 남성 친척들 가운데 한 사람만이 아니라 그녀의 하위 씨족 모두가 그녀를 위해 노동할 것이다. 그러므로 족장의 아내는 만약 그녀가 평민과 결혼했더라면 받게 되었을 분량보다 훨씬 더 많은 양의 식량을 (내가 어림잡아보면 대략 다섯 배 많이) 남편에게 가져다주는데, 그녀의 선물은 더 좋은 타이투로 구성되며, 성대한 전시와 함께 제공된다. 그런데 족장에게는 일부다처의 특권이 적용된다. 덕분에 족장들은 그들의 권력이 쇠하기 전에 아내를 대략 팔십 명까지 얻을 수 있었고, 토울루와는 통치 초반에 스물네 명의 아내를 두고 있었다. 그에게 단지 열두 명의 아내가 있었던 1918년에도, 그의 우리구부는 평민이 받는 것보다 어림해서 육십 배가 많았다. 통치 초반에 그에게 두 배 많은 아내들이 있었을 때에는 적어도 이보다 두 배는 더 많이 받았을 것이다. 사실 나는 그보다 훨씬 더 많이 받았을 것이라고 생각하는데, 왜냐하면 그 무렵 족장의 권력은 의심할 바 없이 더욱 강력했기 때문이다(기록 3 참조). 옛날에 최고 족장에게 약 육십 명 이상의 아내가 있었을 때, 그는 틀림없이 평민들보다 사백 배는 더 많이 받았을 것이다. 또한 족장의 처남과 그의 모계 친척들은, 일반적으로 처남이 매부에게 제공하는 것보다 훨씬 더 광범위한 봉사를 해주어야 한다.

따라서 족장의 우리구부는 수많은 마을 공동체들에게서 거둬들이는 공물이지만, 그는 언제나 공동체 전체의 명예로운 처남이라는 지위 덕분에 그러한 공물을 받을 수 있다. 그런데 족장의 **우리구부** 가운데 일부는 결혼을 통해 그와 관련된 사람들이 아니라 그의 수하들이 바친 것인데도 동일한 이름으로 일컬어진다. 그들은 족장의 마을에 거주하는 대가로 그것을 지불했다. 족장이 받는 또 다른 공물은 **우리구부**라는 용어에 포함될 수 없으며, **포칼라**와 **타부불라**라고 불린다.

지금까지 족장이라고 말할 때 내가 염두에 두고 있었던 인물은 주로 오마라카나의 최고 족장이지만, 그가 엄청나게 많이 받는 **우리구부**의 양과 보통의 부족 남자 혹은 가난한 평민이 일 년에 오십 바구니 정도를 받는 양 사이에는 각양각색의 단계적 변화가 존재한다. 저마다 여섯 명의 아내를 데리고 있는 하위 족장, **굼구야우**가 있다. 그리고 더 낮은 신분이지만 더 큰 권력을 가지고 있는 카브와쿠의 **톨리와가**가 있다.[5] 다음으로 각각 두 명의 아내를 가진 더 낮은 족장들이 있고, 그들 다음으로 마을의 우두머리들이 있는데, 그들은 대체로 일부일처지만 보통 사람들보다 더 많은 기부를 받는다. 이러한 사실은 또다시 문제를 좀 더 복잡하게 만든다.[6]

여기서 또 다른 문제를 언급할 필요가 있다. 인척들이 증여하는 수확물 선물, 곧 우리구부는 만약 아내가 남성 후계자를 남기지 않고 죽었을 경우에는 그녀의 남편에게 증여될 수 없다.[7] 만약 아내가 남편에게 아들들을 남겼다면, 그들은 그녀의 친족인 동시에 그의 아들들로서, 토착민들이 정

∴

5) 제1부 9절 참조. 또한 12장 3절 참조.
6) 실제적인 거래들의 사례를 제공하는 기록 1~4 참조. 또한 이전 각주에서 제시된 참조를 보라.
7) 이것과 기록 2를 비교해보면, 신분이 높은 사람들의 경우에는 일반적인 규칙이 항상 왜곡된다는 것을 알게 될 것이다. 최고 족장이 받은 한두 개의 수확물 선물(그중에서도 특히 2번, 36번, 37번)은, 비록 실제로 살아 있는 아내에게 선물되었으며 그녀의 창고에 쌓였지만 죽은 아내들의 것이라고 여겨진다. 또한 부록 2, 4절, 주 25를 보라.

기적인 **우리구부**로 여기는 해마다의 수확물 선물을 그에게 증여한다. 인류학자는 이러한 유형의 **우리구부**를 아내를 위해서 남편에게 주는 보통의 선물과 구별할 필요가 있다.

다른 한편, 이런저런 이유로 재혼하지 않은 성인 남자의 경우, 다른 누군가가 그의 창고를 채워주어야 한다. 신분과 지위가 높은 성인 남자가 자신의 **브와이마**를 직접 채우는 것은 불명예스러운 일이다. 그러한 위치에 있는 남자는—더 이상 죽은 아내의 남자 형제로부터가 아니라—자기 자신의 모계 친척들로부터, 우선 남동생들 혹은 모계 조카들로부터 해마다 수확물 선물을 받을 것이다. 그러한 선물은 **코비시**라고 불릴 수 있겠지만, 이 용어가 이러한 의미에서 사용되는 경우는 매우 드물다(앞을 보라). 그러한 선물은 좀 더 일반적으로 다음과 같은 구절로 묘사될 것이다. 이러저러한 남자가 내 창고를 채우고 있다. 따라서 **브와다구 이도디게 울루 브와이마**, "내 남동생이 내 창고를 채운다."[8]

또한 만약 한 여자가 족장과 결혼했지만 그녀의 얌 창고를 채울 수 있을 만큼 가까운, 혹은 중요하고 유능한 친족이 없다면, 그녀의 아버지가 그 일을 도와줄 것이다. 이러한 사례들은 기록 2에서 찾아볼 수 있다. 기록 2에서는 수많은 사례들이 제시되어 있는데, 특히 최고 족장의 아내의 아버지가 얌 창고를 채우는 사례들이 제시되어 있다.

나아가 **도디게 브와이마**, 창고 채우기는 인척의 의무 가운데 일부에 지나지 않지만, **우리구부**라는 단어가 인척의 모든 의무를 총칭하는 용어로 사용되기 때문에 문제가 한층 더 복잡해진다. 어떤 남자가 성대한 예식적 분배(**사갈리**)가 이루어지기 전에 타이투나 얌을 처남에게 가져오면, 그것은

∴

---

8) 그러나 간결하게 하기 위해서, 나는 기록 1~4에서 코비시라는 용어를 사용한다.

도디게 브왈라, 집 채우기라고 불린다. 비록 그 선물 자체를 우리구부라고 부르는 것은 토착 어법에 적합하지 않겠지만, 이것 또한 우리구부 의무의 일부이다.

또한 나는 남편이 처남에게 우리구부의 답례로 요울로, 곧 돼지 한 마리나 어떤 가치 있는 물건을 선물하는 관습이 있다고 언급했다. 이에 대한 답례로 처남은 약 스무 바구니의 타이투를 베워울로로 제공할 것이다. 비록 이것은 보통 우리구부라고 칭해지지 않지만, 법적으로 따지면 이것도 우리구부의 일부이며 그렇게 인정될 것이다.

남자들은 저마다 자기가 수확한 타이투 가운데 상당한 부분을 자기 몫으로, 즉 자기 가구의 몫으로 떼어두는데—그것은 토착민의 수확에서 기본적으로 나타나는 사실이다—그러한 사실도 문제를 더 간단하게 만들어주지 않는다. 농작물을 생산한 가구가 직접 소비하는 이러한 몫은 어느 정도 축소해서 이야기되거나, 조용히 운반된 후 안전한 곳에 비밀스럽게 치워진다. 그것은 화려하지도 않고 그다지 영예롭지도 않은 수확물이다. 누구도 자기 몫의 수확물을 자랑하지 않을 것이다. 보통 타이툼왈라라고 불리는 자기 몫의 타이투는 둘러막힌 창고나 개방형 브와이마의 감춰진 부분에 저장된다.

수확물 가운데 자기가 생산해서 자기가 소비하는 몫인 타이툼왈라는 파종할 때 "소비될" 다음 해의 종자인 야고구, 열등한 타이투인 우나수, 수확물을 거두고 난 후 남아 있는 이삭인 울룸달라, 그리고 우리구부 의무를 명예롭게 만족시키고 나서 점잖게 남겨놓을 수 있을 만한 분량의 좋은 타이투로 구성된다.

위에서 경작을 설명하면서 보조 농작물로 묘사했던 모든 수확물, 즉 저장될 수 있는 큰 얌(쿠비), 타로, 사탕수수, 콩, 그리고 호박은 항상 경작자

가구의 몫이라고 말할 수 있을 것이다. 그것들은 타이툼왈라라고 불리지 않지만 경제적으로는 그것과 동등하다. 왜냐하면 농작물을 생산한 가구가 그것들을 소비하기 때문이다. 따라서 이른 경작지, 카이무그와에서 수확된 대부분의 생산물은, 비록 가장 좋은 타이투는 우리구부 선물을 위해서 보관되겠지만, 가구 내에서 소비되는 농작물의 범주에 속한다.

타이툼왈라와 우리구부는 경작지에서부터 구별되는데, 어떤 소구획들은 구바카예키로 일컬어지고 다른 것들은 우리구부라고 불린다. 전자에서 수확한 모든 농작물은 수확한 가구가 직접 소비한다. 후자에서 생산된 대부분의 것들은 남에게 증여된다. 수확기의 정자에서도 그러한 구분이 계속된다. 중앙의 큰 더미는 우리구부 타이투이며, 그 주변 모퉁이들에는 종자 타이투인 야고구 더미, 열등한 타이투인 우나수 더미, 그리고 자신이 사용하기 위해서나 타이투페타 선물을 위해 남겨놓은 좋은 타이투 더미가 있다(5장 4절, 그리고 〈그림 8〉 참조).[9] 이러한 작은 더미들은 수확기에 그다지 눈에 띄지 않는다. 그것들에 대해서는 자랑하는 일도 없고 심지어 거의 언급조차 하지 않는다. 그것들은 때때로 총칭해서 타이투쿨루라는 용어로 불린다. 나는 몇몇 남자들이 수확한 타이투를 곧장 집으로 가지고 가서 그들의 주요 창고의 감춰진 부분이나 완전히 둘러막힌 작은 창고 속에 눈에 띄지 않게 집어넣는다는 인상을 받았다. 타이투쿨루를 아주 작은 양만 전시해서, 우리구부가 실제로 그러하듯이 전체 수확량의 50퍼센트 내외가 아니라 90퍼센트를 차지하는 것처럼 보이게 하는 것이 적절하기 때문이다. 또한 그들은 수확할 때 상당히 많은 덩이줄기들을 "빠뜨렸"다가, 나중에 울룸달라를 모아서 자신들이 사용할 것이다.[10]

∵

9) 또한 부록 2, 4절, 주 26 참조.

우리구부는 특별히 선택된 농작물이다. 우리구부는 정자나 마을에서 원뿔형 더미로 쌓아올려지는 유일한 농작물이며, 오직 우리구부만이 얌 창고의 개방된 공간에 예식적으로 저장된다. 우리구부에 대해서만 풍요와 영속성의 주술, 빌라말리아가 읊어진다. 우리구부는 타이투왈라(진짜 타이투 : 타이툼왈라와 타이투왈라라는 단어들을 혼동하지 않아야 한다.)라고 불리는 유일한 농작물이며, 새로 거둔 수확물에 대한 경작지 주술사의 터부가 해제되었을 때 그가 먹도록 허락되는 농작물이다. 이때 주술사가 먹는 타이투는 처남이 그에게 증여한 것임에 틀림없다(5장의 2절 참조).

　　지금까지 수확기의 복잡한 의무들을 살펴보았다. 점점 더 뒤엉키는 복잡한 의무들 때문에 아연해하는 민족지학자는 용어적·사회학적·경제적 문제들과 더불어 명백한 모순들이 뒤얽혀 있는 끝없는 그물에 말려든 것처럼 보인다. 왜냐하면 특히 용어의 허술함과 의미의 다중성을 고려할 때, 그리고 예외 없는 규칙을 거의 만나지 못했다는 사실을 생각할 때, 어떤 독자라도 전체 체계의 꼬인 줄을 풀어내는 일이 얼마나 어려운지를, 그리고 거의 해결할 수 없는 이율배반 속으로 말려들기가 얼마나 쉬운지를 쉽게 알 수 있을 것이기 때문이다.

　　그러니 명확한 태도로 주요 규칙을 가능한 한 단순하게 다시 명시해보자. 트로브리안드의 평균적인 남자는 경작지를 일군다. 그는 또한 주요 창고와 한두 채의 작은 창고를 소유한다. 그는 자기 경작지의 수확물을 두 부분으로 나누어야 한다. 그는 수확물 가운데 가장 좋은 덩이줄기들을, 그리고 그가 가장 정성들여 다듬어서 눈에 띄게 전시한 뒤 예식적으로 운반

‥

10) 한 남자가 자기 자신이 사용하기 위해서 보유하는 수확물의 비율을 확인하는 어려움에 대해서는, 특히 평민들의 경우에 대해서는, 7장 5절 참조.

하게 될 수확물을 누이의 남편이나 다른 어떤 친족 여자의 남편에게 준다. 그는 수확물의 다른 몫을 자신을 위해 남겨두며, 작은 창고나 그의 주요 창고에서 눈에 덜 띄는 부분에 넣어둔다.

그러나 그의 주요 창고의 개방된 공간은 아내의 친척 남자 혹은 친척 남자들이 채워주어야 한다. 이것이 그가 해마다 받는 우리구부 선물이다. 아내의 가장 가까운 모계 친척이, 곧 그녀의 남자 형제, 그녀의 외삼촌, 나중에는 그녀의 아들이나 그녀의 자매의 아들이 우리구부의 증여자가 될 것이다. 만약 아내가 어떠한 자식도 남기지 않고 죽으면, 그의 친척 남자들이 그의 브와이마를 채울 것이다.[11] 만약 그가 족장이라면, 아내의 아버지가 그의 브와이마 채우는 일을 도와줄 수도 있다. 그러나 그것은 아버지의 의무가 아니기 때문에, 만약 딸이 평민과 결혼했을 경우에는 그 일을 하지 않을 것이다. 또한 족장의 경우에, 그의 아내와 다른 어떤 사람들 사이에서 가공(架空)의 관계가 수립되기도 한다. 이때 그들은 법적 의제(擬制)에 따라 족장의 인척으로서 의무를 수행하는 것처럼 보이지만, 실제로는 족장의 백성이기에 그의 브와이마를 채우는 것이다.[12]

어떠한 경우에도 남자라면 해마다 다른 누군가가 그의 창고를 채워주어야 하는데, 그렇지 않으면 그의 사회적 평판은 떨어지게 된다. 그는 다음 해에 쓸 종자를 스스로 마련할 수 있으며, 스스로 마련해야만 한다. 그는 보통 일용할 식량의 대부분을 자기 자신과 가족을 위해 스스로 마련한다. 그러나 그가 과시용으로 전시하거나, 축제와 선물, 그리고 교환을 위해 가능한 대로 오래 비축하는 식량의 경우에는[13] 도디게 브와이마를 통해 처남

••

11) 또한 부록 2, 4절의 주 25를 보라.
12) 기록 2, 또한 부록 2, 4절의 주 27 참조.

으로부터 우리구부로 선물 받거나, 혹은 그의 손아래 친척에게서 수확물 선물로 받아야 한다.

이제 수확기 농작물 분배와 관련된 토착적인 구분을 간략히 요약해도 좋을 것이다. 가장 포괄적인 개념이며 가장 광범위한 용어는 **도디게 브와이마**, "창고 채우기"이다. 처남이나 남편 자신의 친척이 선물을 증여하든, 아니면 좀 더 먼 친척들이 증여하든, 수령인의 "창고를 아무개가 채운다."고 이야기할 수 있을 것이다. 엄격한 의미에서 우리구부는 처남이 감당하는 그러한 의무를 가리킨다. 기록 1~4에서 볼 수 있듯이, 평민의 경우에 그가 받는 수확물 선물은 거의 백 퍼센트가 우리구부이지만, 반면 최고 족장의 경우에는 그가 받는 선물의 약 절반가량만이 진짜 우리구부이다.

그런데 우리구부라는 단어는 일차적이고 본질적인 의미 외에도 거기서 파생된 두 가지 확장된 의미들을 지니고 있다. 한편으로 우리구부라는 단어는 족장의 진짜 우리구부 외에도 그에게 제공되는 다양한 공물들까지 포괄하게 되었다(기록 2). 다른 한편, 우리구부는 결혼을 통해 생겨난 관계에서 부수적으로 일어나는 또 다른 의무들을 의미하기도 한다(다음의 2절 참조). 우리구부라는 단어는 누이의 남편을 위해 경작되는 경작지 소구획들과 (사실 남쪽 지역에서 우리구부는 단지 이것들만을 가리킨다. 10장 2절 참조), 그의 몫으로 예정된 농작물과 선물, 그리고 법적인 원칙을 가리키기 위해 사용될 수 있을 것이다. 우리구부라는 용어를 느슨하게 사용할 경우에만, 친척이나 후손들이 주는 선물을 그렇게 지칭할 수 있다. 그러한 느슨한 용법은 토착민의 이야기 속에서 매우 자주 나타난다.

잠시 주제에서 벗어나서 용어 문제를 다루었지만, 그저 이러한 구별이

13) 타이툼왈라(자신의 타이투)와 우리구부의 서로 다른 사용에 대해서는, 7장 5절을 보라.

세부적으로 어떻게 나타나는지 끝까지 파고들어서 지식욕을 충족시키려고 그렇게 했던 것은 아니다. 오히려 한편으로는 민족지학자의 고충을 예시해주고, 그러한 어려움에서 헤어나는 유일한 길은 구체적인 사례들과 실제 언어적 용례들을 연구하는 것임을 구체적으로 보여주기 위해서였다. 그리고 다른 한편으로 토착어가 법적으로 어떻게 사용되는지 구체적인 사례를 통해 보여주고 싶었다. 물론 지역에 따라, 방언에 따라 차이가 있다. 예를 들면 섬의 남쪽 지역에서 주요 수확물인 타이투의 선물은 **타이툼와이도**나, "가득 찬 타이투" 혹은 "타이투 모두"라고 불린다. 그곳에서 **우리구부**라는 용어는 대체로 타이투보다는 오히려 남쪽 지역의 주요 농작물인 타로 선물과 관련해서 주로 사용된다. 나아가 남쪽 지역에서 족장의 형편은 북쪽과는 전혀 다르다. 올리빌레비는 예외인데, 한 세대 전에 족장들—오마라카나의 통치 가문에 속하는 족장들—이 그곳에 자리 잡은 이래, 그곳에는 키리위나의 용어들이 도입되었다. 그러나 나는 여기서 그러한 변형을 더 깊이 파고들어서 문제를 복잡하게 만들지 않겠다.

첨부된 표는 키리위나의 상황과 거기서 사용되는 용어들을 개략적으로 소개해주는 유용한 자료이다.

2. 트로브리안드에서 수확물 선물의 원동력인 배고픔, 사랑, 그리고 허영

우리는 이제 트로브리안드에서 수확물의 처분과 관련해서 일어나는 대부분의 사실들을 알고 있다. 그러나 이러한 사실들에서 여러 가지 당혹스러운 질문들이 생겨났고, 아직까지는 거기에 대답할 수 없었다. 선물의 진

〈우리구부의 진행〉

주의 – 보말리쿠와 소크와이에따라는 용어들은 7장에서 설명될 것이다.

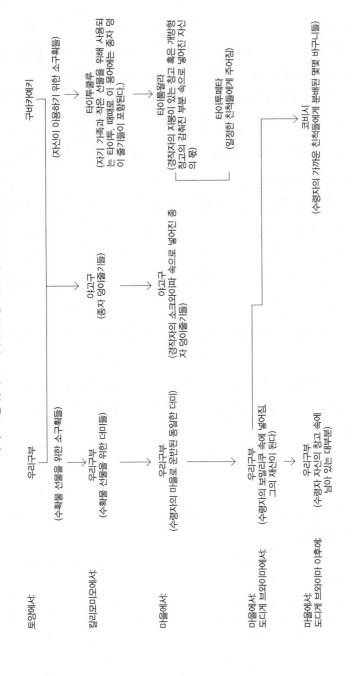

토양에서:
우리구부
(수확물 선물을 위한 소구획들)

(자신이 이용하기 위한 소구획들) → 구바가예기

알리모미오에서:
우리구부
(수확물 선물을 위한 더미들)

야고구
(종자 덩이줄기들)

타이투쿨루
(자기 가족과 작은 선물을 위해 사용되는 타이투. 때때로 이 용어에는 종자 덩이줄기들이 포함된다.)

마을에서:
우리구부
(수령자의 마을로 운반될 통일한 더미)

야고구
(경작자의 소크와이파 속으로 넣어진 종자 덩이줄기들)

타이툼왈라
(경작자의 지붕이 있는 창고 혹은 개방형 창고의 감춰진 부분 속으로 넣어진 자신의 먹뭇)

타이투페타
(일정한 친척들에게 주어짐)

마을에서:
토다게 브와이미에서:
우리구부
(수령자 보말리쿠 속에 넣어짐. 그의 재산이 된다)

코비시
(수량자의 가까운 친척들에게 분배된 몇몇 바구니들)

마을에서:
토다게 브와이미 이후에:
우리구부
(수령자 자신의 창고 속에 남아 있는 대부분)

짜 수령인이 누구인지도 여전히 불분명하다. 진짜 수령인은 남편인가, 아니면 아내인가? 아니면 가구 전체인가? 가구에서 처남의 역할은 무엇인가? 왜 자기 누이 및 그녀의 가족과의 어떠한 친교에서도 사실상 배제되었으며, 그녀와 자유롭게 사적인 대화도 나눌 수 없는 남자가 그녀의 가구를 부양해야 하는가? 아들이 모호하고 복잡한 역할을 수행하는 까닭은 무엇인가? 결혼 전후의 딸을 대할 때 뒤얽히고 우회적인 방식을 취해야 하는 이유는 무엇 때문인가?

유럽의 독자에게 트로브리안드 수확의 모든 장치는 틀림없이 어리석게 보일 것이다. 경제적으로 그것은 성가시다. 엄청나게 많은 시간과 노동이 운반과 전시, 다듬기에, 그리고 다른 미학적인 장식에 낭비되어야 하는데, 후자는 **도디게 브와이마**[14]가 예식적 행위라는 사실과 명백히 관련되어 있다. 결혼이 부거제이기 때문에, 즉 아내가 남편의 공동체에서 살기 때문에 운반은 필수적이다. 반면 가구 경제는 처거제(妻居制)[15]이며, 처남은 수확물을 자기 마을에서 생산해서 그것을 매부의 창고까지 운반해야 한다. 만약 **우리구부**를 상업적 거래로 여기는 것이 가능하다면, 즉 처남은 누이의 공동체에 속한 누군가가 그녀를 위해서 식량을 공급하도록 조치하고, 반면 자신은 자기 공동체에서 누군가를 위해서 식량을 공급한다면, 이러한 절차는 물론 단순화될 수 있을 것이다. 그러나 트로브리안드의 관습법이 그것을 허락하지 않는다. 남자들은 저마다 자기 땅에서 몸소 경작한 타이투를 누이에게 제공해야 하고, 자신의 친족과 인척들이 그것을 운반하게 해야 한다.

∴

14) 〔역주〕 창고 채우기.
15) 〔역주〕 matrilocal. 남편이 처가에서 거주하는 제도. 처가살이라고도 한다.

한 남자가 누이의 가구를 위해 제법 많은 몫을 떼어놓는 것은 단지 도덕적 의무일 뿐 아니라 개인의 자존심이 걸려 있는 문제임을 이해한다면, 또한 경작자가 스스로를 얼마나 자신의 농작물과, 특히 **우리구부** 선물로 제공되는 일부 농작물과 동일시하는지를 이해한다면, 비록 다른 종류의 거래들이 너무나 많이 이뤄지고 있더라도 이 문제에서만큼은 단순한 상업적 교환이 불가능한 까닭을 실감할 수 있다.

유럽인들이 볼 때, 그러한 방식은 경제적으로 서투른 것일 뿐 아니라 도덕적으로도 공정하지 않다. 내가 근면하더라도, 내가 훌륭한 경작자라 하더라도, 내가 경작에 모든 힘을 쏟아붓더라도, 다른 누군가가 그 이익을 차지한다. 만약 내 처남이 게으르고 무능하거나 혹은 아프다면, 그 때문에 내가 고통을 당한다. 이것은 어떤 의미에서는 진실이다. 그러나 트로브리안드인에게 그러한 주장은 성립하지 않는다. 왜냐하면 앞으로 보게 되겠지만, 트로브리안드인은 사회학적으로 말해서 분리된 정체성을 가지고 있기 때문이다. 한편으로 그의 관심과 마음은 자신의 가구를, 즉 자기 아내와 아이들을 향하고 있다. 다른 한편으로 그의 자존심과 도덕적 의무는 자기 누이의 가구를 향하고 있다.

유럽인들을 가장 당혹스럽게 만드는 것, 그리고 오랫동안 나를 몹시 당혹스럽게 했던 것은 동기의 문제이다. 왜 트로브리안드인은 엄청나게 많은 시간과 정력을 다른 누군가를 위한 일에 쏟아붓는가? 무엇이 그가 그러한 노력을 하도록 자극하는가? 여기서 또다시 분리된, 혹은 이중의 관심과 야망, 그리고 감정적 동기들이 해답이 될 것이다.

내가 이러한 고충을 늘어놓는 까닭은, 이제부터 시작해야 할 다소 긴 사회학적인 여담을 정당화하기 위해서다. 민족지학자의 의무는 단지 명백하고 표면적인 사실을 나열하는 데 그치지 않는다. 토착민의 관념, 동기, 느낌, 심지어 감정적 반응과 억압된 소망을 해석하는 것도 민족지학자의 의무이다. 그리고 이러한 관념의 세계는 트로브리안드인이 유럽인과 다소 다르게 느끼고, 생각하고, 열망하도록 만드는 사회 구조와 법적 원칙, 도덕적 강박에서 나타나는 차이를 실감할 때에만 이해될 수 있다.

우리구부는 사회생활과 경제생활 모두에서 핵심적인 원칙이다. 경제적 측면에서 우리구부를 이해하기 위해서는, 혼인법[16]과 생식에 대한 토착민의 생각들, 그리고 토착적인 친족 체계를 파악할 필요가 있다. 나는 이러한 문제들 가운데 일부를 다른 저작들에서 논의하였지만, 수확과 관련해서 그 문제들을 다시 다루는 것은 불가피하다. 혼인법에서 시작해보자. 트로브리안드에서 결혼은 곧 아내의 모계 친척이 남편에게 항구적인 공물의 의무를 지게 된다는 것을 의미한다. 결혼이 지속되는 한, 그들은 해마다 남편에게 우리구부 선물을 지불해야 한다. 결혼 계약은 상호 선물교환을 통해 유효해지는데, 그것은 전적으로 남편에게, 혹은 오히려 새로운 가구에게 유리하다. 왜냐하면 대체로 결혼한 후 맞이하는 첫 수확기에 상당한 양의 타이투를 선물로 받기 때문이다. 그때 처남은 새롭게 구성된 가구의 얌 창고 앞에 길쭉한 프리즘 모양으로 장식된 틀을 세우고 그 속에 선물을 채워넣는다. 이것은 **빌라쿠리아**라고 불리는 첫 번째 우리구부 선물이

∴

16) 〔역주〕 '법'은 다양한 의미를 담고 있는 용어이다. 말리노프스키는 법(law)에 대해 "폭넓고 융통성 있는" 접근법을 견지하면서 토착민 사회에서도 생활 속에 법질서가 작동하고 있다고 주장했으며, "일정한 자연적 성향을 제어하고 인간의 본능을 통제하며 비자발적, 강제적인 행위를 부과하는 것, 다시 말해 공동의 목적을 위한 상호 양보와 희생을 통하여 일종의 협력을 담보하는 것"이 법의 근본 기능이라고 보았다(브로니슬라프 말리노프스키, 『미개 사회의 범죄와 관습(Crime and Custom in Savage Society)』, 김도현 옮김, 책세상, 2010, pp. 67, 70). 특히 그는 토착민 사회에서 "구속력 있는 의무로 여겨지고 행해지는 모든 규칙"(같은 책, p. 28)을 토착법으로 보고 연구를 진행하였는데, 혼인법도 토착법의 주요 일부를 이룬다.

다. 우리구부는 지금 프리즘 모양의 틀이 서 있는 바로 그곳에서 해마다 증여될 것이지만, 나중의 선물들은 대체로 양이 더 작을 것이며 단지 더미들로 배열될 것이다. 남편은 몇 년마다 처남에게 귀중품을 선물함으로써 이러한 선물들에 답례한다. 그러나 그러한 선물들을 합해도 결코 **우리구부**의 경제적인 등가물이 되지 못한다.

친족은 단지 모계로만 셈해진다.[17] 결혼해서 태어난 아이들은 결코 아버지나 아버지의 종족에게 친족(베욜라, '그의 친속')으로 여겨지지 않는다. 아이들은 어머니와 동일한 몸에 속한다. 어머니는 그녀 자신의 피로 그들을 만들었다. 아이들은 어머니의 씨족과 하위 씨족에 속한다. 그들은 어머니의 마을 공동체의 구성원들이 된다. 그들은 외삼촌의 계승자들이다. 즉 그녀의 아들들은 지금 외삼촌이 점유하고 있는 공직과 자격, 그리고 사회적 지위에 대한 권리를 지닌다. 그녀의 딸들은 종족을 이어갈 것이며 동일한 친속 집단에 속하게 될 아이들을 낳을 것이다. 혈통의 단위, 즉 혈육의 정체성으로 결합된 연이은 세대들을 아우르는 집단은 남편, 아내, 그리고 아이들이 아니라, 오히려 남자 형제, 누이, 그리고 그녀의 후손들로 구성된다.[18] 나는 일부러 남자 형제와 그의 누이라고 말하는데, 왜냐하면 여러 명의 남자 형제들과 누이들이 있을 경우, 한 사람의 남자 형제가 한 사람의 누이와 둘씩 특별한 짝을 이루기 때문이다.

∵

17) 〔역주〕 이하에서 트로브리안드의 친족관계에 대한 말리노프스키의 설명이 이어진다. 그러나 말리노프스키는 일반적으로 친족 용어를 크게 중요시하지 않는 경향이 있다. 예를 들어 그는 친족(kinship)과 출계(descent), 친척(kinsmen)과 친속(kindred)의 개념도 혼용해서 사용했기 때문에, 다른 학자들로부터 친족 용어를 엄밀하게 구별해서 사용하지 않는다고 비판받았다. (김주희, 「말리노브스키의 친족 연구: 평가와 재해석」, 『비교문화연구』 제9집 2호, 2003, pp. 274, 288 참조.)
18) 토착적인 혈통의 원칙들에 대해서는, 1부 9절 참조.

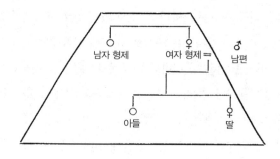

위의 도표는 사회학적 훈련을 받은 독자에게는 불필요하겠지만, 원시 친족관계에 그다지 친숙하지 않은 사람이라면 도표를 통해 이러한 조건들을 분명하게 파악할 수 있을 것이다. 남편은 비록 자기 가구의 우두머리이지만, 트로브리안드의 법적인 의미에서는 친족 집단의 외부에 있다. 남자 형제, 누이, 그리고 그녀의 아이들이 실제 계보학적인 출계 단위를 이룬다. 도표가 보여주듯이, 트로브리안드에는 우리의 '가족' 용어에 상응하는 두 가지 단위가 존재한다. 하나는 생리학적으로 생식력이 있는 집단으로서, 남편, 아내, 그리고 그녀의 후손들로 구성된다. 이 집단은 우리의 '가족'과 마찬가지로 일상생활의 친밀함, 살림살이의 직접적인 경제적 이해관계, 그리고 타고난 정서적인 성향을 바탕으로 매일매일 접촉하면서 생겨나는 감정적인 유대로 결합된다. 이 집단은 트로브리안드의 혼인법에 따라 매우 분명하게 정의된다. 그러나 내가 그 집단의 생리학적인 토대나 생식 단위에 대해서, 그리고 이 집단을 하나로 묶는 피의 유대에 대해서 이야기할 때, 나는 사회학자로서 진술한 것이며 토착민의 관점을 대변하고 있지 않다는 사실을 세심하게 염두에 두고 있어야 한다. 왜냐하면 토착민들은 아버지가 임신에서 담당하는 역할을 무시하고 아내의 죽은 조상들의 영향으로 임신이 이루어진다고 주장하기 때문이다. 이러한 생식 이론은 신체적

정체성이 여성의 혈통으로만 배타적으로 계승된다는 모계 신조의 기본 토대가 된다. 남편은 법적 친족의 모든 문제와는 무관한 한 사람의 구성원으로서 가구를 관장한다. 그는 **토마카바**(이방인, 외부자)라고 칭해진다. 그는 결혼 계약에 의해 오직 자기 아내와만 결합하며, 그녀를 통해서만 간접적으로 그녀의 아이들 및 그녀의 남자 형제와 관련된다.

우리의 '가족' 용어와 한 가지 점에서, 그리고 한 가지 점에서만 상응하는 또 다른 단위는 남자 형제, 누이, 그리고 그녀의 아이들로 구성된 혈통적인 혹은 계보적인 집단이다. 이 집단은 두 세대의 남성들을 포함하는데, 그들은 서로를 대신하며, 종족의 자부심과 야망으로, 그리고 출계의 사슬에서 연이은 고리를 형성한다는 계승의식으로 결합되어 있다. 또한 이 집단은 모계 집단이며, 종족을 지속할 수 있는 여자들을 포함한다. 유럽인이나 부계 문화권에서 자라난 사람에게는 낯설게 느껴지겠지만, 우리는 다음의 사실을 분명하게 이해해야 한다. 트로브리안드에서는, 다른 어떤 모계 사회에서도 그러하듯이, 남자는 계보 나무[19]에서 열매를 못 맺는 가지이다. 나아가 트로브리안드에서는—그리고 트로브리안드인들이나 중앙 오스트레일리아인들처럼 생리학적인 부권을 인정하지 않는 공동체에서는—남자가 생리학적으로 기여해서 자기 자녀를 가지는 것은 불가능하다. 그가 혈연으로 관계된 유일한 아이들은 자기 누이의 아이들이다. 모든 모계 사회에서 그러하듯이, 그들이 그의 법적 자녀이다. 비록 다른 모계 사회에서는 그가 자기 아내의 아이들을 생리학적으로 생겨나게 했다는 사실이 잘 알려져 있지만 말이다.

그러므로 트로브리안드에서는 '가족'이란 용어를 아버지의 가구, 곧 남

19) 〔역주〕 genealogical tree. 가계도를 의미한다.

편과 아내와 아이들로 이루어진 집단에 적용하는 것이 가장 적당하다. 여기서 나는 다른 집단을 '계보학적 단위'라는 용어로 불렀는데, 왜냐하면 토착민들에게 의미 있는 모든 계보는 모계로 이어지기 때문이다. 그렇지만 아마도 '혈통 단위'가 가장 적절한 표현일 것이다. 두 집단들, 곧 가족과 혈통 단위는 혼인법에 의해서, 그리고 혼인 계약에 의해서 결합된다.

집단 구성의 이러한 이중성과 관련해서 한 가지 물음이 생겨난다. 만약 트로브리안드인들이 생리학적 부권을 인정하지 않는다면, 만약 여자가 자신의 죽은 친족 여자들의 작용에 의해 아이들을 임신하고, 그녀 자신의 친족을 위해, 특히 그녀의 남자 형제들 가운데 한 사람을 위해 아이를 낳는다면, 남편은 도대체 왜 필요한가? 가구에서 남편이 차지하는 자리는 무엇인가? 그는 단지 자기 아내에게 의존해서 살아가고 처남 덕을 보고 사는 게으름뱅이에 불과한가? 이에 대한 대답은 이중적이다. 생물학적이고 심리학적인 현실에서, 남편은 자기 아내에게 매혹되었고 그녀를 좋아하기 때문에, 그가 한때 그녀와 사랑에 빠졌으며 주로 그러한 이유로 그녀와 결혼했기 때문에 그녀와 함께 산다. 또한 그는 결혼을 했다는 사실 덕분에 훨씬 더 높은 사회적 지위와 살기 편한 가정을 얻었다. 그는 아이들을 좋아하기 때문에, 자기 아내처럼 아이들을 갖고 싶어 했기 때문에 그들을 돌본다. 어디서나 그렇겠지만, 이것이야말로 트로브리안드에서 살고 있는 남자들과 여자들의 현실이다. 그렇지만 토착민 자신은 이러한 현실을 눈치채지도 못하며, 이야기할 수도 없다. 오직 외부의 관찰자만이 이러한 현실을 알아내어 공식화할 수 있다.

만약 당신이 토착민의 이론을 조사하고 토착민의 견해를 수집하려고 한다면, 어떤 의미에서는 그다지 진실하지 않지만 좀 더 흥미롭고 사회학적으로 더욱 연관된 대답을 듣게 될 것이다. 만약 당신이 어떤 남자에게 왜 결혼했냐고 묻는다면, 가구가 없는 남자는 진짜 어른이 아니기 때문에 한 여자와 결혼했다는 대답을 듣게 될 것이다. 또한 성인이 된 남자라면 마땅히 자신과 함께, 오직 자신과 함께만 성생활을 하는 여자가 있어야 하기 때문에 그녀와 결혼했다는 대답을 듣게 될 것이다. 젊은 사람들은 온갖 종류의 정사(情事)를 즐겨도 좋지만, 성숙한 남자는 아내가 있어야 한다. 한편, 트로브리안드에서 결혼이란 아내가 남편에 의해 결혼을 당하는 측면도 있지만, 마찬가지로 아내가 남편과 결혼하기로 결정하는 측면도 무시할 수 없다. 만약 그녀가 결혼한 동기를 조사한다면, 답변은 훨씬 더 흥미로울 것이다. 여자는 법적인 보호자로서 남편을 필요로 하지 않는다. 그녀의 법적인 보호자는 그녀의 남자 형제이며, 그는 그녀가 결혼한 뒤에도 예전과 마찬가지로 그녀의 법적인 보호자로서 남아 있다. 그러나 그녀의 남자 형제는 그녀 생활의 모든 면에서 전적으로 배제된다. 남자 형제와 누이 사이에서 어떠한 우호적인 친교도 금지하는, 그리고 남자가 자기 누이의 성생활 혹은 생식 과정에 대해서 어떠한 관심도 갖지 못하도록 하는 매우 엄격하고 포괄적인 터부가 존재한다. 그러한 목적을 위해서는 또 다른 남자가 필요하다. 그뿐 아니라, 이러한 다른 남자, 곧 남편은 그녀의 생식 기능을 영예로운 것으로 만들기 위해서, 즉 그녀의 자손이 공동체에서 완전한 부족적 지위를 부여받기 위해서 반드시 필요하다. 비록 토착민의 성생활이 매우 자유분방하며, 결혼하지 않은 소녀는 원하는 만큼의 애인을 둘 수 있지만, 결혼하기 전에 임신해서는 안 된다.[20]

그러므로 결혼은 어머니가 되기 위하여, 자손이 법적인 지위를 얻기 위

..

20) 이것과 다음 진술은 나의 *Sexual Life of Savages in N. W. Melanesia*, 특히 3~7장과 10장에서 충실하게 입증된다.

하여, 따라서 종족의 영예로운 지속을 위하여 절대적으로 필요한 조건이다. 자신의 종족이 영예롭게 계승되기를 원하며, 자신의 조카들이 사생아(토쿠부크와부야)가 아니라 진짜 청년(토울라틸레)이 되기를 원하는 남자 형제는 누이가 결혼하는 데 직접적으로 관심을 가진다. 남편은 없어서는 안 된다.

그러므로 남자 형제는 자기 누이가 생애의 일정한 시기에 접어들면 그녀의 보호자로서의 권리를 포기하고, 그녀가 또 다른 남자의 직접적이고 사적인 통제 아래 들어가도록 허락해야 한다. 남자 형제는 결코 누이의 일에 사사롭게 개입하지 않는다. 소녀가 결혼할 때까지는 아버지가 그녀의 사생활을 세세하게 통제하며, 결혼과 연관된 모든 준비도 아버지가 도맡아서 한다. 이때 아버지는 소녀의 모계 친속의 대리인으로서 행동한다. 결혼 후에는 남편이 아내의 성적인 그리고 생식적인 과정을 실질적으로 관리한다.

이것은 부거제 결혼의 원칙과도 연관된다. 소녀는 남편의 마을, 남편의 집에서 남편과 합쳐야 한다. 이제부터 두 사람은 공동의 가구를 꾸려가면서 수많은 관심사를 공유해야 한다. 그들은 공동의 경제적 책임과 의무를 지니게 된다. 남편은 여러 가지 점에서 아내의 이해관계를 돌봐주며, 아이들이 태어나면, 특히 아들이 태어나면 갖가지 교육의 의무를 떠맡는다. 그는 딸에게 결혼 이전의 일들에 대해서 충고하고 그러한 일들로부터 딸을 보호한다. 딸이 임신하게 되면, 그의 누이들이 그녀의 임신과 관련된 일이나 예식들을 도맡아서 하게 된다.

그러므로 우리는 어떻게 토착적인 결혼 개념으로부터 부권(父權) 관념이 점차 등장하게 되는지를 파악할 수 있다. 그리고 아버지의 역할이나 자식들과 그의 관계는 자기 아내에 대한 그의 사적인 관계에서 파생되었으며 거기에 기초한다는 사실을 알 수 있다. 이러한 관계를 좀 더 분명히 살펴보자.

트로브리안드에서 결혼은 일련의 정사(情事)들의 소산이다. 한 남자와 한 여자 사이에서 계속 지속되어온 정사가 소녀의 가족에게 영원한 협정으로 받아들여지고, 잇단 선물들에 의해 공인된다. 마침내 공개적인 공동 식사와 두 사람의 공공연한 동거에 의해 합법적인 결혼이 성립한다. 우리가 지금 법적인 관계들의 경제적 측면을 연구하고 있으니 말이지만, 성적인 교섭의 경제적 측면은 무엇일까? 트로브리안드에서 모든 성적인 봉사는 선물에 의해 답례될 수 있으며, 그것은 **부와나** 혹은 **세부와나**라는 특별한 이름을 가지고 있다. 토착민들은 성교에서 파생되는 쾌락을 일방적인 것으로 여기지 않으며, 트로브리안드의 여자들은 성교를 할 때 수줍어하거나 수동적인 역할을 하지 않는다. 오히려 이론적으로나 실제로나, 성적인 교섭에서 여성은 남성에 맞먹는 주도권과 역할을 가진다. 그러나 전통적인 규정에서 늘 그렇듯이 여기서도 모순이 나타난다. 트로브리안드에서는 거의 모든 성행위에 대해서, 그리고 아마도 계속되는 성적인 관계에 대해서, 남자는 선물을 주고 여자는 그것을 받아야 한다는 관습이 있다. 그것은 토착민들이 여성의 성기를 총칭해서 말하는 "그녀의 주홍색을 위한" 보상이다.[21]

결혼은 두 가지 점에서 성적인 교섭과 다르다. 우선 결혼은 불가피하게 새로운 가구를 성립시키는 계약이며, 새로운 유형의 사회 집단, 곧 가족을 이루는 토대이다. 개인적인 측면에서 볼 때, 결혼은 두 애인 사이에서 생겨날 수 있는 관계보다 훨씬 더 충만하고 더욱 복잡한 남녀관계를 의미한다. 둘째로, 결혼은 공공연하게 인정받고 소녀의 가족에 의해서 승인되고 수

••

21) *The Sexual Life of Savages*, 10장 7절, "The Commercial Aspect of Love" 참조.

락된 관계이며, 두 사람을 뚜렷한 경제적 증여(prestation)로 결합한다.[22] 결과적으로, 관계의 경제적 측면은 복잡해지고 이중적이 된다. 그녀는 더 이상 자신이 원하는 누군가에게 자기 몸을 자유롭게 주지 못하며, 남편이 성적 쾌락을 독점할 수 있도록 그녀의 성생활은 엄격한 제재를 받게 된다. 다른 한편, 그는 자신의 아내로부터 제공받는 성적인 선물에 대하여 계속해서 답례해야 할 것이다. 그리고 그는 이따금씩 선물을 주기보다는, 그녀에게 바치는 끊임없는 봉사로, 무엇보다도 그녀의 아이들에게 바치는 봉사로 답례한다. 아이들은 법적으로 남편의 자식들이 아니라 아내의 자식들로 여겨지기에, 그가 그들에게 베푸는 사랑과 관심과 물질적인 은혜는 전통적인 관습에서는 일종의 답례로 여겨진다. 왜 아버지가 자기 아이들을 돌보는지 물어보면, "어머니와 함께 자는 데 대한 보답", "어머니의 주홍색에 대한 보답" 등과 같은 표준적인 답변을 듣게 된다.

아내는 남편에게 바치는 성애의 봉사 외에도 그를 위해 요리하고, 음식을 마련하며, 물을 물병에 담아서 가져다주어야 하고, 아플 때 돌봐줘야 하며, 마침내 그가 죽으면 그를 위해 애도해야 한다. 그녀의 남자 형제들은 우리구부 선물을 제공하고, 아플 때 그를 돌봐주고, 그의 이익을 지키고, 공동노동이 필요할 때마다 그를 위해 작업할 준비를 갖춤으로써 그녀를 도와주어야 한다.

이미 알고 있듯이, 우리구부는 단지 해마다의 수확물 선물만을 의미하지 않으며, 아내의 가족이 남편에게 해주어야 할 다른 봉사들까지 포함한

∴

22) 영어로는 제대로 설명할 수 없는 개념들이 존재하는데, 그렇다고 그냥 넘어갈 수도 없다. 그래서 여기서 나는 "prestation"이라는 단어를 프랑스어의 의미에서, 즉 한 개인이나 집단이 또 다른 개인이나 집단에게 제공하는 법적으로 정의된 봉사라는 의미에서 신중하게 도입하였다.

다.[23] 그러므로 당연히 그것은 결혼 계약의 중요한 특징들 가운데 하나이다. 또한 결혼 계약은 생식에 대한 토착민의 생각과 친족 관계에 관한 토착적인 신조들, 그리고 남자 형제가 누이와 그녀의 자손을 돌봐주어야 한다는 도덕적 의무의 결과이며, 나아가 남매가 서로를 피해야 한다는 마찬가지로 중요하고 더욱 인상적인 도덕적 의무의 결과이다.

이와 함께, 아버지는 자식들을 사랑하고 그들을 감정적으로 필요로 할 뿐더러, 사회학적으로 아버지의 지위는 자식들에 의해서 강화된다는 사실을 한 번 더 강조할 필요가 있다. 아버지는 자식들이 어릴 때에는 그들의 보조 유모이고, 자식들이 자라날 때에는 그들의 친구가 되어준다. 그는 자기 아들들을 교육하고 딸들을 보살핀다. 법적으로 엄격한 후견인의 역할은 외삼촌에게 맡겨졌기에, 부자관계에서는 생기 넘치는 교제가 이루어지고 진정한 우정이 생겨난다. 실제로 아버지는 자신의 법적인 상속인인 누이의 아들을 희생해서라도 자기 아들에게 가능한 대로 많은 것을 베풀어주려고 애쓴다. 자기 자식에게 호의를 베풀고 싶어 하는 아버지의 자연스러운 성향은, 엄격한 모계 법을 거의 무시하고 교묘하게 피해가는 관습에 따라 용인된다. 아버지는 모계 조카의 권리를 빼앗아서 자기 아들에게 베풀어줄 수 있는 수많은 기회를 관례적으로 부여받는다.

따라서 아들은 엄청나게 많은 혜택을 받는데, 특히 아버지로부터 특정한 종류의 주술을 아낌없이 선물로 받는다. 반면 조카는 그러한 것들을 자신의 외삼촌에게서 구매해야 한다. 아버지는 보통 자기 아들과 누이의 딸

..

23) 공동 노동(4장 5절 참조)은 경작보다 훨씬 더 광범위한 일에서 활용된다. 아내의 남자 형제들과 친족들이 제공하는 공동 노동은 무거운 물건 나르기, 고기잡이, 카누, 창고, 혹은 집의 축조 등과 같은 일들과 더욱 관련된다.

을 결혼시키려고 애쓰며, 그러한 교차사촌혼[24]을 통해서 자기 아들을 중간 상속인의 위치에 두려고 한다. 나아가 교차사촌혼은 보통의 결혼과는 달리 처거제(妻居制)이다. 즉 아들은 아버지의 모계 조카딸의 공동체이기도 한 자기 아버지의 공동체에 머무른다.[25]

따라서 자식을 향한 아버지의 태도는 가부장적 태도와 매우 비슷한 유형으로 수립되지만, 몇 가지 중요한 차이가 있다. 아버지는 자식에 대해서 어떠한 법적 권한도 가지고 있지 않다. 따라서 그는 자식들과 감정적으로 훨씬 가깝고, 그들의 호감을 얻으려고 애쓰며 보통은 거기에 성공한다. 공식적으로 아버지에게는 아들의, 그리고 결혼한 딸의 운명을 통제할 어떠한 권리도 없다. 그들 모두는 주민의 자격을 갖출 만한 나이에 도달하면, 즉 18세에서 22세 사이의 어느 때가 되면 아버지의 집과 아버지의 공동체를 떠나야 한다. 아들은 엄격한 법에 따라서 외삼촌의 마을 공동체로 가야 한다.

그러나 아버지는 자식의, 특히 자기 아들의 수고를 명확하게, 호혜적으로 요구할 수 있다. 어린 자식들은 아버지의 소구획에서 그리고 아버지의 마을에서 일하거나, 어머니의 **우리구부**를 위해서 외삼촌과 함께 일한다. 후자의 경우에 그들은 외삼촌의 공동체로 가야 할 것이다. 어느 쪽이든 그

⁖

24) 〔역주〕 아버지나 어머니의 이성 형제의 자식(교차사촌)과 하는 결혼을 일컫는 인류학 용어. 즉 내가 아버지의 이성 형제(고모)의 자녀인 고종사촌과 결혼하거나 어머니의 이성 형제(외삼촌)의 자녀인 외종사촌과 결혼할 때, 이를 교차사촌혼이라고 한다. 한편, 평행사촌혼이란 아버지나 어머니의 동성 형제의 자식(평행사촌)과 하는 결혼을 일컫는 용어이다.

25) *The Sexual Life of Savages*, 4장 4절 참조. 이 저서를 통해서 트로브리안드 사회에 친숙해진 독자는 트로브리안드에서 처거제 결혼이 나타내는 역설을 알아차릴 것이다. 즉 남편은 종종 자신이 태어나고 사춘기를 보낸 마을에 머무르고 소녀는 거기서 그와 결합한다. 11장과 12장에서 분명하게 드러나는 것처럼, 공동체의 주민권과 그곳에서 일찍부터 거주하는 것은 거의 양립하기 어렵다.

들은 그들 자신의 가구가 사용할 얌을 생산하는 데 기여한다. 또한 아들은 외삼촌의 계승자이자 조력자로서 아버지를 돕는다.[26] 따라서 이론적으로는 아들이 외삼촌에게 법적으로 신세를 지고 있다는 점에서 부계 사회의 전형적인 부자(父子) 관계와 근본적으로 다르지만, 실제로는 별다른 차이가 없다. 어쨌든 그것이 의미하는 바는, 아들이 어떤 중요한 문제에 직면하면 아버지가 원하는 대로 하기 전에 우선 외삼촌과 상의해야 한다는 것이다.

나중에 아들들은—교차사촌혼을 통해서, 혹은 아버지가 족장이거나 권력자일 경우 그의 임의적 결정을 통해서—아버지와 함께 머무르면서 아버지의 공동체에서 그를 돕는 경우도 있고, 그렇지 않으면 외삼촌에게 돌아가서 해마다 아버지의 그리고 어머니의 **우리구부**를 위하여 그들의 마을 경작지에서 일한다.

아버지가 죽으면 아들들이 대부분의 수고를 담당한다. 그들은 시신을 씻고 단장해야 하며, 시신을 묻어야 한다. 그리고 그들은 죽은 남자의 살을 맛보고, 뼈의 어떤 조각들은 석회 주걱으로, 두개골은 석회 단지로 사용하는 등의 다소 혐오감을 일으키는 장례 의무들을 수행해야 한다.[27] 그 일은 선교사나 민족지학자에게 뿐 아니라 토착민들에게도 혐오감을 일으키며, 구역질나거나 귀찮고 힘든 의무로 여겨진다. 여기서 다시금 받은 수고에 대해 답례하는 공평한 교환이 이루어지는 것을 볼 수 있다. 만약 왜

••

26) 〔역주〕 우리구부 관습으로 인해서, 외삼촌의 경작을 돕는 것이 결과적으로 아버지의 얌 창고를 채우는 데 기여하는 일이 된다.
27) 〔역주〕 말리노프스키는 시신을 맛보는 등의 관습이 사랑하는 사람이 죽었을 때 가까운 사람들이 느끼는 사랑과 갈망, 그리고 두려움과 공포와 같은 이중적인 감정 상태를 반영한다고 본다. *Magic, Science and Religion*, pp. 47~53 참조.

아들이 아버지를 위해서 이러한 장례의 수고를 해야 하는지 물어본다면, 어머니에 대한 아버지의 관계가 다시 언급되거나, 그가 자식들을 양육하고 교육했다는 사실이 언급될 것이다.

따라서 아버지와 자식들의 관계는 친밀감과 사랑으로부터 생겨난 정서인 자연스러운 호감에 기초하고 있다. 아버지와 자식들의 법적인 관계는 인위적이지만 적절하게 균형 잡힌 호혜적 의무 체계를 토대로 하는데, 언제나 그 중심에는 해마다의 수확물 선물, 우리구부가 있다.

이번에는 어머니와 자식들, 그리고 어머니의 남자 형제로 구성된 집단에 관심을 집중해보자. 이미 알고 있듯이, 이 집단은 토착민의 이론에서 친족의 실제 단위를 구성한다. 여성이 혈통을 계승하며, 남성은 각 세대마다 그것을 대표한다. 남성이 재산을 상속하지만, 여성은 우리구부 선물을 통해서 남성이 관리하는 거의 모든 부분에서 혜택을 받는다. 여러 세대의 남성들이 여성들을 위해서 일한다. 여성은 남편 혹은 아버지의 보호 아래 성생활을, 그리고 생식을 위한 생활을 영위하며, 친속의 종족을 잇는다.

이러한 상보적인 기능 구분에서 "씨족"이 아니라 오히려 남자 형제와 누이, 그리고 그녀의 자손으로 이루어진 집단이 하나의 단위로 작용한다는 점을 명백히 할 필요가 있다.

여자의 남자 형제는 자연히 그녀의 법적 보호자가 된다. 그러나 그 혼자만으로는 충분하지 않다. 그는 어떤 식으로든 누이의 성생활에 개입할 수 없다. 간접적으로나, 심지어 매우 멀리에서도 누이의 성생활에 관여해서는 안 된다. 외삼촌이 자기 어머니의 생식 활동을 아버지에게 임대했듯이, 그는 누이의 생식 활동뿐 아니라 그녀의 자손까지도 그녀의 남편에게 임대한다. 그는 신체적으로나 도덕적으로나 누이로부터 먼 거리에 떨어져 있어야 하기 때문에, 결혼은 부거제가 되어야 한다. 그렇지만 모계 친족의 기본 원칙들은 부거제나 부계의 가족생활이 강력하게 발전하는 것과 대립한다. 우선 남편의—트로브리안드인이 진짜 친속이라고 여기는—모계 친속은 그가 자식들에게 너무 많은 관심과 특권, 그리고 선물을 주는 것을 바라지 않는다. 남자의 소유와 이익은 그의 모계 친속 안에서 유지되어야 하기 때문이다. 다른 한편, 아이들의 진짜 친속, 곧 모계 친속은 아이들이 그들의 공동체로 돌아오기를 원하며, 조력자로서 그리고 법적인 계승자로서 그들을 원한다. 따라서 보통 부거제 가구는 깨어지고, 소녀들은 결혼하기 위해서 아버지의 집을 떠나며, 소년들은 그들의 외삼촌에게 되돌아간다. 이제 늙고 노쇠해서 남에게 의존하는 남편과 아내는 둘만 남아서, 그녀의 아들들을 포함한 아내의 가족으로부터 여전히 부양을 받는다.

친족에 대해서 이처럼 긴, 그러나 필요한 여담을 끝내고 나서, 이제 우리는 우리구부 선물의 성격을 이해할 수 있다. 또한 우리는 이전의 질문들, 곧 첫째로 이 선물을 증여하게 만드는, 그것도 풍성하게 주도록 만드는 동기에 대한 질문과, 둘째로 증여에 수반되는 정교하고 경쟁적인 전시의 까닭, 그리고 셋째로 경제적 의무를 수행할 때 우회성의 기능에 대한 물음에 대답할 수 있다.

우리구부는 모계 혈통 단위의 진짜 우두머리[28]가 가구(家口)에 증여하는 선물인데, 그는 그 가구에 속해 있지 않으며 심지어 보통은 그들과 같은 마을에서 살지도 않는다. 다른 한편, 이러한 증여에서 이익을 얻는 부거제 가구 안에도 진짜 우두머리[29]가 있다. 부거제 가구의 우두머리도 경제적으로 가구에 기여하지만 친족 문제에서는 이방인으로 여겨지며, 그의 지위는

..

28) 〔역주〕 아내의 남자 형제, 혹은 아이들의 외삼촌을 가리킨다.
29) 〔역주〕 남편, 혹은 아이들의 아버지를 가리킨다.

아내, 아내의 남자 형제, 그리고 그녀의 자식들과 그를 결합시키는 일련의 호혜적 관계들을 통해서만 합법적이다.

그러므로 우리구부는 트로브리안드에서 친족 집단이 실제로 어떻게 구성되어 있는지를 보여준다. 트로브리안드에서 친족 집단은 우리의 경우처럼 하나의 가구, 하나의 가족, 하나의 혈통 단위로 단순하게 구성되지 않는다. 트로브리안드의 친족 집단은 한편으로는 혈통 단위—남자 형제, 누이, 그리고 자식들—를 포함하며, 다른 한편으로는 가구—남편, 아내, 아이들, 그리고 때때로 늙은 부모와 좀 더 멀리 있는 친척들까지 셈해서—를 포함한다. 가구의 핵심에는 항상 가족이 있다. 즉 사회학자의 눈으로 보면, 남편, 아내, 그리고 자식들로 이루어진 생식의 단위가 가구의 핵심이다. 트로브리안드인의 눈으로 보면, 남편을 아내와 그녀의 미성숙한 아이들의 대리 보호자로 만드는 결혼 계약을 토대로 성립된 부부가 가구의 핵심이다. 그러므로 우리구부는 부거제 가구와 모계 혈통의 원칙들 사이의 절충 혹은 조정의 소산이며, 그것이 경제적으로 표현된 것이다. 그런데 또한 우리구부는 남자 형제와 누이 사이의 터부, 모든 어린이에게는 아버지가 있어야 한다고 규정하는 적법성의 원칙, 그리고 성인 남자와 성인 여자는 정식으로 영원한 성적 동반자 관계를 맺어야 한다는 관습적인 규정과도 관련된다.

이제 우리는 단지 우리구부와 관련된 법적인 제재뿐 아니라 사적인 동기까지도 이해할 수 있다. 만약 우리구부를 어떤 외부인이 거의 방문을 허락받지도 못하는 가구에게 주는 선물로 여긴다면, 그것은 어리석고 부당하며 성가신 제도처럼 보인다. 그러나 우리구부를 우두머리가 자신의 친속 집단에게 증여하는 선물이라고 이해한다면, 그것은 자연스럽고 거의 명백한 제도가 된다. 가부장제 사회에서 가장이 자기 가구를 부양하면서, 자신이 죽은 뒤에도 견뎌낼 만큼 튼튼한 경제적 토대를 수립하기 위해서 일하는 것과 똑같이, 트로브리안드의 모계 공동체에서도 외삼촌은 자유롭고 관대하게, 그리고 열성적으로 그의 후손을 부양한다. 또한 그는 그러한 과정에서 누이의 남편을 부양하지만, 후자는 자신이 받은 **우리구부**의 몫에 대해 호혜적 선물로 답례한다. 나아가 누이의 남편도 자신의 친속이 아닌 다른 혈통 집단에 속하는 자기 아내와 그녀의 자식들의 양육에 기여한다. 대체로 한 가구의 경제적 배치는 토착민들의 다양한 사회학적, 법적, 도덕적, 개인적 성향들과 이해관계들을, 그리고 호혜적인 의무들을 매우 적절하게 반영하고 있다.

또한 이제 우리는 왜 남자가 누이의 가구에게 제공해야 할 만큼의 타이투를 그 근처에서 마련해주고, 대신 자신의 공동체에서 수고해서 그것을 갚지 않는지 그 까닭을 이해할 수 있다. 토착민의 법과 관습, 그리고 도덕에 따르면, 그의 진짜 의무는 누이의 가구를 책임지는 것이다. 따라서 그는 누이의 가구를 위해서 **타이투왈라**(진짜 타이투), **타이툼와이도나**(충분한 타이투)를 경작하고 수확해야 한다. 경작자로서 그의 명성은 수확물 가운데서도 누이의 가구에 증여할 농작물의 크기와 품질에 달려 있다. 나아가 그는 그 선물을 증여하면서 허영과 정서를 모두 만족시킨다. 왜냐하면 한편으로 그는 이방인—다른 씨족에 속한 것으로 정의되는 남자—인 매부에게 증여하며, 그러한 선물은 자랑해도 되기 때문이다. 그러나 다른 한편 그는 자기 누이를 위해서, 자기 후손을 위해서, 미래에 그를 위해 일하게 될 사람들을 위해서, 자기 종족의 영광을 위해서 식량을 제공하고 있으며, 따라서 그의 마음이 움직인다.

그러므로 **우리구부** 선물은 자랑하고 전시하고 비교하기에 알맞으며, 또한 멜라네시아인에게 너무나 중요한 '계속되는 신화적 정교화'에 적합하

다.[30]

이전 장에서 살펴보았던 거래들의 예식적인 측면이 단지 개인적인 성향의 강력한 표현인 것만은 아니다. 거기에는 또한 효과적인 제재가 포함되어 있다. 전시하고, 공개적으로 측정하며, 측정값을 기록하는 일은 증여자에게는 심리적인 자극을 주고, 공동체에게는 칭찬이나 비난을 위한 빌미를 제공해준다. 증여자의 작업이 효율적일 뿐 아니라 성공적으로 이루어졌을 경우에는, 그가 제공한 풍성한 선물의 가치를 인정받게 되고, 증여자와 그의 종족의 명예가 칭송되며, 공동체의 도덕적 승인이 이루어지는데, 이것은 트로브리안드인에게 엄청난 만족을 주는 동시에 실제적인 보답이 된다.

그러므로 토착민들에게는 단순히 상업적 거래를 통해 우리구부 의무를 만족시킨다는 발상이 괴상하게 여겨질 뿐 아니라 혐오감을 준다는 것을 알 수 있다. 내가 그러한 생각을 정보 제공자들에게 내비칠 때마다, 혹은 왜 수확물 선물을 단순히 김왈리(물물교환)하지 않느냐고 물어볼 때마다, 그들은 그 말을 품위 없는 농담으로 받아들였고 뚜렷한 경멸을 표시했다. 알다시피, 유럽인들이 토착민의 심리와 사회 구조를 제대로 이해했을 때 비로소 일정한 관습들이 어떤 기능을 하는지, 공동체에서 그러한 관습들이 실제로 어떠한 가치를 지니는지를 파악할 수 있다. 우리구부에 대해서 어렴풋하게 알고 있던 트로브리안드의 백인 거주자들은 우리구부가 쓸데없이 에너지를 낭비한다고 극도로 경멸했으며, 정부의 명령을 통해 그것을 중지시키려고 애썼다. 그렇지만 만약 우리구부가 어떤 식으로든 방해를 받는다면, 트로브리안드인들은 일할 의욕을 반쯤 잃어버릴 것이며, 그의

••

30) '계속되는 신화적 정교화'란, 부족 생활에서 현재 일어나는 사건들을 중심으로 점차 이야기들이 축적되다가, 머지않아 전설이 되며, 마침내 부족의 평결로 확립되는 것을 의미한다.

도의심과 책임감은 반 이상 시들어버릴 것이라는 사실을 우리는 명백히 알 수 있다.

또한, 만약 토착민이 우리구부라는 기본적 의무를 다하기 위해서 경작한다면 훌륭한 경작자가 될 수 있지만, 자기 자신을 위해서 훌륭한 경작자가 되려고 한다면 위험에 빠지게 되는 까닭을 이해할 수 있다. 누군가가 넓은 경작지를 가지고서 자기 몫의 식량을 생산하기 위해 경작지를 사용한다면, 이는 트로브리안드 사회의 기본 원칙에 분명히 위배된다. 그리고 트로브리안드의 공동체는, 다른 곳에서도 마찬가지겠지만, 확립된 개념들을 위반하는 어떤 것에 대해서도 완고한 보수적 태도로 깊은 적개심을 드러낸다.

이제 우리는 우리구부의 기능과 그것이 트로브리안드의 사회생활에 미치는 영향을 아주 짧게 요약할 수 있다. 위에서 이야기한 내용을 종합해보면, 우리구부는 결혼을 공고하게 만드는 주요 요소들 가운데 하나임을 알 수 있다. 그것은 아버지의 지위, 아버지와 자식들과의 관계, 그리고 자식들과 외삼촌과의 관계에 밀접하게 관련된다. 그러나 우리구부에서 정말로 주목할 만한 사실은, 그것이 오마라카나의 최고 족장뿐 아니라 마을 공동체의 모든 우두머리가, 그리고 자기 지구에서 부차적인 신분에 속하는 모든 족장이 공물을 징수하는 통로라는 점이다.

3. 수확물 선물의 이론과 실천

구체적인 사례를 통해서 우리구부의 원칙들을 구체적으로 살펴보는 것이 가장 좋겠다. 수확기에 전형적인 중간 서열 공동체인 얄루므그와의 촌락 한 곳을 방문해보자. 현재 군소 족장들(굼구야우)의 하위 씨족이 그곳에서 통치하고 있다. 기록 1의 자료를 통해 알 수 있듯이, 예식적으로 채워져야 하는 창고 열한 채는 모두 세 하위 씨족의 구성원들의 소유이다(12장 3절 참조). 이 창고들을 채우는 사람들은 모두 서로 밀접한 관계를 맺고 있으며, 모두 같은 마을 단위에 거주하거나 바로 근처에 살고 있다. 그러한 조건에서는 증여자들 혹은 창고를 채우는 사람들에게 쉽게 연락을 취할 수 있으며, 그들이 농작물을 들여올 날짜를 수월하게 정할 수 있다. 그 날이 오면, 농작물을 운반하는 무리들은 이미 묘사했듯이(5장 5절) 예식적인 방식으로 연달아 도착할 것이며, 적당한 자리에 더미들을 세울 것이다. 일부 증여자들은 늦을 수도 있는데, 그러면 농작물을 들여오는 일이 아마도 이삼 일 연장될 것이다. 내가 기억하는 한, 1915년에는 기록 1에 묘사된 대로 얄루무그와의 촌락 한 곳에서 모든 더미가 사흘 안에 세워졌다.[31] 더미들은 그곳에서 약 사흘이나 닷새 정도, 혹은 길어야 일주일 정도 전시된다. 그리고 나서 증여자와 운반자들이 돌아갈 날짜가 정해지고, 모든 브와이마가 동시에 채워지는데, 그 절차들은 한 시간 남짓 걸린다(〈사진 75~77〉 참조).

　　내가 브와이마 채우기를 목격하고 사진을 찍었을 무렵, 얄루무그와는 활기를 띠고 있었지만 사람들로 붐비지는 않았다. 운반자들과 마을 사람들은 축제에 준하는 차림새를 하고 있었는데, 모두 몸에 기름을 바르고, 새로 만든 나뭇잎 음부 가리개와 섬유 치마를 걸치고 있었다. 얄루무그와에서 이루어진 절차는 작은 **굼구야우** 마을의 전형적인 절차였다. 내가 예전에 크와이브와가, 릴루타, 음타와, 그리고 카브와쿠 등의 마을들과 비교해

∴

31) 또한 부록 2, 4절의 주 28을 보라.

서 수치, 관계, 분배를 기록한 내용을 검토해보니, 더미들의 수가 스물다섯 개에서 쉰 개의 범위에 있었으며, 관계의 조건과 법적 원칙은 그곳들 모두에서 매우 비슷했다.

틸라카이바, 와카이시, 혹은 요우라워투처럼 훨씬 더 작은 마을들에서는 동일한 절차들이 단지 더 작은 규모로 이루어질 것이다. 이곳들에서 더미들의 수는 얄루무그와에서 목격했던 수의 대략 삼분의 일이거나 심지어 사분의 일일 것이다. 나는 수확기 무렵 쿠프와코폴라에서는 더미들 다섯 개를, 틸라카이바에서는 일곱 개를, 요우라워투에서는 여섯 개를 본 적이 있다.

서열이 높은 마을에 거주하는 평민들은 저마다 더미를 한 개나 두 개, 혹은 세 개씩 받는다. 작은 마을에 거주하는 평민들은 대체로 더미를 하나씩만 얻을 것이다. 기록 4에서 제시된 자료들은 몇 가지 구체적인 사례들을 보여준다. 그러한 사례들은 구체적인 본보기에 불과하다. 나는 수확기에 마을들을 돌아다니면서 우리구부의 상태를 몇 번이고 되풀이해서 조사해보았다. 그때마다 조사 결과는 내가 사례들을 통해 수립한 양식에 일치했다. 그러므로 귀납적인 일반화는 기록들에서 제시된 것보다 훨씬 더 광범위한 자료에 기초한 것이다.

작은 마을의 경우에도 증여자들은 근처에 살고 있을 것이고, 모든 예식은 굼구야우 마을에서보다 더 짧은 시간 안에 끝날 것이다. 더미들은 하루만에 운반되고, 24시간 동안 방치되다가 그후에 저장될 것이다.

족장의 신분이 높거나 매우 부유한 마을에서, 즉 무엇보다도 오마라카나에서, 그리고 또한 카사나이, 구밀라바바, 카바타리아, 그리고 올리빌레비에서, 혹은 남쪽의 바쿠타에서, 우리구부 채비는 훨씬 더 대규모로 이루어질 것이다. 1918년 오마라카나에서 우리구부가 유난히 성대하게 증여되었을 때 일어났던 일들을 간략히 묘사해보자. 나는 그것을 기록 2에서 여러 자료를 통해 제시하였다.

1918년에는 망가진 토울루와의 주요 창고를 재건축하고, 특별한 아내들의 몫으로 배당된 수많은 작은 창고들을 수리할 필요가 있었다. 또한 그 무렵(1917~1918) 키리위나의 토착민들은, 내가 생각하기로는, 대체로 1915년에 족장의 맏아들이 추방된 이후 마을 사이에 스며든 긴장과 적의를 해소하기 위해서 족장에 대한 충성을 표현하고 싶어 했다. 동시에 크와이브와가의 마을들과 릴루타와 음타와의 마을들은 사적인 숙원으로 서로 반목해왔다. 내 생각엔 이러한 반목 역시 족장의 가족 내부의 불화와 관련되어 있었지만, 다툼을 일으킨 최후의 결정타 혹은 아마도 표면적인 원인은 당시에 문명화와 그리스도교의 영향으로 새롭게 도입된 크리켓 경기의 점수에 대한 견해차였다.

여기서는 이러한 다툼에 대해서 토착민에게 들었던 설명을 인용하려고 한다. 그 설명에는 카야사[32]를 개최하는 이유와 관련된 몇 가지 흥미로운 진술이 들어 있기 때문이다. 또한 그 설명을 통해서, 실제로 무언가가 전파된다는 것이 얼마나 어려운 일인지를 잘 알 수 있다. 영국인에게 크리켓은 명예와 스포츠맨 정신의 대명사가 되었지만, 키리위나인에게 크리켓은 폭력적인 다툼과 강렬한 열정의 원인일 뿐 아니라 새롭게 발명된 도박 시스템이다. 반면 또 다른 유형의 미개인인 폴란드인에게 크리켓은 무의미한 일이며, 시간을 낭비하는 지루한 방법일 뿐이다.

"(1) 당신이 전에 이곳에서 살았을 때에는 불화가 없었기 때문에 카야사

∵

32) 우빌라쿠라고 불리는 카야사의 한 유형이 묘사되는 *Argonauts*, 8장 참조. 또한 *Sexual Life of Savages*의 카야사 단어 참조.

도 없었습니다. (2) 오늘날에는 다툼이 일어나서 **카야사**를 할 만한 이유가 있기 때문에 **카야사**가 열립니다. (3) 한편에서는 크와이브와가 사람들이, 다른 편에서는 릴루타와 음타와 사람들이 싸웠습니다. (4) 싸움이 끝났을 때 그들은 말했습니다. '좋다, 나중에 보자. 수확기 때 농작물 전시 경쟁을 하자. 그리고 **카야사**를 개최하기 위해서 오마라카나에서 시작 잔치를 열자.' (5) 토울루와의 분배가 끝났을 때, 그들은 그들의 마을로 갔습니다. 그들은 자신들의 마을에서 또 다른 시작 잔치와 분배를 하였습니다. (6) 릴루타 사람들이 시작 잔치를 열었고 크와이브와가 사람들도 또 다른 시작 잔치를 열었습니다. 그들은 끝날 때까지 배불리 먹었습니다. (7) **카야사** 관습의 이유는, 누가 더 강력하고 누구의 주술이 더 예리한지를 우리가 알아야 하기 때문입니다. (8) 농작물을 다 들여왔을 때, 우리는 알게 될 것이기 때문입니다(즉 조사해서 알게 될 것이기 때문입니다). '그대여, 그대의 기록[33]은 얼마나 되는가?' 그리고 기록을 계산할 때 다음의 사실이 명백해질 것입니다. '그들의 기록이 거기 있다.' (9) 앞으로 타이투 들여오기와 **카야사**가 끝나면 그들의 다툼도 끝날 것입니다. (10) 또 다른 다툼이 발생하면, 또 다른 **카야사**가 준비될 것입니다.

   (11) 이 사람들은 크리켓 때문에 다투었습니다. (12) 크와이브와가 사람들은 음타와로 가서 크리켓을 했습니다. (13) 그들은 크리켓을 했습니다. 그들은 크리켓을 끝마치고, 셈을 했습니다. 그들은 셈을 했고, 말했습니다. '누가 이겼지?' (14) 크와이브와가 사람들은 음타와 사람들에게 이야기 했습니다. '너희는 거짓말을 하는구나. 우리 편이 이겼다.' 음타와 사람들은 대답했습니다. '아니, 너희가 진짜로 이긴 건 아니다.' (15) 그들은 다투

∴

33) 〔역주〕들여온 농작물 양을 계산한 기록을 의미한다.

었습니다. '좋다. 너희를 좀 두들겨 패줘야겠다.' 그들은 막대기를 던지며 서로 싸웠습니다. 음타와 사람들은 크와이브와가 사람들을 쫓아냈고, 크와이브와가 사람들은 그들의 마을로 떠나면서 말했습니다. (16) '좋다, 너희가 우리를 쫓아내는구나. 그러나 내일 오마라카나에서 보자. 우리가 너희를 두들겨 패주겠다.' (17) 나중에 그들은 오마라카나에 왔고, 크와이브와가 사람들은 음타와 사람들에 대항해서 창과 방패로 싸우면서 복수했습니다. (18) 음타와 릴루타 사람들은 달아났습니다. 그들은 자기 마을로 돌아가서 말했습니다. '우리는 싸웠다. 카야사를 해서 누가 경작에서 더 유능한지 보자.' (19) 카야사의 주최자는 릴루타의 크워야빌라입니다. (20) 옛날에는 다음과 같았습니다. 그들은 다투었습니다. 그러다가 서로 싸웠습니다, 그리고 나서 그들은 카야사를 준비했습니다. (21) 다툼은 여자 때문에, 혹은 경작지 소구획이나 식량 때문에 일어났습니다."

이 설명의 일부는 독자들에게 다소 모호하게 여겨질 수도 있겠지만, 나는 여기서 그 문제를 더 이상 길게 논하지 않겠다. 그 문제에 대해서는 나중에(〈원문 85〉, 12장 18~20절에서) 충분히 다루게 될 것이다.

어쨌든, 복합적인 이유로 카야사 원칙에 따라 경쟁적이고 예식적인 수확을 조직하도록 결정되었다. 카야사는 경쟁적이고 의무적인 활동 기간을 총칭하는 이름이다. 카야사는 항상 명확한 양식에 따라서 적절한 예식과 함께 조직되며, 어떤 면에서는 법적 구속력을 지니고 있다. 카야사와 관련된 활동은 아마도 순전히 축제적인 성격을 띨 수도 있고(춤, 경기 등등), 혹은 이 사례에서처럼 경제적인 성격을 띠면서 경작, 고기잡이, 혹은 조가비 장신구의 생산과 관련될 수 있다. 카야사를 조직하는 자는 항상 신분이 높은 남자이며, 그는 카야사 원칙에 따라 당면한 활동을 진행하기 위해서 수많은 사람들을 결속시킬 수 있다. 그는 첫 번째 식량 분배를 실시하는데, 식량을 받은 사람들은 어떠한 장애나 어려움이 있더라도 그 활동을 수행해야할 의무를 지게 된다. 1917년에는 수확기에 **카야사**를 개최하기로 결정되었는데, 그해에는 적당한 때에 비가 충분히 내렸기 때문에 토착민들은 풍년을 기대하고 있었다. 그러나 결과는 정반대였고 그 지구의 농사는 엄청난 흉작이었다. 그럼에도 불구하고 카이샤의 모든 참가자는 그들의 힘을 최대한도로 짜냈고, 족장에게는 어마어마한 수확물이 바쳐졌다. 그 섬에서 족장을 제외한 나머지 사람들은 누구도 타이투를 제대로 저장할 수 없었지만, 그것은 큰 문제가 되지 않았다. 과일과 이차 농작물의 수확이 충분했기 때문이다. 어쨌거나, 일단 **카야사**가 시작되면 토착민들은 의무감뿐 아니라 강한 야망 때문에 목표를 달성하려고 최선을 다한다는 사실을 알 수 있다.

키리위나에서 수확이 시작될 무렵, 나는 오마라카나에 거주하고 있었다. 소구획에 세워진 정자들(**칼리모미오**)은 이례적으로 규모가 컸다(권두 그림과 〈사진 48, 56, 그리고 57〉을 보라). 내가 생각하기로는, 상당수의 정자들은 소구획 한 곳에서 생산된 농작물이나 심지어 한 남자의 소구획들에서 생산된 농작물로만 채워지지 않았다. 오히려 그 더미에는 여러 명의 남자들이 생산한 농작물이 섞여 있었다. 기록 2에서 볼 수 있듯이, 일부 더미들은 거의 농작물 2천 바구니에 해당할 정도로 엄청나게 컸다. 마을 사람들의 방문과 감탄, 자랑, 비판, 그리고 뒷소문 또한 유별나게 큰 규모로 이루어졌다. 이와 함께 틸라타울라 지구의 두 마을들 사이에서 **부리틸라울로**(경쟁적인 식량 전시)가 부수적으로 진행되었다. 각 공동체의 우두머리가 수확의 지도자이자 조직자였다. 이들 가운데 가장 눈에 띄는 사람들은 릴루타의 크워야빌라, 음타와의 심다리세 와와, 크와이브와가의 쿠마탈라, 릴루타의 카니유와 카이타가바(크와이브와가의 주요한 작은 촌락)의 토쿠나사이였다. 기록 2는 이 남자들이 수확물 더미에 가장 많은 양을 기부했음을 보여준다. 그들은 크리켓 싸움에서 경쟁했던 두 파의 지도자들이었다.

토착민들은 농작물을 경작지에 한동안 놓아두었다가 들여오기 시작했다. 그 작업은 작은 마을들에서 그러하듯이 하루 이틀 동안 지속되거나, 심지어 오마라카나에서 보통 그러하듯이 한두 주 동안 지속된 것이 아니라, 한 달 이상 계속되었다. **구굴라**(더미) 하나가 다소 먼 소구획들 가운데 하나에서 오마라카나로 옮겨질 때마다, 두 마을들, 곧 증여자의 마을과 중심지 마을에 사람들이 몰려들었다. 수백 명의 사람들이 운반을 도왔고, 무리들은 충분한 예식 절차를 밟으며 등장했다. 사람들은 조가비 나팔을 불었고, 노래와 민요를 불렀으며, 운반의 외침소리를 냈다. 남자들은 그때를 위해서 치장했는데, 춤출 때 입으려고 마련해둔 본격적인 예장을 차려입지는 않았지만, 모든 종류의 물감과 환상적인 장신구를 사용했다. 이때 그들은 장식을 위해 손에는 야자 잎을 쥐고, 운반용 장대 대신에 노를 사용했으며, 장식용 막대기를 들고, 나뭇잎으로 만든 옷을 입었다. 또한 머리에 깃털을 꽂고 큰 말벌의 둥지를 투구로 사용하는 등으로 꾸몄다. 이처럼 관례에서 벗어난, 괴상한 "환상적인 옷"은 **카야사** 기간 동안 허용되는 거친 유머 감각을 특징적으로 보여준다. 나는 날마다 애처로우면서도 보통은 가락이 맞지 않는 조가비 나팔 소리가 처음에는 매우 먼 곳에서부터 들려오다가 점점 가까워지는 것을 듣곤 했다. 사람들이 다소 느리게 행진 노래를 부르는 소리를 점점 더 뚜렷하게 들을 수 있었다. 때때로 폭발적인 사**월리**가 노래를 중단시켰다. 그리고 나서 다시금 무리가 마을에 가까워짐에 따라서 조가비 나팔을 새로 힘차게 부는 소리가 들렸고 **사월리** 외침이 들렸다. 마침내 느린 노래에 맞춰서 그 무리가 들어왔는데, 평상시처럼 뛰어들어오지 않고, 넘치도록 채워진 바구니들을 지고서 예식적인 걸음걸이로 나란히 걸어 들어왔다.

중앙 공터에서 남자들은 각자 자기 짐을 내려놓았다. 그러고 나서 그들은 둥글게 서서 마지막 **사월리**를 외쳤다. 그들은 눈을 빛내면서 뜨겁게 흥분된 얼굴로 숨을 헐떡거리다가, 앉아서 쉬면서 더미와 정자 세우기에 관하여 이야기를 나누었다. 주로 족장 마을의 평민인 몇몇 남자들은 분주하게 다과를 돌리고 사람들과 대화를 나누면서 실질적인 일을 처리했다. **톨리타이투**, "타이투의 주인"—여기서 이 직함은 항상 증여자를 의미한다—은 위엄 있는 태도로 앉아 있었다. 그는 일하지도 않고 절차를 지시하지도 않았다. 그러나 때때로 일이 잘 풀리지 않거나 무언가 그의 성미를 돋울 때면, 그는 벌떡 일어나서 떨리는 목소리로 자기 마을 사람들 혹은 다른 마을 사람들에게 장광설을 퍼부어댔지만, 물론 족장의 공동체에 속한 사람들에게는 결코 그렇게 하지 않았다.

이때 토울루와는 자신의 **쿠부도가**(높은 단, 〈사진 27〉 참조) 위에 자리하고 있었다. 그는 벌어지는 일에 적극적으로 개입하거나 별다른 관심을 나타내지 않고서, 마찬가지로 조용하고 무관심한 지역 귀족들 및 그의 빈랑나무 열매를 만족스럽게 씹고 있는 수행원들에게 둘러싸여서, 절차들이 진행되는 내내 그곳에 앉아 있었다. 일하는 사람이나 움직이는 사람, 이야기하고 농담하는 사람은, 한마디로 절차에 생명을 불어넣는 모든 사람은 하층민들이다. 정해진 신호가 떨어지면 운반자들은 벌떡 일어나서 더미를 세우고 작은 울타리, **롤레워**를 만들기 시작한다. 그들은 타이투를 세심하고 정교하게 배열해서 가장 좋은 덩이줄기들이 바깥쪽에 놓이게 한다. 그러고 나서 **칼리모미오**(경작지 정자, 〈사진 64, 65〉 참조) 양식과 매우 흡사하게 정자를 세운다.

그들은 정자에 모든 종류의 장식을 붙이고 거기에 **칼라와**(기록한 잎들)를 묶고 나서 잠시 쉰다. 그후 조가비 나팔의 고별 소리와 함께 집을 향해서 떠난다.

나는 이제 이 카야사 기간에 실제로 일어났던 일을 묘사하려고 한다. 나는 직접 그것을 목격하기도 했고, 나중에 또 다른 목격자인 토쿨루바키키의 이야기를 듣기도 했다(〈원문 86〉, 제5부 7장 21절). 그것은 변치 않는 주제, 곧 누구의 선물이 더 넉넉하냐에 대한 다툼이었다. 양측은 저마다 넉넉하게 줄 수 있다고 자랑한다. 선의에서가 아니라, 더 많이 선물하는 쪽이 더 부유하다는 것을 의미하기 때문이다. 양측은 짐짓 소유에 무관심한 척하면서 지나치게 많은 농작물을 선물한다. 실제 다툼은 릴루타 사람들이 거둬들이는 농작물에 대해서 지나가던 크와이브와가 사람들이 어떤 말을 던지면서 시작되었다. 또한 그들은 릴루타 사람들이 얌과 빈랑나무 열매, 그리고 돼지 한 마리를 주겠다고 약속했으면서도 그 말을 지키지 않았다는 점을 상기시켰다. 릴루타의 우두머리인 카니유는 그러한 도전을 받아들였다. 토쿨루바키키의 말을 들어보자.

"(1) 먼저 카니유가 열을 내며 말했습니다. 그는 크와이브와가 사람들에게 이야기했습니다. (2) '나는 너희에게 얌과 빈랑나무 열매와 돼지를 주겠지만, 너희는 답례하지 않을 것이다. (3) 그러니까 릴루타에 너무 자주 오지 마라.' (4) 토쿠나사이는 화가 났습니다. 그는 일어나서 카니유의 말에 대꾸했습니다. '카니유, 너는 빈랑나무 열매, 돼지, 그리고 얌에 대해서 이야기하는구나. (5) 내일 통나무 상자 두 개에 얌을 채워라. 돼지 한 마리와 빈랑나무 열매 한 다발을 가져와라. 이것들을 가져와라. 우리가 볼 수 있도록.'"

토쿠나사이는 정말로 화가 났고, 딱 부러지는 어투로 짧은 말을 외치면서 도전했다. 충분한 거리를 두고 마주한 두 우두머리들은, 자기편 지도자를 비호할 태세를 갖추고 앉아 있던 자기 무리 앞에서 저마다 왔다 갔다 했다. 내가 듣기로는, 옛날 같으면 틀림없이 싸움이 일어났을 것이다. 카니유는 실제로 "너희가 답례하지 않으리라는 사실을 내가 모른다면, 너희에게 많이 줄 텐데 말이다."라고 말하고 나서, 그들에게 이러한 이유로 방문을 삼가달라고 요청했다. 그러한 요청은 그들의 방문이 곧 구걸을 의미한다는 모욕적인 암시를 담고 있다. 토쿠나사이는 그들에게, 일단 선물을 가져와서 답례를 받을 수 있을지 없을지 지켜보라고 도전했다.

위에서 인용된 (내 생각엔 실제로 말해진) 말들은 단지 논쟁의 요지일 뿐이다. 더 많은 말들이 쏟아져 나왔지만, 중요한 것은 적대자들이 **갈라 캄**, '그대에겐 식량이 없다.' 등과 같이 정말로 모욕적인 도전을 입 밖에 내는 일은 삼갔다는 점이다. 다툼은 몇몇 오마라카나 사람들의 개입으로 일단락되었다.

바로 이 **카야**사에서, 나는 크와이브와가의 우두머리인 쿠마탈라와 그의 조수들이 대화한 다음의 내용을 우연히 듣고 기록해 놓았다(〈원문 87〉, 앞의 인용문 중 23절). "(1) 벌써 타이투를 다 가져왔는가?" "아니요, 아직 좀 더 남아 있습니다." (2) "그러면 빨리 되돌아가서 그것들을 가져와서 일을 끝내라. 너희들의 새참으로 돼지 한 마리가 기다리고 있다."

처음의 질문과 대답은 물론 수사적인 기교이다. 쿠마탈라는 아직 가져올 타이투가 많이 있다는 사실을 알고 있었다. 그는 그 풍부함을 강조하고 싶었던 것이다.

우리가 그의 마을로 돌아간 뒤에, 다음과 같은 **콜로바**(큰 소리로 호명하기, 〈원문 87〉, 앞의 인용문 중 24절)와 함께 **푸와야** (새참) 분배가 이루어졌다.

"(1) 오마라카나 사람들아, 너희들의 새참인 코코넛이다! (2) 틸라카이바 사람들아, 너희들의 새참인 빈랑나무 열매다! (3) 제군들아, 너희들이 새참으로 먹을 돼지 한 마리다!"

보통 그러하듯이, 새참은 지역에 따라 분배되었다. 참석한 사람들은 모두 절차의 주인—여기서는 쿠마탈라—이 그의 타이투를 족장에게 운반하는 일을 도운 사람들이다.

나는 경작지에서 오마라카나로 갔다가 되돌아오는 무리들과 수차례 동행했다. 그들은 돌아오다가 그들이 받은 새참을 먹으려고 정글에서 잠시 쉬곤 했다. 그리고 나서 그들은 그들이 떠나왔던 마을로 돌아갔다. 그들은 먹고, 마시고, 씹고, 즐겼다. 때때로 그들은 돼지 한 마리를 받기도 하는데, 그것은 **미 불라마타**("잡아먹힐 너의 돼지")라는 말과 함께 예식적으로 증정된다. 그 경우에 토착민들은 마을로 돌아오자마자 돼지를 산 채로 구워서 베어먹을 것이다. 내가 일행과 함께 크와이브와가로 되돌아온 날에, 젊은 친구인 토야그와는—돼지와 타로를 배부르게 먹고서—삶에서 바람직한 모든 것을 다음과 같이 요약했다. "우리는 씹을 겁니다, 우리는 먹을 겁니다, 우리는 낮에 토할 겁니다, 우리는 밤에 토할 겁니다. 우리 주위에는 너무나 많은 비계가 있습니다."[34] 그때 토착민들은 돼지의 남은 부분을 잘게 썰고 있었고, 지방이 엄청나게 많이 붙은 내장이 땅 위에 뿌려지고 있었다.

모든 사람이 자기 몫의 수확물을 가져오고 나서, 그 더미들은 며칠 동안 전시되었다. 그때 나는 각각의 더미를 살펴보고 수적인 세부사항 및 혈통과 전통을 조사해서 토울루와의 수확물 선물에 대한 표를 작성할 수 있었다(기록 2). 나는 그제야 비로소 족장직의 경제적 측면이 정치적 권력과 얼마나 복잡하게 얽혀 있는지를, 그리고 공물이 어떻게 승인되며 나중에 어떻게 사용되는지를 이해하게 되었다(제1부 9절 참조).

∴

34) 엄청난 풍요의 상징으로서 이러한 과식에 대한 관념은 〈주술 문구 16과 25〉에서 발견된다.

〈사진 74〉
채워질 준비가 된 텅 빈 창고들
창고를 채우기 직전에 모든 창고에서
오래된 덩이줄기들을 완전히 치운다.
텅 빈 창고는 리쿠를 통과하는 햇빛
때문에 투명하고 밝은 느낌을 준다. 야
자 잎으로 덮인 새로운 더미들이 정면
에 쌓여 있고, 큰 쿠비가 창고들 가운
데 하나를 장식한다. (7장 1절)

새로운 얌 창고가 세워지고 타이투가 저장되는 동안, 나는 건강이 나빠
져서 며칠 동안 오마라카나를 떠나서 초호의 해안에 살고 있던 내 친구 빌
리 핸콕의 집에서 머물러야 했다. 그것은 나 자신에게는 물론이고 아마도
이 책을 위해서도 매우 불행한 일이었다. 나중에 나는 사람들이 바쿠에서
서 있을 자리도 찾기 어려웠다는 이야기며 몇 사람들이 거의 서로를 찌를
뻔했다는 이야기를 들었고, 옛날 같으면 전쟁에 이르게 했을 법한 다툼들
이 어떻게 일어났는지에 대해서 열띤 설명을 들었지만, 그렇다고 해서 사
진을 찍고 예식의 기술과 경제적 행위들을 관찰할 기회들을 잃은 것을 보
상할 수는 없었다.

그렇지만 새로운 브와이마 건축과 관련해서는, 다음 장에서 묘사되는 빌
라말리아 주술 외에는 어떠한 특별한 주술도 수행되지 않았다는 사실을 분
명히 확인할 수 있었다. 나는 또한 얌 창고가 세워진 후에 그것을 조사하
고 대부분의 기술적인 문제들을 논의할 수 있었다. 게다가 나는 작은 창고
들에서 그러한 문제들이 실제로 해결되는 광경을 여러 차례 목격했다. 브

〈사진 75〉 얄루무그와에서 예식적으로 브와이마 채우기

더미들이 창고로 운반된다. 단 위에 서 있는 한 남자가 안에 있는 사람들에게 덩이줄기를 건네주는 모습을 볼 수 있다. (7장 2절) 중앙의 배경에 있는 둘러막힌 창고 앞에는 어떠한 더미도 없다는 데 주목하라. 벗겨진 코코넛 깔개를 통해서 그 창고가 아직 텅 비어 있는 것을 볼 수 있다. 그러나 그것은 과시용 브와이마와 동시에 채워지지는 않을 것이다.

와이마는 특별한 관심의 대상이기 때문에 7장과 8장에서 따로 다루게 될 것이다.[35]

:.

35) 또한 부록 2, 4절의 주 29를 보라.

제7장
풍요의 작업과 주술

이제 창고 채우기, 도디게 브와이마의 사회학적 원칙들을 파악했으니 이야기의 방향을 되돌리도록 하자. 농작물을 위풍당당하게 운반해서 창고 앞에 여러 더미로 쌓아놓는 데에서 이야기가 중단되었다. 이제 타이투를 창고 속에 집어넣어야 하는데, 그 과정은 빨리 끝나지만 굉장히 중요하다. 으뜸가는 주요 식량인 타이투는 부족 단위 사업의 토대가 된다. 타이투는 일꾼들을 먹인다는 가장 단순한 형태의 투자를 통해 항구적인 부의 대상으로 변형될 수 있다. 타이투는 저장될 수 있고, 수고의 대가로 지불될 수 있다. 따라서 타이투를 소유한 자들은 권력을 갖게 된다(1장 10절 참조). 그러므로 브와이마(창고)를 채우는 것은 곧 토착적인 부와 권력의 토대를 저장하는 일이다. 브와이마가 부의 축적과 보존을 가능하게 해준다. 따라서 브와이마는 이제 목격하게 될 활동들의 중심에 위치할 뿐 아니라 영원한 관심의 대상이 된다.

　트로브리안드를 방문한 사람들은 모두 브와이마가 눈에 띄는 자리를 차지하고 있다는 사실에 주목하게 될 것이다. 브와이마는 주거용 집보다 더 높고 더 훌륭하며, 더 멋지게 장식되어 있고, 더욱 빈틈없이 손질되어 있다. 브와이마는 훨씬 더 많은 터부들과 행동 규칙들로 둘러싸여 있다(〈사진 72, 73, 75, 그리고 49〉 참조). 아일랜드나 폴란드의 농부들이 자식보다 돼지를 더 중시하고 아내보다 가축을 더 잘 돌보는 것처럼, 트로브리안드인들은 자기 가족의 집보다 얌 창고에 더 많은 관심을 가진다. 그는 자신의 창고를 돌보지 않으면 안 되는데, 왜냐하면 창고가 무너지면 창고와 함께 그의 운도 무너져내릴 것이기 때문이다. 그러나 그는 실제로 필요한 것보다 훨씬 더 정성스럽게 창고를 돌본다. 트로브리안드인에게 창고는 그저 타이투를 보존하기 위한 기계적인 장치가 아니다. 우리는 창고와 관련해서 수행되는 풍요의 주술을 유심히 살펴볼 것이다. 또한 창고 채우기 예식이 신중하게 이루어지는 광경을 지켜볼 것이다. 이미 알다시피, 타이투는 토착민에게 단지 식량의 한 품목이 아니다. 타이투는 수많은 사업을 진행하는 수단이다. 타이투는 가치의 상징이자 매개이며, 미학적인 만족의 대상이다(제1부 10절). 타이투의 기능에 따라 다른 종류의 브와이마가 사용된다. 내부가 부분적으로 노출되는 큰 개방형 브와이마는 타이투를 저장하거나 전시하기 위해 사용된다. 반면 사방이 둘러막힌 작은 창고들은 단지 저장하는 용도로만 사용된다. 이러한 기능에 따라 마을에서 창고의 위치와 구조가 달라지고, 창고의 사회학적 역할과 주술적 취급도 달라지며, 뿐만 아니라 창고에 대한 토착민의 관념, 믿음, 정서에서도 차이가 나타난다.

이 모든 요소가 상호작용해서 우리가 연구하는 대상, 곧 토착민들의 관심의 중심이자 경제생활의 토대인 트로브리안드의 창고에 실제적인 의미가 부여된다.

다행스럽게도, 나는 빌라말리아 주술에서 영양 섭취 과정과 식욕에 관련된 가장 흥미로운 형태의 주술적 귀납법을 관찰할 수 있었다. 영양 섭취 과정과 물질대사에 대한 트로브리안드인들의 오해는 인간의 생식 원리에 대한 그들의 오해[1]와 맞먹는다.

1. 창고의 주술적 축성

이제 다시 타이투에 관심을 집중하자. 기억하다시피, 일단 브와이마를 채울 날짜가 정해지면, 작은 마을뿐 아니라 큰 마을에서도 작업은 하루아침에 재빨리 이루어진다. 그날이 되면 모든 증여자는 그들을 돕는 수행원들 및 수령인들과 함께 참석한다. 창고의 소유자가 직접 자신의 브와이마를 채우는 일은 없을 것이다. 증여자들과 증여자를 도와주는 사람들이 브와이마를 채워야 한다.

그러나 작업이 시작되기 전에, 토워시, 곧 경작지 주술사가 가장 중요한 일을 해야 한다. 다시 말해서, 그는 경작지나 식량에 관련된 주술들 가운데 마지막에서 두 번째 주술을 수행해야 한다. 그 주술을 수행할 때 그는 또 다른 직함으로 불린다. 그가 지금 수행하려는 주술은 빌라말리아라고 불리며, 그가 맡은 새로운 역할의 명칭은 토빌라말리아이다. 그러나 토워시[2]와 빌라말리아라는 두 가지 유형의 주술을 수행하는 사람은 항상 동일한 남자이다. 오마라카나에서는 또다시 바기도우가 그 주술을 수행해야 한다. 내가 기록해온 주문들은 바기도우의 주문들이고, 우리가 가장 세심하게 살펴본 주술은 그의 주술 체계이다. 그러니 중심지 마을로 다시 한 번 되돌

••

1) *Sexual Life of Savages*, 7장에서 "Procreation and Pregnancy, in Native Belief and Custom"에 대한 부분 참조.
2) 〔역주〕'토워시'라는 토착어는 경작지 주술사와 주술 모두를 지칭하기 위해 사용된다.

아가서, 예전에 경작지에서 그를 지켜보았던 것처럼, 창고들 사이에서 작업하는 그를 지켜보도록 하자.

빌라말리아는 브와이마 채우기의 주술적인 뼈대를 이룬다. 첫 번째 예식은 창고 채우기를 개시하고, 두 번째 예식은 그것을 끝낸다. 이것은 단지 오마라카나에서 뿐 아니라 다른 모든 마을에서도 그러하다. 사실 빌라말리아 주술의 주요 개요나 바탕에 깔려 있는 관념들은 트로브리안드 전역에서 동일하다. 그리고 어느 곳에서나 의식과 주문의 상징체계는 이 주술에 대한 토착민의 견해와 미묘하게 어긋난다. 그러나 그 불일치가 무엇이든 간에, 의례와 설명은 모두 한 가지 점에서 일치한다. 즉 그 주술은 타이투가 상하지 않고 오래 남아 있도록, 그리고 마을이 말리아, 풍요로 가득 차게 하려고 수행되는 것이다. 그 주술의 이름인 빌라말리아에서 접두사 빌라는 발루, 곧 마을에 상응하며, 말리아는 풍요를 의미한다.

이전에 우리는 몰루(배고픔)와 말리아(풍요, 번창, 포식)를 대조해서 이야기했다. 말리아는 또한 '부(富)'와 '질병과 위험한 영향력과 재난의 부재'라는 폭넓은 의미도 가지고 있다.[3]

창고 채우기를 하기 전날 밤에, 바기도우는 덤불로 가서 주술적 효능을 가진 허브들인 세타가바, 카케마, 그리고 카야울로 다발을 각각 채집한다. 세타가바는 질긴 잡초인데 뿌리가 매우 튼튼해서 땅에서 뽑아내기 어렵다. 키 작은 나무인 카케마 역시 뿌리가 튼튼해서 엄청난 노력을 기울이지 않으면 꿈쩍도 하지 않는다. 카야울로는 말라시 씨족의 토템 나무이며 굉장

:.

3) 나는 말리아라는 단어가 폴리네시아와 멜라네시아의 마나(주술의 힘)라는 단어에 상응하는지 아닌지 판단할 수 없지만, 그러한 가능성을 나타내는 어떤 어원적인 암시들이 있다(제5부 5장 4절과 5절, 그리고 또한 부록 2, 4절의 주 30 참조).

히 튼튼하다. 그 나무를 도끼나 칼로 잘라낼 수는 있지만 부러뜨리는 것은 불가능하다. 따라서 이 의례에서 사용되는 주술용 재료는 모두 끈기, 강인함, 그리고 단단함과 관련되어 있다.

다음날 아침 동트기 전에 첫 번째 **사카우** 새가 아름다운 선율로 울 때, 주술사는 창고로 간다. 그는 족장의 큰 **브와이마**에서부터 시작하는데, 그 **브와이마**는 마을 한가운데 서 있으며 **두두빌레 크와야이**라는 고유한 이름을 가지고 있다. 이 이름은 "저녁의 어둠"을 뜻하며, 창고에 비축된 풍부한 농작물이 어둑한 느낌을 주는 것과 관련된다. 빛과 어둠에 관한 토착민의 구별을 이해하기 위해서는 텅 빈 창고들이 빛을 통과시키면서 투명한 느낌을 주는 〈사진 74, 81, 87, 그리고 91〉과 꽉 찬 창고들이 어둡고 단단한 느낌을 주는 〈사진 72, 79, 82, 그리고 83〉을 비교해보라. 토착민들은 창고들을 다시 채우기 전에 철저하게 청소하는데, 쓸모없는 덩이줄기들을 내던지고 건강한 덩이줄기들만 가옥 안으로 옮긴다. 〈사진 81〉에서 이러한 과정이 진행되는 장면을 볼 수 있다. 오른쪽의 **브와이마**는 완전히 비워졌다. 왼쪽의 **브와이마**에는 들보 사이의 틈새에 몇 개의 덩이줄기들이 아직 남아 있다. 뒤쪽의 오두막은 텅 비었지만, 꽉 찬 느낌을 주기 위해 바깥쪽 덩이줄기 층—부(富)의 그늘—을 남겨두었다. 이것은 토착민들이 과시하기를 좋아하기 때문에 나타나는 특징이다. 바기도우는 통나무 벽의 틈새를 사다리처럼 타고 올라가서 우물처럼 깊은 공간의 바닥(**부부크와**)으로 내려간다. 그는 바닥에 웅크리고 앉아서 잎 다발을 내려놓는다. 그리고 그는 **브와이마**를 건축할 때부터 거기 있었던 돌 하나를 집어든다. 그는 그 돌을 자기 입 가까이에 대고서 다음의 주문을 외운다.

〈문구 28〉

1. "등나무여 여기에 지금, 등나무여 여기에 항상, 오 북동쪽에서 온 등나무여!

오라, 북동쪽에 닻을 내려라.

나는 갈 것이네, 나는 남서쪽에서 붙들어 맬 것이네.

오라, 남서쪽에 닻을 내려라.

나는 갈 것이네, 나는 북동쪽에서 붙들어 맬 것이네.

내 밑바닥은 비나비나 돌과 같고, 오래된 먼지 같으며, 검게 된 가루 같도다."

2. "내 얌 창고는 닻을 내렸구나, 내 얌 창고는 움직이지 않는 바위 같구나. 내 얌 창고는 기반과 같구나. 내 얌 창고는 어두워졌구나. 내 얌 창고는 거무스름하구나. 내 얌 창고는 검어지는구나. 내 얌 창고는 단단히 닻을 내렸구나……

그렇게 되는구나, 그것은 영원히 닻을 내렸구나."

3. "투두두두두……

내 얌 창고의 주술적 전조가 북동쪽에서 우르르 울리는구나."

창고의 바닥에서 수행되는 이 주문과 의식은 "바다 누르기", 톰 부부크와 혹은 카이톰라 부부크와라고 불린다. 여기서 무엇보다도 눈에 띄는 것은 "변호사 지팡이(lawyer cane, 등나무)의 상징인데, 토착민들은 등나무에서 다른 모든 식물의 성장을 능가하는 기세와 끈기를 연상한다. 등나무는 북동쪽부터 남서쪽까지 에워싸고 견고히 뿌리를 내리도록 초대된다. 그러고 나서 타이투의 바닥과 비나비나 돌이 동일시되며, 그 돌에 대고 주문이 읊어진다. 또한 타이투는 오래된 먼지, 곧 집 안에서 점토 단지들(쿠리아)을 올려두는 선반인 쿠로로바에서 볼 수 있는 거무스름한 먼지와도 동일시된다. 왜냐하면 토착민들은 타이투가 창고 안에 오랫동안 남아 있어서 창고 바닥이 검은 먼지로 뒤덮여야 한다고 생각하기 때문이다. 그리고 나서 창고가 닻을 내렸다는 직접적인 진술이 이어지는데, 마치 기반에 움직이지 않고 결합된 산호 노두와 같으며, 기반 자체와 같다는 것이다. 그리고 마지막에는 어둠의 관념이 다시 전개된다. 여기서 어둠의 관념은 타이투가 풍성하게 가득 찬 것을 의미한다.

그러므로 우리는 이 주문에서 쌓여 있는 농작물을 안정시키고 싶은 바람을 뚜렷이 느낄 수 있다. 살펴보았듯이, 의식에 사용된 주술용 허브들이나 주술사가 브와이마의 바닥에서 주워 올린 돌에서도 동일한 관념이 나타난다. 그 돌은 비나비나라고 불리는데, 그 용어는 당트르카스토 제도에서 발견되는 모든 종류의 현무암을 총칭하는 이름이다. 트로브리안드에서는 단지 산호석만 발견되는데, 토착민들은 그것을 다쿠나라고 부른다. 비나비나 돌은 남쪽에서 수입되며, 트로브리안드의 주요 창고들에는 항상 바닥에 비나비나 돌이 한두 개씩 놓여 있다. 그것들은 바닥을 누르는 구실을 하기 때문에 카이툼라 부부크와, "바닥을 누르는 것들"로 일컬어진다. 비나비나 돌은 그것의 고유한 특성을 저장된 식량에게 전달해주는 기능을 한다. 비나비나 돌은 트로브리안드의 죽은 산호보다 더 무겁고, 더 단단하며, 쉽게 깨지지 않는다.[4]

주술사는 주문을 걸어놓은 돌로 주술용 허브들을 눌러서 주요 창고에서

∴

4) 또한 부록 2, 4절의 주 31을 보라.

〈사진 76〉 창고 채우기의 진행

이 사진은 이전 사진보다 좀 더 나중에 찍었는데, 더욱 역동적인 창고 채우기의 모습을 보여준다. 두 남자들이 덩이줄기들을 바구니에 담고 있다. 왼쪽의 큰 브와이마에서는 네 사람이 일하고 있으며, 두 사람은 그 옆에서, 세 사람은 오른쪽 맨 끝에서 일하고 있다. (7장 2절)

할 일을 마무리한 뒤에, 또 다른 개방형 브와이마를 방문한다. 만약 돌이 없으면, 주술사는 남아 있는 오래된 농작물 가운데 건강한 타이투 한 개를 골라서 그것을 같은 방식으로 사용한다.

2. 브와이마 채우기

주술사는 동틀 녘에 주문 거는 일을 시작했지만, 주술사의 일이 끝나자마자 거의 곧바로 창고 채우기가 시작되어야 한다. 왜냐하면 큰 마을을 돌아다니면서 창고마다 기어 올라가야 하는 그의 일은 결코 쉽지 않고 빨리 끝나지도 않기 때문이다. 브와이마 채우기는 하루아침에 완수되어야 하며, 보통 매우 일찍, 대략 8시경에 시작된다. 나는 오마라카나에서 브와이마 채우기를 단 한 번 목격했는데, 비가 억수같이 퍼붓고 있었기 때문에 사진을 찍을 수 없었다. 그렇지만 얄루므그와 마을에서 찍은 도디게 브와이마 사진들(〈사진 75~77〉)은 창고 채우기의 방식을 잘 보여준다. 소년이나 젊은 남자 한 사람이 통나무방 안에 서 있고 또 다른 남자가 틈새를 통해서 그에게 얌을 건네준다. 그리고 이 얌들은 바닥에 여러 층으로 배열된다. 이러한 과정은 방금 언급된 사진들에서 잘 살펴볼 수 있다. 만약 증여자가 여러 명 있으면, 그들은 저마다 창고 내부에 자신의 대리인과 자신의 칸막이방을 두고 있다. 증여자 한 사람이 창고 밖에서 가지고 있는 더미는 하나 이상일 수 있겠지만, 내부에서 가질 수 있는 칸막이방은 단지 하나뿐이다(8장 4절 참조).

더미들을 쌓을 때와 동일한 원칙이 브와이마를 채울 때도 지켜진다. 즉 가장 좋은 얌들이 외부에 전시된다. 우선 몇 개의 가장 훌륭한 덩이줄기들이 건네지고 그것들은 통나무방 들보 사이의 가장 낮은 틈새에 배열된다. 더미의 안쪽에서 빈약한 얌들을 약간 꺼내서 바닥에 놓는다. 그러고 나서 다시 더 좋은 덩이줄기들을 더 높은 틈새에 배치하며, 이러한 일들이 반복된다. 훌륭한 타이투가 사용되는 성대한 부족 예식들은 대부분 거의 수확기 직후에 거행되기 때문에, 더 좋은 타이투를 쉽게 꺼낼 수 있도록 그것들을 브와이마의 꼭대기에 저장하는 경향이 있다.

풍년일 때에는 타이투가 풍부해서 통나무방을 채우고 나서 초가지붕 아래의 공간까지 들어찬다. 벽을 칸막이방으로 나누는 수직 막대기들은 지붕에 닿을 만한 높이로 세워진다. 따라서 각각의 증여자에게 배당된 공간은 창고의 꼭대기에서 바닥까지 이어진다(8장 4절 참조).

이 모든 것은 개방형의 장식된 창고들에만 해당되는데, 그곳에는 주로 과시하거나 부를 표현할 때 중요한 역할을 하는 전시용 농작물, 타이투가 저장된다.

창고를 채우는 사람들은 자기 임무를 다한 뒤에 무리지어 앉아서 새참을 먹는다. 우리구부의 원칙에 따라서, 그 마을에는 증여자의 가까운 친족 여자가 살고 있게 마련이다. 그렇기 때문에, 증여자와 그의 무리는 그녀의 집 근처에 앉아서 그들에게 제공된 녹색 코코넛을 쪼개서 마시고, 빈랑나무 열매를 까서 씹고, 요리된 얌, 타로, 바나나를 먹을 것이다. 족장의 마을에서는 종종 돼지 한두 마리가 도살되어서 얌 창고를 채운 사람들에게 분배된다.

그후에 이방인들은 물러가고, 마을 안에서 새로운 분배가 이루어진다. 타이투는 브와이마에 거의 쌓이자마자 다시 꺼내지고, **코비시**와 **타이투페타** 선물들이 분배된다. 코비시는 방금 받은 **우리구부**에서 빼내고, 작은 선물들은 직접 수확한 농작물에서 가져온다.

3. 빌라말리아 주술의 두 번째 행위

창고 채우기가 끝난 다음날, 만약 날씨가 나쁘면 아마도 2, 3일 뒤에, 토빌라말리아는 자신의 두 번째이자 최종적인 의식인 **바시 발루**, "마을 뚫기"를 수행한다. 아침에 그는 해안 근처의 지대에서 자라는 레워 나무의 잎과 **카야울로** 나무의 잎, 그리고 야생 생강 뿌리, 레야를 채집하기 위해서 덤불로 간다. 레워는 매우 오래 산다고 알려져 있는, 튼튼하지만 키가 작은 나무이다. 알다시피 **카야울로**는 단단해서 부러뜨릴 수 없는 나무이다. 레야는 주술에서 사용될 때 항상 맹렬함과 강인함에 관련된다. 주술사는 정오 무렵에 그의 집에서 **레워** 잎과 **카야울로**와 **레야**에 마법을 건다. 주문은 다음과 같다.

〈문구 29〉

1. "닻을 내리네, 내 마을이 닻을 내리네,
깊이 뿌리를 내리네, 내 마을이 깊이 뿌리를 내리네,
투다바의 이름으로 닻을 내리네,
말리타의 이름으로 깊이 뿌리를 내리네,
투다바는 올라갈 것이로다, 그는 높은 단 위에 앉을 것이로다,
나는 무엇을 두드릴 것인가?
나는 단단하게 잡아맨 내 타이투의 밑동을 두드릴 것이네.
그것은 닻을 내릴 것이네."

2. "그것은 닻을 내릴 것이네, 그것은 닻을 내릴 것이네!
내 땅은 닻을 내릴 것이네.
내 **울릴라구바**, 모퉁잇돌은 닻을 내릴 것이네.
내 **부부크와**, 바닥은 닻을 내릴 것이네.
내 **리쿠**, 통나무방은 닻을 내릴 것이네.
내 **카비시비시**, 칸막이방들은 닻을 내릴 것이네.
내 **소불라**, 타이투의 어린 싹은 닻을 내릴 것이네.
내 **테타**, 통나무방을 나누는 막대기들은 닻을 내릴 것이네.
내 **비시야이**, 장식된 정면 판자는 닻을 내릴 것이네.
내 **카발라푸**, 박공 판자들은 닻을 내릴 것이네.
내 **킬루마**, 초가지붕의 버팀대들은 닻을 내릴 것이네.
내 **카발라**, 지붕의 누름대는 닻을 내릴 것이네.

내 칼리구바시, 서까래들은 닻을 내릴 것이네.

내 키비, 초가지붕의 누름대들은 닻을 내릴 것이네.

내 카투바, 초가지붕은 닻을 내릴 것이네.

내 카쿨룸왈라, 낮은 마룻대는 닻을 내릴 것이네.

내 바타울로, 높은 마룻대는 닻을 내릴 것이네.

내 음왐왈라, 마룻대의 장식된 끝은 닻을 내릴 것이네."

3. "그것은 닻을 내릴 것이네.

내 마을은 닻을 내렸구나,

움직이지 않는 바위 같구나, 내 마을은.

기반과 같구나, 내 마을은.

깊이 뿌리내린 돌과 같구나, 내 마을은.

내 마을은 닻을 내렸구나, 영원히 닻을 내렸구나.

투두두두…….

내 마을의 주술적인 전조가 북동쪽에서 우르르 울리는구나."

이 문구를 읊음으로써, 주술사는 경작, 수확, 그리고 농작물과 관련된 모든 주문의 막바지에 다다랐다. 이 주문을 캄코콜라 주술의 주요 문구와 비교해보면(〈주술 문구 10〉 3장 4절 참조), 그 두 문구들의 양식은 동일하며, 다만 캄코콜라를 구성하는 부분들과 다양한 종류의 덩굴 버팀대들 대신에 브와이마의 여러 부분을 열거했다는 점에서 차이가 난다는 사실을 알 수 있다. 이 주문의 토착어 원문(〈주술 문구 29〉, 제7부를 보라)과 브와이마의 구조에 대한 설명을 비교해보면, 토착민들이 그들의 주술에서 기술적인 세부 사항들을 얼마나 정확하고 세밀하게 재현하는지를 평가할 수 있다.

〈사진 77〉 창고 채우기의 세부사항

한 남자가 상대적으로 작은 창고의 덩이줄기들을 재배열하고 있다. 안에는 두 명의 소년들이 있는데, 한 소년의 발가락을 남자의 손 바로 위에서, 다른 소년의 손을 왼쪽에서 볼 수 있다. 남자와 여자가 해체된 더미에서 타이투를 운반하고 있다. 배경에는 오두막 한 채가 보이는데, 그것의 측면에는 둘러막힌 창고 두 채가 서 있다. (7장 2절)

〈사진 78〉 바다에서 오는 길이 오마라카나 교외와 만나는 곳 (7장 3절)

이 문구와 첫 번째 빌라말리아 주문을 경작 주기 동안 사용되는 다양한 주술 문구들과 비교해보면, 빌라말리아가 경작 주술의 일부라는 사실도 명백해진다. 두 개의 주문들은 농작물이 썩게 만들고 소모시키는 모든 영향력에 굴하지 않고 강하고 단단해지기를 바라는 소망을 명확히 표현한다.

주술사는 허브들에 마법을 걸고 나서, 마지막 마을 순회를 시작하는 해질녘까지 그것들을 두 장의 깔개 사이에 그대로 놓아둔다. 그는 당연히 주요 창고에서부터 일을 시작한다. 주요 창고 앞에서 그는 다른 재료들과 함께 마법을 걸어놓은 **딤쿠부쿠부** 혹은 **카타쿠두**라고 불리는 작은 막대기를 가지고 땅에 구멍을 판다. 그 막대기는 **카야울로** 나무로 만들어졌다. 그는 이 구멍에 레워 잎 조금과 **카야울로** 나무의 잔가지 하나를 넣고, 웅크리고 앉아서 방금 인용된 주문을 구멍에 대고 읊는다. 그러고 나서 그는 리쿠(통나무방)의 틈새를 통해서 덩이줄기들 사이에 레워 잎을 조금 밀어넣는다. 그는 야생 생강 뿌리를 조금 씹다가 브와이마 안에 있는 타이투에다가 의례적으로 뱉는다. 그다음에 그는 다른 과시용 창고들을 돌면서 같은 절차들을 반복하는데, 다만 구멍에 주문을 읊는 일은 하지 않는다. 그는 안쪽 고리의 외부에 서 있는 중요치 않은 창고들을 위해서는 어떠한 구멍도 만들지 않고 단지 레워 잎만 조금 집어넣으며 얌에 의례적으로 침을 뱉는다.

오마라카나에서 **카두밀라갈라 발루**, 곧 길이 마을과 만나는 지점은 일곱 군데가 있다(〈사진 78〉 참조). 이곳을 지나갈 때, 주술사는 생강을 씹어서 땅에 뱉는다. 짝을 이루는 마을인 카사나이로 통해있는 넓은 길 어귀에서, 바기도우는 구멍을 하나 더 파고 그 속에 주문을 읊는다. 또한 그는 그곳에 레야를 뱉는다.

1915년, 남반구 한겨울(6월 혹은 7월)의 무덥고 습한 오후에 나는 바시 발루(마을 뚫기)가 수행되는 광경을 지켜보고 있었다. 내가 트로브리안드의 중요한 주술 예식을 지켜보도록 허락받은 것은 이때가 처음이었다. 바기도우는 남동생 토웨세이만 데리고 갔는데, 그는 주술사의 깔개 한 장과 자잘한 의례 용구들을 운반했다. 그들은 어떠한 과시적인 행동이나 겉치장도 하지 않고서 큰 브와이마로 갔다. 멀리서 보면 그 두 사람은 창고의 어떤 부분을 수리하거나 정비하는 남자들로 여겨질 수도 있었을 것이다. 그 절차에는 어떠한 열정이나 엄숙함, 혹은 초월적이거나 비교적(秘敎的)인 성질의 전시도 없었다. 모든 행위는 사무적이었다. 모든 일은 조용히 그리고 능숙하게 이루어졌다. 떼 지어 모인 구경꾼도 전혀 없었다. 심지어 자기 집이나 브와이마의 처마 아래 앉아 있는 마을 사람들도 어떠한 관심이나 호기심도 나타내지 않았는데, 그 사실 역시 퍼포먼스에서 엄숙하고 예식적인 성격을 제거하는 데 기여했다. 비록 분명하게 규정된 터부는 없지만, 주술사 주위에 모여들거나 그를 응시하거나 지나친 관심을 나타내는 것은 부적절한 일로 여겨질 것이며, 아이들은 그때 집 안에 머물러야 할 것이다. 이러한 원칙은, 수많은 사람들이 예식에 참석해야 하는 9장(2절)에서 묘사된 경작지 의식과 같은 몇 가지 예외들을 제외하고는, 트로브리안드에서 일반적으로 예식주의(ceremonialism)가 결핍된 까닭을 설명해준다.

4. 빌라말리아의 대상과 기능

이미 언급했듯이, 아마도 빌라말리아 주술에서 가장 주목할 만한 특징은 한편으로 그 주술의 주문과 의식과 맥락을 객관적으로 분석했을 때 드러나는 의미와, 다른 한편으로 주술을 집전하는 주술사 자신을 포함해서 관련된 모든 사람이 주장하는 주술의 목적이 서로 일치하지 않는다는 점이다.

물론 둘 다 그 주술이 풍요의 주술, 곧 굶주림을 방지하기 위해 의도된 주술이라는 점에서는 의견이 일치한다. 그러나 객관적 사실을 살펴보면 모든 퍼포먼스가 얌 창고와 그곳에 쌓아놓은 식량을 겨냥하고 있음을 알 수 있지만, 그럼에도 토착민들은 주술적 영향력이 발휘되는 진짜 대상은 인간 유기체라고 설명한다.

　　주술적 사실들을 한 번 더 조사해보자. 두 의식들은 모두 창고에 대해서 수행된다. 첫 번째 의식에서 주술사는 그 예식의 제목, **톰 부부크와**가 가리키듯이 바닥을 누른다. 이 예식에서 사용되는 재료들은 모두 끈기와 강인함을 상징한다. 이 재료들을 바닥에 대고 누르는데, 안정성을 상징하는 돌을 가지고 그것들을 누른다. 첫 번째 주문의 단어들이—닻 내리기와 창고를 둘러싸는 등나무의 은유들, 기반과 산호 노두에 대한 비유들 및 직유들, 그리고 어둠과 풍요의 기원과 함께—얌 창고를 겨냥하고 있으며, 얌 창고가, 즉 창고의 내용물이 내구성이 있고 튼튼하며 오래 지속되게 하려는 의도를 지닌다는 점은 의심할 여지가 없다. 두 번째 의식도 창고들에 대해서 수행된다. 창고 앞에 구멍을 만들고 내구성이 있는 재료들을 그 속에 집어넣는다. 동일한 재료들을 저장된 식량 사이에 놓아두며, 이 식량에 의례적으로 침을 뱉는다. 그리고 여기서 다시금 같은 주문이 읊어진다. 닻 내리기와 더미 쌓아올리기는 안정성과 풍요에 관련된다. 창고의 모든 세부사항이 상세히 열거된다. 마을 전체는 사실상 마을에 저장된 모든 식량을 의미하는데, 주문에 의해서 그것은 움직이거나 줄어들 수 없게 된다. 마을의 땅에 구멍을 뚫는 것은 명백히 주술적인 격리와 정착을 의미할 것이다. 〈사진 72〉와 〈사진 79〉에서는 가장 큰 브와이마와 제법 큰 브와이마 한 채가 각각 마을 한가운데에 마치 번영과 풍요를 상징하는 견고한 건물인양 서 있는 모습을 볼 수 있다. 여기서 식량을 미학적으로 교묘하게 배

〈사진 79〉 카사나이의 채워진 주요 브와이마

수확이 빈약했던 1915년에 찍은 이 사진에서 창고의 거의 꼭대기까지 식량이 채워진 것을 볼 수 있다. 이 창고는 코코넛으로 테가 둘러졌고 단 위에는 조가비 나팔이 놓여 있다.

치함으로써 형성되는 시각적인 인상이 빌라말리아 주술의 목적과 어떻게 조화를 이루는지를 이해할 수 있다.

다른 한편, 토착민들의 설명의 요지는 무엇인가? 그들은 그 주술이 식량에 직접적으로 작용하는 것이 아니라 인간 유기체에게, 좀 더 특별하게는 인간의 배에, 혹은 토착적이지 않은 말로 표현하면 식욕에 영향을 미친다는 데 대해서 일말의 의심도 품고 있지 않다. 주술은 먹히는 식량에 영향을 미쳐서 영양이 파괴되지 않도록 만드는 것이 아니라, 음식을 먹는 입과 삼키는 식도에 작용해서 그것이 나태해지고 음식을 내켜 하지 않게끔 만든다. 바기도우는 "빌라말리아가 행해지지 않았다면, 남자들과 여자들은 아침에도, 점심에도, 저녁에도 언제나 먹고 싶어 할 것이오. 그들의 배는 커지고, 부풀어 오를 것이오. 언제나 그들은 더 많은 식량을 원하게 될 것이오. 내가 그 주술을 행해서 배는 채워졌고, 둥글게 되었소. 남자는 타이투 절반을 먹고 절반을 남긴다오. 여자는 음식을 요리하오. 그녀는 자기 남편과 아이들을 부른다오. 그들은 오지 않소. 그들은 돼지를 먹고 싶어 한다오. 그들은 덤불에서 난 식량과 나무 열매를 먹고 싶어 한다오. 그들은 카울로(얌 식량)를 원하지 않는다오. 브와이마의 식량은 다음 수확기까지 리쿠에서 썩는다오. 어떤 것도 먹히지 않는다오."

나는 다양한 경우에 바기도우가 했던 수많은 진술들을 영어로 받아 적었고, 그것들을 여기에 모아놓았다. 나는 동일한 주제에 대해서 다른 남자들과 수차례 이야기했는데, 그들은 모두 바기도우의 관점을 확인해주었다. 예컨대, 또 다른 정보 제공자는 똑같은 요점을 좀 더 간략하게 말했다 (〈원문 72〉, 제5부 10장 12절). "우리가 풍요의 주술을 행하지 않을 때, 배는 매우 큰 구멍과 같습니다. 그것은 끊임없이 식량을 요구합니다. 우리가 마을에 구멍을 뚫고 나니 배는 이미 채워졌습니다."

그러한 이론 자체는 놀라운 것이 아니다. 토착민들은 유기체에 새로운 물질을 공급해야 할 필요를 알지 못하며, 소화와 영양생리학에 대한 그들의 생각은 초보적인 수준에 머물러 있다. 그들은 식량이 위장(룰로)에서 배설물(포푸)로 변형된다고 믿는다. 그들의 견해에 따르면, 사람들이 음식을 먹는 까닭은 주로 식욕을 만족시키기 위해서이며, 또한 먹는 일이 즐겁기 때문이다. 그들은 식량과 생명 사이의 관계를 어렴풋이 알고 있다. 그들은 기근이 모든 종류의 질병을 생겨나게 하고 궁극적으로 사람을 죽일 수도 있다는 사실을 안다. 또한 노년에 대해서 이야기할 때, 그들은 사람이 매우 늙으면 위장이 닫히게 되고 그러면 그는 죽게 된다고 말할 것이다. 그럼에도 불구하고 음식을 절제하는 것은 그들에게 하나의 덕목이며, 배고파하거나 심지어 건전한 식욕을 가지는 것은 부끄러운 일이다. 따라서 당신은, 특히 낯선 마을에서는, 배고픔에 대해서 이야기하면 안 된다. 음식에 대한 욕망을 최소한도로 줄이고, 가능한 대로 음식을 먹지 않고서 지낸다는 것은 그들에게 훌륭한 계획으로 여겨질 것이다. 또한 **카울로**, 곧 녹말질의 주요 식량은 토착민들에게 일용할 양식이지만 엄청난 진미는 아니다.[5] 매일 **카울로**를 약간 덜 먹는 것은 토착민에게 그다지 힘들게 여겨지지 않을 것이다. 나는 이러한 관점이 당혹스러웠지만 재미있기도 했다. 나는 종종 그 문제에 관해서 다양한 정보 제공자들과 함께 이야기를 나누었다. 그들은 바기도우의 오마라카나 주술을 칭찬하면서 그의 주술이 최고의 **빌라말리아**였다고 내게 말하곤 했다.

바기도우 자신도, 많은 사람들이 좋은 **토워시**(경작지 주술)를 할 수 있지만, 어느 누구도 **빌라말리아**에서 만큼은 자신과 견줄 수 없다고 이야기하면서 종종 자랑했다. "사람들이 음식을 지나치게 갈망해서 농작물을 허겁지겁 먹어치운다면, 엄청난 농작물을 수확한다고 해도 무슨 유익이 있겠소?"

1915년에 처음으로 오마라카나에 왔을 때, 나는 아직까지 타이투를 그다지 좋아하지 않았다. 나중에는 정말로 그것을 좋아하게 되었지만 말이다. 바기도우는 내가 망고와 빵나무 열매와 바나나를 선호하고, 심지어 파인애플을 타이투보다 좋아하며, 타이투를 먹지 않는 대신에 아주 많은 양의 타로와 통조림 음식을 먹는다는 사실이야말로 그의 주술이 얼마나 효과적인지를 증명해준다고 내게 이야기했다. 바기도우의 말에 따르면, 이것은 그가 행한 **빌라말리아**의 결과였다. 또한 그는 1915년에 타이투의 흉작에도 불구하고 **브와이마**는 오랫동안 꽉 차 있게 될 것이라고 내게 말했는데, 그것은 정말로 사실이었다. 그는 아마 흉작 뒤에 타로와 과일들의 엄

5) 제5부 2장 12절 참조.

청난 풍작이 이어진다는 점을 잊어버리고 언급하지 않았거나 알아차리지 못했을 것이다.

따라서 토착민들은 그 주술이 인간 유기체에게 작용한다고 믿는 반면, 주술 자체는 매우 분명하고 시종일관되게 그것이 창고를 겨냥하고 있음을 보여준다. 그러한 불일치는 일단 그대로 놓아두자. 왜냐하면 지금은 그 문제를 그럴듯하게 설명할 수 있는 자리가 아니기 때문이다.[6]

5. 창고의 기능[7]

지금까지 우리는 예식적인 창고 채우기와 창고에 대해 수행되는 주술을 살펴보았지만, 이는 엄밀히 말해서 신분이 높은 특권층이 소유한 개방형의 전시용 창고에만 해당된다. 이것들은 수가 많다기보다는 크기가 크다. 트로브리안드인에게는 크기 자체가 미학적 가치를 지니기 때문이다. 그러한 창고들은 내용물을 과시적으로 전시할 수 있도록 개방형 통나무방으로 만들어지며, 보통 **바쿠** 주위의 첫 번째 둥근 고리, 혹은 안쪽 고리에 특징적으로 자리하고 있다. 게다가 몇 채는 **바쿠**의 한가운데에 서 있는데, 오마라카나, 카사나이, 올리빌레비, 그리고 카브와쿠에서 그러하다(〈사진 72, 79〉). 오늘날까지(1918) 종종 그렇듯이, 그러한 창고들은 조각으로 장식되거나, 흰색, 검은색, 붉은색으로 채색될 수 있다. 특히 최근에 보수된 창고

⁝

6) 또한 부록 2, 4절의 주 32를 보라.
7) 창고의 기능과 구조는 8장에서 충분히 다룰 것이다. 나는 거기서 제시한 방법론적 이유들 때문에, 기술을 기능과 분리해서 다루지 않았다. 지금은 단지 5장과 6장, 그리고 이 장의 처음 세 절들의 이해를 도울 수 있을 정도로만 **브와이마**에 대해서 다룰 것이다.

에는 판다누스 가지들과 조가비들, 옥수수 속대, 채색된 큰 얌, 코코넛, 돼지 턱뼈 등이 걸려 있을 것이다.[8] 따라서 오두막들이 이중의 고리처럼 배열되어 있는 마을에서는 마을 생활의 중심이면서 춤과 축제와 기쁨의 장소인 **바쿠** 주위를 위풍당당한 **브와이마**가 둥글게 둘러싸고 있으며, 트로브리안드인들은 **브와이마**의 갈라진 틈새들을 통해서 자신이 쌓아놓은 타이투 재산을 바라보고 흡족해할 수 있다.

어떤 방문자가 그 지역을 지나가면서 여러 마을을 통과하게 된다면, 가장 높고 가장 좋은 건물이 주택이 아니라 창고라는 사실에 당혹스러워하면서도 강한 인상을 받게 될 것이다. 심지어 서열이 높은 마을에서도 족장의 창고는 그의 개인 오두막보다 더 크고 훌륭하게 지어졌으며, 이것을 〈사진 72〉에서 잘 볼 수 있다. 그 까닭은, 이미 알다시피, 창고가 권력의 근원이자 상징으로서 훨씬 더 중요하기 때문이다. 게다가 가옥은 지면과 같은 높이로 지어져야 하며 옹기종기 붙어 있어야 한다. 토착민들은 그렇게 하지 않으면 요술이 집 밑으로 혹은 집들 사이로 기어들어올지도 모른다고 두려워하기 때문이다. 이제 **브와이마**가 항상 집보다 더 높고 훌륭한 까닭을 이해할 수 있다.

그러나 과시용 **브와이마** 외에도 둘러막힌 작은 창고들이 존재한다. 그것들은 마을 사람들과 창고의 소유자가 잘 지켜볼 수 있도록 바깥쪽 고리의 가옥들 사이에 수수하게 서 있으며, 따라서 좀도둑질의 위험이 최소화된다(〈사진 77〉). 둘러막힌 작은 창고들은 때때로 넘어질 것 같은 모양새를 하고 있을 수도 있다(그러한 극단적인 사례로는 〈사진 80〉 참조). 남편이나 아

••

8) 판다누스 가지들은 〈사진 72〉에서 볼 수 있다. 채색된 나무판들은 〈사진 75〉와 〈사진 76〉에서, 큰 얌은 〈사진 86〉에서, 코코넛 장식은 〈사진 79〉에서 볼 수 있다.

내가 일용할 얌을 가지러 계속해서 창고에 들락거려야 하기 때문에, 둘러막힌 창고의 사용을 제한하는 어떠한 터부도 없으며, 토착민들은 손쉽게 그곳을 이용할 수 있다.

족장에게는 가정용 하위 창고가 없다. 족장의 우리구부와 타이툼왈라(자신의 타이투)는 모두 오만하게 전시된다. 다른 한편, 평민에게는 전시용 창고가 없다. 평민이 저장하는 식량 가운데 어떤 것도 전시되지 않는다. 평민의 경우에는, 예식과 교환을 위해 따로 쌓아두는 우리구부도 둘러막힌 브와이마 안에서 타이툼왈라와 함께 저장된다.

족장과 가난한 평민이라는 이러한 두 가지 극단 사이에는 점차 경계가 흐려지는 다양한 신분 단계들이 존재한다. 좀 더 귀족적이고 부유한 주민들은 큰 과시용 브와이마를 소유할 것이며 그 안에 타이툼왈라를 많이 저장할 것이다. 다음으로 그다지 많이 받지 못한 사람들의 브와이마가 있고, 또 낮은 신분의 사람들의 브와이마가 있는 등등으로 이어진다.

하위 창고는 비록 과시용 브와이마보다 덜 화려하지만, 그보다 더 중요하다. 왜냐하면 하위 창고에는 날마다 먹을 식량과 다음 해에 파종할 종자 얌이 저장되기 때문이다.

불행히도 나는 예식적인 브와이마 채우기를 서술할 때처럼 충실한 세부사항과 증거자료를 제시하면서 하위 브와이마 채우기를 설명할 수가 없다. 비록 내가 그 과정을 셀 수 없이 많이 목격했고 게다가 그 일에 참여하기도 했지만 말이다. 심지어 나는 수확된 농작물 총량 가운데 어느 정도의 비율이 하위 브와이마에 저장되는지도 정확히 진술할 수 없다. 왜냐하면 나는 조사 방법의 결함으로 인해, 일상생활의 사건들보다 예식적이고 극적인 사건들에 더 많은 관심을 기울였기 때문이다(다음 장 서두에 언급한 내용을 참조).[9]

〈사진 80〉넘어질 것 같은 창고
초호 마을 어부의 거주용 오두막과 브와이마. (7장 5절)

그렇지만 이러한 실수를 하지 않았더라도, 우리구부에 비해서 타이툼왈라를 정확하게 계산하는 일은 매우 어려웠을 것이다. 토착민들은 우리구부의 수를 세고 칼라와 잎으로 기록한다. 우리구부는 전시되고, 자랑거리가 되며, 사람들은 그것을 잘 기억한다. 한 남자가 자신이 사용하려고 남겨둔 타이투의 경우는 정반대이다. 그것의 운반과 저장은 그날그날 눈에 띄지 않게 이루어진다. 한 남자가 자신이 사용하려고 남겨둔 식량의 양은 자랑거리가 못 되며, 심지어 감춰지기도 한다. 만약 한 남자가 어떤 이유로든 우리구부를 조금밖에 못 받았기 때문에 자기 가족이 먹고살기 위해서 수확물 가운데 상당한 비율을 남겨두어야 한다면, 이것은 수치스러운 일로 여겨진다. 그 자신이 그러한 사실을 숨길 것이며, 누군가 그 일에 대해서 이야기하는 것은 매우 결례로 여겨진다. 뿐만 아니라 그러한 불운은 대체로

••

9) 또한 부록 2, 4절의 주 33을 보라.

〈사진 81〉 거의 비워진 창고들

창고들은 다시 채우기 위해 비워졌고, 타이투는 바구니에 담겨 있다. 이 경우에 어떤 예식에서 사용하려고 타이투를 바구니에 옮겨 담았는지, 아니면 단지 청소하려고 그런 것인지 확인하지 못했다. 수직으로 칸막이방들이 나뉜 것을 볼 수 있다. 그러한 칸막이방 하나는 아직 다 치워지지 않았다. 적어도 바깥층은 아직 틈새에 덩이줄기가 남아 있다. 바구니에서 그리고 창고에서 길게 싹이 튼 덩이줄기에 주목하라. (7장 5절)

자신의 우리구부를 전혀 전시하지 않는 평민들에게 닥칠 것이고, 따라서 정확한 정보를 얻는 일은 확실히 어렵다.

그러나 비록 제시할 수 있는 증거자료는 없지만 내가 굉장히 많이 관찰했던 내용을 토대로 이야기하자면, 수확된 타이투의 절반가량은 전시용 타이투이고 나머지 절반은 매일의 소비를 위해서, 그리고 다음 해의 종자로 사용된다고 말할 수 있다.[10]

토착민들은 바시, 곧 덩이줄기의 예비적 솎아내기를 할 때부터 식량을 모은다. 그들이 솎아낸 덩이줄기들, 브와나와를 저장할 수 있는지 아니면 그것들을 즉시 먹어치워야 하는지는 정확히 모르겠지만, 나는 후자가 맞을 거라고 생각한다. 확실히 그것들은 결코 과시용 브와이마에는 보관되지 않는다. 만약 솎아낸 덩이줄기들을 보관한다고 해도, 집 안에 두거나 혹은 하위 창고에 숨겨둘 것이다.

정기적인 수확인 **타요유와**가 진행될 때, 일반적으로 **우나수**라고 불리는 대부분의 하급 타이투들은 곧바로 가정의 창고로 옮겨지지만, 그것들 가운데 일부는 **칼리모미오**(정자)에서 전시된다. 토착민들이 자랑스럽게 여기는 종자 타이투는 언제나 처음에는 **칼리모미오**에서 전시되지만, 그후에는 소유자와 그의 가족이 종자 타이투를 더 이상 과시하지 않고 창고로 옮긴다. **울룸달라**, 곧 주요 수확 이후에 주운 이삭도 하위 브와이마에 저장된다.

창고를 채울 때와 마찬가지로, 농작물을 옮길 때도 과시용 곡물창고와 둘러막힌 곡물창고는 서로 구별된다. 토착민들은 둘러막힌 창고에 날마다 들락거리는데, 그곳의 구조는 매일매일 사용하기에 적합하다. 필요한 양을 꺼내려면 둘러막힌 창고 속으로 들어가서 손을 뻗기만 하면 된다. 다른 한편, 과시용 창고들은 이따금씩만 비워지는데, 그때는 훨씬 더 많은 양이 꺼내진다. 예식적 분배(**사갈리**)가 이루어질 때, 혹은 **베워울로, 도디게 브왈라**, 또는 **야울로**와 같은 큰 선물이 증여되는 경우에, 혹은 채소 식량과 물고기를 교환하는 **바바** 또는 **와시**를 위해 상당히 많은 식량을 해안 마을로 보내야 할 때, 남자들과 여자들은 **리쿠**에 기어 올라가서 타이투 여러 바구니를 꺼내고, 그것들을 목적지로 운반하기 전에 몇 시간 동안 창고 앞에 전시할 것이다. 그러한 절차들은 〈사진 81〉에서 나타난다. 그 경우에 농작

∷

10) 또한 부록 2, 4절의 주 24를 보라.

물에는 등급이 매겨진다. 토착민들은 틈새에 끼워지거나 칸막이방의 꼭대기에 배치되는 정말로 완전한 덩이줄기들을 따로 선별해서 바구니 맨 위에 올려놓는다. 그후의 분배나 교환에서도 그것들은 항상 맨 위에 놓여 있다. 타이투를 물고기와 교환할 경우, 평민들은 그들의 우리구부에서 각자의 몫을 제공할 것이다.[11]

과시용 창고에는 중요한 특징이 있다. 토착민들은 과시용 창고에서 일단 꺼낸 덩이줄기는 결코 다시 그곳에 집어넣지 않으며, 다음 수확기에 다시 새로운 덩이줄기들을 채우기 전까지는 결코 창고의 내용물을 보충하지 않는다. 이러한 규칙의 유일한 예외는 해안 마을들에서 발견되는데, 그곳에서는 물고기와 교환해서 받은 타이투를 창고에 다시 채우는 관습이 있다.

풍년에는 리쿠의 틈새에 끼워져 있는 가장 좋은 덩이줄기들을 전혀 먹지 않는 일도 가끔씩 일어난다. 틈새에 있던 덩이줄기들은 태양과 비에 노출되어서 싹이 자라났기에 그다지 먹을 만한 상태가 아니다(브와이마 밖으로 뻗어 나오고, 바구니 밖으로 고개를 내밀고 있는 싹을 볼 수 있는 〈사진 81〉 참조). 이것은 말리아를 나타내는 표시이기 때문에, 유감스러운 문제라기보다는 오히려 축하할 일이다.

두 유형의 창고들은 여러 가지 용도로 활용된다. 큰 브와이마는 마을의 중앙 공터를 장식한다. 춤추기와 게임과 체육 경기, 그리고 공식적 사교 모임은 모두 바쿠에서 이루어지는데, 이때 마을 사람들은 가장자리까지 타이투로 채워진 브와이마가 바쿠 주위에 서 있는 광경을 보면서 풍요와 잔치와 포식을 떠올린다(〈사진 82〉 참조). 외부인들에게 그러한 창고들은 마을의 번영을 말해주며, 마을의 부를 선전한다. 따라서 가득 채워진 창고들은

⁝

11) 또한 부록 2, 4절의 주 34를 보라.

필연적인 **부투라**(명성)를 제공해준다. 중심지 마을이나(〈사진 83〉) 브워이탈루의 최하층 마을처럼(〈사진 84, 98〉 참조), 손님들과 마을 사람들이 쉴 만한 공간이나 앉을 만한 단이 따로 마련되어 있지 않은 마을에서는 과시용 **브와이마**의 정면이 그러한 용도로 사용되기도 한다(〈사진 85, 86〉 참조). 그러나 엄밀히 따지면, 예식용 창고를 이처럼 편하게 사용하는 것이 적절한 일은 아니다. 다른 단이 있다면 브와이마의 돌출된 박공 밑에 앉는 사람은 아무도 없을 것이며, 다만 창고의 소유자와 초대받은 소수의 사람들만이 토대 들보가 튀어나온 끝 부분에 감히 앉으려고 할 것이다.

다른 한편, 작은 창고들은 마을의 일상적인 사회생활에서 두드러진 역할을 한다. 남자들은 지면보다 높고 물기가 없는 단 위에 앉아 있곤 한다(〈사진 95~97〉 참조). 창고가 꽉 차지 않았을 때면, 처녀 총각들은 그곳이야말로 남의 눈을 완벽하게 피할 수 있는 은신처라는 점을 이용해서 창고 안에서 사랑의 밀회를 나누고 연애하고 희롱한다. 가정용 창고에서는 사생활이 보장되는데, 창고의 소유자와 친척 이외의 다른 사람이 그 안에 들어가는 것은 품위 없는 행동으로 여겨져서 금지되기 때문이다. 따라서 특히 비열한 짓으로 여겨지는 **바일라우**(식량 도둑질)는 거의 발생하지 않는다. 또한 가정용 창고들은 바깥쪽 고리의 집들 사이에 조심스럽게 자리하고 있으며 입구는 뒤에 있어서 눈에 띄지 않기 때문에 사적인 만남을 위해 매우 적당하다.

토착민들은 타이투가 요리 냄새를 맡을 수 있다고 생각하는데, 마을에서 창고들의 서열과 위치는 그러한 생각과 연관된다. 요리하는 단지에서 나오는 김이나 덩이줄기를 굽는 연기가 멀리 퍼지면 안 된다. 안쪽 고리의 얌 창고들은 개방되어 있어서 특히 냄새와 연기가 들어오기 쉽기 때문에, 안쪽 고리의 집에는 요리를 금지하는 터부가 부과된다. 안쪽 고리에 세워질 수 있는 집은 단지 족장의 개인 오두막(리시가)(〈사진 72〉참조)이나 총각들의 집(부쿠마툴라)[12]뿐인데, 거기서 요리는 금지된다. 식사 준비가 이루어지는 주거용 집들(불라비야카)과 같은 고리에 위치한 작은 창고들은 관습적인 혹은 상징적인 보호로도 충분하다. 토착민들은 코코넛 잎을 엮어서 덮어줌으로써 요리하는 광경으로부터 타이투를 가려주고 불쾌한 요리 냄새로부터 보호해준다.

창고는 크건 작건 간에 항상 명목상으로 남편에게 속한다. 일반적으로 남편은 그의 가구가 살고 있는 마을 공동체의 일원이다. 만약 그가 외부 사람인데도 교차사촌혼을 통해서 혹은 족장의 아들이기 때문에 그 마을에 거주한다고 하더라도, 그는 여전히 그 창고를 소유한다. 한편 귀족적인 일부다처 가구의 경우에, 아내들은 저마다 특별히 자신을 위해 배당된 개방형 브와이마를 가지고 있으며, 그녀의 친족 남자들이 그 창고를 채운다. 남자가 소유하고 여자가 사용하는 좀 더 작은, 둘러막힌 브와이마는 실질적으로 그 가구의 것이다.

트로브리안드 마을의 매력적인 특색인 높은 막대기들 위에 세워진 소형 창고들은 어린 소년들의 소유물이다(〈사진 75〉의 뒤쪽 가운데와 〈사진 99〉 참조). 거기서 꺼낸 타이투는 어머니가 사용하지만, 자부심과 허영을 암시하는 창고의 소유권은 어린 소년에게 귀속된다.

∵

12) *Sexual Life of Savages*의 〈사진 20〉과 〈사진 21〉 참조. 3장 4절에서는 '총각들의 집'에 대한 설명이 나와 있다.

〈사진 82〉 채워진 창고들

"마을 사람들은 가장자리까지 타이투로 채워진 브와이마가 바쿠 주위에 서 있는 광경을 보면서 풍요와 잔치와 포식을 떠올린다." 이것들은 이전 사진에서 텅 비어 있었던 바로 그 창고들이다. 이제 이 창고들은 토착민들에게 단단하고 무거우며 어두운 인상을 준다. (7장 5절, 또한 1절 참조)

〈사진 83〉 오마라카나에서 족장의 얌 창고와 오두막

오른쪽 창고 앞에서 향기롭고 장식적인, 성스러운 덤불을 볼 수 있다. 그 옆에는 두 남자들이 조가비 팔찌를 과시하고 있다. (7장 5절) 선반 위의 조가비 나팔에 주목하라.

6. 오부라쿠에서 건강과 부와 풍요의 주술

나는 지금까지 오마라카나의 빌라말리아를 묘사하였다. 이제는 그 지구의 남쪽에 위치한 오부라쿠 마을에서 내가 기록했던 주술 체계를 간략하게 설명하려고 한다. 그리고 나서 그 두 가지를 비교하고, 빌라말리아의 효과와 작용 방식에 대한 토착민의 설명을 한 번 더 살펴볼 것이다.

오부라쿠의 빌라말리아는 오마라카나에서와 마찬가지로 수확기의 핵심적인 활동이지만, 브와이마 채우기와는 별다른 관련이 없다. 오부라쿠의 빌라말리아는 사실상 얌 창고나 얌 농작물의 주술이라고 할 수 없으며, 오히려 마을의 주술, 마을 복지의 주술, 그리고 공동체의 주술이다. 따라서 첫 번째 예식은 곡물창고를 채우는 도디게 브와이마 직전에 수행되지 않는다. 또한 오마라카나에서 첫 번째 의식의 명칭은 "바닥 누르기"였지만, 오부라쿠의 첫 번째 의식은 창고의 구조와 연관된 이름으로 일컬어지지 않는다.

오부라쿠에서도 빌라말리아는 두 가지 활동으로 구성되는데, 첫 번째 것은 타요유와(주요 타이투 수확) 이전에 초승달이 뜰 무렵에 수행된다. 토워시인 동시에 토빌라말리아인 주술사는 해마다 이 주술에서 사용되는 조가비나팔과, 마른 바나나 잎들과 야생 생강 뿌리를 조금씩 가지고 자신의 오두막으로 간다. 우선 그는 조가비 나팔, 카시스 코르누타를 손에 쥔다. 그는 조가비에 마른 바나나 잎들을 채워넣고 그 벌어진 입속에 다음의 주문을 읊는다.

〈문구 30〉

1. "되돌려라, 되돌려라…….
되돌려라 이 길을, 되돌려라 저 길을.

〈사진 84〉 브워이탈루의 지붕이 있는 큰 단
마을의 근면한 조각가들이 단 위에 앉아서 작업을 한다. 수많은 창고들을 볼 수 있는데, 그것들 모두
는 세심하게 지붕으로 덮여 있다. (7장 5절)

조가비 나팔이여, 되돌려라, 되돌려라."

2. "조가비 나팔이여, 되돌려라, 되돌려라.

배고픔으로 부어오른 배를, 조가비 나팔이여, 되돌려라, 되돌려라.

배고픔의 기진맥진함을, 조가비 나팔이여, 되돌려라, 되돌려라.

배고픔의 무기력함을, 조가비 나팔이여, 되돌려라, 되돌려라.

배고픔의 쇠약함을, 조가비 나팔이여, 되돌려라, 되돌려라.

배고픔의 침울함을, 조가비 나팔이여, 되돌려라, 되돌려라.

배고픔의 의기소침함을, 조가비 나팔이여, 되돌려라, 되돌려라.

고동치는 굶주림을, 조가비 나팔이여, 되돌려라, 되돌려라.

지독한 굶주림을, 조가비 나팔이여, 되돌려라, 되돌려라.

의기소침하게 하는 굶주림을, 조가비 나팔이여, 되돌려라, 되돌려라.

타툼(집) 주위에, 조가비 나팔이여, 되돌려라, 되돌려라.

카이카티가(집) 주위에, 조가비 나팔이여, 되돌려라, 되돌려라.

진흙 화덕 주위에, 조가비 나팔이여, 되돌려라, 되돌려라.

화덕의 돌 주위에, 조가비 나팔이여, 되돌려라, 되돌려라.

토대 들보 주위에, 조가비 나팔이여, 되돌려라, 되돌려라.

서까래 주위에, 조가비 나팔이여, 되돌려라, 되돌려라.

마룻대 주위에, 조가비 나팔이여, 되돌려라, 되돌려라.

내 초가지붕의 정면 틀 주위에, 조가비 나팔이여, 되돌려라, 되돌려라.

내 집의 선반 주위에, 조가비 나팔이여, 되돌려라, 되돌려라.

내 집의 문지방 판자 주위에, 조가비 나팔이여, 되돌려라, 되돌려라.

내 집의 문지방 주위에, 조가비 나팔이여, 되돌려라, 되돌려라.

내 집 앞의 땅 주위에, 조가비 나팔이여, 되돌려라, 되돌려라.

중앙 공터 주위에, 조가비 나팔이여, 되돌려라, 되돌려라.

밟아 다져진 땅 주위에, 조가비 나팔이여, 되돌려라, 되돌려라.

야게시 주위에, 조가비 나팔이여, 되돌려라, 되돌려라.

길이 시작되는 곳 주위에, 조가비 나팔이여, 되돌려라, 되돌려라.

길 주위에, 조가비 나팔이여, 되돌려라, 되돌려라.

해안 주위에, 조가비 나팔이여, 되돌려라, 되돌려라.

썰물 흔적 주위에, 조가비 나팔이여, 되돌려라, 되돌려라.

얕은 물 주위에, 조가비 나팔이여, 되돌려라, 되돌려라.

되돌려라 이 길을, 되돌려라 저 길을."

3. "이것은 그대의 바람이 아니라네, 오 배고픔이여, 그대의 바람은 북서쪽에서 온다네.

이것은 그대의 바닷길이 아니라네, 카디나카의 바닷길이 그대의 바닷길이라네.

이것은 그대의 산이 아니라네, 와웰라의 언덕이 그대의 산이라네.

이것은 그대의 곶이 아니라네, 실라워투 곶이 그대의 곶이라네.

이것은 그대의 해협이 아니라네, 칼루바쿠의 해협이 그대의 해협이라네.

이것은 그대의 내해(內海)가 아니라네, 카울로코키 수로가 그대의 내해라네.

투마와 부리와다 사이의 바닷길로 떠나라.

투마로 떠나라.

흩어져라, 떠나라.

늙어라, 떠나라.

사라져라, 떠나라.

죽어버려라, 떠나라.

영원히 죽어라, 떠나라.

나는 그대를 쓸어낸다, 오 내 마을의 배여.

내 마을의 배가 끓어오르네.

내 마을의 배가 가득 차서 어두워지네.

내 마을의 배가 튼튼한 들보들로 가득 차네.

내 마을의 배가 물기로 젖네.

내 마을의 배가 물기로 흠뻑 젖네."

주술사는 주문을 읊은 뒤에, 조가비 나팔의 벌어진 입에 대고 목구멍에서 나오는 기음(氣吹)으로 "하" 하고 숨을 불어넣는다. 그러고 나서 그는 주술의 효력이 증발하지 않도록, 조가비 나팔의 벌어진 입을 아래로 향하게 해서 깔개 위에 놓아둔다. 그는 곧바로 마른 바나나 잎 한 장을 접어서 원뿔형 자루 모양으로 만든다. 그리고 야생 생강 뿌리를 그 속에 조금 집어넣고서 거기다 대고 주문을 외우는데, 방금 제시된 문구를 또다시 읊조린다.

나는 1918년 3월 하순에 오부라쿠의 **토빌라말리아**인 나바빌레의 집에서 이러한 퍼포먼스가 수행되는 광경을 목격했다. 주문을 암송한 뒤 그와 그의 가장 가까운 친척 두세 명은 곧장 마을의 북쪽 끝으로 걸어갔는데, 그곳에는 키리위나로 통하는 길이 나 있었다. 거기서 그들은 조가비 나팔을 길게 한 번 불었다. 그러고 나서 나바빌레는 생강을 씹다가 서쪽, 북쪽, 그리고 동쪽을 향해서 여러 차례 의례적으로 뱉었다. 다음에 우리는 마을을 가로질러서 남쪽으로 갔고, 거기서도 정확히 똑같은 예식이 되풀이되었다. 그후 조가비 나팔을 해안으로 가지고 갔다. 한 남자가 초호 속으로 걸어 들어가서 잘 표시된 지점에서 조가비 나팔을 물속으로 빠뜨렸다. 몇 달 후에 그것을 끌어올려서 다시 사용할 것이다.

나는 이 마지막 행위, 곧 조가비 나팔을 물에 빠뜨리는 행위가 무슨 의미인지를 확인할 수 없었다. 과연 이 행위는 풍요가 오부라쿠의 정박지에 닻을 내려야 한다는 의미에서 수행되는 것일까? 아니면 조가비 나팔에는 주문을 통해 쫓겨난 굶주림의 여러 가지 해악과 장애가 실려 있기 때문에 그것을 물에 빠뜨려야 하는 것일까? 나는 그 점을 알아내지 못했다.

이러한 일들은 모두 수확이 시작되기 전에 일어난다. 수확이 끝난 뒤에, 그리고 창고가 모두 채워진 후에, 주술사는 두 번째 예식을 수행해야 한다. 그는 정글로 가서 잎을 아주 많이 채집하는데, 대부분을 동쪽 해안, 모몰라에서 가져온다. 오마라카나의 빌라말리아 체계에서 중요한 역할을 했던 레워의 잎도 사용된다. 이 나무는 산호 노두 위에서 자라는데 아래로는 외해(外海)를 향해 뻗어간다. 그 나무는 매우 수명이 긴데다가, 강하고 단단한 줄기를 가지고 있다. 레워는 결코 아주 높이 자라지는 않지만, 그 뿌리는 산호 노두나 기반을 매우 단단하게 움켜준다. 토착민들은 이 나무가 오래 살고 뽑아내기 힘들며 기반을 향해서 자라는 것처럼, 타이투도 창고에서 오래 남아 있어야 한다고 내게 말했다.

또 다른 작은, 그러나 튼튼한 나무인 **불라불라**도 같은 이유에서 사용되는데, 그 나무는 엄청난 나이에 이르기까지 계속 성장하며 굉장히 깊게 뿌리를 내린다. **카베가이**는 아주 왜소한 나무이지만, 그 가지들은 매우 넓게 그리고 낮게 땅 위로 퍼진다. **카야울로**는 우리가 오마라카나의 빌라말리아 주술을 통해서 이미 알고 있는 나무로서, 목질이 매우 단단하다. 오부라쿠에서는 파두 나무의 잎도 사용되는데, 파두 나무는 중앙 공터에 서 있으며 마을의 안정과 영원성을 상징하는 성스러운 돌들을 연상시키기 때문이다. **카수아리나**의 나뭇잎은 빽빽하게 자라고 어두운 빛깔을 띠고 있기 때문에 사용되며, 히비스커스 꽃은 풍년의 기쁨과 축제를 상징하기 때문에 사용된다. 나바빌레는 이것들 외에도 **빵나무**, **메노니**, **그와딜라**(견과류가 달린 나무), **사이수야**, **사이다**(개암나무), **게게쿠** 등의 잎들과 말레이사과나무의 잎들을 모아야 한다. 정말 이상하게도, 백인이 들여온 파파야 잎도 사용된다.

주술사는 잎을 찢어서 녹색의 뒤범벅을 만들고, 큰 깔개를 접어서 그 사이에 혼합물을 놓아둔다. 그러는 동안 마을 남자들은 주술사의 집 앞에 모였는데, 저마다 작은 **바타가**(직사각형 바구니)와 땅 파는 막대기를 가지고 왔다. 그들은 땅 파는 막대기를 주술사에게 건네주며, 주술사는 포개진 깔개와 땅 파는 막대기들을 자기 집 앞의 단 위에 놓는다. 비록 〈사진 109〉

는 다른 형태의 주술과 관련된 것이지만, 일이 진행되는 방식은 비슷하다. 그러고 나서 모여 있는 모든 사람 앞에서 주술사는 다음의 주문을 읊는다.

〈문구 31〉

1. "파두두, 파워야,

그대의 어머니는 보타가라이로다,

그대의 아버지는 톰그와라이로다.

....

.... 13)"

2. "나는 액막이한다네, 나는 액막이한다네, 나는 액막이한다네.

나는 그의 병을 액막이한다네.

나는 그의 약함을 액막이한다네.

나는 그의 흑주술을 액막이한다네.

나는 내 마을의 주춧돌들을 액막이한다네.

나는 내 집의 토대 들보를 액막이한다네.

나는 내 얌 창고의 큰 통나무들을 액막이한다네.

나는 서까래들을 액막이한다네.

나는 마룻대를 액막이한다네.

나는 내 얌 창고의 바닥을 액막이한다네.

나는 내 통나무방을 나누는 막대기들을 액막이한다네.

나는 내 박공의 서까래들을 액막이한다네.

⋮

13) 여기서 여러 줄을 생략했는데, 왜냐하면 그것들을 만족스럽게 번역할 수 없었기 때문이다.

나는 내 타이투의 작은 싹을 액막이한다네.

나는 내 박공 벽을 액막이한다네.

나는 두드려진 땅을 액막이한다네.

나는 내 마을의 배를 액막이한다네."

3. "나는 내 마을의 배를 쓸어낸다네.

내 마을의 배가 끓어오르네.

내 마을의 배가 가득 차서 어두워지네.

내 마을의 배가 튼튼한 대들보들로 가득 차네.

내 마을의 배가 물기로 젖네.

내 마을의 배가 물기로 흠뻑 젖네."

주술사는 주문을 읊고 나서 주술용 혼합물을 분배한다. 남자들은 저마다 자기 몫을 **바타가**(직사각형 바구니) 속에 넣고서, 자기 집에서 가장 가까운 마을 변두리의 일정한 장소를 향해서 떠난다. 거기서 각 남자는 이미 치료된 땅 파는 막대기로 작은 구멍을 만들어서 잎들의 일부를 묻는다. 그러고 나서 그는 자기 집으로 돌아와서 남아 있는 혼합물의 일부를 식량 창고의 타이투 사이에 끼워넣고, 나머지를 집 안 화덕에 있는 세 개의 돌인 **우리나굴라** 사이에 밀어넣는다. 이 의식은 "마을 뚫기", 바시 발루라고 불리는데, 오마라카나의 두 번째 의식에 붙여진 것과 동일한 이름이다.

지금까지 오마라카나의 주술과 오부라쿠의 주술 사이에서는 매우 밀접한 평행 관계가 나타났다. 두 마을들은 모두 수확과 관련된, 그리고 농작물의 저장과 관련된 주술을 가지고 있다. 두 마을들에서 그 주술은 모두 어느 정도 창고와 관련되지만, 이러한 관련성은 오부라쿠에서보다는 오마라카나에서 더 뚜렷하게 나타난다. 두 마을의 주술 체계에서 사용되는 재료들은 부분적으로 동일하며, 두 체계 모두에서 확실히 똑같은 유형의 주술적 상징이 나타난다. 지상에서는 성장이 저조하지만 뿌리가 단단하게 흙을 움켜쥐는 식물들이 장수와 인내를 상징한다는 사실을 어디서나 발견할 수 있다.

그러나 근본적으로 닮지 않은 점이 한 가지 있다. 오마라카나의 주술은 타이투를 수확할 때만 행해진다. 그러나 오부라쿠의 주술은 큰 얌인 쿠비를 수확할 때도 행해지는데, 알다시피 쿠비의 수확은 어디서나 특별한 이름으로 불리며 특별한 시작 의례를 수반한다. 나아가 오부라쿠의 빌라말리아는 굶주림과 질병, 혹은 재난이 닥쳤을 때도 수행될 수 있는 주술이다.

쿠비와 타로를 수확하는 이수나풀로에서, 오부라쿠의 토빌라말리아는 향기로운 민트(술룸워야) 잎들과 투바타우(금잔화처럼 생긴 토착 식물)의 잎들을 채집한다. 그는 첫 번째 "되돌리기" 주문(〈주술 문구 30〉)을 옳으면서 그것들을 치료한 뒤에 남자들에게 분배한다. 남자들은 저마다 허브들의 일부를 자기 집 정면의 단 아래에 집어넣고 일부는 자기 집에서 가장 가까운 마을길 입구에 놓는다. 이것을 정면 막기(바보다 카우크웨다), 길 막기(바보다 카두말라가)라고 부른다. 이 주술은 배고픔과 불운이 퍼져나가는 진로가 집과 마을 안으로 이어지는 것을 막는다.

더욱 흥미로운 점은 빌라말리아를 수확과도 무관하고 창고 채우기와도 관련이 없는 방식으로 사용한다는 사실이다. 마을에 질병이 돌거나 배고픔이 공동체를 위협할 때, 심지어 내가 듣기로는 별똥별이 마을이나 마을 근처에 떨어졌을 때, 주술사는 빌라말리아를 수행하도록 요청 받는다. 그러면 그는 여기서 묘사된 것과 똑같은 방식으로 두 의식들을 수행한다. 특히 굶주릴 때 빌라말리아를 수행하게 되는데, 오부라쿠에서 이러한 사례는 드물지 않다. 10월이나 11월 무렵이면 식량창고의 타이투는 떨어졌고 상당수의 얌은 새로운 경작지의 파종을 위해 야고구로 사용되었기 때문에, 그들은 종종 **몰루**의 고통을 느끼게 된다. 이 마을사람들이 주로 물고기로 연명한다고 해도, 그들은 항상 채소 식량을 필요로 하기 때문이다. 배고픔이 너무 심해서 여자들이 먹을 만한 것을 찾아 정글로 나가야 할 지경이면, 사람들은 주술사에게 말할 것이다. **쿠요빌라키 음말루. 보게 일로우시 비빌라. 이칼리포울라시 오 라 오딜라,** "당신 마을을 되돌리십시오(당신 마을의 운이 돌아오게 하십시오). 이미 여자들은 떠났고, 그들은 덤불을 찾아다니고 있습니다." 그러면 주술사는 다시 조가비 나팔과 생강 뿌리를 치료하고 첫 번째 예식을 수행할 것이다. 그는 또다시 뿌리들을 수집하고 그것들에 대해 두 번째 주술을 행할 것이다.

오부라쿠의 우두머리 경작지 주술사인 나바빌레와 그의 몇몇 동료들은 지형학적으로 흥미로운 설명을 해주었다. 4월이나 5월에 무풍기가 끝나고 무역풍이 불기 시작하는데, 무역풍은 키타바 섬으로부터 **빌라말리아** 주술을 불어낸다. 그곳의 주술사들은 **빌라말리아**를 수행했고, 모든 사악한 것에게 바람과 함께 떠나라고 명령하면서 그것들을 쫓아냈다. 키타바에서 쫓겨난 사악한 힘들은 오부라쿠 마을에 들이닥쳐서 병과 배고픔과 죽음을 가져올 것이다. 그 바람이 계속 불어옴에 따라서, 이러한 사악한 힘들은 점점 더 많이 들어올 것이다. 무역풍의 계절이 끝날 무렵에 이르면 굶주림은 심각해질 것이고 질병과 죽음이 찾아올 것이다. 11월경에 계절이 변화해서 북서풍이 불기 시작한다. 이제는 앙갚음하는 시기이다. 나바빌레는 기근과 불운을 자기 섬에서 내보내고, 그것들은 바람에 실려 키타바 섬으로 간다. 따라서 바람의 흐름과 인간 운의 흐름은 함께 돌아간다.

그것은 자연 현상에 대한 흥미로운 주술적 해석인데, 보통 마법의 논리는 탄력적이라서 두 가지 방식으로 모두 사용될 수 있다. 내 생각에는, 계절이 바뀌는 무풍기 무렵은 대체로 질병이 발생하는 시기이며, 그 이유는 여러 가지다. 오부라쿠의 주민들은 고기잡이에 상당히 의존하기 때문에, 무풍기 동안 사람들이 굶주리는 경우는 없다. 오히려 이 시기에 토착민들은 종종 너무 많이 먹어서 병에 걸린다. 또한 그들은 4월의 무풍기에 새로운 얌과 조생 타이투를 막 수확하기 시작했는데, 종종 그것들 때문에 설사를 하거나 심지어 이질에 걸린다. 이것 역시 사악한 주술 탓으로 설명될 수 있으며, 역(逆)—빌라말리아는 사악한 주술의 일부이다.[14] 뒤이은 여러 달 동안 그들은 식량 부족으로 어려움을 겪을 수도 있고 그렇지 않을 수도 있다. 농사가 잘 되어서 물고기가 필요 없다면, 그들은 매우 기뻐하면서 나쁜 주술을 잊어버린다. 그러나 평년에도 수확물이 변변찮은데 흉년이 들어서 농작물이 더욱 부족한데도 아직 고기잡이를 할 수 없다면, 그들은 10월 무렵에 배고픔의 고통을 날카롭게 느낄 것이다. 무풍기에 뒤따르는 풍어(豊漁) 역시 과식과 질병으로 인도하기 때문에 축복이라고 말할 수 있을지 의심스럽다. 그렇지만 무풍기가 시작되면, 주로 물고기를 먹고사는 마을에서는 배고픔이 사라질 것이며, 따라서 그 무렵 수행되는 빌라말리아가 정말로 도움이 된다고 여겨질 것이다. 다른 한편, 큰 얌을 주요 농작물로 삼고 있으며 고기잡이를 그다지 중요하게 여기지 않는 키타바에서는 대체로 시간 계산표에 표시된 대로 11월 초부터 굶주림이 시작될 것이다. 그리고 이것은 주술 이론과도 대략 상응한다.

∵

14) 또한 이 계절에는 사악한 영들인 타우바우가 남쪽에서부터 그 지역을 방문한다고 여겨진다. 반면 날아다니는 마녀들은 공중을 날아서 여행하기 위하여 종종 무풍기를 선택한다. *Argonauts of the Western Pacific*, 10장, 그리고 *Sexual Life of Savages*, pp. 39~40, 128, 360, 그리고 369 참조.

하지만 트로브리안드 군도의 남쪽에서 빌라말리아가 기근과 병의 주술이라는 점은 확실하다. 그것은 긍정적인 측면에서는 자기 마을에서 사악한 힘들을 쫓아내는 주술이고, 부정적인 측면에서는 외부의 공동체를 겨냥한 사악한 주술이다.

수확기에 오부라쿠에서는 오마라카나에서와 똑같은 이유로 주술이 수행된다. 그 주술은 채소 식량이 얌 창고에 그대로 남아 있도록 만들기 위한 것이다. 오마라카나에서 그러하듯이, 오부라쿠에서도 그 주술은 주로 식량에 작용하는 것이 아니라 오히려 소화 체계와 식욕에 작용한다. "그들은 메스꺼워집니다(이미나이네 니나시). 그들은 식량을 사양합니다. 따라서 그것은 창고에 남아 있습니다(이파카이세 카울로, 비시수 와브와이마)." "그들은 물고기를 좋아하고 덤불에서 가져온 과일들을 좋아하지만, 얌 음식은 좋아하지 않습니다(마기시 예나, 마기시 카바일루아, 카울로 갈라)."

(제1권 끝)

지은이

:: 브로니슬로 말리노프스키 (Bronislaw Malinowski, 1884~1942)

폴란드 출신의 저명한 인류학자로서 영국 사회인류학의 창시자로 일컬어지며, 20세기의 가장 주목할 만한 인류학자 가운데 한 사람으로 알려져 있다.

1908년 폴란드 크라쿠프의 야기엘로인스키대학교에서 박사학위를 받았고, 이후 라이프치히대학교에서 잠시 수학하다가 영국으로 건너가 인류학 분야에 본격적으로 발을 들여놓았다. 1916년 런던경제대학에서 다시 박사학위를 받았고, 1927년부터 런던대학교에서 인류학 교수로 재직하면서 수많은 저작을 남겼다.

말리노프스키의 학문적 업적은 주로 1915~1918년 사이에 트로브리안드 군도에서 수행한 장기간의 집중적인 현지조사 성과를 바탕으로 하고 있다. 그는 자신의 본격적인 현지조사 방법을 인류학 연구에 도입하여 민족지 조사를 위한 새로운 기준을 정립하였다. 또한 자신의 현지조사 성과를 바탕으로 기능주의적인 문화이론을 확산시켰다.

주요 저서로는 본서를 비롯하여 *Argonauts of the Western Pacific* (1922), *Crime and Customs in Savage Society* (1926), *Sex and Repression in Savage Society* (1927), *The Sexual Life of Savages* (1929), *Freedom and Civilization* (1944) 등이 있다. 『산호섬의 경작지와 주술』은 오늘날까지도 현지조사 및 민족지 집필을 위한 교과서로 여겨진다.

옮긴이

:: 유기쁨

한국학중앙연구원 한국학대학원에서 종교학을 전공하여 박사학위를 받았고, 한신대와 감신대에서 학생들을 가르쳤다. 종교와 생태학의 연결지점에서 생겨나는 여러 현상들에 관심을 가지고 글을 써왔고, 『세계관과 생태학: 종교, 철학, 그리고 환경』, 『세계종교로 보는 죽음의 의미』(공역), 『진짜 예수는 일어나주시겠습니까?』(공역) 등을 번역했다. 현재 한국종교문화연구소 연구원으로 활동하고 있다.

한국연구재단총서 학술명저번역 서양편 516

산호섬의 경작지와 주술 1
트로브리안드 군도의 경작법과 농경 의례에 관한 연구

1판 1쇄 찍음 | 2012년 10월 4일
1판 1쇄 펴냄 | 2012년 10월 12일

지은이 | 브로니슬로 말리노프스키
옮긴이 | 유기쁨
펴낸이 | 김정호
펴낸곳 | 아카넷

출판등록 2000년 1월 24일(제2-3009호)
100-802 서울시 중구 남대문로 5가 526 대우재단빌딩 8층
전화 | 6366-0511
팩시밀리 | 6366-0515
책임편집 | 김일수
www.acanet.co.kr

© 한국연구재단, 2012

Printed in Seoul, Korea.

ISBN 978-89-5733-253-5 94380
ISBN 978-89-5733-214-6 (세트)